Ausgeglichen leben für Dummies – Schummelseite

Tun Sie jetzt etwas für Ihre Work-Life-Balance

Sehen Sie sich folgende Liste von Veränderungen an, die Sie sofort in Angriff nehmen können, um mehr Ausgewogenheit in Ihr Berufs- und Privatleben zu bringen. Probieren Sie diese Vorschläge aus, während Sie daran arbeiten, langfristig flexiblere Arbeitsbedingungen zu schaffen.

- ✔ **Finden Sie heraus, was Ihr Arbeitgeber zu bieten hat.** Wenn Sie unglücklich in Ihrem Beruf sind, kündigen Sie nicht gleich, sondern erkundigen Sie sich erst, welche flexiblen Beschäftigungs- und Arbeitszeitmodelle Ihr Arbeitgeber anbietet. Möglicherweise gibt es an Ihrem Arbeitsplatz Richtlinien, die aber bisher noch nicht in die Praxis umgesetzt wurden.
- ✔ **Nehmen Sie Urlaub.** Sie haben das Recht auf eine bestimmte Anzahl an Urlaubstagen pro Jahr, nehmen Sie also Urlaub. Sie sind nicht unersetzlich, und Sie brauchen Zeit ohne Arbeit, um sich auszuruhen, sich zu erholen und neue Kraft schöpfen zu können.
- ✔ **Sie müssen nicht bei Ihrem derzeitigen Arbeitgeber bleiben.** Im Internet und verschiedenen Zeitungen finden Sie eine Fülle an Stellenanzeigen. Haben Sie keine Angst davor, sich zu bewerben, wenn eine Anzeige Sie anspricht. Nutzen Sie auch Ihre Kontakte, um sich nach neuen Möglichkeiten umzuhören.
- ✔ **Suchen Sie nach neuen Herausforderungen bei Ihrem derzeitigen Arbeitgeber.** Finden Sie heraus, ob es Möglichkeiten gibt, in einer anderen Abteilung zu arbeiten, einem anderen Mitarbeiter über die Schulter zu blicken, um Neues zu lernen, oder Ihre Erfahrungen an neue Teammitglieder weiterzugeben.
- ✔ **Vergessen Sie Ihre Perfektionsansprüche.** Es ist in Ordnung, sich überarbeitet und müde zu fühlen. Sie können auch in einem nicht sterilen Zuhause gut leben und Ihre freie Zeit zum Entspannen statt zum Putzen genießen. Sie können nicht perfekt sein, und ehrlich gesagt, wäre das auch ziemlich langweilig.
- ✔ **Unterstützen Sie Ihren Partner.** Sagen Sie Ihrem Partner, wie sehr Sie die Unterstützung schätzen, die Sie von ihm erhalten. Finden Sie mehr Zeit zum Zusammensein, indem Sie sich beispielsweise zum Frühstücken, auf einen Kaffee oder zum Mittagessen treffen. Unterhalten Sie sich tagsüber per E-Mail. Planen Sie zweimal pro Jahr ein Wochenende nur für sich ein, ohne Kinder, ohne Arbeit, ohne elektronisches Spielzeug und mit nicht zu langen Anfahrtswegen.
- ✔ **Schätzen Sie den Wert Ihrer Familie.** Gehen Sie zum Abendessen nach Hause. Finden Sie täglich 15 Minuten Zeit, um mit Ihrem Partner zu reden, lesen Sie Ihren Kindern vor und schalten Sie den Fernseher mindestens an einem Abend der Woche aus.
- ✔ **Legen Sie Ihre Ziele und Werte fest.** Was brauchen Sie wirklich, um glücklich im Leben zu sein? Führen Sie ein persönliches Brainstorming durch, um herauszufinden, was Sie wirklich motiviert.
- ✔ **Nutzen Sie die moderne Technologie für Ihre Besorgungen.** Verwenden Sie das Internet, um Bankgeschäfte zu erledigen, Geschenke zu kaufen oder nach Dienstleistern in Ihrer Nähe zu suchen. Senden Sie E-Mails an Freunde und Angehörige, weil Sie nach einem langen Tag im Beruf zu erschöpft und nicht mehr fähig sind, um noch mit ihnen zu telefonieren.

Maßnahmen gegen Stress, die Ihr Leben vereinfachen

Werden Sie für Stress bezahlt? Nein. Warum lassen Sie sich also stressen, wenn am Ende keinerlei Belohnung auf Sie wartet. Nutzen Sie stattdessen folgende Anti-Stress-Maßnahmen im Beruf, indem Sie diese einfachen Tipps befolgen:

Ausgeglichen leben für Dummies – Schummelseite

- **Seien Sie der Erste, der um fünf das Büro verlässt.** Wenn Sie Ihre vorgesehene Arbeitszeit abgearbeitet haben, gehen Sie nach Hause. Möglicherweise wird es Ihnen zunächst komisch vorkommen, als Erster Ihre Tasche zu packen und das Büro zu verlassen, aber dieser Schritt kann andere ermutigen, Ihrem guten Beispiel zu folgen.
- **Seien Sie manchmal nicht erreichbar.** Schalten Sie Ihr Palm-Gerät, Ihr Handy und Ihr Notebook aus, wenn Sie zu Hause sind. Wenn Sie rund um die Uhr zur Verfügung stehen, wird Ihr Chef diese Verfügbarkeit erwarten – Ihr Arbeitsplatz kommt auch ohne Sie zurecht.
- **Entscheiden Sie mit, wann und wie Sie Ihre Arbeit leisten.** Handeln Sie mit Ihrem Chef Anwesenheitszeiten im Büro aus, die Ihnen beiden entgegenkommen. Sie können außerdem über flexible Beschäftigungsmodelle wie komprimierte Arbeitszeiten, Telearbeit, Teilzeitarbeit oder eine Freistellung verhandeln, um Weiterbildungskurse zu besuchen oder persönliche Interessen zu verfolgen.
- **Sehen Sie sich Ihre E-Mails nur zweimal täglich an.** Rufen Sie Ihre E-Mails am Vormittag ab, wenn Sie eine Pause von Ihren anderen Aufgaben brauchen, und noch einmal am Nachmittag. Sie bestimmen über Ihre E-Mails, nicht Ihre E-Mails über Sie.
- **Machen Sie eine Mittagspause.** Ihr Körper und Ihr Kopf brauchen an einem hektischen Arbeitstag eine Pause. Schnappen Sie in der Mittagspause etwas frische Luft, essen Sie draußen, gehen Sie spazieren. Nutzen Sie die Mittagspause abgesehen vom Essen für etwas gesunde und kostenlose Bewegung.
- **Verwenden Sie Ihren Kalender.** Teilen Sie Ihre Aufgaben in realistische Zeitblöcke ein, indem Sie Ihren elektronischen oder einen herkömmlichen Zeitplaner verwenden. Legen Sie mindestens eine Stunde für bestimmte Arbeiten (wie an einem Projekt) gleich in der Früh fest, noch bevor Sie Ihre E-Mails lesen.
- **Machen Sie sich bewusst, dass Ihr Beruf nicht Ihr ganzes Ich ist.** Ändern Sie Ihre Haltung zu Ihrem Beruf, wenn Stress und Sorgen Ihr persönliches Leben zunichtemachen. Sie haben Freunde und Familie, denen Sie etwas bedeuten, ein Zuhause, das Ihnen gefällt, und Interessen außerhalb des Berufs.

Praktische Websites für weitere Informationen

Es gibt zahlreiche Organisationen, die Ihnen helfen können, besser zu arbeiten. Warum sollten Sie diese nicht zu Ihrem Vorteil nutzen? Wenn Sie auf eine schwierige Arbeitssituation treffen oder eine Argumentation für Verbesserungen Ihrer Arbeitsbedingungen aufstellen möchten, besuchen Sie folgende hilfreichen Websites, um die Informationen zu erhalten, die Sie brauchen:

- **Statistisches Bundesamt** (`www.destatis.de`): Wenn Sie herausfinden möchten, wie lange andere Arbeitnehmer arbeiten, wer mehr Arbeit im Haushalt leistet oder wie viele Personen in deutschen Haushalten leben, werfen Sie einen Blick auf die Website des Statischen Bundesamtes. Hier finden Sie eine Fülle von Statistiken zu verschiedenen Bereichen des Lebens.
- **Bundesministerium für Familie, Senioren, Frauen und Jugend** (`www.bmfsfj.de`): Das Ministerium bietet auf seiner Website Informationen zu den Initiativen für die Vereinbarkeit von Berufs- und Privatleben, die von der Bundesregierung gefördert werden. Außerdem finden Sie Informationen zu verschiedenen Belangen des Familienlebens in Deutschland.
- **Bundesministerium für Arbeit und Soziales** (`www.bmas.de`): Auf der Website des Ministeriums finden Sie zahlreiche Informationen zu Arbeitsrecht und Arbeitsschutz.
- **Deutscher Gewerkschaftsbund** (`www.dgb.de`): Auf der Website des Gewerkschaftsbundes finden Sie allgemeine Informationen zu Arbeits- und Tarifrecht und die für Sie zuständige Gewerkschaft.

Ausgeglichen leben
für Dummies

Katherine Lockett

Ausgeglichen leben für Dummies

Übersetzung aus dem Amerikanischen von Marion Thomas

WILEY-VCH
VCH

WILEY-VCH Verlag GmbH & Co. KGaA

Bibliografische Information der Deutschen Nationalbibliothek
Die Deutsche Nationalbibliothek verzeichnet diese Publikation in der Deutschen Nationalbibliografie; detaillierte bibliografische Daten sind im Internet über http://dnb.d-nb.de abrufbar.

1. Auflage 2010

Printed in Germany

Gedruckt auf säurefreiem Papier

Korrektur: Frauke Wilkens
Satz Mitterweger und Partner, Plankstadt
Druck und Bindung M.P. Media-Print Informationstechnologie GmbH, Paderborn

ISBN: 978-3-527-70575-7

Über die Autorin

Katherine Lockett arbeitet an der University of South Australia und hat das Centre for Work & Life Research Unit mit begründet.

Katherine Lockett hat ihr Englisch-Studium als Magister abgeschlossen. Darüber hinaus hat Sie ein Lehramtsstudium und ein Wirtschaftsdiplom (Management) absolviert. Neben verschiedenen Beschäftigungen in der Bildungs- und der Finanzbranche war sie in mehreren Bundes- und Landesbehörden in unterschiedlichen Posten tätig und hatte so zahllose Gelegenheiten, Menschen zu beobachten, die nach der für sie perfekten Work-Life-Balance – einem ausgeglichenen Leben – suchten.

Katherine Lockett hat in Großbritannien und in verschiedenen Regionen Australiens gelebt und gearbeitet. Heute lebt sie in Adelaide, ist verheiratet und hat eine Tochter (und einen sehr lieben Hund.)

Cartoons im Überblick

von Rich Tennant

»Mal sehen ... ich hab das Notebook, das Handy, den Drucker, den Wireless-Router, die dringenden Akten ... okay ihr Lieben, Ferien!«

Seite 25

»Ich dachte, so würdest du mir im Bett mehr Aufmerksamkeit schenken.«

Seite 53

»Als Teil meiner neuen Work-Life-Planung werde ich jetzt jeden Abend zum Essen hier sein. Ich dachte, es wäre hilfreich, wenn wir alle Namensschilder tragen, bis wir uns besser kennen.«

Seite 107

»Ich fühle mich absolut furchtbar. Sobald ich diesen Bericht per E-Mail versendet habe, gehe ich nach Hause, lege mich ins Bett und arbeite am Notebook weiter.«

Seite 143

»Es tut mir leid, dass ich die Band auseinanderreiße, aber ganz tief in mir wollte ich schon immer Versicherungsvertreter werden.«

Seite 199

»Früher habe ich in einem Büro gearbeitet, damit ich Essen auf den Tisch stellen konnte. Eines Tages wurde mir dann klar, dass ich das Essen auch einfach anbauen könnte.«

Seite 251

»Er ist so viel glücklicher, seit er nicht mehr die Welt auf seinen Schultern trägt.«

Seite 285

Fax: 001-978-546-7747
Internet: www.the5thwave.com
E-Mail: richtennant@the5thwave.com

Inhaltsverzeichnis

Teil V
Das größere Ganze – langfristig das bekommen, was Sie wollen 199

Kapitel 17
Zehn Dinge, die Sie Ihren Kindern beibringen sollten 301

Kapitel 18
Zehn Motivationsstrategien für Ihre Arbeitskollegen 311

Einführung

Willkommen bei *Ausgeglichen leben für Dummies*. Mit diesem Buch möchte ich Ihnen helfen, Ihre Lebensweise so umzustellen, dass Sie am Ende des Arbeitstags nicht mehr nur vollkommen erschöpft und zerschlagen sind. *Work-Life-Balance* ist das Zauberwort, das im Allgemeinen die Vereinbarkeit von Berufs-, Privat- und Familienleben beschreibt. Wenn Sie nach Möglichkeiten suchen, die Ihnen mehr Entscheidungsfreiheit über die Strukturierung Ihres Berufs- und Familienlebens geben, dann ist dies das richtige Buch für Sie.

Wenn Sie nach einem langen Arbeitstag durch Ihre Haustür stolpern, Ihre Tasche und Ihre Schlüssel fallen lassen, Ihre Schuhe von sich schleudern und von Lärm, Chaos und nach Aufmerksamkeit verlangenden Kindern begrüßt werden, scheint es geradezu unmöglich, Ihr Berufs-, Privat- und Familienleben einigermaßen ausgeglichen unter einen Hut zu bringen. Die Veränderung einer Situation bedeutet immer eine Herausforderung. Und wie alle wichtigen Veränderungen im Leben wird es Sie einige Mühe kosten, die Balance zwischen Berufs- und Privatleben zu finden, die sich für Sie richtig anfühlt. Aber verzweifeln Sie nicht! Ihnen stehen im wahrsten Sinne des Wortes Tausende von Möglichkeiten zur Verfügung, die von ganz winzigen Änderungen bis hin zu ganz großen Umwälzungen in Ihrem Leben reichen. Letztendlich werden aber alle echte Verbesserungen in Ihrem Beruf, Ihrem Privatleben, Ihrer Familie und Ihrer Freizeit nach sich ziehen.

Ihre Entscheidung, etwas für Ihre Work-Life-Balance zu tun, kommt zum richtigen Zeitpunkt. Arbeitnehmer, Arbeitgeber, Forscher, Personalexperten und sogar vorausdenkende Regierungsbehörden haben erkannt, dass sich die Bedingungen am Arbeitsplatz ändern müssen, um Menschen in der bezahlten Beschäftigung zu halten. Arbeitgeber wissen heute, welche Vorteile es ihnen bringt, Mitarbeiter zu haben, die ausreichend erholt und energiegeladen sind, um im Beruf ihr Bestes zu geben. Gleichzeitig breitet sich die Einsicht aus, dass Arbeitnehmer Zeit und Energie für ein erfülltes Leben außerhalb ihres Berufs benötigen. Sie werden bei der Lektüre dieses Buches immer wieder angenehm überrascht sein, wie viele Möglichkeiten Ihnen bereits zur Verfügung stehen, um eine bessere Balance in Ihr Leben zu bringen und andere von Ihrer neuen Arbeits- und Lebensweise zu überzeugen.

Verstehen Sie mich nicht falsch – ich werde Ihnen nicht raten, Ihrem Chef die Kündigung auf den Tisch zu legen und ein alternatives Leben als Biobauer zu führen, der Gemüse anbaut und auf dem Wochenmarkt verkauft, anstatt jeden Tag ins Büro zu gehen. Nein, in diesem Buch geht es ganz im Gegenteil darum, den Druck zu erkennen, unter dem Sie bereits stehen – aufgrund der beruflichen Belastung, Ihrer Karriereansprüche, Ihrer Gesundheit, Ihrer Freizeit oder Ihrer Familie. Schon der Versuch, Zeit für sich selbst zu finden, kann Druck auslösen. Jetzt ist der Zeitpunkt gekommen, an dem Sie die Dinge in die Hand nehmen und herausfinden, was Sie wirklich vom Leben erwarten. Einige Ihrer Träume sind möglicherweise einfacher zu verwirklichen, als Sie glauben. Ich bin froh, dass Sie etwas tun möchten, um eine bessere Balance zwischen Ihrem Berufs-, Privat- und Familienleben zu finden. Denn schließlich verdienen Sie Glück und Zufriedenheit!

Über dieses Buch

Wahrscheinlich lesen Sie dieses Buch, weil Sie müde, matt, abgearbeitet und gestresst sind – kurz, Sie sind erschöpft. Die wachsenden Anforderungen in Ihrem Beruf machen es Ihnen schwer, Zeit für nicht berufliche Pflichten zu finden, um beispielsweise etwas für Ihre Gesundheit und Ihr Wohlbefinden, Ihr Zuhause, Ihre Gemeinde zu tun – ganz zu schweigen von der Zeit, die Sie mit den Menschen verbringen möchten, die Ihnen etwas bedeuten. In diesem Buch finden Sie Tipps, Vorschläge, Beispiele aus der realen Welt und Informationen zu Vorgehensweisen, die Sie nutzen können, um Ihre alltägliche Routine rund um Beruf, Haushalt und Schlafen zu verändern.

Sie sollten die zwei wichtigsten Wörter in diesem Buch – Beruf und Privatleben – nicht unbedingt als separate Einheiten auffassen, die sich leicht voneinander unterscheiden lassen. Dafür haben Menschen einfach zu unterschiedliche Bedürfnisse. Ich decke in diesem Buch so ziemlich jeden Aspekt Ihres Lebens ab, mit Ausnahme der Religion! Die Zusammensetzung *Beruf/Privatleben* ist allgemein gemeint und umfasst Aspekte, die Ihren Arbeitsplatz, Ihren Arbeitgeber, Ihren Partner, und Ihren Körper (Sport und Sex) betreffen. Ich zeige Ihnen, welche Möglichkeiten und Methoden bereits vorhanden sind und wie Sie das verlangen und bekommen können, was Sie wollen, während Sie gleichzeitig Ihr Familienleben genießen, ehrenamtlich in Ihrer Gemeinde tätig sind, einen neuen Arbeitsplatz suchen oder sich beruflich ganz neu orientieren, ein Studium anfangen oder komplett aussteigen.

Ein wichtiger Bestandteil dieses Buches sind verschiedene Aktionen, die Ihnen helfen, selbst Verbesserungen in Ihrem Leben herbeizuführen. Trotz aller Ansprüche von Arbeitgebern, Aktionären, Vorgesetzten, Familienmitgliedern und Schulen liegt die Entscheidung für positive Änderungen in Ihrem Berufs- und Privatleben letztendlich bei Ihnen. Dieses Buch bietet Ihnen zahlreiche Informationen, Tipps und Ratschläge, die Änderungen in Gang bringen können. Welche Änderungen das in Ihrem Leben sind, müssen allerdings allein Sie entscheiden.

So sehr ich mir wünschen würde, dass Sie das Buch von der ersten bis zur letzten Seite lesen, können Sie natürlich auch bestimmte Abschnitte aufschlagen, um Informationen zu einem Problem zu finden, das Sie sofort angehen möchten. Ich weiß aus eigener Erfahrung, dass man sein Leben nicht komplett über Nacht umkrempeln kann und es einen gewissen Mut erfordert, selbst winzigste Veränderungen anzugehen. Vergessen Sie nicht, dass oft die kleinsten Schritte die größte Wirkung zeigen.

Wie Sie dieses Buch verwenden

Ausgeglichen leben für Dummies deckt jeweils ein Thema pro Kapitel ab. Wie viele Bücher bieten Ihnen schon Tipps zum Aufräumen des Chaos auf Ihrem Schreibtisch und eine Einführung in das Thema Zeitmanagement in dem einen Kapitel und erklären Ihnen im nächsten Kapitel, wie wichtig ein gemeinsames Abendessen mit der Familie ist?

Einige von Ihnen wissen vielleicht schon genug über bestimmte Themen und möchten deshalb nicht alles lesen, was ich zu dem Thema geschrieben habe. Das ist vollkommen in Ordnung. Möglicherweise interessieren Sie berufliche Veränderungen mehr als private oder umgekehrt. Sehen Sie einfach das Inhaltsverzeichnis vorn im Buch durch, und gehen Sie direkt zu den Themen, die Sie am meisten interessieren.

Wenn Ihnen das Konzept der Vereinbarkeit von Berufs-, Privat- und Familienleben noch vollkommen unbekannt ist und Sie gerne vorab einige allgemeine Hintergrundinformationen zum Thema hätten, empfehle ich Ihnen, mit Teil I anzufangen. Wenn Sie dann die anderen Kapitel und Teile durchlesen, werden Sie immer besser verstehen, warum dieses Thema auch für Sie wichtig ist.

Wie dieses Buch aufgebaut ist

Ausgeglichen leben für Dummies hat sieben Teile, die sich jeweils auf einen Aspekt der Vereinbarkeit von Berufs-, Privat- und Familienleben konzentrieren:

Teil I: Bestandsaufnahme – Beruf oder Privatleben?

In diesem Teil erkläre ich Ihnen zunächst, was Work-Life-Balance bedeutet. Sie erfahren, warum immer mehr Menschen um die richtige Balance in ihrem Leben kämpfen und warum Arbeitgeber erkennen, dass auch sie einen Beitrag leisten müssen, damit sie gute Arbeit leisten und ein zufriedenes und erfülltes Leben außerhalb des Berufs führen können.

Teil II: An erster Stelle stehen Sie

In diesem Teil erfahren Sie mehr über den Druck, der Ihnen das Gefühl gibt, immer härter und länger arbeiten zu müssen, um als »Erfolg« zu gelten. Sie finden hier außerdem Tipps, die Ihnen helfen, Nein zu sagen, die zerstörerische Macht von Schuldgefühlen zu vermeiden und auf Ihre geistige und körperliche Gesundheit zu achten.

Teil III: Größe ist nicht alles: Kleine Veränderungen, die eine Menge bewirken

In Teil III erkläre ich, dass ein ausgewogenes Verhältnis zwischen Berufs- und Privatleben möglicherweise Änderungen an Ihrer derzeitigen beruflichen Rolle bedingt – und dass eine Kündigung und ein kompletter Neuanfang nicht die einzige Lösung sind. In den Kapiteln in diesem Teil finden Sie Tipps, die Ihnen helfen, Ihre Zeit am Arbeitsplatz effektiver zu nutzen und all die kleinen Ablenkungen zu vermeiden, die Ihre Effektivität zunichte machen. Darüber hinaus finden Sie einige einfache Tipps für sinnvoll genutzte Pausen während Ihres Arbeitstags, die dafür sorgen, dass Sie mit neuer Frische und Energie produktiv bleiben können.

Teil IV: Vorbereitungen für Ihre neue Work-Life-Balance

Zeit, ans Eingemachte zu gehen. Dieser Teil stellt Ihnen einige Modelle und gängige Praktiken für flexible Arbeitszeiten vor und zeigt Ihnen, wie Sie diese an Ihrem Arbeitsplatz erreichen können. Sie erfahren, welche Recherchen nötig sind, um Ihrem Arbeitgeber die Vorteile einer besseren Vereinbarung von Berufs- und Privatleben zu vermitteln, und wie Sie verhindern, dass sich Ihre Möglichkeiten in Luft auflösen. Und schließlich werden Sie nach der Lektüre dieses Teils wissen, welche Rolle Urlaub, eine schöne Zeit mit der Familie, ein Ehrenamt in Ihrer Gemeinde und die Betreuung Ihrer Kinder in Ihrem Leben spielen.

Teil V: Das größere Ganze: Langfristig das bekommen, was Sie wollen

Die sich ändernde Zusammensetzung der Arbeitnehmerschaft – und die bevorstehenden neuen Möglichkeiten, wenn die Babyboomer-Generation das Rentenalter erreicht – bedeutet, dass Sie sich nicht mehr an Ihren derzeitigen Beruf gekettet fühlen müssen. Wenn Sie an Ihrem derzeitigen Arbeitsplatz keine Möglichkeit haben, die gewünschte Vereinbarkeit von Berufs- und Familienleben zu erreichen, ist dies der richtige Teil für Sie. Hier finden Sie Tipps für die Suche nach einem neuen Arbeitsplatz und für eine erfolgreiche Bewerbung. Sie erfahren außerdem, wie Sie sich neue Fähigkeiten und Qualifikationen für einen Berufswechsel aneignen können, und erkunden die Möglichkeit, Ihr eigener Chef zu sein.

Teil VI: Umbruchmaßnahmen

Dieser Teil bietet eine Menge nützlicher Informationen, die Ihnen zeigen, wie viele verschiedene Möglichkeiten Ihnen für das *Downshifting* oder Vereinfachen des Lebens zur Verfügung stehen. Sie finden hier Tipps und Beispiele von Menschen, die ihre Arbeitszeiten und Haushaltsgewohnheiten geändert und so ein wesentlich ausgewogeneres Verhältnis zwischen Berufs- und Privatleben erreicht haben. Dazu zählt, wie Sie Ihr Berufsleben vereinfachen und Ihr Leben besser genießen können, wenn Sie in der Stadt leben, oder wie Sie sich in einem neuen Zuhause, einem neuen Beruf, einer neuen Gemeinde und einem neuen sozialen Umfeld einleben können.

Teil VII: Der Top-Ten-Teil

Ausgeglichen leben für Dummies wäre nicht *Ausgeglichen leben für Dummies*, wenn es nicht diese kurzen Kapitel am Ende des Buches hätte, in denen Sie schnelle Informationen und nützliche Tipps finden. Ich stelle Ihnen eine Liste mit zehn schnellen Methoden des Stressabbaus, zehn Möglichkeiten zur Motivierung Ihrer Arbeitskollegen und die besten Fähigkeiten für ein ausgewogeneres Berufs- und Privatleben vor, die Sie Ihren Kindern beibringen sollten.

Symbole, die in diesem Buch verwendet werden

Manchmal ist eine Statistik das effektivste Mittel, um Ihnen zu zeigen, dass Sie nicht der einzige Mensch sind, der mit der Vereinbarkeit von Berufs- und Privatleben zu kämpfen hat. Hinter diesem Symbol finden Sie Informationen zu Trends in der Arbeitswelt und im privaten Bereich, die Sie mit Ihren eigenen und familiären Erfahrungen vergleichen können.

Bei einem so persönlichen Thema wie der Vereinbarkeit von Berufs- und Privatleben lässt sich eine Möglichkeit oder eine Regelung, die für Sie attraktiv sein könnte, am besten anhand einer realen Geschichte eines Menschen erklären, der diese Erfahrung bereits gemacht hat. Dieses Symbol verweist auf solche Geschichten, in denen Sie von Menschen hören, die sich bemüht haben, ihr Berufs- und Privatleben besser zu vereinen.

Dieses Symbol verweist auf relativ tief gehende Informationen, die Sie einfach überspringen können oder auch lesen können, um mehr zu einem Thema zu erfahren. Wenn die Informationen zur Vereinbarkeit von Berufs- und Privatleben zu Ihrer speziellen Situation passen, stellen Sie vielleicht fest, dass Sie hier ermutigt werden, weitere Recherchen zum Thema durchzuführen.

Manchmal ist es gut, sich einen weisen Spruch zu merken. Dieses Symbol weist auf wichtige Informationen hin, die Sie sich merken sollten, um bei der passenden Gelegenheit etwas für die Vereinbarkeit Ihres Berufs- und Privatlebens zu tun.

Sie sollten Warnsymbole ernst nehmen, um sicherzustellen, dass Ihnen eine bestimmte Sache nicht schadet oder Sie sich die erforderliche professionelle Beratung und Hilfe holen. Bitte lesen und berücksichtigen Sie diese Warnpunkte sorgfältig.

In den Tipps finden Sie kleine Schritte, die für eine bessere Vereinbarkeit zwischen Berufs- und Privatleben sorgen. Die Tipps sind leicht verständlich und umsetzbar, halten Sie also die Augen offen für alles, das Ihnen helfen kann, die gewünschten Änderungen zu erreichen.

Wo wären wir heute, wenn es das Internet nicht gäbe? Das Internet ist eine unglaublich praktische Informationsquelle, in der Sie zu nahezu jedem erdenklichen Thema eine oder mehrere Websites finden. Immer wenn Sie dieses Symbol in diesem Buch sehen, werden Websites vorgestellt, auf denen Sie Informationen finden und Ideen weiterentwickeln können.

Teil I

Bestandsaufnahme – Beruf oder Privatleben?

Glenn Lumsden

»Mal sehen ... ich hab das Notebook, das Handy, den Drucker, den Wireless-Router, die dringenden Akten ... okay ihr Lieben, Ferien!«

In diesem Teil ...

Die meisten Menschen sind sich einig, dass unser Leben trotz aller modernen elektronischen Geräte, Haushaltsmaschinen und -helfer hektischer und anstrengender ist als je zuvor. In der Realität erleben wir das genaue Gegenteil dessen, was wir eigentlich suchen – mehr Privat- und Familienleben.

Das Thema Work-Life-Balance ist nicht auf Menschen mit Kindern oder Partnern beschränkt. Das Leben außerhalb des Berufs kann Kindererziehung und Hausarbeit, aber auch Sport-, Freizeit- und Selbstentfaltungsaktivitäten wie Weiterbildung oder spezielle Kurse beinhalten – eben alles, was zum Leben gehört.

In diesem Teil erkläre ich Ihnen, was Work-Life-Balance bedeutet und inwiefern sich lange Arbeitszeiten auf Gesundheit, Familie und zwischenmenschliche Beziehungen auswirken können. Außerdem erfahren Sie, welche Maßnahmen einige Arbeitgeber ergreifen, um sicherzustellen, dass ihre Mitarbeiter auch außerhalb des Berufs ein Leben haben können.

Work-Life-Balance – eine Definition

1

In diesem Kapitel

- Was Work-Life-Balance bedeutet
- Erkennen, warum das Familienleben wichtig ist
- Wie Flexibilität auch für Sie möglich ist
- Jeden profitieren lassen

Das Klischee des arbeitsamen Deutschen wurde durch eine EU-Studie zur Entwicklung der Arbeitszeiten aus dem Jahr 2008 bestätigt: Mit durchschnittlich 41,2 Stunden pro Woche gehört Deutschland zu den Ländern in Europa, in denen am meisten gearbeitet wird. Und so strampeln wir uns alle ab, um Möglichkeiten zu finden, neben den niemals endenden Pflichten im Beruf, dem täglichen Pendeln zum und vom Arbeitsplatz, der Hausarbeit, der Kindererziehung sowie den sozialen und gesellschaftlichen Verpflichtungen mehr »Qualitätszeit« für uns selbst und unsere Familien zu finden.

Wenn das Verhältnis zwischen Berufs- und Privatleben unausgewogen ist, können sowohl das Familienleben als auch Ihre körperliche, emotionale und mentale Gesundheit leiden. Die starke Verbreitung von Erkrankungen wie chronische Rückenschmerzen, Depressionen, Herzinfarkt, Bluthochdruck, Diabetes Typ 2 und Fettleibigkeit sind deutliche Zeichen dafür, dass das Verhältnis zwischen Berufs- und Privatleben nicht stimmt.

In diesem Kapitel zeige ich Ihnen, warum ein ausgewogenes Verhältnis zwischen Berufs-, Privat- und Familienleben nicht nur für Ihr eigenes Wohlbefinden, sondern auch für das Ihrer Lieben so wichtig ist. Die Statistiken zeichnen kein schönes Bild, wenn es um die Vereinbarkeit von Berufs- und Privatleben geht. Aber es gibt immer mehr –Anzeichen, dass sowohl Arbeitnehmer als auch Arbeitgeber begreifen, dass ein ausgewogenes Verhältnis zwischen Berufs- und Privatleben letztendlich Vorteile für alle bereithält.

Aspekte eines ausgewogenen Berufs- und Privatlebens

Work-Life-Balance oder die *Vereinbarkeit von Berufs-, Privat- und Familienleben* ist zurzeit in aller Munde. Sie haben sicherlich schon davon gehört oder gelesen – in Zeitschriften, Fernsehsendungen zu Gesundheitsthemen, Anzeigen oder von Menschen in Ihrer Umgebung, denen es wichtig ist, ein ausgewogenes Verhältnis zwischen Berufs- und Privatleben für sich selbst, ihre Familien und ihre Kollegen zu sichern. Ich stelle mir gern eine altmodische Messingwaage vor, deren eine Waagschale mit »Beruf« und deren andere mit »Privatleben« beschriftet ist. Die offizielle Definition für dieses Buch lautet wie folgt: *Work-Life-Balance* beschreibt das Bedürfnis der Menschen, ein ausgewogenes Verhältnis zwischen der bezahlten Arbeit und dem Leben außerhalb des Berufs zu erreichen und zu bewahren. Ein ausgewogenes Verhältnis bedeutet dabei nicht unbedingt eine Fifty-fifty-Aufteilung zwischen Berufs-

und Privatleben, sondern das erfolgreiche Bewältigen aller Pflichten in beiden Bereichen Ihres Lebens.

Wie ausgewogen ist Ihr Leben?

Regierungsbehörden, Universitäten und Familienverbände versuchen herauszufinden, wie Arbeitnehmer das Verhältnis zwischen Berufs- und Privatleben beurteilen. Hier sind einige Ergebnisse aus aktuellen Studien:

- **Familien:** Im Jahr 2006 gaben 66 Prozent der Befragten an, dass ein ausgewogenes Verhältnis zwischen Berufs- und Familienleben schwieriger zu erreichen sei als vor fünf Jahren. Ein ähnlicher Anteil der Befragten meinte, dass sie weniger Zeit für Familie und Freunde hätten als vor fünf Jahren.
- **Beziehungen:** Eine überwältigende Zahl von 89 Prozent der Befragten gab an, dass ein ausgewogenes Verhältnis zwischen Berufs- und Privatleben derart schwierig zu erreichen sei, dass sie Probleme in Beziehungen erlebten, hauptsächlich weil sie nicht genug Zeit für Partner und Familienangehörige haben.
- **Kinder:** Unter den befragten Eltern gaben 75 Prozent an, das Gefühl zu haben, dass ein ausgewogenes Verhältnis zwischen den Anforderungen in Beruf und Familie ein echtes Problem für sie sei.

Ein veröffentlichter Familienbericht listet die folgenden Kommentare von Befragten auf, die zeigen, wie schwierig es sein kann, berufliche und familiäre Pflichten zu vereinen:

»Man sieht die gefürchtete Telefonnummer der Kinderbetreuung auf dem Handy-Display, wenn man gerade auf dem Weg in eine Besprechung ist, und fühlt sich einfach nur scheußlich.

»Es bedeutet, bei plötzlich auftretenden Problemen um eine Betreuungsmöglichkeit für die Kinder zu betteln. Es bedeutet, dass man bei verschiedenen Leuten »in der Schuld steht«. Es bedeutet Panik in letzter Minute, wenn die Kinder krank werden und zu Hause bleiben müssen. Es bedeutet ständige Kompromisse innerhalb der Familie wegen Urlaub, Ferienbetreuung, Geschäftsreisen und so weiter.

»Die Kinder in den Kindergarten bringen, ins Büro hasten, den ganzen Tag arbeiten, nach Hause rennen, das Abendessen mit müden Kindern vorbereiten, die Kinder zu Bett bringen – ich habe jeden Tag das Gefühl, als würde alles um mich herum zusammenbrechen.

Das Thema Work-Life-Balance ist nicht auf Menschen mit Kindern oder Partnern beschränkt. Das Leben außerhalb des Berufs kann Kindererziehung und Hausarbeit, aber auch Sport-, Freizeit- und Selbstentfaltungsaktivitäten wie Weiterbildung oder spezielle Kurse beinhalten – eben alles, was zum Leben gehört.

Die Ziele der Vereinbarkeit von Berufs- und Privatleben

Work-Life-Balance bedeutet, dass Sie zu einem gewissen Grad mitbestimmen können, wann, wo und wie Sie arbeiten. Denn nur dann können Sie Ihre beste Leistung zeigen, aber auch genug Zeit sichern, um sich zu erholen und eigenen Interessen außerhalb des Berufs nachzugehen.

Im Allgemeinen wird davon ausgegangen, dass ein ausgewogenes Verhältnis zwischen Berufs- und Privatleben erreicht ist, wenn Ihr Recht auf ein erfülltes Leben im und außerhalb des Berufs verwirklicht und von Ihrem Arbeitgeber respektiert wird.

Viele Menschen glauben, dass ein ausgewogenes Verhältnis zwischen Berufs- und Privatleben ein ruhigeres Leben bedeutet, in dem weniger gearbeitet und eine viel klarere Trennung zwischen Beruf und dem persönlichen Leben gezogen wird. Aber Wissenschaftler haben festgestellt, dass diese Sichtweise tatsächlich nicht dem entspricht, was den meisten Menschen vorschwebt. Stattdessen sind die meisten Arbeitnehmer und Selbstständigen durchaus gewillt, lange und hart in einem Beruf zu arbeiten, der ihnen Spaß macht, solange sie bestimmen können, wo und wann sie arbeiten.

Die Zeit ist oft der Feind

Eine von der University of South Australia durchgeführte Befragung verschiedener Arbeitnehmer hat die folgenden Ergebnisse hervorgebracht:

- ✔ Frauen mit Kindern (72,5 Prozent) und Frauen ohne Kinder (44,2 Prozent) fühlen sich unter Zeitdruck (das heißt, dass sie nicht genügend Zeit haben).
- ✔ Frauen (55,6 Prozent) und Männer (49,9 Prozent) leiden unter Zeitdruck (das heißt, dass sie mit der Menge der Aufgaben zu kämpfen haben, die sie in einem bestimmten Zeitrahmen erledigen müssen).

Diese Ergebnisse gelten auch für Selbstständige – selbstständige Frauen mit Kindern leiden stärker unter Zeitdruck als selbstständige Männer oder selbstständige Frauen ohne Kinder.

Work-Life-Balance bedeutet daher, die Flexibilität zu genießen, den Arbeitsplatz früher verlassen zu können, um die Kinder abzuholen oder einen Arzttermin wahrzunehmen, und die verpassten Stunden später oder an einem anderen Tag nachzuholen. Wichtig ist dabei, dass sich diese Flexibilität nicht auf Ihre Arbeit oder Ihre Karrierepläne auswirken sollte. Ich hoffe, Sie stimmen mir heftig nickend zu.

Vereinbarkeit von Berufs- und Privatleben in der Realität

Möglicherweise glauben Sie, dass Sie im Beruf nur »beweisen« müssen – gegenüber sich selbst, Ihrem Vorgesetzten und den Kollegen –, wie hart und lange Sie arbeiten und wie produktiv Sie sind, und dass dann Entlohnung und Anerkennung automatisch in den Schoß fallen. Wenn die Anerkennung jedoch ausbleibt, arbeiten Sie noch härter und länger in der Annahme, dass Sie dann endlich bemerkt werden. Sie reden sich stets ein, dass, wenn erst alle gemerkt haben, welch tolle Arbeit Sie leisten, Sie die Chance haben werden, um eine Gehaltserhöhung zu bitten und zu fragen, ob Sie an einem Tag in der Woche früher gehen können, um Ihr Kind zum Schwimmkurs zu bringen. Sie sind wahrscheinlich etwas nervös bei dem Gedanken, nach dieser flexiblen Zeiteinteilung zu fragen, aber Sie gehen davon aus, dass Ihr Chef Sie bis dahin so sehr schätzen wird, dass er es Ihnen nicht abschlagen kann.

Ein ausgewogenes Verhältnis zwischen Hausarbeit und Privatleben

Der Privatlebenteil in der Gleichung Berufs- und Privatleben muss nicht unbedingt die Zeit bezeichnen, die Sie zu Hause verbringen. Tatsächlich bringt für viele Menschen die Zeit, die sie zu Hause verbringen, noch mehr Arbeit mit sich. Für viele ist das Zuhause der Ort eines inoffiziellen zweiten Jobs: Sie erziehen die Kinder, beaufsichtigen die Hausaufgaben, kochen das Abendessen, gehen mit dem Hund spazieren, kümmern sich um die Wäsche, räumen den Geschirrspüler ein, baden die Kinder, erzählen ihnen eine Gutenachtgeschichte und sitzen dann am Notebook, um E-Mails zu beantworten, lange nachdem die Kinder schlafen gegangen sind.

Lange Arbeitszeiten – produktiv oder kontraproduktiv?

Früher glaubten viele, länger und härter arbeiten zu müssen, damit ihr Unternehmen in der globalen Wirtschaft wettbewerbsfähig bleibt.

Aber dieser Trend hat sich bereits gewandelt, und tatsächlich trifft möglicherweise genau das Gegenteil zu. Lange Arbeitszeiten werden heute von einigen Forschungsinstituten als Ursache für eine geringere Produktivität statt als Faktor für eine höhere Wettbewerbsfähigkeit angesehen.

Frauen in der Statistik

Das Haus putzen, das Baby baden und für die Familie einkaufen – ohne einen Cent dafür zu bekommen. Das ist für viele Frauen Realität.

Laut Statistischem Bundesamt verbringen Frauen, die mit Kindern unter 15 Jahren in einer Partnerschaft leben, durchschnittlich rund sechseinhalb Stunden pro Tag mit unbezahlter Arbeit, während es bei den Männern nur rund drei Stunden pro Tag sind.

Das Statistische Bundesamt erhebt Daten rund um das Leben in Deutschland. In den Zeitbudgeterhebungen erforscht das Amt beispielsweise, womit wir unsere Zeit, sowohl beruflich als auch privat, verbringen. Die Ergebnisse werden in der Broschüre *Alltag in Deutschland* unter verschiedenen Gesichtspunkten analysiert. Sie können diese Broschüre voller interessanter Informationen kostenlos auf der Website des Statistischen Bundesamtes unter `www.destatis.de` herunterladen.

Neben all diesen Aufgaben soll Ihr »Privatleben« einfach irgendwie stattfinden. Sicher haben auch Sie schon von unzähligen Gesundheits- und Psychologieexperten gehört oder gelesen, wie wichtig gesunde Ernährung, regelmäßige Bewegung, eine aktive Teilnahme an der Gesellschaft und Zeit für sich für Ihr Wohlbefinden sind. Und es ist sicher nicht überraschend, dass Menschen mit einem unausgewogenen Verhältnis zwischen Berufs- und Privatleben mehr Medikamente einnehmen, häufiger unter Stress leiden und unzufriedener mit ihren persönlichen Beziehungen sind. In den Kapiteln 4 und 5 finden Sie weitere Informationen zum physischen, emotionalen und mentalen Wohlbefinden, das unerlässlich für Ausgewogenheit zwischen Berufs- und Privatleben ist.

Das Problem Stress

Stress erzeugt Druck und spielt für das ausgewogene Verhältnis zwischen Berufs- und Privatleben eine große Rolle. Sie sollten verstehen, was geschieht, wenn Sie gezwungen sind, mit einer zusätzlichen Aufgabe oder Änderungen am Arbeitsplatz wie Rationalisierungen oder Umstellung auf Vertrags- oder Teilzeitarbeit anstelle einer festen Vollzeitstelle umzugehen. Stress kann immer dann entstehen, wenn Sie weder ein Mitspracherecht noch die Kontrolle darüber haben, wo, wann und wie Sie Ihre Arbeit erledigen. In solchen Situationen können Sie davon ausgehen, dass sich Ihr Gesundheitszustand verschlechtert. Stress kann den Herzschlag und die Atmung beschleunigen. Ihr Körper gibt Adrenalin und Cortisol frei, um Ihre Wachsamkeit zu erhöhen. Wenn der Stress anhält, kann der erhöhte Hormonspiegel Krankheiten verursachen. Chronischer Stress wird mit Herzerkrankungen, einem schwachen Immunsystem, hohem Blutdruck und sogar Krebs in Zusammenhang gebracht – und chronischer Stress wird heute häufig auch bei Schadensersatzanforderungen von Arbeitnehmern angeführt.

Laut einer EU-Studie sind heute bis zu 60 Prozent aller Fehltage auf Stress zurückzuführen. Schätzungen zufolge lagen die Kosten, die der Wirtschaft in Verbindung mit arbeitsbedingtem Stress entstehen, 2002 bei 20 Milliarden Euro. Häufig sind die Betroffenen länger krank gemeldet als bei körperlich bedingten Erkrankungen oder Verletzungen (und einige Erkrankte kehren gar nicht mehr in die Arbeitswelt zurück). Stresserkrankte verursachen außerdem bedeutend höhere Kosten für die medizinische, psychologische und rechtliche Betreuung. Alle Schätzungen gehen davon aus, dass stressbedingte Fehlzeiten weiter ansteigen werden. Abgesehen von den direkten Kosten entstehen Arbeitgebern außerdem Kosten für Mitarbeiterschulungen und Ersatzmitarbeiter.

Wie Sie ein ausgewogenes Berufs- und Privatleben selbst erschweren

Viele Menschen haben das Gefühl, dass sie immer mehr Geld und Besitztümer brauchen, um glücklicher zu sein. Selbst in den zwanzig Prozent der reichsten Haushalte meinen viele Menschen, dass »man sich nicht alles kaufen kann, was man wirklich braucht«. Diese Aussage ist ziemlich überraschend, wenn man bedenkt, dass das Einkommen der meisten Menschen heute eine dreimal höhere Kaufkraft hat als in den Fünfzigerjahren.

Was ist wichtiger: Größer oder besser?

Bei der Arbeit an diesem Buch wurde mir meine eigene Besessenheit, in meinem Haus alles »größer und besser« haben zu wollen, schmerzlich bewusst. Ich lebe mit meinem Mann und einem Kind in einem Vollziegel-Bungalow mit drei Schlafzimmern und einem Badezimmer. Nach diversen Besprechungen mit Architekten, Gutachtern und Bauunternehmen wurden unsere Pläne, das Haus in ein Riesenhaus mit vier Schlafzimmern und zwei Bädern auszubauen, von der lokalen Baubehörde genehmigt.

Die Kosten für den Umbau waren beängstigend und machten uns klar, dass eine derart große Belastung – zusätzlich zu dem Kredit, den wir bereits abbezahlen – unsere Möglichkeiten für Reisen, das soziale Miteinander oder ein neues Auto deutlich einschränken würde. Ganz zu schweigen von unseren Plänen für die Zukunft, die ein eventuelles Studium, den Wechsel in eine ganz neue berufliche Richtung oder ein Sabbatjahr beinhalten. Der Kredit für den Umbau hätte uns an Vollzeitarbeit und möglicherweise noch längere Arbeitszeiten gebunden.

Stattdessen entschieden mein Mann und ich, unser gemütliches Heim »intelligenter« zu gestalten. Unsere Erweiterungspläne wurden ersetzt durch Renovierungsmaßnahmen und Neuerungen. Der Einbau von zwei Regenwassertanks, das Verschieben einiger Türen, das Aufpeppen des Bads und Überlegungen zum Installieren von Solarzellen haben die Lebensqualität in unserem Haus gesteigert, aber nicht die Höhe unseres Kredits. Jetzt ist unser Heim absolut perfekt für uns drei.

In heutigen Haushalten leben immer weniger Menschen. In den Siebzigerjahren lebten durchschnittlich 2,74 Personen in jedem Haushalt, heute sind es nur noch 2,08. Statt für Personen wird der Platz für elektronische Geräte und Möbel genutzt. Jeder möchte sein Heim möglichst schön gestalten, und alle geben immer mehr Geld für moderne Möbel und Geräte aus. Das wiederum führt zu höheren Ausgaben, die durch härtere Arbeit und längere Arbeitszeiten abgedeckt werden müssen.

Die Überflusskrankheit

Die übermäßige Konsumkultur, die in Ländern der westlichen Welt vorherrscht, wird im angelsächsischen Raum als *Affluenza* bezeichnet, eine Verbindung von *Influenza* und *Affluence* (Wohlstand, Reichtum). Eine amerikanische Definition von Affluenza lautet wie folgt: »Das aufgeblähte, schleppende und unerfüllte Gefühl, mit den Müllers nebenan Schritt halten zu müssen ... Eine Epidemie, die Stress, Überarbeitung, Verschwendung und Schulden erzeugt und durch ein verbissenes Streben nach dem amerikanischen Traum und eine nicht auszuhaltende Abhängigkeit vom ökonomischen Wachstum verursacht wird.« Und diese Definition lässt sich sicher auch auf die Verhältnisse hierzulande anwenden.

Affluenza kann zu Depressionen führen, die laut Weltgesundheitsorganisation bis zum Jahr 2020 in der westlichen Welt den zweiten Platz in der Liste der häufigsten Krankheiten einnehmen werden. Diese beängstigende Aussicht lässt das Sprichwort »Geld allein macht nicht glücklich« sehr wahr klingen.

In Kapitel 5 stelle ich die geld- und konsumorientierte Lebensweise ausführlicher dar. Außerdem erfahren Sie dort, wie Sie über das scheinbar Benötigte hinaus nach dem suchen können, was Ihnen wirklich wichtig ist.

Die Wichtigkeit des Familienlebens erkennen

Familie bedeutet mehr als nur Kinder. Familie beinhaltet Ihren Partner, Ihre Eltern, Ihre Geschwister und andere Angehörige, die keine direkte Familie mehr haben, die für sie sorgt. Zu den Pflichten gegenüber Ihrer Familie zählt, dass Sie sich um Kinder, Partner und andere Familienmitglieder kümmern, beispielsweise auch um die ältere Generation oder Angehörige mit Behinderungen oder Krankheiten, die eine besondere Pflege und Aufmerksamkeit erfordern.

Ein ausgewogenes Verhältnis zwischen Beruf und Familie ist nicht nur für Menschen mit kleinen Kindern wichtig. Familienpflichten werden sich während Ihres gesamten Berufslebens auf Ihre Work-Life-Balance auswirken. Und selbst wenn Sie keine Verantwortung für eine Familie tragen, werden Sie vielleicht gelegentlich familienfreundliche Arbeitszeiten nutzen wollen, um beispielsweise zu studieren, zu reisen, Sport zu treiben oder ein Ehrenamt und Freiwilligendienste in der Gemeinde zu übernehmen. Schließlich braucht jeder die Möglichkeit, sich auszuruhen und zu erholen.

Die Anzahl der Frauen an den Erwerbstätigen wird sicher weiter unter anderem aus ökonomischen Gründen steigen. Die wachsende Kritik an unserem Schulsystem führt dazu, dass sich immer mehr Familien für Privatschulen interessieren, was zusätzliche Kosten für diese Familien bedeutet. Außerdem haben immer mehr Frauen eine gute Ausbildung abgeschlossen, die sie später im Beruf nutzen möchten.

Männer stehen unter dem wachsenden Druck, gute Väter zu sein und sich an der Erziehung der Kinder zu beteiligen. Gleichzeitig sind sie der Hauptverdiener, wenn ihre Partnerin nach der Geburt der Kinder beruflich aussetzt oder nur einer Teilzeitbeschäftigung nachgeht.

Berufstätige Mütter

Immer mehr Mütter sind berufstätig, und viele dieser Frauen finden es schwierig, die Pflichten in Haushalt und der Kindererziehung mit ihrem Beruf zu vereinbaren.

Laut Statistischem Bundesamt waren im Jahr 2001 60 Prozent der Mütter mit minderjährigen Kindern im Haushalt erwerbstätig, verglichen mit 55 Prozent im Jahr 1996.

Wenn man sich die Altersgruppen und die Anzahl der Kinder genauer ansieht, ergibt sich das folgende Ergebnis: 73 Prozent der Mütter mit einem Kind zwischen drei und fünf Jahren arbeiten; ist das Kind älter als fünf Jahre steigt der Anteil auf 79 Prozent. Von den Müttern mit drei Kindern, von denen das jüngste Kind zwischen drei und fünf Jahre alt ist, sind 43 Prozent erwerbstätig; ist das jüngste Kind über fünf Jahre alt, sind es schon 63 Prozent.

Das sind aber noch längst nicht alle Anforderungen, die im Berufs- und Privatleben auf uns warten. Die alternde Bevölkerungsstruktur bedeutet, dass viele Arbeitnehmer vor der Verantwortung stehen, sich neben der Kindererziehung auch ihren pflegebedürftigen Eltern zu widmen.

Ein weiterer Faktor, der das Familienleben erschwert, ist die immer häufiger erforderliche Mobilität der Erwerbstätigen aus beruflichen Gründen. Nach einem Umzug fehlen oft die Angehörigen und das soziale Netz, die Unterstützung bei der Kinder- oder Seniorenbetreuung und der Familienarbeit bieten können. Kein Wunder, dass das Jonglieren zwischen Berufs-, Privat- und Familienleben immer öfter zu Frustration und Erschöpfung führt. Ein wirklich ausgeglichenes Verhältnis zwischen Berufs- und Privatleben hat in diesem Szenario nur wenig Chancen.

Warum Teilzeitarbeit keine Lösung ist

Die Reduzierung der Arbeitszeit auf eine Teilzeitstelle ist ein typischer Versuch, einen Teil der »Lebenszeit« zurückzugewinnen. Aber eine Reduzierung der Arbeitszeit garantiert noch kein ausgewogenes Verhältnis zwischen Berufs- und Privatleben. Tatsächlich kann eine Teilzeitbeschäftigung das Gegenteil bewirken. Frauen, die teilzeitbeschäftigt sind, können Berufs- und Privatleben oft schlechter als Männer vereinbaren, die in Teilzeit oder Vollzeit arbeiten. Tatsächlich scheinen teilzeitbeschäftigte Frauen oft neben ihrem Beruf und den Haushaltspflichten sogar noch weniger freie Zeit zu haben.

Viele Frauen, die sich für eine Teilzeitbeschäftigung entscheiden, möchten einerseits einen Beitrag zur Haushaltskasse leisten, andererseits Zeit für ihre Familie haben. Diese Frauen nutzen seltener die Dienste von Putzfrauen oder Babysittern und essen seltener auswärts.

Väter und die Scham

Einige Väter brauchen eine klare Zusicherung von ihrem Arbeitgeber, dass flexiblere Arbeitszeiten kein Rückschritt für ihre Karriere sind. Auch Vätern sollte ermöglicht werden, zu Hause bleiben oder früher gehen zu können, wenn kranke Kinder gehütet werden müssen oder die Anwesenheit des Vaters bei Schulveranstaltungen gewünscht ist.

Tim, Vater von zwei Kindern und früherer IT-Experte, erzählt: »Wenn ich am Nachmittag um fünf das Büro verließ, schämte ich mich, weil ich der Einzige war, der Anstalten machte, zu einer normalen Zeit nach Hause zu gehen.«

Eine kürzlich durchgeführte Umfrage unter 1.000 Vätern ergab, dass 68 Prozent der Meinung sind, nicht genügend Zeit mit ihren Kindern zu verbringen. 53 Prozent der Väter glauben, dass sich ihr Berufsleben nicht mit dem Familienleben vereinbaren lässt.

Jüngere Väter sind außerdem der Meinung, dass Haushalts- und Kindererziehungspflichten bei Berufstätigkeit beider Partner geteilt werden sollten.

Frauen in Teilzeitbeschäftigung erhalten außerdem weniger Unterstützung von ihren Partnern und müssen damit umgehen, dass Kindergärten, Schulen oder andere Gemeindegruppen mehr Beteiligung an Freiwilligenarbeit von ihnen erwarten, weil sie keinen Vollzeitberuf haben.

Andere Studien zeigen, dass Frauen, die sich für eine Teilzeitstelle entscheiden, oft in Branchen arbeiten müssen, die hauptsächlich unqualifizierte Teilzeitmitarbeiter einstellen, beispielsweise im Gastgewerbe, im Einzelhandel oder in Fabriken, die zudem schlecht bezahlte Arbeitsplätze bieten. Manchmal müssen Mütter, die sich für eine Teilzeitbeschäftigung entscheiden, in einem anderen Bereich als in der Zeit vor den Kindern arbeiten. Das hat die folgenden Konsequenzen:

- ✔ Verlust der früher erworbenen Qualifikationen durch fehlende Erfahrungen im früheren Arbeitsbereich
- ✔ Verringerung der zukünftigen Chancen, in den eigentlichen Beruf zurückzukehren

Auswirkungen der Berufstätigkeit auf die Familie

Die Schwierigkeiten für berufstätige Eltern, ein ausgewogenes Berufs- und Privatleben zu schaffen, wirken sich auch auf die Beziehungen zu den Kindern aus. Ein ausgewogenes Verhältnis zwischen den beruflichen Pflichten und der Zeit und Aufmerksamkeit für die Kinder zu erreichen, ist wahrscheinlich der schwierigste Teil einer erfolgreichen Work-Life-Balance.

Während berufliche Pflichten mit einer gewissen Konstanz verbunden sind – regelmäßige Arbeitszeiten, geplante Aufgaben und Besprechungen und so weiter –, können die Bedürfnisse von Kindern je nach Gesundheit (möglicherweise müssen Sie wegen einer Erkältung zu Hause bleiben), Aktivitäten in Kindergarten und Schule (Ausflüge, Konzerte und so weiter werden oft relativ kurzfristig angekündigt) und Verhalten (alle Kinder zeigen in bestimmten Phasen Verhaltensweisen, die dringende Gespräche zwischen Eltern und Betreuern oder Lehrern während der Betreuungszeit erfordern) unberechenbar sein.

Ihre persönliche Vorstellung von Work-Life-Balance

Um das für Sie richtige Verhältnis zwischen Berufs- und Privatleben festzulegen, müssen Sie zunächst herausfinden, wie viel Zeit Sie für sich und Ihr Familien- und Privatleben haben möchten.

In einer Umfrage aus dem Jahr 2007 wurden die Teilnehmer befragt, welche Maßnahmen sie ergreifen würden, um ein ausgewogeneres Verhältnis zwischen Berufs- und Privatleben zu erreichen. Die folgenden drei Antworten wurden in einer eher überraschenden Reihenfolge genannt:

- ✔ Gesünder essen (erster Platz)
- ✔ Weniger arbeiten (dritter Platz)
- ✔ Mehr Zeit mit der Familie verbringen (fünfter Platz)

Trotz dieser Ergebnisse zeigen Umfragen immer wieder, dass viele Menschen ihre Familie als wichtigsten Aspekt des Lebens betrachten, der ihnen am meisten Zufriedenheit bringt, und dass sie gern mehr Zeit mit ihren Lieben verbringen würden. Ich ziehe aus dieser Abweichung den Schluss, dass viele den Versuch, mehr Privat- statt Berufsleben zu haben, zwar als wünschenswert, die Umsetzung aber als zu schwierig betrachten. Anstelle von Schokoladenkeksen einen gesunden Apfel als Zwischenmahlzeit für den Vormittag mit zur Arbeit zu nehmen, scheint einfacher zu sein, als flexiblere Arbeitszeiten auszuhandeln, um mehr Zeit mit der Familie zu verbringen.

Und was sagen die Kinder?

In einer Studie an der University of Australia wurden Gruppen von Zehn- bis Zwölfjährigen und Sechzehn- bis Achtzehnjährigen zur Berufstätigkeit ihrer Eltern befragt. Folgendes Ergebnis wurde ermittelt: »Für die Entwicklung der Kinder ist es nicht wichtig, ob Eltern arbeiten, sondern in welchem Zustand sie nach Hause kommen.«

Beobachtungen zufolge spiegelt dieser »Zustand« die Arbeitszeiten und die Intensität des Berufs der Eltern wider. Die Stimmung der Eltern nach der Arbeit wurde auch dadurch beeinflusst, inwieweit die Stelle der Eltern den beruflichen Präferenzen entsprach.

Eine andere Studie ergab, dass 56 Prozent der berufstätigen Eltern glauben, dass die Anforderungen im Beruf sie zu Hause reizbar machen.

Flexibilität am Arbeitplatz als Schwerpunkt

Für ein ausgewogenes Verhältnis zwischen Berufs- und Privatleben ist aufseiten des Arbeitsnehmers weniger Stress, mehr Zufriedenheit und persönliche Erfüllung im Beruf wichtig, während der Arbeitgeber vor allem sein Geschäftsergebnis verbessern will. Heute ist es weithin akzeptiert, dass sowohl Arbeitgeber als auch Arbeitnehmer davon profitieren, wenn familiären Pflichten durch flexible und familienfreundliche Arbeitszeiten Rechnung getragen wird. Zu diesen familienfreundlichen Initiativen gehören flexible Arbeitszeitmodelle, die verschiedene Arten der Beschäftigung, Arbeitszeitkonten, bezahlte und unbezahlte Urlaubstage, Einrichtungen am Arbeitsplatz und unterstützende Managementpraktiken beinhalten können. All das ermöglicht Arbeitnehmern ein Mitspracherecht bei der Entscheidung, wie sie arbeiten, um die Anforderungen ihres Berufs und die Familienpflichten in Einklang zu bringen.

Studien haben gezeigt, dass Arbeitnehmer die folgenden Bedingungen von ihren Arbeitgebern benötigen, um ein zukunftsfähiges ausgewogenes Verhältnis zwischen Berufs- und Privatleben zu erreichen, unabhängig davon, in welchem Land sie leben oder in welcher Branche sie tätig sind:

- ✔ Teilzeitbeschäftigung, die Arbeitnehmern alle Möglichkeiten für neue und herausfordernde Aufgaben, Schulungen und Beförderungen offenhält, die auch Vollzeitkräften zur Verfügung stehen
- ✔ Feste Teilzeitstellen (anstelle von zeitlich befristeten Stellen) mit Anrecht auf Jahresurlaub, Krankengeld, Urlaub für Pflegetätigkeiten, Elternzeit und Urlaubsgeld

- ✔ Kontrolle über den Beginn und das Ende des Arbeitstags für Teilzeit – und Vollzeitmitarbeiter (Gleitzeit)
- ✔ Beurlaubung für alle Mitarbeiter, die ein krankes Kind, einen kranken Partner oder kranke Eltern pflegen müssen, ohne dass diese Zeit von der eigenen Urlaubszeit abgezogen wird oder unbezahlter Urlaub genommen werden muss
- ✔ Nutzung des Bürotelefons für Notfälle, beispielsweise um einen Babysitter, ein Familienmitglied, den anderen Elternteil oder die Schule anzurufen

In vielen Phasen des Berufs- und Privatlebens – beispielsweise während des Studiums, nach der Geburt eines Kindes, in der Elternzeit, während eines unbezahlten Urlaubs oder bei Abwesenheit wegen Pflegeverpflichtungen gegenüber älteren Angehörigen – sind familienfreundliche Arbeitsplatzbedingungen das beste Mittel für einen Arbeitgeber, um qualifizierte Arbeitskräfte zu binden und gleichzeitig das Arbeitsklima und die Produktivität am Arbeitsplatz zu verbessern. Kluge Arbeitgeber haben erkannt, dass familienfreundliche Arbeitsbedingungen relativ günstige Mittel sein können, um die besten Mitarbeiter anzuziehen, Fehlzeiten zu reduzieren und produktive Mitarbeiter langfristig an das Unternehmen zu binden.

Vielleicht denken Sie, dass das ja alles ganz nett klingt – aber welche Art der Flexibilität kann ein Arbeitgeber, der Vertriebsziele erreichen und Aktionäre zufriedenstellen muss, seinen Arbeitnehmern tatsächlich bieten? Es gibt eine Vielzahl an familienfreundlichen Arbeitsbedingungen, darunter die folgenden:

- ✔ Flexible Beschäftigungsmodelle (Teilzeit, Vollzeit, Jobsharing, Telearbeit)
- ✔ Flexible Arbeitszeitmodelle (Gleitzeit, um Kinder zur Schule zu bringen oder Verpflichtungen nach der Schule nachzukommen, familienfreundliche Besprechungszeiten in den Kernstunden, Arbeitszeitkonten)
- ✔ Flexible Urlaubsmodelle (Erwerb zusätzlicher Urlaubstage, Sonderurlaub zur Pflege Familienangehöriger, Abgeltung von Überstunden)
- ✔ Andere Arbeits- und Familieninitiativen (Sabbatjahr, Weiterbildungsurlaub, Urlaub zur Ausübung eines Freiwilligendienstes)

In Kapitel 8 finden Sie weitere Informationen zu den verfügbaren Beschäftigungsmodellen und zur Vorbereitung Ihrer Argumentation, mit der Sie Ihren Arbeitgeber überzeugen möchten, familienfreundliche Beschäftigungsmodelle und Arbeitszeiten einzuführen.

Eine Einführung familienfreundlicher Beschäftigungsmodelle ist sinnlos, wenn Geschäftsführer und Abteilungsleiter die Einführung nicht aktiv unterstützen. Die Lösung scheint so einfach zu sein, aber nicht jeder Arbeitgeber kann die Vorteile sehen. Einfach gesagt, hängt die Produktivität und Rentabilität eines Unternehmens von der Qualität und dem Engagement seiner Mitarbeiter ab. Wenn diese Mitarbeiter Schwierigkeiten haben, die Anforderungen im Beruf und im Leben außerhalb des Berufs zu vereinbaren, können die Produktivität und die Motivation leiden.

Experten sind der Meinung, dass lange Arbeitszeiten langfristig nicht tragbar sind. Mitarbeiter werden letztendlich kündigen, wenn sie es nicht schaffen, ein ausgewogenes Verhältnis zwischen ihren beruflichen und familiären Pflichten zu finden. Flexible Arbeitszeitmodelle werden auch nicht funktionieren, wenn ein Arbeitgeber die Belegschaft verkleinert und erwartet, dass die restlichen Mitarbeiter die Arbeit und Produktivität leisten, die zuvor mit mehr Mitarbeitern geschafft wurde.

Arbeitgeber müssen überlegen, wie sie ihren Mitarbeitern die Kultur der langen Arbeitszeiten abgewöhnen können. Anne erzählt: »Viele junge Mitarbeiter kommen um neun Uhr ins Büro, während ich meine Kinder wegbringe und um sieben Uhr an der Arbeit sitze. Die anderen profitieren davon, dass sie anwesend sind (und zeigen können, wie lange sie arbeiten), wenn der Geschäftsführer am Nachmittag um fünf über den Flur läuft. All das heißt aber nicht, dass die Jungen produktiver sind oder härter arbeiten als ich. Aber *sie* sind diejenigen, die gesehen werden.«

Wenn Arbeitgeber die langen Arbeitszeiten ihrer Mitarbeiter nicht bemerken, werden sie möglicherweise schnell darauf aufmerksam gemacht, sobald die Auswirkungen auf die Gewinne sichtbar werden, weil Mitarbeiter das Unternehmen verlassen. Denn eine hohe Mitarbeiterfluktuation bedeutet den Verlust qualifizierter Arbeitskräfte. Und das bedeutet wiederum zusätzliche Kosten für Stellenanzeigen, Rekrutierung, Bewerbungsgespräche und Schulungen. In einer Studie wurde gezeigt, dass das Ersetzen eines Mitarbeiters ein Unternehmen mindestens ein Drittel des Erstjahresgehalts des neu eingestellten Mitarbeiters kostet.

Work-Life-Balance ist für alle Seiten ein Gewinn

Beschäftigungs- und Familieninitiativen zeigen tatsächlich ihre Wirkung. Die wachsende Zustimmung für familienfreundliche Arbeitszeiten hierzulande und in anderen Ländern zeigt, dass die unternehmerische Leistung verbessert werden kann, wenn die folgenden Voraussetzungen erfüllt werden:

- ✔ Anerkennung als »bevorzugter Arbeitgeber«
- ✔ Besseres Betriebsklima und mehr Engagement der Mitarbeiter
- ✔ Geringere Mitarbeiterfluktuation
- ✔ Weniger Fehlzeiten
- ✔ Mehr Chancen, Mitarbeiter anzuziehen und einzustellen
- ✔ Anerkennung und Verbesserung von Gesundheits- und Sicherheitsaspekten im Beruf
- ✔ Verringerung von Stress und Steigerung der Produktivität

Unternehmen und Arbeitgeber mit familienfreundlichen Arbeitszeitmodellen stellen fest, dass die Vorteile die Kosten und Mühen der Einführung bei Weitem übertreffen, insbesondere weil die Unternehmen qualifizierte und produktive Mitarbeiter anziehen und binden können.

Arbeitnehmer profitieren unter anderem von den folgenden Vorteilen:

- ✔ Flexible Arbeitszeiten, die Stress mindern
- ✔ Gesteigerte Konzentration, Motivation und Zufriedenheit im Beruf, weil sie wissen, dass sie familiäre und berufliche Pflichten erfüllen können
- ✔ Höhere Arbeitsplatzsicherheit und mehr Engagement, wenn Arbeitgeber zeigen, dass sie Mitarbeiter mit Familie schätzen und unterstützen

Beruf, Privatleben und Sie

2

In diesem Kapitel

- Familienfreundliche Beschäftigungsmodelle für alle
- Berufliche und private Verpflichtungen in Einklang bringen

Trotz des wachsenden Bewusstseins und der Verbreitung von flexiblen Arbeitszeitmodellen wie reduzierte Arbeitszeit, Teilzeitarbeit von zu Hause oder Sonderurlaub für ehrenamtliche Tätigkeiten gibt es immer noch eine Menge Dinosaurier unter den Führungskräften in Unternehmen. Diese altmodischen Arbeitgeber bestehen nach wie vor darauf, dass ihre Mitarbeiter von neun bis fünf an ihren Schreibtischen sitzen.

Allerdings werden solche Führungskräfte auch häufig von gestressten und besorgten Eltern belogen, wenn diese ein krankes Kind betreuen müssen und behaupten, dass sie selbst erkrankt sind und deshalb einen Tag zu Hause bleiben müssen. Wahrscheinlich haben diese Führungskräfte Partner zu Hause, die sich um kranke Kinder, pflegebedürftige Angehörige und den Haushalt kümmern.

Arbeitgebern ist oft nicht bewusst, dass ihre geschätzten Mitarbeiter Vollzeit arbeiten und gleichzeitig versuchen, einen Platz in einem Altersheim für einen pflegebedürftigen Elternteil zu finden oder die Fußballmannschaft ihres Sohnes zu trainieren. Diese Dinosaurier schaffen Arbeitsplätze, an denen Mitarbeiter überzeugt sind, dass flexible Arbeitszeiten nicht möglich sind, ohne sich von allen Karriereplänen zu verabschieden.

Die Ironie ist, dass altmodische Unternehmen ebenso leiden wie ihre Mitarbeiter, weil ihre Arbeitsplätze sozusagen wie Drehtüren an Flughäfen sind – Mitarbeiter werden eingestellt, erhalten kostspielige Schulungen, erkranken dann vor lauter Stress am Burn-out-Syndrom und verlassen das Unternehmen wieder.

Die schrumpfende Arbeitnehmerschaft

Unsere Bevölkerung altert, was bedeutet, dass ein Drittel der Arbeitnehmerschaft über 45 Jahre alt ist und ein großer Teil dieser Arbeitnehmer in den nächsten Jahren in den Ruhestand gehen oder die Arbeitszeit verringern wird. Der heutige Arbeitsmarkt verfügt über zu wenig junge Arbeitnehmer mit den entsprechenden Erfahrungen, Qualifikationen und Fachkenntnissen, um die Arbeitnehmer zu ersetzen, die demnächst in den Ruhestand gehen. Da immer mehr Paare erst mit über dreißig ihr erstes Kind bekommen, müssen sich außerdem immer mehr Arbeitnehmer um Kinder und pflegebedürftige Angehörige kümmern.

Geschäftsführer von Unternehmen wissen, dass sie modernere Arbeitszeitmodelle anbieten müssen, um gute Mitarbeiter anzuziehen und zu binden. Verschiedene Studien haben gezeigt, dass familienfreundliche Arbeitszeiten, die eine Vereinbarkeit zwischen Berufs- und Privatleben ermöglichen, das Betriebsklima, die Produktivität sowie die Bindung und Rekrutierung von Mitarbeitern verbessern. Sie sollten also vor einer Fülle an Auswahlmöglichkeiten stehen, richtig? Nein?

Fehlannahmen in puncto Kinderbetreuung

Es gibt eine paradoxe Vorstellung in unserer Gesellschaft. Einerseits werden Paare angehalten, Kinder zu bekommen, damit die Geburtenrate wieder steigt und die Bevölkerungszahl nicht weiter sinkt. Und viele Paare nutzen die Initiativen der Regierung wie Elternzeit und familienfreundliche Beschäftigungsmodelle, um genau das zu tun. Andererseits herrscht immer noch der allgemeine Glaube vor, dass Paare keine Kinder haben sollten, wenn nicht ein Partner zu Hause bleiben und sich rund um die Uhr um die Kinder kümmern kann. Im Zeitalter steigender Wohn- und Lebenshaltungskosten ist das Ideal der Fünfzigerjahre, als die glückliche Mutter zu Hause blieb, Hausarbeit erledigte und drei Mahlzeiten pro Tag auf den Tisch stellte, nicht mehr zeitgemäß. Stattdessen brauchen Familien und Paare zwei Einkommen, um den Lebensunterhalt zu sichern.

Viele Manager und Führungskräfte sind männlich und leben nach wie vor in traditionellen Familienstrukturen. Ihr Verständnis für den Druck, unter dem Mitarbeiter mit Kindern stehen, ist begrenzt, da sie selbst einen gut bezahlten Posten haben und es sich leisten können, dass ihre Ehefrau zu Hause bleibt, ihnen den Rücken frei hält und sich um alle Aspekte der Kindererziehung, des sozialen Lebens und so weiter kümmert. Damit hängen Männer, die den Lebensunterhalt allein verdienen, allerdings auf dieselbe Weise von der Partnerin ab, die zu Hause unbezahlte Arbeit leistet, wie die zu Hause bleibende Frau vom Einkommen des Mannes abhängt.

Eine Geschäftsführerin sagte einmal zu mir: »Ich verstehe nicht, warum so viel Wirbel um die Gebühren für Kindertagesstätten gemacht wird, schließlich sind sie wirklich nicht besonders hoch.« Zu dieser Zeit biss ich mir auf die Zunge, hätte ihr aber gern gesagt, dass das Gehalt der 400 Mitarbeiter im Unternehmen nicht annähernd so hoch wie ihr eigenes ist. Teilzeitmitarbeiter müssen oft entscheiden, ob sie nur arbeiten, um die Gebühren für die Kinderbetreuung zu zahlen, oder ob ein paar Euro für die Familienkasse übrig bleiben.

Auch die in den Medien gern ausgeschlachteten Geschichten von Frauen in Führungspositionen, die ihren Beruf aufgeben, um eine Familie zu gründen oder ihr stressiges Leben zu vereinfachen, sind nicht sehr hilfreich. Zwar mag eine Geschäftsführerin oder Anwältin, die mehr als eine Million pro Jahr verdient, eine solche Entscheidung treffen können, aber für Liesl oder Otto Normalverbraucher ist diese Möglichkeit nicht so einfach umsetzbar und schon gar nicht stressfrei.

Wenn Sie diese Art von Erfolgsgeschichten lesen oder hören, kommt schnell ein gewisser Frust auf, vor allem wenn Sie gern beruflich mehr leisten würden, es aber nicht können, weil Sie Kinder betreuen oder ältere Angehörige pflegen müssen. Deshalb verlangen Arbeitnehmer immer lauter nach mehr Flexibilität und Kontrolle über ihre Arbeitszeiten sowie nach Möglichkeiten, außerhalb des Büros zu arbeiten, um die Anforderungen der Familie und die Notwendigkeit, den Lebensunterhalt verdienen zu müssen, vereinbaren zu können.

Weitere Informationen zur Durchsetzung Ihrer Vorstellungen zur Vereinbarkeit von Berufs- und Privatleben finden Sie in Kapitel 9.

Betreuungspflichten an allen Fronten

Wenn Sie an die Betreuungspflichten von Arbeitnehmern denken, fällt Ihnen sicher zuerst die Betreuung von Kindern ein. Doch durch unsere alternde Gesellschaftsstruktur wird die Pflege älterer Familienangehöriger zu einem weiteren Betreuungsproblem, das berufstätige Arbeitnehmer lösen müssen.

Die Kinderbetreuung und die Betreuung pflegebedürftiger älterer Angehöriger weisen einige deutliche Unterschiede auf. Nicht alle Arbeitnehmer haben Kinder, aber viele Arbeitnehmer haben noch Eltern und stehen deshalb zu irgendeinem Zeitpunkt vor der Verantwortung, die Pflege ihrer Eltern zu übernehmen oder zu organisieren. Im Gegensatz zur Kinderbetreuung ist die Betreuung älterer Menschen ein unvorhersehbares, unbeständiges Ereignis, das plötzlich oder schleichend auftreten kann, wenn sich die Gesundheit und Mobilität der Eltern verschlechtert. Die Betreuung pflegebedürftiger Angehöriger erfordert eine kontinuierliche Überwachung und Flexibilität, um auf die jeweiligen Betreuungsanforderungen der Angehörigen reagieren zu können. Dafür ist eine Menge Flexibilität sowohl auf Arbeitgeberseite als auch auf Arbeitnehmerseite erforderlich.

Kinderbetreuung betrifft hauptsächlich Kinder, die in Ihrem Haushalt leben, bei der Betreuung pflegebedürftiger Angehöriger spielen dagegen oft noch ganz andere Dinge eine Rolle. Manchmal müssen Sie sich um komplexe finanzielle oder rechtliche Angelegenheiten, veränderte Lebensumstände und verschiedene Gesundheitsprobleme und Pflegedienste kümmern. Möglicherweise sind solche Pflegedienste für Sie nur schwer organisierbar, zum Beispiel wenn

Arbeitgeber und Mitarbeiter fortgeschrittenen Alters müssen Pflegeverpflichtungen gemeinsam angehen

Mitarbeiter fortgeschrittenen Alters zu halten und ihnen flexible Beschäftigungsmodelle für ihre nicht beruflichen Verpflichtungen – die Betreuung von pflegebedürftigen Angehörigen und Kindern – bereitzustellen, ist ein wichtiger Aspekt für Unternehmen in den Industrienationen.

Viele Unternehmen ermutigen ihre Mitarbeiter, neue Beschäftigungsmodelle zu nutzen. Eine Umfrage unter Unternehmen erbrachte die folgenden Ergebnisse:

- ✔ 56 Prozent achten auf die Reduzierung von Stress am Arbeitsplatz.
- ✔ 71 Prozent haben Optionen zur Förderung der Gesundheit und des Wohlbefindens eingeführt.
- ✔ 73 Prozent stellen weiterhin sicher, dass flexible Beschäftigungs- und Arbeitszeitmodelle verbessert und fair umgesetzt werden.
- ✔ 28 Prozent aller befragten Unternehmen und 37 Prozent der »Vorzeige«-Unternehmen haben festgestellt, dass Fehlzeiten um neun beziehungsweise 16 Prozent gesenkt werden konnten.

Ich halte diese Ergebnisse für sehr vielversprechend, was die Zukunft der Work-Life-Balance betrifft.

Sie an einem anderen Ort als Ihre Eltern leben. Manchmal werden Sie diese Pflegedienste während Ihrer Arbeitszeit telefonisch kontaktieren und organisieren müssen.

Ein weiterer Faktor, der eine Pflegesituation für einen Arbeitnehmer – insbesondere wenn dieser auch Kinder hat – besonders schwierig machen kann, ist die Tatsache, dass sich die Beziehung zu den Eltern mit den Jahren ändert. In einigen Fällen kehrt sich die Eltern-Kind-Beziehung sozusagen um, wenn der pflegebedürftige Angehörige immer stärker abhängig wird. Im Gegensatz zur Kinderbetreuung hat die Betreuung pflegebedürftiger Angehöriger nicht unbedingt einen positiven Ausgang, sodass Sie sich möglicherweise emotional erschöpft fühlen und sowohl am Arbeitsplatz als auch zu Hause Unterstützung benötigen. Hilfreich ist in einer solchen Situation, wenn Geschwister, Verwandte oder Freunde abwechselnd die Betreuung übernehmen können – beispielsweise das Einkaufen am Wochenende, die Begleitung zu Arztterminen, das Organisieren einer Pflegerin und so weiter. Allerdings kann die Last der Betreuung auch vollständig auf eine Person fallen, wenn keine Verwandten in der Nähe wohnen, die helfen können.

Die Arbeitsplatzkultur ändern

Einige Arbeitgeber denken, dass die Einführung nicht traditioneller Beschäftigungsformen wie beispielsweise das Arbeiten von zu Hause aus (Telearbeit), Gleitzeitangebote oder Jobsharing hohe Kosten verursacht. Arbeitgeber, die derartige Beschäftigungsmodelle bereitstellen, unterstützen aber die Mitarbeiter mit einem geschäftigen Leben außerhalb des Berufs (sprich: *alle* Mitarbeiter).

Aber auch mit flexiblen Beschäftigungsmodellen spielt ein weiterer Faktor eine Rolle – das -*Betriebsklima*. Dieser Begriff beschreibt die »Atmosphäre« an einem Arbeitsplatz, die sich auf Ihre Arbeitszeit, Ihre Erwartungen und so weiter auswirken und es Ihnen schwer machen kann, Ihre Vorstellungen von Ausgewogenheit zwischen Berufs- und Privatleben umzusetzen.

Intelligente Manager verstehen, dass sich lange Arbeitszeiten tatsächlich negativ auf die Produktivität auswirken. Mitarbeiter können in einem Achtstundentag, an dem sie gut organisiert und effizient arbeiten, bessere Ergebnisse liefern als bei einer Anwesenheitspflicht von zwölf Stunden, von denen ein nicht unerheblicher Teil damit verbracht wird, im Internet zu surfen, unnötige E-Mails zu schreiben oder sich beim Kaffee bei Kollegen zu beschweren.

Manager können die Effektivität ihrer Mitarbeiter mithilfe einer Analyse der Qualität und Ergebnisse pro Arbeitsstunde auswerten. Auf diese Weise werden auch Teilzeitmitarbeiter fair beurteilt und können mit ebenso komplexen Aufgaben betraut werden wie Vollzeitmitarbeiter. Außerdem ist die Wahrscheinlichkeit größer, gute Mitarbeiter zu halten, wenn Arbeitgeber Beschäftigungsmodelle anbieten, die Mitarbeitern die Inanspruchnahme der Elternzeit und die Rückkehr an den Arbeitsplatz in Teilzeit ermöglichen. Arbeitgeber binden damit nicht nur Fähigkeiten und Erfahrungen an das Unternehmen, sondern sparen auch Geld für Stellenanzeigen, Einstellungsverfahren und Schulungen.

Der Kampf gegen das unproduktive Absitzen der Arbeitszeit

Fehlzeiten, das heißt Abwesenheiten wegen Erkrankungen oder anderen Gründen, sind zu einem großen Problem für Unternehmen geworden. Aber heutzutage macht Unternehmen ebenso ein anderes Phänomen zu schaffen, das auch neudeutsch als *Presenteeism* bezeichnet wird und die krankheitsbedingte reduzierte Produktivität am Arbeitsplatz beschreibt. Der Arbeitnehmer ist zwar im Betrieb anwesend, seine Leistung ist aber beeinträchtigt. Diese Beeinträchtigungen ziehen ein Verschwenden der Zeit aufgrund von Krankheit oder fehlender Motivation, das Vernachlässigen wichtiger Aufgaben, eine verminderte Arbeitsqualität und -quantität sowie eine schlechte Kommunikation mit den Kollegen nach sich.

Im Jahr 2006 wurde geschätzt, dass dieses Phänomen die Arbeitgeber doppelt so viel kostet wie krankheitsbedingte Fehlzeiten.

Presenteeism wurde mit Übergewicht, Stress, Rücken- und Nackenschmerzen, Migräne, Allergien und fehlender körperlicher Aktivität in Verbindung gebracht. Das Phänomen ist außerdem mit der Auffassung verbunden, dass Mitarbeiter lange Stunden im Büro verbringen müssen, um ihren Wert unter Beweis zu stellen. Das führt unweigerlich zu Erkrankungen, Burn-out-Syndrom oder Kündigung – und eine hohe Mitarbeiterfluktuation ist gleichbedeutend mit hohen Kosten für den Arbeitgeber.

Ein im Jahr 2007 befragter Manager erklärte, dass Arbeitnehmer die verlangte lange Anwesenheit im Büro und Überstunden zwar scheinbar akzeptieren – aber letztendlich die Situation doch ablehnen, weil sie früher oder später kündigen.

Altmodisches Denken ausmerzen

Arbeitgeber, die familienfreundliche Beschäftigungs- und Arbeitszeitmodelle einführen, stellen manchmal fest, dass Mitarbeiter nur zögerlich ihre Arbeitszeiten verringern oder Sonderurlaub nehmen, weil sie Angst davor haben, ihre Aufgaben in der verbleibenden Zeit nicht erledigen zu können.

In diesem Fall müssen Geschäftsführer und Abteilungsleiter einschreiten und die flexiblen Beschäftigungs- und Arbeitszeitmodelle offen begrüßen. Verschiedene Studien und die Geschäftsergebnisse von Arbeitgebern, die flexible Modelle mit Erfolg einsetzen, zeigen, dass die Flexibilität zu einem »normalen« Teil der Kultur an einem Arbeitsplatz wird, wenn ein hoher Anteil der Beschäftigten flexible Beschäftigungs- und Arbeitszeitmodelle nutzt.

Ein Manager oder Abteilungsleiter, der mit gutem Beispiel vorangeht, indem er freitags zu Hause arbeitet oder vier Wochen zusätzlichen Urlaub »erwirbt«, ist eins der effektivsten Mittel, um Mitarbeiter zu ermutigen, selbst flexible Arbeitszeiten in Anspruch zu nehmen. Mehr zu diesem Thema finden Sie in den Kapiteln 9 und 10.

Die Weigerung, Überstunden zu machen

Hier ist ein Beispiel für den Schaden, den die vorherrschende Kultur am Arbeitsplatz anrichten kann: Radiologe Patrick rannte gegen eine Mauer, als er einen neuen Posten in der Gesundheitsbranche übernahm.

»Offiziell bot der Job flexible Arbeitszeiten, vernünftige Schichtdienste und Freizeitausgleich für Überstunden. Als ich anfing und nach einem flexiblen Tag fragte, erklärte mir ein Kollege, dass es keine flexiblen Tage gibt. Außerdem begann meine Arbeit um acht Uhr morgens, und ich kam nur selten vor 19 Uhr nach Hause.«

Nach einigen Monaten mit langen Arbeitstagen, hohen Arbeitslasten und nur sehr wenig Zeit für seine Kinder am Abend entschied Patrick, dass er so nicht weitermachen konnte. »Ich informierte mich einfach über meine Rechte, begann, meine Arbeitszeiten aufzuschreiben, und verlangte einen freien Tag für meine Überstunden.«

Patricks Initiative ermutigte seine Kollegen, ebenfalls auf ihren Rechten zu bestehen. »Immerhin werden die Stunden jetzt aufgeschrieben. Einen Tag frei zu haben, ist ein Schritt in die richtige Richtung – auch wenn ich das Gefühl habe, dass ich für diesen einen Tag drei zusätzliche Tage arbeiten muss.«

Verantwortlichkeiten und Grenzen erkennen

Lange Arbeitszeiten und Überstunden, von denen Sie sich erhoffen, dass sie von den Verantwortlichen an Ihrem Arbeitsplatz beachtet werden, können zu Chaos in Ihrem persönlichen Leben führen. Es ist vollkommen in Ordnung, im Berufsleben Ambitionen zu verfolgen und nach Erfolg zu streben, aber es ist auch überlebenswichtig, dass Sie sich selbst schützen und Ihre Energie und Talente immer wieder auffrischen.

Mitarbeiter, die in ihre erste Führungsposition befördert werden, nur um dann festzustellen, dass sie viel zu ausgebrannt sind, um gute Arbeit leisten zu können, nützen niemandem.

Die folgenden Tipps helfen Ihnen, Ihre berufliche Karriere weiterzuverfolgen, aber trotzdem mehr Zeit für Ihr persönliches Leben zu finden:

- ✔ **Ablenkungen verringern:** In einer aktuellen Studie wurde festgestellt, dass der durchschnittliche Vollzeitmitarbeiter rund zwei Stunden pro Tag durch Ablenkungen im Büro verliert. Zu diesen Ablenkungen zählen beispielsweise informelle Anfragen und Gespräche von und mit Kollegen, Telefongespräche und das Lesen unwichtiger E-Mail-Nachrichten. Sie können derartige Unterbrechungen reduzieren, indem Sie ein Schild an Ihrer Tür oder Ihrem Schreibtisch anbringen, auf dem Sie andere darauf aufmerksam machen, dass und warum Sie beschäftigt sind. Wenn Sie den Grund gleich mitliefern, werden Ihre Kollegen leichter akzeptieren, dass Sie nicht gestört werden möchten. Eine weitere Möglichkeit zum Reduzieren von Unterbrechungen besteht darin, jeden Tag eine bestimmte Zeit festzulegen, zu der Sie sich mit Kollegen treffen, um Fragen und Projekte zu besprechen.

Legen Sie bestimmte Zeiten während des Tages für das Abrufen und Beantworten von E-Mail-Nachrichten fest. Anstatt sich den lieben langen Tag von E-Mails, Ihrem Palm-Computer oder SMS-Nachrichten auf Ihrem Handy ablenken zu lassen, legen Sie jeweils vormittags und nachmittags ein Zeitfenster fest, um alle Nachrichten abzurufen und wichtige Nachrichten zu lesen und zu beantworten. Deaktivieren Sie außerdem die Funktion in Ihrem E-Mail-Programm, die Sie durch irgendein Benachrichtigungszeichen oder Umschlagsymbol auf neue Nachrichten aufmerksam macht und Sie in Versuchung führen könnte, das, was Sie gerade tun, zu unterbrechen, um die Nachricht zu lesen.

✔ **Bei Krankheit zu Hause bleiben:** Sie tun weder sich noch Ihren Kollegen einen Gefallen, wenn Sie sich krank ins Büro schleppen, obwohl Sie besser einen Arzt aufsuchen oder zu Hause im Bett bleiben sollten. Vermeiden Sie stattdessen den Drang, ins Büro zu gehen, und das Risiko, alle anderen in der Abteilung anzustecken. Nehmen Sie sich Zeit, um sich zu erholen. Dann werden Sie Ihre Produktivität und Motivation schneller wiedererlangen, als wenn Sie angeschlagen im Büro sitzen und über längere Zeit keine oder nur minderwertige Arbeit abliefern können.

Wenn Sie sich im Laufe des Tages schlecht fühlen – und Ihren Arbeitsplatz unter keinen Umständen früher verlassen können – versuchen Sie, Aufgaben zu erledigen, die nur wenig mentale oder körperliche Energie kosten, beispielsweise das Aktualisieren Ihres Kalenders, das Beantworten kurzer E-Mail-Nachrichten oder das Aufräumen Ihres Schreibtischs. Sie sollten außerdem Ihre Aufgabenliste aktualisieren, damit Ihr Chef oder Ihre Kollegen sehen können, woran Sie gerade arbeiten und was noch erledigt werden muss, falls Sie am nächsten Tag krank zu Hause bleiben.

✔ **Unnötige Arbeiten vermeiden:** Halten Sie Ihre Projekte und laufenden Verpflichtungen nach Dringlichkeit in Ihrem Kalender und Ihrer Arbeitszeitplanung fest, und schätzen Sie ein, wie viel Zeit Sie voraussichtlich für die jeweilige Aufgabe benötigen werden. Sie können außerdem unwichtige und unnötige Aufgaben ermitteln und von Ihrer Liste streichen.

Auch das Zusammenfassen mehrerer Berichte kann Zeit sparen. Fragen Sie Ihre Kollegen, ob bestimmte E-Mail-Nachrichten oder Memos noch erforderlich sind oder ob Sie nicht effektivere Kommunikationsmöglichkeiten nutzen können. Lassen Sie es uns so ausdrücken: Sie werden nicht wissen, was Sie loswerden »dürfen«, wenn Sie nicht danach fragen.

✔ **Hochleistungszeiten erkennen:** Viele von uns sind zu bestimmten Tageszeiten produktiver als zu anderen. Sie können leicht erkennen, wann Sie am leistungsfähigsten sind. Ich bin ein Morgenmensch und lege meine anspruchsvolleren Schreibaufgaben (wie die Arbeit an diesem Buch) auf den Vormittag. Leichtere Aufgaben wie Rückrufe, E-Mails beantworten und Papiere ablegen erledige ich nach 14 Uhr, wenn meine Energie zu schwinden beginnt. Meine Kollegin Sigrid dagegen kommt erst am Nachmittag auf Touren und erledigt ihre Recherchearbeiten am besten am frühen Abend.

- **Auf Arbeitszeiten aufmerksam machen:** Wenn Sie Frühaufsteher sind, gern früh mit der Arbeit beginnen und vor den Kollegen wieder gehen, sollten Sie vielleicht hin und wieder eine E-Mail-Nachricht an Ihren Vorgesetzten oder einen Kollegen senden, kurz nachdem Sie an Ihrem Schreibtisch angekommen sind. Das Versenden dieser E-Mail-Nachricht kann ein subtiler Hinweis darauf sein, dass Sie Ihre vollen acht Stunden arbeiten, insbesondere wenn Sie sich Gedanken darüber machen, dass Ihr Vorgesetzter um 17.30 Uhr durch die Flure läuft.

  Wenn Ihr Arbeitgeber keine flexiblen Arbeitszeiten anbietet, sollten Sie über ein Gespräch mit Ihrem Vorgesetzten nachdenken, in dem Sie die Einführung eines solchen Arbeitszeitmodells besprechen. Eine entsprechende Arbeitszeitrichtlinie räumt alle Sorgen aus, die sich frühe Anfänger oder späte Heimgeher darüber machen könnten, dass der Arbeitgeber nicht sieht, dass auch sie ihren Anteil an der Arbeitslast übernehmen. In solchen Richtlinien kann außerdem die Verfügbarkeit von Mitarbeitern für Besprechungen und zukünftige Projekte festgelegt und ein Ausgleichsplan für Überstunden eingeführt werden, der die Motivation und Erholung von Mitarbeitern sichert. (In den Kapiteln 8 und 9 finden Sie ausführliche Hinweise zu den gängigen flexiblen Beschäftigungs- und Arbeitszeitmodellen und den Möglichkeiten, diese an Ihrem Arbeitsplatz umzusetzen.)

- **Termine festlegen:** Verwenden Sie Ihren Online- oder Papierkalender, um Zeitblöcke zu sperren. Diese Zeitblöcke können 15 Minuten oder zwei Stunden umfassen und werden verwendet, um wichtige Arbeitprojekte und -pflichten zu erledigen. Mit einer solchen Planung stellen Sie sicher, dass Ihr Arbeitstag nicht unnötig durch informelle Besprechungen oder Unterbrechungen verlängert wird. Viele, die diesen Ansatz nutzen, um ihre Arbeitszeit zu planen, haben festgestellt, dass sie ihre Arbeit innerhalb eines strengen Zeitrahmens fertigstellen können.

  Eine Möglichkeit der Terminfestlegung besteht darin, Ihrem Chef oder Kunden mitzuteilen, dass Sie Projekt X zu einem bestimmten Zeitpunkt liefern werden, was Sie zwingt, sich an den Termin zu halten und Zeiten festzulegen, um die Aufgabe abzuschließen. (In Kapitel 6 finden Sie weitere Einzelheiten zu einer effektiveren Nutzung Ihrer Zeit.)

- **Zeit unterwegs nutzen:** Die Reichweite moderner Technologie hat auch ihre guten Seiten. Mobiltelefone, Notebooks mit Drahtlosverbindung und Palm-Geräte ermöglichen Ihnen, E-Mails zu lesen und zu beantworten, während Sie auf dem Weg zur Arbeit in der Bahn sitzen (obwohl Sie vielleicht besser ein gutes Buch lesen, ein Computerspiel spielen oder entspannende Musik über Kopfhörer hören, um Ihren Kopf frei zu bekommen und bereit für einen neuen Arbeitstag zu sein). Die Bedingung ist, dass Sie sich beim Arbeiten unterwegs nur mit unwichtigen Dingen beschäftigen, beispielsweise Ihre Tagesplanung durchgehen, kurze E-Mails beantworten oder den aktuellen Teambericht lesen. Wenn Sie mit dem Auto fahren, können Sie Podcasts über

Ihren iPod oder MP3-Player im Auto hören oder über die Freisprechanlage telefonieren.

Vereinbarkeit von Berufs- und Familienleben für die Zukunft

Die Bundesregierung hat unter dem Dach der »Allianz für die Familie« verschiedene Initiativen ins Leben gerufen, die für eine bessere Vereinbarkeit von Berufs-, Privat- und Familienleben sorgen sollen, darunter die folgenden:

- ✔ Die Initiative »Lokale Bündnisse für Familie« unterstützt Akteure vor Ort, die ihre Gemeinde familienfreundlicher gestalten wollen. In über 100 Bündnissen haben sich Partner aus Verwaltung, Stadt- oder Gemeinderat, Wirtschaft, Gewerkschaft, Verbänden, Vereinen oder Verbänden zusammengeschlossen, um sich für ein familienfreundliches Umfeld in ihrer Gemeinde zu engagieren. Diese übergreifende Zusammenarbeit ermöglicht neue Perspektiven und Projekte, um die Vereinbarkeit von Familie und Beruf zu verbessern.
- ✔ Das »Audit Beruf & Familie« wurde für Unternehmen entwickelt, die neue Angebote einer familienbewussten Personalpolitik schaffen wollen. Hier werden nicht nur bereits umgesetzte Maßnahmen begutachtet, sondern auch Entwicklungsmöglichkeiten für den Betrieb aufgezeigt, sodass weiterführende Ziele festgelegt werden können.
- ✔ Das Portal »Mittelstand und Familie« unterstützt Arbeitgeber, Beschäftigte und Multiplikatoren mit übersichtlichen Informationen und praktischen Lösungen, kostenfreier Beratung durch Experten sowie Hintergrundwissen. Es gibt dabei gerade auch kleinen und mittleren Unternehmen Tipps, ihre Mitarbeiter zu unterstützen.
- ✔ Mit dem im Februar 2008 gestarteten Programm »Betrieblich unterstützte Kinderbetreuung« wird aus Mitteln des Europäischen Sozialfonds (ESF) bundesweit die Einrichtung von neuen, betrieblich unterstützten Kinderbetreuungsplätzen gefördert.

Weitere Informationen, Broschüren, Zahlen und Fakten finden Sie auf der Website des Bundesministeriums für Familie, Senioren, Frauen und Jugend unter `www.bmfsfj.de`.

Sind Ihre langen Arbeitszeiten noch gesund?

Einige von Ihnen, die dieses Buch lesen, sind vielleicht etwas frustriert. Sie arbeiten viele Stunden, weil Sie ein kleines Unternehmen führen, das Ihre gesamte Energie und Zeit in Anspruch nimmt. Und Sie lieben, was Sie tun. Ich höre Sie sagen: »Was ist falsch daran?«

Im Grunde genommen nichts, allerdings mit ein oder zwei Einschränkungen. Wenn Sie lange Arbeitszeiten haben, dabei aber voller Energie und Begeisterung an Ihre Arbeit gehen, sollten Sie sich dennoch die folgenden Fragen stellen:

- Sind mein Körper und mein Geist gesund?
- Höre ich den Bedürfnissen und Plänen meines Partners aufmerksam zu?
- Trage ich »meinen Teil« zur Partnerschaft bei?
- Genieße ich die Unterstützung meines Partners und meiner Familie?
- Verbringe ich genug Zeit mit meiner Familie?
- Schlafe ich gut? Wache ich erfrischt oder voller Grauen vor dem neuen Tag auf?
- Übernimmt mein Partner den größten Teil des Haushalts und der Kindererziehung freiwillig oder gezwungenermaßen?
- Sind in meiner Planung »Auszeiten«, um für mich zu sein und nicht zu arbeiten, berücksichtigt?

Wenn Ihre Antworten positiv ausfallen, sind Sie einer unter ganz wenigen und können das Buch jetzt zur Seite legen und sich auf Ihre Arbeit stürzen. Die meisten Menschen stellen aber fest, dass es unmöglich ist, jede der oben aufgeführten Fragen ohne ein gewisses Schuldgefühl oder Missbehagen zu beantworten. Wenn Ihr Partner Ihre langen Arbeitszeiten zurzeit voll unterstützt, liegt das daran, dass er glaubt, dass die langen Arbeitszeiten bald vorbei sein und Sie weniger arbeiten werden? Oder findet sich Ihr Partner damit ab, dass Sie langfristig 60 Stunden und mehr arbeiten werden?

Besteht Ihr Frühstück aus Süßigkeiten, Ihr Mittagessen aus Keksen, die Sie aus dem Besprechungszimmer mitgehen lassen, und können Sie sich nicht mehr daran erinnern, wann Sie zum letzten Mal Sport getrieben haben? Selbst Workaholics, die hinsichtlich Karriere, Status und Geld erfolgreich sind, sollten auf sich achten. (In den Kapiteln 3, 4 und 5 erfahren Sie, was Sie tun können, um ein gesundes und ausgeglichenes Leben zu führen.)

Von zu Hause aus arbeiten

Das Arbeiten von zu Hause aus wird immer beliebter, da diese Form des Arbeitens ein ausgewogenes Verhältnis zwischen Beruf und Privatleben erleichtert. Die sogenannte *Telearbeit* kann in Vollzeit, Teilzeit oder auf gelegentlicher Basis von einem Angestellten geleistet werden, der außerhalb der traditionellen Büroumgebung arbeitet. Telearbeit beinhaltet auch das Arbeiten über das Internet, wenn Sie aufgrund von Geschäftsreisen nicht zu Hause sind. Viele Studien haben gezeigt, dass Menschen häufig produktiver sind, wenn sie zu Hause statt im Büro arbeiten, weil es zu Hause weniger Unterbrechungen gibt, die Zeit für den Weg zur Arbeit wegfällt und der Mitarbeiter die Freiheit hat, dann zu arbeiten, wenn sein Energiepegel am höchsten ist.

Längst nicht alle Arbeitgeber haben diese relativ neue Art des Arbeitens in ihre Beschäftigungsmodelle übernommen. Arbeitgeber müssen erst lernen, wie sie Arbeitsfortschritte und die Effektivität ihrer Mitarbeiter messen können, ohne sich auf das reine Zählen der Arbeitsstunden zu beschränken, die Mitarbeiter an ihrem Arbeitsplatz verbringen. Dieses Umdenken kann schwierig sein, weil Arbeitgeber immer noch dazu tendieren, Mitarbeiter an der Anzahl der Arbeitsstunden statt an der Menge der geleisteten Arbeit zu bewerten. Wenn Arbeitgeber Telearbeitsplätze bereitstellen, müssen sie außerdem neue Wege finden, um Besprechungen zu organisieren, Dienstpläne aufzustellen und Informationen weiterzugeben.

Wenn zu Hause ein Zufluchtsort ist

Anfangs betrachtete Natalie die Stille von Klaus zu Hause als Zeichen, dass er sie nicht mehr liebte oder aus irgendeinem Grund wütend auf sie war. »Ich bin ein Mensch, der gern heimkommt und sozusagen die Ereignisse des Tages auf Klaus ablädt«, erklärt Natalie. Erst nachdem Klaus ihr erklärt hatte, dass er nach einem harten Arbeitstag ungefähr 15 Minute Ruhe bräuchte, nahm Natalie sein Verhalten nicht mehr persönlich. »Wenn Klaus jetzt später als ich nach Hause kommt, gebe ich ihm erst die Gelegenheit, sich umzuziehen und etwas zur Ruhe zu kommen. Danach ist er in einer besseren Gemütsverfassung zum Reden, was für uns wirklich funktioniert hat«, erzählt sie.

Manchmal muss Natalie Klaus aber einfach etwas erzählen, sobald er zur Tür hereinkommt, oder die gemeinsame Tochter platzt mit irgendwelchen Neuigkeiten aus der Schule heraus. »Ich frage meine Achtjährige dann nach ihrem Tag. Auf diese Weise muss ich nicht reden, sondern kann einfach zuhören«, erklärt Klaus. »Diese Konzentration auf meine Tochter erinnert mich daran, dass es mehr im Leben gibt als den Beruf und dass alles, was mir während des Tages zu schaffen gemacht hat, im Büro geblieben ist, wenn ich zu Hause bin.«

Geschäftsreisen einschränken

In den Achtziger- und Neunzigerjahren wurden Geschäftsreisen – wie ein vom Arbeitgeber gestelltes Notebook und ein Mobiltelefon – als berufliche Statussymbole angesehen. Wenn Ihr Unternehmen bereit war, Sie innerhalb oder außerhalb der Landesgrenzen die Interessen des Unternehmens vertreten zu lassen, war das ein Zeichen Ihrer Wichtigkeit. Heutzutage sehen viele Arbeitnehmer aber, dass Geschäftsreisen und die damit verbundene Abwesenheit von zu Hause tatsächlich wenig glamourös sind.

Den Kopf frei kriegen

Haben Sie auch schon das Gefühl gehabt, dass Sie zu müde sind, um zu reden? Sind Sie jemals nach einem langen Tag im Büro, an dem Sie telefoniert, mit Kollegen geredet, Besprechungen mit Kunden geführt und auf die niemals enden wollenden E-Mails geantwortet haben, nach Hause getrottet und haben nach Ihrer Ankunft zu Hause festgestellt, dass Sie mit der Person, die Sie am meisten lieben, kein anständiges Gespräch mehr führen können? Auch wenn Ihre Erschöpfung verständlich ist, wird diese Müdigkeit Ihre persönlichen Beziehungen langfristig zerstören.

Natürlich gibt es Menschen, die im Beruf mit unangenehmen Situationen konfrontiert werden – beispielsweise Kindesmissbrauch, Drogenabhängigkeit, Verbrechen und Armut – und die verständlicherweise nicht während des Abendessens mit ihrem Partner oder den Kindern über die Ereignisse des Tages reden möchten. Aber die meisten Menschen stellen fest, dass sich das Gefühl »nicht mehr reden zu können«, durch eine kurze Pause zwischen den Anforderungen im Büro und den Anforderungen zu Hause vermeiden lässt.

Zu Hause einfach nichts zu sagen, ist eine Möglichkeit, den Kopf frei zu bekommen, wenn Sie keine andere Rückzugsmöglichkeit zwischen der Arbeit und Ihrer Ankunft zu Hause haben. Aber auch wenn Sie gern auf einen »Pause«-Knopf drücken würden, wenn Sie zur Tür hereinkommen, riskieren Sie mit ihrer fehlenden Gesprächsbereitschaft möglicherweise, dass sich Ihr Partner zurückgewiesen fühlt.

Sportliche Aktivitäten oder körperliche Bewegung sind eine weitere gute Möglichkeit, zwischen der Arbeit und Ihrem Zuhause eine Pause einzulegen. Die sportliche Aktivität kommt nicht nur Ihrer Gesundheit zugute, sondern ist auch eine Form der Meditation und eine Möglichkeit, Ihren Kopf frei zu bekommen und sich auf etwas anderes zu konzentrieren als Ihre Arbeit oder Ihr Zuhause. Sport kann dazu beitragen, dass Sie sich überraschend erholt und voller Energie fühlen. Klaus läuft täglich die drei Kilometer vom Büro nach Hause. »Ich höre Musik oder sehe mir einfach die schönen alten Häuser und Gärten in den Nachbarvierteln an. Es ist schön, eine halbe Stunde Zeit für mich zu haben.« In Kapitel 4 finden Sie weitere Informationen dazu, wie Sie mithilfe von Bewegung und Sport Ihre Gesundheit und Ihr Wohlbefinden fördern können.

Technologie statt Geschäftsreisen

Paul ist Krankenversicherungsberater, der Geschäftsreisen alles andere als angenehm findet. »Heute sind mehr Flüge verspätet als noch vor zwei Jahren, die Sicherheitskontrollen sind komplizierter, das Parken ist ein Problem und häufig sind Flüge überbucht. Dadurch ist es fast unmöglich geworden, mehr oder weniger direkt aus dem Flugzeug in eine zuvor geplante Besprechung zu gehen. Wenn die Besprechung am anderen Ende des Landes stattfindet – und Sie seit vier Uhr in der Früh unterwegs sind –, wird das sehr schwierig.«

Paul löste das Problem, indem er seine Geschäftsreisen durch moderne Technologie ersetzte: »Wofür gibt es das Internet, Videokonferenzen, Telefone und E-Mail, wenn nicht, um Zeit und Geld für Geschäftsreisen zu sparen? Wenn es unbedingt erforderlich ist, persönlich mit einem wichtigen Kunden zu sprechen, dann tue ich das. Aber alles andere erledige ich jetzt elektronisch.«

Paul wurde der Preis, den seine Familie für seine Geschäftsreisen zahlte, nicht durch seine Frau bewusst gemacht (die zu diesem Zeitpunkt schon resigniert hatte), sondern durch einen Finanzberater, mit dem er ein Bewerbungsgespräch für einen Posten in seinem Unternehmen führte. »Als ich dem Berater mitteilte, dass er für den Job etwa ein Drittel der Arbeitszeit auf Geschäftsreisen verbringen würde, stand er auf, schüttelte mir die Hand und ging mit den Worten: ›Ich kann das nicht. Ich habe Kinder und Sie verlangen von mir, dass meine Kinder auf ihren Vater verzichten sollen.‹ Er bekam den Job und reduzierte die Zeit für Geschäftsreisen durch einen sehr effizienten Einsatz von E-Mails und Videokonferenzen.«

Teil II

An erster Stelle stehen Sie

Glenn Lumsden

»Ich dachte, so würdest du mir im Bett mehr Aufmerksamkeit schenken.«

In diesem Teil ...

Vernünftig ernähren, regelmäßig Sport treiben, gut schlafen, Zeit zum Entspannen finden und Ihr Liebesleben auffrischen – das sind die Zutaten, die Ihnen mehr Energie und wertvolle Zeit außerhalb des Berufs sichern. Gesunder Menschenverstand? Vielleicht, aber in Zeiten stressiger Überstunden kann es manchmal schwierig sein, den gesunden Menschenverstand zwischen Terminen, Hausarbeiten und leeren Fastfood-Schachteln zu finden.

Um Ihr wahres Ich kennenzulernen, müssen Sie herausfinden, was Sie im Beruf und in Ihrem Privat- und Familienleben wirklich motiviert. In diesem Teil zeige ich Ihnen, wie Sie mehr Zeit für Ihre Lieben – und sich selbst – finden und sich Ziele setzen, um das zu erreichen, was Sie wirklich wollen.

Man kann nicht alles haben – und Sie würden das auch nicht wollen

3

In diesem Kapitel

- Ihr Leben leben – und kein Bild aus der Werbung
- Der Supereltern-Mythos
- Stress erkennen und abbauen
- Positiv denken
- Familie und Freunde zu Ihren Verbündeten machen
- Depression erkennen

Wie die meisten Menschen möchte ich ein zufriedenes und erfolgreiches Leben führen, in dem meine Familie und meine Freunde eine große Rolle spielen und ich einem bereichernden Beruf nachgehe, der mir ein komfortables Leben ermöglicht. Ich weiß, dass ich nicht der einzige Mensch mit diesen Ambitionen bin. Leider werden diese Ambitionen oft durch externe Faktoren herausgefordert, die einem das Gefühl geben können, dass man nicht genug tut, nicht genug besitzt und nicht schnell genug ist.

In diesem Kapitel zeige ich Ihnen, warum die von der Werbung oder von Prominenten vermittelten Bilder nur verbreitet werden, um Sie dazu zu bringen, mehr zu kaufen, als Sie möglicherweise brauchen, und sich unvollkommen zu fühlen, wenn Sie dem verbreiteten Bild nicht entsprechen. Viele Menschen erkennen überrascht, dass der Versuch, »alles zu haben«, zu Stress führt, der ihre physische und psychische Gesundheit ernsthaft beeinträchtigen kann. In diesem Kapitel helfe ich Ihnen, die Zeichen von Stress und Depressionen zu erkennen. Sie finden hier außerdem einige schnelle Möglichkeiten, um Stress abzubauen, Ihre Denkweise zu ändern und besser mit Druck umzugehen.

Vielen Menschen fällt es schwer, ohne Schuldgefühle Nein zu sagen. In diesem Kapitel zeige ich Ihnen, wie Sie Grenzen setzen und erkennen können, wie wichtig es ist, nicht nur Zeit für sich selbst zu haben, sondern ab und zu mal herzlich zu lachen und die Unterstützung von Familie und Freunden zu genießen.

Den Hochglanzmagazinen keinen Glauben schenken

> *»Ich lese keine Werbeanzeigen – ich würde meine ganze Zeit damit verplempern, Dinge haben zu wollen.« (Frederick Donald Coggan, Erzbischof von Canterbury)*

In den Siebziger- und Achtzigerjahren erzählten selbst traditionelle Frauenzeitschriften ihren jungen Leserinnen, dass ihre Kinder eine bessere Zukunft haben würden. Die Väter ihrer Kinder würden mehr im Haushalt helfen, alle Familien würden auf Betreuungsangebote für die

Kinder zurückgreifen können und Beruf und Familie wären für alle leicht vereinbar. Erwachsene aus der Schulterpolsterära und spätere Generationen könnten »alles haben« – wenn sie nur in der Lage wären, »Multitasking zu meistern«, »ihr Bestes zu geben«, »richtig zuzupacken«, »dynamische Mütter zu sein« und »mit Prioritäten zu jonglieren« ... Oh weh!

Leider haben diese Zeitschriften ihren Leserinnen nicht verraten (und die meisten tun das immer noch nicht), wie sie ihren Verpflichtungen auf einer wirklich ausgewogenen Weise nachkommen können: Wie sie es schaffen, das Gefühl zu haben, dass ihr Leben wirklich unter Kontrolle ist – und zwar alle Aspekte des Lebens –, ohne sich erschöpft, überfordert und unter Erfolgsdruck zu fühlen.

Ein Bild verkaufen, um Bedürfnisse zu wecken

Hochglanzmagazine machen Geld, indem sie ein Bild oder einen Lifestyle verkaufen. Oft hat das angebotene Produkt nichts mit der Vereinbarkeit von Berufs- und Privatleben zu tun. Stattdessen finden Sie in solchen Magazinen viel eher Anzeigen für minderwertige Fertigmahlzeiten mit geringem Nährwert, umweltschädigende Reinigungsprodukte »ohne Scheuern«, Fastfood und Markennamen. Was als zeitsparendes Produkt beworben wird, das sofortige Sauberkeit, köstliche Erfrischung und Modernität verspricht – Qualitäten, mit denen Sie laut Zeitschrift den Neid Ihrer Freunde auf sich ziehen werden –, ist ehrlich gesagt Zeug, das Sie nicht brauchen. All diese Dinge werden verpackt und vermarktet, damit Sie glauben, dass Sie sie brauchen. Aber kein Besucher hat je angeekelt mein Haus verlassen, weil wir keinen erfrischenden Luftduft aus der Steckdose in jedem Raum haben. Alle Besucher waren da, weil sie Zeit mit uns verbringen wollten.

Oft zielt diese Werbung direkt auf Frauen ab. Marketingexperten in aller Welt wissen seit Jahren, dass Frauen den größten Einfluss auf die Anschaffung von Lebensmitteln und kleinen Haushaltsgegenständen haben. Deshalb werden Frauen in der Werbung intelligent und organisiert dargestellt, als Frauen, die sich mit unbeholfenen Ehemännern abgeben müssen. Die Werbung zeigt immer wieder unbedarfte Männer, die nicht in der Lage sind, sich an die Zeitpläne ihrer Kinder zu erinnern, und die dennoch wie Helden begrüßt werden, wenn sie mit einem Fertigessen für die Familie nach Hause kommen oder bewundernd lächeln, wenn sie ihren Frauen dabei zusehen, wie diese farbige und weiße Wäsche sortieren.

Das Unrealistische an Hollywood erkennen

Vor einigen Jahren hat die englische Schauspielerin (und Mutter) Kate Winslet für Aufruhr gesorgt, als sie ein bekanntes Magazin nicht nur dafür kritisierte, dass ihr Titelfoto retuschiert worden war, sondern auch dafür, dass ihre Beine digital gestreckt wurden, um sie länger und schlanker wirken zu lassen. Ich erinnere mich daran, dass ich ungefähr zur selben Zeit ein Bild von Madonna auf dem Titel einer Modezeitschrift sah, auf dem ich sie nicht erkannte – die Bildbearbeitungsabteilung hatte zu sehr übertrieben und sämtliche Erkennungsmerkmale wie Lach- oder andere Falten entfernt. Selbst Supermodel Cindy Crawford sagte einmal, dass sie nicht wie Cindy Crawford aussehe, wenn ihr Foto bearbeitet wird, und viele männliche Schauspieler haben ganz klar etwas mit ihren Augen oder Wangen »machen lassen«, um jünger auszusehen.

Und dennoch machen Modezeitschriften, Filmstars und Paparazzi weiterhin Millionen. Die Menschen wollen das, was die Stars haben. Diese Marketingtechnik ist erfolgreich, weil sie den Menschen vermittelt, dass diese, wenn sie beispielsweise denselben Lippenstift wie Cate Blanchett benutzen, ebenfalls wunderschön, erfolgreich und bewundert sind. (Und wenn Tom Cruise mit einer schwarzen Sonnenbrille gesehen wird, sollte sich jeder eine solche Brille zulegen.)

Sie brauchen keinen weiteren Gedanken daran zu verschwenden, ob Ihr Hollywood-Idol es geschafft hat, seine Karriere mit einem glücklichen Liebesleben zu vereinen oder ob Ihr Lieblings-Supermodel es schafft, Berufs-, Privat- und Familienleben zu vereinbaren ... Sie kennen die Antwort – tatsächlich ist das sehr wahrscheinlich nicht der Fall. Und wenn *sie* es trotz Presseagenten, persönlichen Assistenten, Ernährungsberatern, Personaltrainern, Kindermädchen, Bodyguards, Chauffeuren, Haushälterinnen, Gärtnern und Küchenchefs nicht schaffen, warum sollten Sie sich dann schlecht fühlen, wenn Sie es nicht schaffen?

Werbung erzeugt unrealistische Erwartungen

Standards, die von Werbe- und Marketingidealen gesetzt werden, können zu Schuldgefühlen führen, wenn Sie das Gefühl haben, nicht so gut wie die Menschen in den Werbeanzeigen zu sein. Werbung erhöht den Druck auf die Menschen, zu »funktionieren«, erfolgreich und glücklich zu sein und viele materielle Besitztümer anzusammeln. Work-Life-Balance-Expertin Barbara Pocock nennt dies den »Werbung gleich Ausgaben«-Zyklus. Mehr Ausgaben bedeuten mehr Arbeit, und mehr Arbeit bedeutet weniger Zeit für die Familie. Weniger Zeit für die Familie führt zu Schuldgefühlen, was wiederum in einem Teufelskreis zu mehr Ausgaben führt.

Alles zu haben bedeutet, alles zu tun ...

»Alles zu haben« hört sich nach einer Menge Spaß an, oder? Das ist nicht unbedingt der Fall.

Tatsache ist, dass ich von der Arbeit nach Hause komme, ein Bad für meine Tochter einlaufen lasse, etwas Huhn auftaue, den Hund füttere und eine Ladung Wäsche in die Waschmaschine schmeiße, während ich die Post durchsehe. Mein Mann hat unser zweites Kind vom Hort abgeholt, den Müll weggebracht, das Gemüse für das Abendessen geschält, online einige Rechnungen bezahlt und sich damit beschäftigt, die nächsten Phasen unserer Hausrenovierung zu planen und mit einem Ohr den Gitarrenübungen unserer Tochter zuzuhören.

Während des Abendessens verschlingen wir unser Essen und unterhalten uns ein wenig, bevor unsere Tochter ihren Schlafanzug anzieht, die Zähne putzt, mit dem Hund spielt und ihre Schultasche für den nächsten Tag packt. Ich räume die Küche auf, räume die Spülmaschine ein, bereite das Pausenbrot für die Schule vor, hänge eine Ladung Wäsche auf und gieße die Pflanzen. Mein Mann wässert den Garten (von Hand), beantwortet einige berufliche E-Mails, liest unserer Tochter im Bett das nächste Kapitel von *Harry Potter* vor und ruft einige Leute zurück.

Um 21.30 Uhr fallen wir beide auf das Sofa, zu müde, um zu reden, und fragen uns, wie wir nur jemals die Zeit finden sollen, um den Schimmel im Badezimmer zu entfernen, bevor wir um sechs Uhr wieder aufstehen für Sport, Frühstück, Pendeln, Schule und Arbeit und das Ganze von vorn beginnt. So fühlt er sich an, der Spaß, »alles zu haben«.

Finden Sie, das hört sich geradezu beängstigend vertraut an? Ich weiß, dass ich nicht die Einzige bin, die ein Leben wie das oben beschriebene führt. Sie haben wahrscheinlich ebenfalls das Gefühl, ständig in Bewegung zu – mental und körperlich –, während Sie sich mit den widersprüchlichen Anforderungen von Beruf, Kinderbetreuung, Hausarbeit, Finanzen und Telefonanrufen abmühen und sich fragen, wohin Ihre sogenannte »Freizeit« nur verschwunden ist.

Supereltern, Supermythos, Superschwindel

Lassen Sie mich gleich klarstellen, dass Superfrauen, Superväter und Supermütter *ein und dasselbe* sind. Ob Sie in Vollzeit oder Teilzeit arbeiten oder sich um die Kinder kümmern, ist egal. *Alle* diese Lebensformen bedeuten harte Arbeit und präzise Planung und können dazu führen, dass Sie sich am Ende des Tages erschöpft fragen, wann das Leben endlich wieder einfacher wird.

Möglicherweise wird Ihr Leben dadurch erschwert, dass Sie sich zwar ein ausgewogenes Verhältnis zwischen Beruf und Privatleben wünschen, aber vielleicht wie viele andere Zeit und Energie damit verschwenden, über andere und sich selbst zu urteilen, anstatt andere um Sie herum zu unterstützen. Dreißig Jahre nach den hart erkämpften Freiheiten wie geplante Elternschaft, gleicher Lohn und Antidiskriminierungsgesetze stellen viele Menschen sich selbst immer noch Hindernisse in den Weg.

Vollzeitmütter haben das Gefühl, von berufstätigen Müttern gehasst zu werden, weil sie ergeben, langweilig, unerfüllt und ohne Herausforderung leben. Berufstätige Mütter haben das Gefühl, dass Vollzeitmütter sie beschuldigen, lieber egoistisch ihren Beruf auszuüben, anstatt mit ihren Kindern zu spielen, Geld gegen Liebe einzutauschen und sich vor Freude die Hände zu reiben, wenn sie ihre Kinder in der Kinderbetreuung abgeben. Vollzeitväter meinen, sie müssten ständig die Frage beantworten: »Oh, schöne Sache, und was machst du sonst noch?«, aber Männer haben noch mit ganz anderen Schuldgefühlen zu kämpfen.

Moderne berufstätige Väter glauben, dass ihre Rolle als Vater und ihr Einfluss auf das Wohlergehen ihrer Kinder vor allem darin besteht, sich an der Kindererziehung zu beteiligen und für die Kinder da zu sein. Das steht allerdings in Diskrepanz zu den Ergebnissen einer kürzlich durchgeführten Studie, nach der 58 Prozent der Väter meinen, dass sie nicht genügend Zeit mit ihren Kindern verbringen. Als Hauptgrund werden berufliche Verpflichtungen angegeben – insbesondere wenn der Mann der Hauptverdiener ist.

Viele Studien zeigen, dass die Qualität – und nicht die Quantität – der mit den Kindern verbrachten Zeit entscheidend ist. Kinder erwarten nicht, dass Sie immer anwesend sind, wenn sie aus der Schule nach Hause kommen, aber wenn Sie dann zu Hause sind, möchten sie mit Ihnen reden können und Ihre ungeteilte Aufmerksamkeit haben. Das Vorlesen vor dem Schlafengehen ist ein klassisches und effektives Mittel, um ohne große mentale oder körperliche Anstrengung wichtige Zeit miteinander zu verbringen.

Mit Stress umgehen

Die stetig steigenden Anforderungen – und Arbeitzeiten – im Beruf bedeuten, dass Sie möglicherweise ständig um Zeit kämpfen. Der Kampf, das Familienleben und persönliche Verpflichtungen in berufliche Zeitpläne einzupassen, führt oft zu einer Menge Stress.

Kampf-oder-Flucht-Reaktion

Stress – egal ob guter und schlechter – entsteht durch die *Kampf-oder-Flucht-Reaktion*, die allen Tieren gemein ist. Ja, das schließt auch Sie ein. Tiere reagieren über das zentrale Nervensystem auf Bedrohungen, das sofort über Kampf oder Flucht entscheidet. Cortisol, Adrenalin und andere Hormone werden produziert, die Ihren Herzschlag beschleunigen, die Verdauung verlangsamen und den Blutfluss in wichtige Muskeln leiten, um Ihrem Körper mehr Kraft zu geben.

Zu dieser Reaktion kommt es auch in dramatischen und unpassenden Situationen, die Sie erleben können, beispielsweise das knappe Vermeiden eines Autounfalls, das Auffangen einer herunterfallenden Vase oder das Durchhalten in einer besonders stressigen Phase im Beruf. Wenn die Bedrohung vorbei ist (das andere Auto ist weg, die Vase liegt in Ihrer Hand oder Sie haben den Bericht rechtzeitig abgegeben), kehrt Ihr Körper in den Normalzustand zurück. Ihre Atmung normalisiert sicht, Ihr Herz schlägt wieder kontrolliert und Ihre Muskeln entspannen sich.

Guten von schlechtem Stress unterscheiden

Die körperlichen Auswirkungen der Kampf-oder-Flucht-Reaktion haben auch ihre gute Seite. Guter Stress wird auch als *Eustress* bezeichnet (vom altgriechischen *eu*, das *gut* bedeutet). Eustress kann Ihnen helfen, aufgrund des Adrenalinstoßes, der Dringlichkeit und der Anspannung einen Termin einzuhalten und Ihre Arbeit rechtzeitig abzuliefern. Typische Beispiele hierfür sind das Gewinnen eines Wettbewerbs, das erfolgreiche Einhalten eines engen Termins, eine Beförderung, eine Heirat, eine freudige Überraschung, ein Hauskauf, eine lang erwartete Reise oder einfach eine aufregende Fahrt mit der Achterbahn.

Meistens erleben Sie aber Stress der negativen Art, der Sie physisch, emotional und psychisch beeinträchtigen kann. In unserem modernen Alltag stehen wir nur selten vor der Entscheidung, ob wir bleiben und gegen ein verärgertes Mammut kämpfen oder vor dem Löwen davonrennen sollen, aber trotzdem zeigt Ihr Körper immer noch dieselben körperlichen Reaktionen, wenn er mit einem Stressauslöser konfrontiert wird.

Wenn der Stress, der die körperliche Reaktion hervorruft, nicht nachlässt, bleibt Ihr Körper in erhöhter Alarmbereitschaft, was letztendlich Ihrem Körper und Ihrem Geist schaden wird. Physisch werden Sie möglicherweise die folgenden Reaktionen an sich bemerken:

- ✔ Kribbeln oder »Schmetterlinge« im Magen
- ✔ Durchfall oder Verstopfung
- ✔ Verlust der sexuellen Libido und/oder Erregung
- ✔ Nackenschmerzen, Rückenschmerzen und Kopfschmerzen
- ✔ Schlechter Schlaf
- ✔ Schweißausbrüche oder trockener Mund

Ihre Denkweise ändern

Sie müssen sich nicht unbedingt wie ein Versager fühlen, nur weil sie nicht dem Prototyp des Supervaters oder der Supermutter entsprechen, den uns die Werbung präsentiert. Die folgenden Abschnitte zeigen Ihnen, wie Sie den unrealistischen Bildern der Hochglanzwerbung, dem Hollywood-Hype und dem »Super-dieses oder -jenes zu sein« entkommen und negative Aussagen in positive umwandeln können. Denken Sie daran, dass es für gewöhnlich 30 Tage dauert, bis eine neue Methode zur Gewohnheit wird. Lesen Sie deshalb einen Monat lang täglich einige dieser Listen laut vor, um Ihr Denken und Handeln zu verändern.

Die Bindung zwischen Vater und Kind stärken

Oft kommen Väter nach einem stressigen Arbeitstag nach Hause und merken, dass es ihnen schwerfällt, »herunterzukommen« und Zeit mit den Kindern zu genießen, die mit ihnen spielen möchten. Aber die meisten Väter wissen, dass ihre mit den Kindern verbrachte Zeit, auch wenn sie nur kurz ist, die emotionale Entwicklung des Kindes und seine Interaktionsfähigkeiten beeinflussen kann. Hier sind einige Tipps für Väter, die mehr Qualitätszeit mit ihren Kindern verbringen möchten:

- **Gespräche:** Verlassen Sie sich nicht nur darauf, dass Ihr Partner Botschaften von Ihnen an Ihr Kind weitergibt. Ihr Kind ist an Ihnen interessiert, nicht nur an Fakten über Sie, die es von jemand anderem hört. Selbst ein Gespräch, das nur wenige Minuten dauert (persönlich oder am Telefon), bedeutet Ihrem Kind mehr als alle Informationen, die seine Mutter über Sie weitergibt.
- **Bilder:** Wenn Sie beruflich unterwegs sind (sei es regelmäßig oder gelegentlich), kaufen Sie zwei Digitalkameras – eine für Sie und eine für Ihr Kind. Nehmen Sie unterwegs Bilder auf, die zeigen, wo Sie sind und was Sie tun, und lassen Sie Ihr Kind dasselbe tun. Wenn Sie nach Hause kommen, nehmen Sie sich Zeit, um Ihre Fotos auszutauschen. Wenn Sie längere Zeit unterwegs sind, richten Sie ein kostenloses Konto bei einem Fotodienst im Internet ein, über das Sie und Ihr Kind Bilder austauschen können, sodass Sie stets auf dem aktuellen Stand der Dinge sind. Diese Online-Alben bieten Ihnen und Ihrem Kind eine Art visuellen Kontakt und die Möglichkeit, sich auf die Zeiten zu freuen, wenn Sie unterwegs sind.
- **Ausgehen:** Wenn es unmöglich ist, pünktlich zum Abendessen zu Hause zu sein, laden Sie Ihr Kind am Wochenende zum Frühstück außer Haus ein. Nehmen Sie Ihr Kind – allein – in das Café in der Nachbarschaft mit und genießen Sie die Erfahrung, dass jeder sich sein eigenes Frühstück aus der Speisekarte zusammenstellen kann. (Sie können ja trotzdem auf ein gesundes Frühstück achten.) Wenn Sie Ihrem Kind ungeteilte Aufmerksamkeit außer Haus widmen, fühlt es sich wichtig. Es wird nicht lange dauern, bis es sich öffnet und Gespräche und Gedanken mit Ihnen teilt. Wenn Sie mehr als ein Kind haben, gehen Sie abwechselnd am Wochenende jeweils mit einem Kind aus.

Die glückliche Mahlzeit

David und Sonja bestehen darauf, jeden Tag mit ihren zwei Söhnen zu Abend zu essen. In dieser Zeit muss jeder drei Dinge über den Tag erzählen:

- ✔ Was war das Beste an dem Tag?
- ✔ Was war das Schlimmste an dem Tag?
- ✔ Was war das Lustigste, das heute passiert ist?

Die Liste durchzugehen, kann weniger als fünf Minuten dauern, aber dieses Familienritual ist zu einem Erlebnis geworden, das keiner mehr missen möchte. David bemerkt, dass dies eine ganz besondere Möglichkeit sei, um zu erfahren, was seine vier und sechs Jahre alten Söhne interessiert, und dass ihre Antworten sehr aufschlussreich, sehr lustig und unheimlich liebenswert seien.

Die Wahrheit akzeptieren

Vergessen Sie Hollywood. Sehen Sie sich an, wie Ihr Zuhause wirklich ist, und versuchen Sie, die folgenden Punkte zu akzeptieren:

- ✔ **Ihr Zuhause ist für Sie und Ihre Familie.** Jeder neigt dazu, mit sich selbst, seinen Fähigkeiten und seinem Zuhause überkritisch umzugehen. Einige Seifenopern porträtieren diese unbegründete Kritik auf perfekte Weise. Ist Ihr Zuhause glücklich, sicher und gemütlich? Schwiegermütter in Fernsehserien werden oft als gemeine Hexen dargestellt, die mit dem Finger über Möbel fahren, um Staub zu finden, aber eine moderne Schwiegermutter wird wahrscheinlich auf die Kinder aufpassen, damit Sie einen Abend frei haben, und sich eher darüber Sorgen machen, wie sie ihr tägliches Walking mit ihrer Halbtagsstelle und dem Essen-auf-Rädern-Zeitplan in Einklang bringen kann, anstatt darüber, ob bei Ihnen Staub auf den Schränken liegt.
- ✔ **Ehrlichkeit währt am längsten.** Die besten und innigsten Freundschaften – alte und neue – entstehen, wenn einer der Beteiligten zugibt, dass er sich fürchterlich fühlt, nicht klarkommt, sich am liebsten hinsetzen, laut heulen, schlechtes Essen in sich hineinstopfen und das Telefon gegen die Wand werfen würde. Ehrlichkeit öffnet die Türen zu den Erfahrungen anderer Menschen, aus denen Sie lernen können, und *jeder* hört gern, dass er nicht der Einzige ist, der sich fühlt, wie er sich fühlt. Das gilt auch für Männer, von denen viele immer noch Schwierigkeiten haben, wenn es darum geht, Vertrautes mit jemand anderem als der eigenen Ehefrau zu besprechen.
- ✔ **Niemand hat alles.** Hören Sie auf, Menschen zu bewundern, die alles haben. Niemand hat alles – selbst die Reichen, die Berühmten oder die Superintelligenten nicht.
- ✔ **Niemand achtet auf Ihren Boden.** Sie werden in keiner Phase Ihres Lebens dazu gezwungen, Spaghetti vom Boden zu essen. Trotz allem, was die Werbung sagt, müssen Sie von Ihrem Boden *nicht* jede der Menschheit bekannte Bakterie entfernen. Ironischerweise haben Forscher erkannt, dass moderne Wohnumgebungen zu sauber sind, was zu einer

erhöhten Verbreitung von Asthma und Allergien beiträgt, weil der menschliche Körper die Bakterien nicht mehr richtig abwehren kann. Denken Sie auch daran, dass niemand die Unordnung bemerkt außer Ihnen. Wann haben Sie zum letzten Mal die Nase gerümpft wegen des Staubs unter dem Sofa Ihrer Freundin oder sich gefragt, wie oft sie den Duschvorhang schrubbt?

- **Eine Balance zwischen Berufs- und Privatleben zu finden ist kein Wettbewerb, den Sie gewinnen müssen.** Trotz allem, was die Medien Ihnen vermitteln, müssen Sie weder alles tun noch alles haben. Niemand hat es und niemand kann es, selbst die Reichen und Berühmten nicht – sehen Sie sich die Klatschblätter an, wenn Sie glauben, dass diese Aussage falsch ist. Statt über die nächste Gehaltserhöhung, die tolle Mutter an der Schule oder Ihr nächstes Auto denken Sie darüber nach, was Sie dazu beitragen können, Ihre Gemeinde zu unterstützen – einfache Dinge wie das Spenden von Kleidung für einen Flohmarkt oder das Einbinden von Büchern für die Schulbibliothek, während Sie fernsehen.

Sie müssen das Spielen mit Ihren Kindern nicht genießen

Ich erinnere mich, dass ich vor zwei Jahren einen Artikel von Judith Warner mit dem Titel »Mütterwahnsinn« in der Zeitschrift Newsweek gelesen habe, in dem die Autorin beschreibt, dass sie nach Gesprächen mit 900 Frauen zu dem Schluss gekommen ist, dass Frauen die Kindererziehung ungefähr so spaßig wie Hausarbeit, etwas weniger angenehm als Kochen und viel weniger amüsant als Fernsehen empfinden.

Das war eine Erleichterung für mich: Ich liebe mein Kind, aber nach zwei Minuten »Teetrinken-Spiel« beginnt mein Hirn zu schmelzen. Ich bin keine sieben Jahre alt und möchte auch nicht wie eine Siebenjährige spielen. Meine Freundinnen stimmen mir zu. Aber vielleicht gefällt es Ihnen, mit Ihrem Kind zu reden, einmal pro Woche beim Training zuzusehen, ihm vorzulesen und es als Begleitung an Ihrer Seite zu haben, wenn Sie am Wochenende die Welt entdecken. Meine Tochter hat mir vor Kurzem eine Karte geschrieben: »Ich mag gern Dinge mit dir tun, die unserer Familie helfen.«

Hier sind einige Gründe, warum es gut ist, das Perfektsein zu vergessen:

- **Es ist unmöglich, perfekt zu sein.** Schlagen Sie das Wort »Perfektion« im Wörterbuch nach und Sie finden Erklärungen wie »der Zustand oder die Eigenheit, perfekt zu sein oder zu werden«, »Fähigkeit, Wissen oder Leistung auf höchstem Niveau«, »die perfekte Darstellung von etwas« oder »eine Qualität oder ein Merkmal höchsten Grades«. Aber wenn Sie nach Perfektion streben, verpassen Sie viele Erlebnisse mit Ihrer Familie oder Ihren Freunden, weil Sie zu beschäftigt, zu müde oder zu genervt von Ihren Bestrebungen sind. Selbst auf weniger extremem Niveau sind manche Menschen oft so sehr darauf erpicht, Dinge von ihren To-do-Listen zu streichen, dass sie vergessen aufzublicken, zu sehen, was wichtig für sie ist, und das Leben zu genießen. Leben Sie einfach!

- **Perfekt zu sein macht keinen Spaß.** Wie kann es Spaß machen, perfekt zu sein? Sehen die perfekten Eltern in der Fernsehwerbung, die vollkommen begeistert von neuen Autos oder Fleckentfernern sind, so aus, als würde es Spaß machen, Zeit mit ihnen zu verbringen? Im Gegenteil: Es kann eine Menge Spaß bringen, über Ihre Fehler und die kleinen

Stolperfallen des Lebens zu lachen. Ihr Sohn zieht also seine Schuhe falsch herum an, ist jetzt spät dran für seinen Schulbus, und Sie kommen ein bisschen zu spät in die Arbeit? Anstatt sich aufzuregen, helfen Sie Ihrem Sohn, sich über die kleinen Stolperfallen des Lebens zu amüsieren.

- ✔ **Das Streben nach Perfektion ist eine sehr einsame Erfahrung.** Oft sind es nur Sie, der nach Perfektion sucht und sich selbst verausgabt in dem Versuch, diese zu erreichen. Kein anderer Mensch um Sie herum bemerkt oder kümmert sich um die anstehende Umstrukturierung am Arbeitsplatz, die nicht gebügelten T-Shirts oder die endlosen Aufgabenlisten. Sie werden den Kampf um einen perfekt geführten Haushalt niemals gewinnen – es sei denn, Sie schockgefrieren Ihre Familie und putzen um sie herum, was an sich ein ziemlich sinnloser und einsamer Erfolg wäre, oder?
- ✔ **Tauschen Sie Ihr Streben nach Perfektion ein, und Sie können trotzdem gewinnen.** Tun Sie einfach das Beste, was Sie können. Selbst Weltklasseathleten, die kein Rennen gewinnen, aber ihre persönliche Bestzeit unterbieten, sind mit dem Ergebnis zufrieden, weil es das Beste ist, was sie je erreicht haben. Gleiches gilt für eine relativ glückliche Familie mit einer Schublade voll sauberer Unterwäsche.

Ein Glas Sherry und ein Staubwedel

Mariannes Mutter hat eine liebe alte Freundin, die 90 Jahre alt ist. Diese hat vor langer Zeit gelernt, sich nicht darum zu kümmern, was andere Menschen denken.

Anstatt das Haus von oben bis unten zu putzen, bevor Besuch kommt, lehnt sie sich zurück und sagt: »Nach einem Glas Sherry sieht niemand mehr den Staub.«

Den Superheldenanzug ablegen

Weder Sie noch Ihr Partner müssen sich zu Sklaven machen, um Super-Irgendetwas in Ihrem hektischen Leben zu sein, vergessen Sie das Ganze also besser gleich. Die folgenden Tipps helfen Ihnen dabei:

- ✔ **Einig sein, dass man sich uneinig ist.** Sie müssen sich nicht immer einig sein, aber wenn Sie dreimal tief durchatmen, können Sie erst über bessere Wege nachdenken, um Dinge auszusprechen, als mit wertenden Aussagen wie »Wieso machst du nie ...« oder »Ich kann mich einfach nicht auf dich verlassen«, die den Ärger und das fehlende Verständnis auf beiden Seiten nur verstärken. Erkennen Sie die guten Dinge an, die Ihr Partner übernimmt – sie mögen klein sein (sie holt ihn beispielsweise mittwochs von der Arbeit ab, er geht zum Laden an der Ecke, um die Zeitung und Milch zu kaufen), aber jeder wünscht sich, dass seine guten Taten anerkannt werden. Dieser positive Ansatz ermöglicht Ihrem Partner auch, Sie wissen zu lassen, was er an Ihnen schätzt.
- ✔ **Den Streit, »wer am müdesten ist«, beenden.** Jeder ist müde! Es ist wichtig, dass Sie aufhören, ständig irgendwelche Rechnungen mit Ihrem Partner oder anderen Lieben beglei-

chen zu wollen, weil das nur die bestehende Verstimmung verstärkt und Sie (oder die anderen) Dinge sagen lässt, die Sie später bereuen.

- **Kinder vor lauter Schuldgefühlen wegen fehlender Zeit nicht überstimulieren.** Meine Oma betrachtete »Mir ist langweilig« als eine der schlimmsten Beleidigungen. Natürlich können Sie Ihre Kinder mit zwei außerschulischen Aktivitäten pro Woche beschäftigen, aber bitte nicht mehr als das. Kinder brauchen Zeit zum Ausruhen, für das Zusammensein mit der Familie, zum Lesen, zum Nachdenken und zum Träumen. Seien Sie stolz, auf obige Aussage zu antworten: »Nun, dann geh und suche dir etwas, womit du dich beschäftigen kannst.« Sie müssen nicht der Vollzeit-Unterhaltungskoordinator Ihrer Kinder sein.
- **Gegenseitige Unterstützung.** Stellen Sie sich vor, Sie wären jeweils Ihr Stellvertreter. Finden Sie heraus, wie der Rasenmäher funktioniert, legen Sie Ihre Papiere in den richtigen Ordnern ab, machen Sie sich mit dem Sicherungskasten vertraut oder kochen Sie die dreifache Menge Ihrer köstlichen Bolognese-Soße, um etwas für später einzufrieren. Das sind die Aufgaben, die von den meisten Menschen nur bemerkt werden, wenn sie nicht erledigt sind.
- **Miteinander reden und arbeiten.** Erkennen Sie den Anteil Ihres Partners an, indem Sie so etwas sagen wie: »Ich habe im Moment eine Menge Arbeit im Büro und/oder zu Hause, und es würde mir wirklich helfen, wenn du dieses oder jenes tun könntest.« Ein überlegter Ansatz ist erfolgreicher als Ihren Partner durch Nörgeln, Schuldzuweisungen oder Schuldgefühle zu etwas zu bringen, das er dann nur unwillig tut und später auf Sie zurückwirft: »Und was war, als du mich dazu *gezwungen* hast, ...«

»Das kann ich nicht« in positives Denken verwandeln

Wandeln Sie Ihre unsinnigen Gedanken in konstruktive um. In Tabelle 3.1 sind einige Klassiker aufgelistet, die Ihnen möglicherweise bekannt vorkommen. Der Trick ist, den negativen, unsinnigen Gedanken durch positives Denken zu ersetzen. Los, probieren Sie es einmal aus: Atmen Sie tief durch, denken Sie und formulieren Sie Ihren automatischen Gedanken um. Es wird nicht lange dauern, bis Sie merken, dass Sie lächeln.

Unsinniger Gedanke	Therapeutencouch	Konstruktives Denken
»Sie denken alle, dass ich nicht annähernd so gut bin wie ...«	Ist das so? Sie sind Hellseher, richtig? Das ist ein negativer Gedanke, der Ihnen automatisch in den Kopf kommt, und es wird, wie bei jeder guten Gewohnheit, einige Zeit dauern, bis Sie damit aufhören.	»Niemand ist perfekt, und wenn ich mir Sorgen mache, frage ich meine Kollegen, was sie von meiner Arbeit halten.«
»Ich schaffe nichts ...«	Wirklich nichts? Wie haben Sie bis hierher überlebt? Wer hat Ihre Ausbildung gemacht, Sie richtig angezogen, Ihren Arbeitsplatz bekommen, Ihre Familie gegründet? Ihr unsinniger Gedanke nennt sich *Kata-*	

Unsinniger Gedanke	Therapeutencouch	Konstruktives Denken
	strophisieren, das heißt, Sie denken, dass alles, was Ihnen im Leben passiert, eine komplette Katastrophe ist. Ihr rationales Inneres weiß, dass das nicht stimmt, aber dieser »Ich schaffe nichts ...«-Gedanke ist ein regelmäßiger Besucher.	»Das ist etwas Neues für mich. Ich kann es genauso gut ausprobieren. Ich habe nichts zu verlieren, wenn es schiefgeht.«
»Ich kann das einfach nicht ...«	Wo ist die Jury, die Ihnen null von zehn Punkten gegeben hat? Mit wem vergleichen Sie sich – mit einer realen Person, einer Person mit enormem Talent oder einer Person, die in einer Zeitschrift vorgestellt wurde? Betrachten Sie diesen automatischen Gedanken als Realität statt als Gefühl?	»Ich werde es ausprobieren. Es gibt kein Gesetz, das mir vorschreibt, in allem, was ich tue, brillant zu sein.«
»Niemand mag mich wirklich ...«	Sie haben noch nicht alle Menschen der Welt kennengelernt, und hier arbeiten Ihre Vorurteile gegen Sie, anstatt dass Sie Ihre Aktionen für sich selbst sprechen lassen.	»Ich brauche nicht jederzeit jedermanns Zustimmung. Ich bin glücklich mit mir selbst und sehe, dass ich mein Bestes gebe.«

Tabelle 3.1: Negative Gedanken in positive umwandeln

Die Hoffnung, dass jeder Sie jederzeit mag, ist einfach nicht realistisch. Wie Eleanor Roosevelt einst sagte: »Niemand kann Ihnen ohne Ihre Zustimmung das Gefühl geben, minderwertig zu sein.«

Das Ausblenden aller negativen Gedanken kann eine sehr schwierige Aufgabe sein, die unmöglich wird, wenn Zeichen einer klinischen Depression vorhanden sind (bei der düstere und negative Gedanken länger als zwei Wochen anhalten und körperliche Symptome wie Schlaflosigkeit oder Appetitlosigkeit hinzukommen). Wenn Sie das Gefühl haben, dass Ihre negativen Gefühle zu lange anhalten, lesen Sie den Abschnitt zu Depressionen am Ende dieses Kapitels.

Grenzen setzen und Nein sagen

Obwohl das Wort in der deutschen Sprache sehr verbreitet und bei vielen Kindern eines der ersten Worte ist, das sie lernen, fällt es vielen Menschen schwer, Nein zu sagen. Von frühester Kindheit an wird uns beigebracht, Ja zu sagen, um zu gefallen, aus Höflichkeit oder um Anerkennung zu gewinnen.

So sagen Sie Nein und meinen auch Nein

Nein zu einer anderen Person, die kein Kind mehr ist, zu sagen, ist oft eine der schwierigsten Übungen und zwar sowohl im Beruf als auch im sozialen Umfeld oder zu Hause. Die Gründe, aus denen wir Ja statt Nein sagen, sind vielfältig: Schuldgefühle, das Gefühl, in die Ecke gedrängt zu werden, die Unmöglichkeit, sich einen treffenden Grund für die Ablehnung auszudenken, oder der Wunsch, nicht als der Böse dazustehen. Lernen, Nein zu sagen, kann einer der wichtigsten Schritte in Ihrem Leben sein, denn er kann Ihnen helfen, Stress zu vermeiden und Zeit für wichtigere Dinge zu haben.

Hier sind einige Tipps, die Sie auf den richtigen Weg bringen:

- Bleiben Sie fest (nicht defensiv oder übertrieben entschuldigend) und höflich. Damit senden Sie das Signal, dass Sie mitfühlen, aber Ihre Meinung auch unter Druck nicht einfach ändern werden.
- Wenn Sie nach einer Erklärung gefragt werden, denken Sie daran, dass Sie niemandem eine solche wirklich schulden. »Ich habe keinen Platz in meiner Zeitplanung« ist eine gute Antwort.
- Wenn Sie der Person sagen, dass Sie sich noch einmal melden, achten Sie darauf, dass Sie sachlich und nicht zu vielversprechend klingen.
- Wenn Ihr Chef Sie um etwas bittet, das viel Zeit in Anspruch nimmt, antworten Sie mit: »Ich zeige Ihnen meine Zeitplanung, und dann können wir entscheiden, welche anderen Aufgaben stattdessen wegfallen können.«
- Denken Sie daran, dass der Tag nur eine bestimmte Anzahl von Stunden hat. Was immer Sie auf sich nehmen, verringert die Zeit für andere Dinge. Selbst wenn Sie etwas anderes in Ihren Arbeitstag quetschen können, lautet Ihre Antwort immer noch Nein, wenn das Verlangte nicht wichtiger ist als die Dinge, die Sie deshalb aufgeben müssten (einschließlich zu einer vernünftigen Zeit nach Hause zu gehen und zu entspannen). Sie haben keine Zeit und können es nicht tun.

Familie und Freunde auf Ihre Seite bringen

Oft scheint der einfache Akt, sich etwas Zeit für sich selbst zu nehmen, unmöglich oder fast egoistisch. Aber denken Sie daran, dass Sie nicht egoistisch sind: Sie brauchen Zeit für sich selbst, Sie verdienen Ihren eigenen Raum, und Sie dürfen nicht mehr zulassen, dass andere verhindern, dass Sie diese Zeit für sich finden. Und vergessen Sie die umwerfende Wirkung des Lachens nicht – ein herzliches Gelächter lässt das Leben so viel einfacher erscheinen.

Ihre Familienangehörigen und Freunde (und Kollegen) genießen Ihre Gesellschaft, mögen Sie und können sich leichter mit Ihnen identifizieren, wenn Sie bereit sind, Ihre Unzulänglichkeiten zuzugeben, darüber zu reden und zu lachen. Aber das ist noch nicht alles. Ihre Familie, Ihre Freunde und auch Ihre Kollegen können Ihre Verbündeten sein, wenn Sie Wege ausprobieren, um ein ausgewogeneres Verhältnis zwischen Beruf und Privatleben zu finden. Gehen Sie wie folgt vor, um sich ihre Unterstützung zu sichern:

- ✔ **Erklären Sie, dass Sie an Änderungen arbeiten.** Teilen Sie allen mit, dass Sie einige positive Änderungen in Ihrem Leben planen. Wenn Sie erzählen, was Sie tun, können andere sehen, dass Sie nicht genervt oder ungefällig sind. Sie machen sich Gedanken über die Vereinbarkeit Ihres Berufs- und Familienlebens und brauchen das Verständnis und die Unterstützung von Familie und Freunden, damit Sie wirkliche Änderungen durchsetzen können.
- ✔ **Legen Sie Ihren Plan offen.** Erzählen Sie allen von den Änderungen, die Sie planen, was und wie viel Sie zu übernehmen beabsichtigen, was Sie in Ihren Kalender eintragen, zu welcher Zeit Sie Feierabend machen und so weiter.
- ✔ **Suchen Sie Unterstützung.** Erzählen Sie Ihrer Familie, Ihren Freunden und Ihren Kollegen, was Sie von ihnen erwarten, damit sie Ihnen helfen können, auf dem rechten Weg zu bleiben.
- ✔ **Zeigen Sie Ihre Dankbarkeit.** Vergessen Sie nicht, allen dafür zu danken, dass sie Ihnen zuhören und Sie bei den Änderungen unterstützen, die Ihre Gesundheit, Ihre Laune, Ihr Berufsleben und die Zeit, die Sie mit ihnen verbringen, verbessern werden.

Schuldgefühlen Adieu sagen

Schuldgefühle führen bei den meisten Menschen zu einem endlosen Zyklus. Sie haben Schuldgefühle, weil Sie arbeiten. Sie haben Schuldgefühle, weil Sie zu Hause bleiben. Sie haben Schuldgefühle, weil Sie nicht die ganze Zeit beschäftigt sind, und Sie haben Schuldgefühle, weil Sie sich entspannen und versuchen, nichts zu tun. Die Realisierung eines ausgewogenen Verhältnisses zwischen Berufs- und Privatleben wird wesentlich einfacher, wenn Sie sich von Ihren Schuldgefühlen verabschieden.

Wenn Sie Ihren Schuldgefühlen nachgeben, verstärken Sie das Gefühl, dass Sie nicht viel verdient haben. Sie können eine Menge unnötiger Zeit und mentaler Energie damit verbringen, darüber nachzudenken, was Sie getan haben und was Sie hätten tun sollen. Weil Sie im Beruf, in Ihrer Partnerschaft und in der Kindererziehung immer nur das Beste wollen, haben Sie möglicherweise das Gefühl, dass es falsch ist, zuerst an sich zu denken.

Auf der Plusseite können Schuldgefühle Sie motivieren, Änderungen zum Besseren herbeizuführen. Wenn Sie ständig Schuldgefühle haben und den zusätzlichen Stress verabscheuen, den diese verursachen, können Sie die Schuldgefühle als Orientierungshilfe für das verwenden, was Sie in Ihrem Leben verändern müssen.

Sich mit einer Auszeit belohnen

Auch wenn Ihnen Ihre Lieben zur Seite stehen und Ihnen helfen möchten, positive Änderungen vorzunehmen, um eine Balance zwischen Berufs- und Privatleben zu finden, braucht jeder Mensch etwas Zeit für sich. Für einige Menschen reicht etwas Zeit allein im Badezimmer, andere brauchen mehrere Stunden oder Tage. Wie viel Zeit Sie auch immer brauchen, es ist wichtig, dass Sie die benötigte Zeit planen und festlegen – damit Sie sie auch tatsächlich genießen können.

Einfache Maßnahmen gegen Schuldgefühle

Stellen Sie sich einige ehrliche Fragen zum Thema Schuldgefühle:

- Bin ich für das Problem verantwortlich?
- Übernehme ich die Pflichten einer anderen Person?
- Versuche ich, jemand anderen vor Schuldgefühlen, Stress oder Unwohlsein zu bewahren?
- Kann jemand anderes helfen?
- Gibt es mehr als eine Lösung für dieses Problem?
- Inwiefern trägt mein Schuldgefühl zur Lösung des Problems bei?
- Wie viel Schuld fühle ich in Bezug auf dieses Problem?
- Was tue ich, um dieses Problem für mich selbst zu verschlimmern?
- Welches Problem macht mir wirklich zu schaffen?
- Wie würde sich mein Problem anfühlen, wenn ich keine Schuldgefühle mehr hätte?

Auszeit ist weder eine Strafe noch zählt ein Tag mit Magenschmerzen oder Migräne im Bett als eine solche. Auszeit ist Zeit, die für Sie allein vorgesehen ist, in der Sie was auch immer auf welche Weise auch immer tun. Diese Zeit sollte von Ihrer Familie, Ihren Kollegen und Ihren Freunden respektiert werden – insbesondere wenn es sich um ein regelmäßiges, geplantes Ereignis handelt.

Erkennen, wie viel Zeit Sie benötigen

Denken Sie daran: Eine Auszeit gibt Ihnen Zeit zum Nachdenken. Welche Art von Auszeit Sie brauchen, ist eine wichtige Entscheidung, weil Sie das Beste aus dieser Zeit machen wollen. Hier sind einige Vorschläge, die Ihnen zeigen, wie eine solche Auszeit genutzt werden kann:

- **Auszeit unterwegs:** Sie nutzen Ihre Auszeit, indem Sie sich von Ihrem gewöhnlichen Arbeitsplatz und Ihrem Zuhause entfernen, um sich auszuruhen, nachzudenken und zu vergnügen. Für diese Art von Auszeit müssen Sie eine gewisse Zeit einplanen, um Ihren Partner, Ihre Kinder, Ihre beruflichen Verpflichtungen und Ihre Finanzen in Betracht zu ziehen. Meine Freundin Paula, eine Vollzeitbuchhalterin mit zwei Kindern, bucht sich beispielsweise einmal im Jahr für ein Verwöhnwochenende in einem Fünf-Sterne-Hotel ein. Dave, ein Freund von mir, der eine straffe Arbeitsplanung und kein üppiges Budget hat, holt seinen Sohn an drei Nachmittagen in der Woche von der Schule ab, damit er samstags am Vormittag zum Surfen gehen kann.

- **Kreative Auszeit:** Nutzen Sie Ihre Auszeit zum Nachdenken sowie zum Ausdenken und Ausprobieren neuer Ideen. Das können zwei Minuten Pause vom Schreibtisch, ein Fünf-Minuten-Spaziergang, ein Nickerchen oder das mehrstündige Alleinsein in Ihrem Haus sein.
- **Spaß-Auszeit:** Zeit für das, was Ihnen gefällt! Eine Stunde im Fitnessstudio zwischen der Arbeit und der Fahrt nach Hause, ein Film, ein Nachmittag beim Angeln. Legen Sie die Zeit wie jeden anderen Termin in Ihrem Kalender fest, weil diese Zeit ebenso wichtig ist.
- **Ruhige Auszeit:** Sie verbringen Ihre Auszeit weit weg von Lärm, Ablenkungen und dem Telefon, um nachzudenken, sich auszuruhen, zu entspannen und Ihre Energie wieder aufzuladen. Kein Radio, kein Fernseher, kein Computer, kein Handy – nur Sie!
- **Sport-Auszeit:** Nehmen Sie sich fünf Minuten pro Stunde, um von Ihrem Computer aufzusehen, aufzustehen, Ihre Arm-, Schulter-, Hals- und Nackenmuskeln zu dehnen, im Büro herumzulaufen oder die Treppen statt des Aufzugs zu benutzen.

Lachen lernen

Lachen und Humor kommen Ihrer Gesundheit zugute und reduzieren Stress. Traurige Tatsache ist, dass viele Erwachsene durchschnittlich nur 15-mal pro Tag lachen, während es Kinder auf bis zu 400-mal pro Tag bringen. Eine weitere interessante Tatsache ist, dass Menschen beim Auflisten der Eigenschaften, die sie in einem Partner suchen, Humor fast immer ganz oben ansiedeln.

Lachen ist gesund und macht glücklich

Wenn Sie glauben, dass Sie zu unbedeutend sind, um Änderungen in Ihrem wenig glamourösen Leben anzustreben, denken Sie daran, wie schmerzhaft es ist, wenn Sie einen winzigen Stein im Schuh haben. Das ist eine kleine Analogie, die Ihnen zeigen soll, dass selbst ein kleiner Schritt – wie das Erzwingen eines Lächelns – dazu führen kann, dass Sie sich besser fühlen.

Erstaunlicherweise führt selbst ein falsches Lachen zu einer ähnlichen Stress abbauenden Reaktion in Ihrem Körper. Viele Experten aus verschiedenen Bereichen raten deshalb: »Tun Sie so, als ob, bis es wirklich eintritt«. Versuchen Sie, Ihre Lippen über die ganze Breite Ihres Gesichts zu ziehen – was allgemein als Lächeln bekannt ist. Jeder Kundendiensttrainer kann Ihnen sagen, dass ein Lächeln beim Annehmen eines Anrufs in Ihrer Stimme »gehört« wird. Versuchen Sie wie beim falschen Lachen zu lächeln, auch wenn Sie sich nicht danach fühlen. Sie werden sofort merken, wie eine gewisse Anspannung nachlässt. Wenn Menschen zusammen lachen, sind die Gefühle, die sie füreinander und für sich selbst aufbringen, positiver. Wie Atemübungen und kleine fünfminütige Auszeiten bringt ein herzhaftes Lachen kurzfristige körperliche Änderungen mit sich:

- Lösen von Muskelverspannungen und Magenschmerzen
- Stärkung des Immunsystems
- Absenken des Stresshormonspiegels, des Herzschlags und des Blutdrucks
- Stimulierung von Herz und Lunge, was auch als »Sport von innen« bezeichnet wird

Sie müssen einfach lachen …

Sie können Humor auch einsetzen, um eine Botschaft auf subtile Weise zu übermitteln oder einen Stimmungsumschwung in Gang zu bringen. An einem einzigen Tag erfuhr Jana, dass einer ihrer Söhne ins Krankenhaus eingeliefert worden war, der andere sich von seiner Partnerin und Mutter seiner Söhne getrennt hatte, ihr Exmann vor Kurzem wieder geheiratet hatte, sie soeben gekündigt worden war und sie nicht genug Geld im Portemonnaie hatte, um mit der Straßenbahn nach Hause zu fahren.

»Als ich auf der Straße stand, dachte ich, dass sich die Dinge in meinem Leben wirklich zum Schlimmen gewandelt hatten, als – platsch – Vogelscheiße direkt auf meinem Kopf landete. Ich hatte das Gefühl, ich sei ein Clown in einem schlechten Film, und ich stand einfach da und lachte und lachte und lachte. Ich fühlte mich so wunderbar dabei, dass ich noch lustige Seiten an einem Tag sehen konnte, der zu den schlimmsten Tagen meines Lebens zählte. Beim Gedanken daran muss ich immer noch lachen, und das Erlebnis ist jetzt zehn Jahre her.«

Gründe zum Lachen finden Sie überall – sie warten nur darauf, entdeckt und genutzt zu werden. Hier sind einige einfache Tipps für mehr Humor in Ihrem Leben:

- ✔ Tun Sie jeden Tag etwas Ungewöhnliches. Einfache Dinge wie das Umdrehen eines Sprichworts bei einer Besprechung (»Ich meine das aus herzigster Tiefe«), das Tragen eines T-Shirts mit einem witzigen Spruch oder das abwechselnde Verstecken eines unnützen Gegenstands mit Ihrem Kind oder Partner an verschiedenen Stellen, damit die anderen es dort finden.
- ✔ Nehmen Sie etwas Einfaches wie Ihren Lieblingscartoon und hängen Sie diesen an die Innenseite der Toilettentür oder an Ihre Bürotür.
- ✔ Suchen Sie nach der lustigen Seite einer Situation.
- ✔ Suchen Sie nach Möglichkeiten, um Spaß zu haben, und machen Sie sich klar, wie wichtig dieser Spaß für Ihre Gesundheit und Ihr Wohlbefinden ist. Erinnern Sie sich noch daran, wie toll es sich angefühlt hat zu schaukeln, Basketbälle in einen Korb zu werfen? Das ist es – es gibt noch viele Ideen!
- ✔ Treffen Sie sich oft mit humorvollen Menschen – hören Sie ihren Geschichten zu und lachen Sie mit ihnen. Unterbrechen Sie sie nicht mit einer eigenen Anekdote, sondern hören Sie einfach zu, entspannen Sie sich und genießen Sie die Situation.
- ✔ Zappen Sie sich durch die Fernsehkanäle, bis Sie eine gute Komödie oder eine Comedy-Show finden. Auf dem Sofa zu sitzen und zu lachen, bis die Tränen fließen, macht Spaß und kostet nichts. Es ist außerdem etwas, das Sie mit Ihrem Partner tun können – wer lacht nicht gern herzlich mit seiner besseren Hälfte?

- Werfen Sie einen genaueren Blick auf Ihre Kinder, Freunde und Haustiere – so wie in den lustigen Heimvideos im Fernsehen und im Internet. Wenn Sie sich einen Moment Zeit nehmen, um sich zurückzulehnen und Kinder oder Haustiere zu beobachten, werden sie feststellen, dass sie fantastische Quellen für Humor sind. Es ist beispielsweise sehr amüsant zu beobachten, wie sich meine Hündin auf die Hinterbeine stellt und genüsslich die reifen Weintrauben von unserer einsamen Weinrebe im Garten pflückt.
- Nutzen Sie das Internet als Quelle für gemeinen Humor, thematischen Humor, klassischen Humor und kreativen Humor. Websites wie `www.youtube.com`, `www.neatorama.com` und Tausende andere Websites mit einem »Witz des Tages« stellen unzählige Möglichkeiten zur Auswahl. Es überrascht mich immer wieder, dass es da draußen so viele kluge Menschen gibt, die derartig wunderbares Material zusammenstellen.
- Suchen Sie nach dem Humor, der in Ihnen steckt, und schreiben Sie ihn auf – jeder erlebt lustige Vorfälle, Geschichten oder Situationen. Schreiben Sie Ihre Erlebnisse auf, oder erzählen Sie sie jemandem. Es macht viel mehr Spaß, mit anderen zu lachen und zu sehen, wie diese Ihre verschrobenen Ansichten schätzen. Manchmal kann ein schlichtes Anheben der Augenbrauen oder eine Grimasse im richtigen Moment andere zum Lachen bringen und Spannungen lösen oder anderen zeigen, dass Sie mit ihnen fühlen.

Zeichen der Depression erkennen

Möglicherweise gibt es Zeiten und Situationen, in denen sich die Dinge trotz aller Bemühungen, positive Änderungen für eine bessere Vereinbarung von Berufs- und Familienleben herbeizuführen, miserabel und außer Kontrolle anfühlen. Jeder hat hier und da mal einen schlechten Tag, aber wenn dieses Gefühl nicht nach zwei Wochen verschwindet und anfängt, Ihre Arbeitsleistung, die Freude zu Hause und Ihren Schlaf oder Appetit zu beeinträchtigen, sollten Sie sich die Dinge näher ansehen.

Dieses Buch ist kein Ersatz für einen ausgebildeten und qualifizierten Arzt oder Psychologen, aber ich kann Ihnen einige wichtige Fragen auflisten, die Sie sich selbst stellen können – oder jeder anderen Person, die möglicherweise unter Depressionen leidet:

- Fühlen Sie sich meistens traurig, unglücklich oder hoffnungslos?
- Fühlen Sie sich überfordert, wertlos und schuldig, ohne einen bestimmten Grund dafür nennen zu können?
- Schlafen Sie schlecht oder zu viel?
- Haben Sie Ihren Konsum von Alkohol oder anderen (legalen und illegalen) Drogen gesteigert?
- Fühlen Sie sich ständig müde und energielos?
- Würden Sie gern vermeiden, Freunde zu treffen oder Menschen zu sehen, und fühlen Sie sich verletzlich?

- Hat sich Ihr Appetit verringert oder vermehrt?
- Denken Sie an Selbstmord, Selbstverletzung oder daran, »anderen keine Last mehr sein zu wollen«?
- Haben Sie das Interesse an Dingen verloren, die Sie eigentlich gern tun?
- Haben Sie körperliche Beschwerden – Magenschmerzen, Nackenschmerzen und Verdauungsprobleme?

Wenn Sie mindestens die Hälfte dieser Fragen mit Ja beantworten, leiden Sie möglicherweise unter einer Depression und sollten sich Ihrem Arzt anvertrauen. Eine Depression zu ignorieren und zu hoffen, dass sie von allein verschwindet, funktioniert meistens nicht. Tatsächlich wird sich Ihre Depression eher verschlimmern.

Was geschieht bei einer Depression?

Trotz Kampagnen zur Steigerung des öffentlichen Bewusstseins zum Thema Depressionen und der Tatsache, dass viele Studien zeigen, dass jeder Fünfte mindestens einmal im Leben unter einer Depression leidet, ist diese Krankheit immer noch etwas, das kaum herausgeschrien oder bei Partys an Fremde weitergegeben wird.

Aber eine Sache sollte beachtet werden: Die Depression ist eine ernsthafte Erkrankung, die durch chemische Unausgewogenheiten im Gehirn verursacht wird. Und Sie würden schließlich sofort medizinische Hilfe bei einer Nierenentzündung suchen – und wenn es um die Behandlung Ihres Gehirns geht, ist es dasselbe.

Wird die Depression nicht richtig behandelt, kann sie steigende Fehlzeiten im Beruf, die Unfähigkeit, überlegte Entscheidungen zu treffen, und den Rückzug von Familie, Freunden und Kollegen nach sich ziehen. Es gibt keinen Grund, sich wegen einer Depression zu schämen. Ihr Arzt wird Ihnen helfen oder Sie an einen Psychologen, einen Psychiater oder einen Sozialarbeiter weiterleiten, die Depressionen auf professionelle, vertrauliche und vielfältige Weise behandeln können.

Professionelle Hilfe ohne Angst

Auf den folgenden Websites finden Sie praktische Informationen zum Thema Depression:

- **Kompetenznetz Depression** (`www.kompetenznetz-depression.de`)**:** Das Kompetenznetz Depression ist ein bundesweites Netzwerk zur Optimierung von Forschung und Versorgung im Bereich depressiver Erkrankungen. Das Projekt wird gefördert vom Bundesministerium für Bildung und Forschung (BMBF).

  Sie finden hier umfassende Informationen für Betroffene, Angehörige und Experten. Ein Selbsttest gibt ersten Aufschluss über das eigene Depressionsrisiko, außerdem bietet die Website Erfahrungsberichte, Ratschläge für Angehörige, Adressenlisten von Krisenstellen und ein Forum, in dem Betroffene sich austauschen können.

- ✔ **Deutsches Bündnis gegen Depression e.V.** (www.buendnis-depression.de)**:** Der gemeinnützige Verein »Deutsches Bündnis gegen Depression e.V.« verfolgt das Ziel, die gesundheitliche Situation depressiver Menschen zu verbessern und das Wissen über die Krankheit in der Bevölkerung zu erweitern. Zahlreiche Städte und Kommunen haben sich dem Bündnis angeschlossen und engagieren sich auf lokaler Ebene. Hier finden Sie Informationen zum Thema Depressionen, zu regionalen Veranstaltungen, Beratungsstellen, Selbsthilfeaktivitäten und Ansprechpartnern sowie ein Forum für Betroffene.

Weiterführende Informationen zum Thema Depression finden Sie auch in *Depression für Dummies*.

Ihr Körper ist ein Tempel und nicht die städtische Müllhalde

4

In diesem Kapitel

- Den richtigen Sport finden und in Ihren Tag einbauen
- Gesundes Essen, das Ihnen gut tut
- Erfolgreiche Schlafgewohnheiten
- Einfache Meditationstechniken für viel beschäftigte Menschen
- Ein erfüllendes Sexualleben aufrechterhalten oder neu beleben

Herzerkrankungen, Fettleibigkeit, Diabetes und psychische Erkrankungen sind heute die am weitesten verbreiteten Krankheiten. Ernährungs- und Bewegungsempfehlungen werden mehr als je zuvor missachtet. In diesem Kapitel komme ich zum Kern der Angelegenheit – Ihrem Körper und Ihrer Gesundheit. Jeder kennt das Sprichwort: *Man ist, was man isst*. Aber bei einem stressigen Lebenswandel greifen die meisten Menschen zu Snacks mit hohem Fettanteil und geringem Nährwert, holen Tiefkühlmahlzeiten und Fertiggerichte aus dem Supermarkt oder schmeißen ihre Sachen auf den Küchentisch und lassen sich eine Pizza liefern.

Zugegebenermaßen habe auch ich in diesem Bereich ständig zu kämpfen – oft ertappe ich mich dabei, dass ich meiner Tochter ein gesundes Frühstück auf den Tisch stelle, ihre Schulsachen packe, ein gesunde Schulfrühstück für sie vorbereite, sie zur Schule bringe, rechtzeitig zur Arbeit komme und erst dann *mein* Frühstück aus dem Snackautomaten hole. Am selben Tag treffe ich meine Familie zum Abendessen in einem der schönsten Restaurants in unserer Nachbarschaft – direkt nach der Arbeit natürlich.

Viele Studien zeigen, dass wir auf dem besten Weg in eine übergewichtige Gesellschaft sind, und die Ernährung ist nur ein Teil des Problems. Der menschliche Körper braucht außerdem frische Luft, Erholung und Bewegung. Dieses Kapitel bietet Ihnen einige einfache Tipps, die Sie auf den richtigen Weg bringen und schnell zur täglichen Gewohnheit werden, sodass Sie gesünder leben, besser schlafen und Zeit mit Ihrem Partner genießen können.

Aktiv werden

Wenn Sie lange Stunden am Schreibtisch vor dem Computerbildschirm verbringen, schaden Sie auf Dauer Ihrem Körper. Der menschliche Körper ist nicht dafür ausgerüstet, lange Zeit zu sitzen, und körperliche Bewegung steht bei den Faktoren zur Förderung der Gesundheit an zweiter Stelle (nach dem Verzicht auf das Rauchen).

Einen Bewegungsplan ins Leben zu rufen, ist der einfache Teil – ich weiß das, denn ich habe es schon Dutzende Male gemacht. Sich an seinen Bewegungsplan zu halten, ist dagegen harte Arbeit. Um Ihre Motivation zu fördern, sollten Sie sich eine Aktivität aussuchen, die Ihnen Spaß macht, die Sie sich leisten können und die zu Ihrer Lebensweise passt. Außerdem ist es hilfreich, Ihren Bewegungsplan gemeinsam mit einem Freund umzusetzen.

Reden Sie erst mit Ihrem Arzt, bevor Sie ein neues Sportprogramm in Angriff nehmen, insbesondere wenn Sie Übergewicht haben, über 40 Jahre alt sind, lange keinen Sport getrieben haben oder unter einer chronischen Erkrankung leiden.

Für eine bessere Gesundheit

Regelmäßig und moderat betriebener Sport wirkt sich wie folgt auf Ihren Körper und Ihre Gesundheit aus:

- ✔ Aufbau und Erhaltung gesunder Knochen, Muskeln und Gelenke
- ✔ Gewichtskontrolle
- ✔ Förderung des psychischen Wohlbefindens
- ✔ Reduzierung von depressiven oder ängstlichen Gefühlen
- ✔ Reduzierung des Risikos für Herzerkrankungen, Diabetes, Darmkrebs und Bluthochdruck
- ✔ Reduzierung des Risikos für einen vorzeitigen Tod

Regelmäßiger Sport verbessert außerdem Ihre Lebensqualität und unterstützt die Heilung und das erneute Auftreten von Krankheiten.

Sportliche Betätigungen, die weder aufwendig noch peinlich sind

Oft ist ein kleiner Anfang der beste Weg für neue oder unwillige Sportler, einen Bewegungsplan in Angriff zu nehmen. Auch wenn Sie nur zehn Minuten pro Tag Zeit finden, werden Sie feststellen, dass Sie die Übungsdauer nach und nach auf die für eine optimale Wirkung auf Ihre Gesundheit empfohlenen 30 Minuten steigern können. Wenn Sie Ihre sportlichen Aktivitäten einfach und zwanglos halten, fällt auch der Anfang leichter.

Laufen

Das Laufen ist eine äußert effektive Form der sportlichen Betätigung. Im alltäglichen Leben ergeben sich viele Gelegenheiten, bei denen Sie laufen statt mit dem Auto fahren können, darunter die folgenden:

- ✔ Parken Sie Ihr Auto möglichst weit entfernt von Ihrem Büro oder vom Supermarkteingang, um einen kleinen Spaziergang einzulegen.
- ✔ Fahren Sie ein- oder zweimal pro Woche mit dem Fahrrad zur Arbeit.
- ✔ Laufen Sie zum Supermarkt um die Ecke, anstatt mit dem Auto zu fahren.

- ✔ Laufen Sie zum Bus, zur U-Bahn oder zum Bahnhof und nehmen Sie öffentliche Verkehrsmittel zur Arbeit. Das Pendeln mit öffentlichen Verkehrsmitteln ermöglicht außerdem einen wesentlich stressfreieren Arbeitsweg, weil Sie aus dem Fenster schauen, sich ausruhen oder lesen können.
- ✔ Laufen Sie zum Bus, zur U- oder Straßenbahn oder zum Bahnhof und steigen Sie ein oder zwei Haltestellen vor Ihrem eigentlichen Ziel aus, um den Rest wieder zu laufen.
- ✔ Waschen und saugen Sie Ihr Auto selbst, anstatt es zu einem Reinigungsservice zu bringen.
- ✔ Besorgen Sie sich einen Hund. Hunde sind unglaublich gut darin, Menschen dazu zu erziehen, mindestens einmal pro Tag zu laufen.

30 Minuten pro Tag reichen aus

Gesundheitsexperten empfehlen Erwachsenen, 30 Minuten pro Tag moderat körperlich aktiv zu sein. Wenn die Aktivität intensiver ist, reichen weniger als 30 Minuten aus, um eine positive Wirkung auf die Gesundheit zu erzielen. Hier sind einige Beispiele für moderate körperliche Aktivitäten:

- ✔ 8 Kilometer Radfahren in 30 Minuten
- ✔ 30 bis 45 Minuten Gartenarbeiten
- ✔ 2,5 Kilometer Joggen in 15 Minuten
- ✔ 20 Minuten Bahnen schwimmen
- ✔ 3 Kilometer in 40 Minuten laufen

Die 30 Minuten Bewegung müssen nicht in einem Rutsch absolviert werden. Sie können auch dreimal pro Tag jeweils zehn Minuten Sport treiben, wenn Ihnen das lieber ist.

Im Büro

Arbeitssituationen bieten viele Gelegenheiten für regelmäßige Bewegung – nicht nur, um einige Minuten Pause vom Schreibtisch zu machen, sondern auch für einige kostenlose Sportübungen. Nutzen Sie die folgenden Gelegenheiten:

- ✔ Stehen Sie einmal pro Stunde auf und laufen Sie einige Minuten umher – nehmen Sie den längsten Weg, um sich Ihren nächsten Kaffee oder ein Glas Wasser zu holen oder auf die Toilette zu gehen.
- ✔ Strecken Sie sich an Ihrem Schreitisch – fünf Minuten jede halbe Stunde reichen aus.
- ✔ Nehmen Sie die Treppe statt den Aufzug.
- ✔ Nutzen Sie mindestens die Hälfte Ihrer Mittagspause für einen schnellen Spaziergang (möglichst an der frischen Luft), auch wenn Sie nur 10 bis 15 Minuten Zeit haben.

- Laufen Sie, um mit einem Kollegen zu sprechen – reden Sie persönlich mit Ihren Kollegen, anstatt sie anzurufen oder ihnen eine E-Mail zu schreiben. Sie werden möglicherweise feststellen, dass diese Übung auch die Kommunikation vereinfacht, für die vielleicht mehrere E-Mails nötig gewesen wären.

Zu Hause

Nein, ich behaupte nicht, dass Hausarbeit Spaß macht. Aber da Sie das Haus sowieso putzen, den Garten aufräumen, die Kinder unterhalten und den Hund beschäftigen müssen, können Sie aus diesen Aufgaben ebenso gut spaßige Bewegungsübungen machen:

- Bringen Sie mehr körperliche Aktivitäten in die Unternehmungen mit Ihrer Familie. Laufen Sie mit den Kindern durch den Park oder spielen Sie Fußball im Garten.
- Verbrennen Sie Kalorien, indem Sie den Staubsauger, den Schrubber und den Staubwedel ordentlich hin und her bewegen.
- Verbringen Sie Zeit im Garten. Rasenmähen, Blätter zusammenfegen, Pflanzen umtopfen und Blumenbeete mulchen sind hervorragende sportliche Übungen.
- Legen Sie Ihre Lieblingsmusik auf und tanzen Sie beim Aufräumen und Staub wischen durch das Haus.
- Spielen Sie aktiv mit Ihren Kindern. Spielen Sie Verstecken oder Fangen anstelle von Videospielen.
- Gehen Sie öfter mit dem Hund raus oder verlängern Sie Ihren gewohnten Spaziergang um zehn Minuten oder so.

Setzen Sie sich realistische, nicht unmögliche oder frustrierende Ziele. Planen Sie lieber vier Bewegungseinheiten pro Woche ein, anstatt einen bestimmten Gewichtsverlust festzulegen. Auf diese Weise vermeiden Sie Enttäuschungen, wenn eine ganze Woche anstrengender Sportübungen nicht einem Fünf-Kilo-Gewichtsverlust entspricht. Sie sollten akzeptieren, dass regelmäßige Bewegung eine lebenslange Aufgabe und nicht ein kurzfristiger Rausch ist. Wenn Sie abnehmen möchten, setzen Sie sich das Ziel, ein Kilogramm Körperfett pro Woche zu verlieren. Denken Sie auch daran, dass Muskeln mehr wiegen als Fett, Ihre Badezimmerwaage den Unterschied aber nicht kennt.

Die Motivation erhalten

Jeder hat einen Grund für die Entscheidung, sich körperlich mehr zu bewegen. Denken Sie darüber nach, warum Sie Sport treiben, um am Ball zu bleiben, wenn Sie einmal keine Lust auf Ihre Übungen haben. Mögliche Gründe sind:

- Mehr Energie
- Bessere Beweglichkeit der Gelenke
- Mit den Kindern Schritt halten

- ✔ Abnehmen
- ✔ Abbau depressiver oder Angstgefühle
- ✔ Lindern von Rückenschmerzen
- ✔ Besserer Schlaf

Ihre Fortschritte im Auge behalten

Regelmäßig Sport zu treiben ist einfacher, wenn Sie die Vorteile sehen können. Gehen Sie wie bei anderen wichtigen Dingen wie beruflichen Terminen, Sportstunden Ihrer Kinder und so weiter eine Verpflichtung ein. Probieren Sie die folgenden Tipps aus:

- ✔ Vermeiden Sie Langeweile, indem Sie sich selbst immer wieder neue Herausforderungen stellen – etwas schneller laufen, die Route ändern, mit einem Freund joggen.
- ✔ Versuchen Sie, 30 Minuten früher aufzustehen, wenn der Rest Ihres Tages mit anderen Terminen vollgestopft ist.
- ✔ Halten Sie Sportmöglichkeiten für zu Hause bereit, zum Beispiel Übungs-DVDs oder ein Heimfahrrad.
- ✔ Führen Sie ein Trainingstagebuch, um jede Verbesserung festzuhalten, die Sie erreichen. Sie werden unheimlich zufrieden sein, nach einigen Wochen zu lesen, dass Sie Ihre Laufeinheiten von einem halben Kilometer auf vier Kilometer steigern konnten.
- ✔ Achten Sie darauf, wie Sie sich *fühlen*. Sitzt Ihre Kleidung etwas lockerer? Können Sie etwas länger im Garten arbeiten? Können Sie Ärger heute weglachen? Wenn Sie sich die Zeit nehmen, diese kleinen Verbesserungen zu erkennen, fällt die Motivation für Ihre sportlichen Aktivitäten gleich viel leichter.
- ✔ Denken Sie daran, dass von Zeit zu Zeit unerwartete Ereignisse auftreten können, die Ihren Bewegungsplan durcheinanderbringen. Machen Sie sich darüber keine Gedanken. Legen Sie stattdessen einen Termin für die nächste Übungseinheit in Ihrem Kalender fest.
- ✔ Belohnen Sie sich selbst, wenn Sie ein Fitnessziel erreichen – zum Beispiel wenn Sie das Ziel erreicht haben, jeden Abend nach der Arbeit zu laufen. Belohnungen können eine Massage, ein Film oder etwas anderes sein, das Ihnen wichtig und eine echte Belohnung für Sie ist.

Sie können Ihre Gesundheit und Ihr Wohlbefinden verbessern, indem Sie sich an mindestens fünf Tagen der Woche 30 Minuten lang moderat bewegen.

Vernünftig essen – und Fast Food meiden

An welchem Punkt des modernen Lebens haben wir aufgehört, uns vernünftig zu ernähren, und Fast Food die Herrschaft überlassen? Wenn Sie darüber nachdenken, sehen Sie praktisch überall Läden und Stände mit fettigen Speisen. Oder Sie sehen mit Süßigkeiten und anderen ungesunden Dingen gefüllte Automaten – von Bahnhöfen über Kantinen in Unternehmen bis hin zu Schulen, Krankenhäusern und Shoppingcentern. Gibt es denn keinen Ort mehr, den diese Tempel der Versuchung verschont haben?

Es ist Zeit, wieder vernünftiger zu essen, und die beste Mahlzeit, um damit zu beginnen, ist das Frühstück.

Richtig frühstücken

Wenn Sie mit leerem Magen zur Arbeit gehen, sparen Sie vielleicht zehn Minuten Zeit, aber ein ausgelassenes Frühstück bedeutet auch, dass Ihr Körper seit rund 14 Stunden keine Nahrung mehr bekommen hat. Bis zu diesem Zeitpunkt sind Ihr Blutzucker und Ihre Energie auf einem absoluten Tiefpunkt. Der Körper versucht dann, dagegen anzugehen, indem er die Hormone Adrenalin und Cortisol ausschüttet. Letzteres kann dazu führen, dass Sie nervös werden und sich nur schwer konzentrieren können. Viele Studien zeigen, dass Studenten, die frühstücken, klarer und schneller denken als Studenten, die nicht essen, bevor sie an die Uni gehen.

Wenn Sie die erste Mahlzeit des Tages auslassen, essen Sie oft am restlichen Tag zu viel und zu schlecht. Wenn Sie sehr hungrig werden, verlieren Sie möglicherweise die Kontrolle und nehmen mehr Kalorien, Fett und Zucker zu sich, als wenn Sie ein ordentliches Frühstück gegessen hätten.

Frühstücksmüsli

Dieses leckere und gesunde Frühstück lässt sich schnell und einfach zubereiten und reicht für einen Erwachsenen für die ganze Woche (wenn Sie den Apfel jeden Tag frisch dazugeben). Probieren Sie dieses köstliche Rezept aus:

200 g Haferflocken

100 ml natürlicher Fruchtsaft

2 Äpfel, grob gerieben

100 g Blaubeeren (frisch oder gefroren)

1 Teelöffel Honig

250 g Naturjoghurt

50 g Mandelscheiben

Füllen Sie die Haferflocken in eine große, verschließbare Dose, geben Sie den Fruchtsaft hinzu, und lassen Sie die Haferflocken einweichen, während Sie die restlichen Zutaten vorbereiten. Reiben Sie die Äpfel und geben Sie sie zu den Haferflocken. Fügen Sie die restlichen Zutaten hinzu. Mischen Sie alles gut durch und stellen Sie die Mischung über Nacht in den Kühlschrank.

Bis zur Frühstückszeit ist das Müsli weich und zum Servieren bereit. Dieses Müsli wird Sie bis zum Mittagessen satt halten.

Die folgenden Nahrungsmittel sind ideal für das Frühstück:

- ✔ **Fettarmer Käse:** Genießen Sie den Käse auf Vollkornbrot, -brötchen oder -toast.
- ✔ **Eier:** Eier lassen sich am besten pochiert, gekocht oder als Rührei zubereiten. Noch besser ist es, wenn Sie die Eier auf einem Vollkornbrot oder -toast servieren.
- ✔ **Fruchtiger Milchshake:** Ihr Lieblingsobst und Milch, in einem Mixer zu einem Shake verarbeitet, sind ein ideales Frühstück.
- ✔ **Warmer Getreidebrei:** Ein Hafer- oder Griesbrei ist ideal und noch besser, wenn Sie einige Trockenfrüchte oder Nüsse darübergeben.
- ✔ **Pfannkuchen:** Verwenden Sie eine beschichtete Pfanne oder nur sehr wenig Öl, um die Pfannkuchen zu backen. Geben Sie frisches Obst und etwas Honig darauf.
- ✔ **Toast:** Nehmen Sie vorzugsweise Vollkorntoast.
- ✔ **Joghurt:** Servieren Sie ihn mit Früchten oder Nüssen.

Wenn Sie feststellen, dass Sie das Frühstück auslassen, weil es morgens zu hektisch bei Ihnen zugeht, versuchen Sie, Ihr Frühstück am Abend vorher zuzubereiten. Sie können es dann entweder vor oder nach der hektischen Phase essen oder es mit zur Arbeit nehmen.

Sagen Sie niemals »Diät«

Rein technisch bezeichnet das Wort »Diät« die Nahrungsmittel, die Sie im normalen Verlauf Ihres Lebens zu sich nehmen. Aber das Wort »Diät« hat sich zu etwas entwickelt, das einer Strafe gleichkommt – einer Strafe für ein falsches Essverhalten.

Was die Menschen mit dem Wort »Diät« tatsächlich meinen, ist eine Änderung der *Lebensweise*. Sie wollen zufriedener und ein besserer Mensch werden.

Niemand kann behaupten, dass ihm Informationen zu einer besseren Lebensweise mit ausreichend Bewegung und gesunder Ernährung fehlen. Die Medien sind voller Sendungen, Artikel, Bücher und Werbeanzeigen zu diesem Thema. Hier sind einige Informationsquellen für gesunde und schnelle Rezepte, die all denjenigen leicht im Internet zugänglich sind, die ihre Lebensweise ändern möchten:

- ✔ **Chefkoch:** Eine der größten Rezeptsammlungen im Internet mit Rezepten aus unzähligen Kategorien finden Sie unter `www.chefkoch.de`.
- ✔ **Essen und Trinken:** Rezepte der Zeitschrift *essen & trinken* finden Sie im Internet unter `www.essen-und-trinken.de`.
- ✔ **Brigitte:** Die Zeitschrift *Brigitte* stellt auf ihrer Website eine große Rezeptdatenbank bereit, in der Sie nach Rezepten suchen, aber auch eigene Rezepte online stellen können. Sie finden die Rezepte unter `www.brigitte.de/kochen/rezepte`.
- ✔ **Tim Mälzer:** Rezepte des beliebten Fernsehkochs Tim Mälzer finden Sie unter `www.tim-maelzer.de`.
- ✔ **Schrot und Korn:** Das Naturkostmagazin *Schrot & Korn* stellt auf seiner Website leckere Vollwertrezepte zum Nachkochen bereit unter `www.schrotundkorn.de`.

Supernahrungsmittel zur täglichen Gewohnheit machen

Alle Nahrungsmittel haben irgendeinen Nährwert, aber zehn Nahrungsmittel sind als *Supernahrungsmittel* bekannt, weil sie extrem gut für Ihre Gesundheit sind. Die Supernahrungsmittel enthalten alle wichtigen Vitamine und Nährstoffe, die als einer anhaltend guten Gesundheit förderlich betrachtet werden. Der Bonus ist, dass jedes dieser als »super« betrachtete Nahrungsmittel einfach und günstig zu haben ist:

- **Äpfel:** Äpfel gibt es immer und überall. Sie stecken voller Antioxidantien. Ein Apfel versorgt Sie mit einem Viertel des täglichen Bedarfs an Vitamin C und an Pektin, das dazu beiträgt, Ihren Cholesterinspiegel niedrig zu halten. Äpfel haben einen niedrigen glykämischen Index, was bedeutet, dass sie langsam verdaut werden. Nahrungsmittel mit einem niedrigen glykämischen Index unterstützen die Gewichtskontrolle und sorgen langfristig für eine bessere Kontrolle des Blutzuckerspiegels bei Menschen mit Diabetes.

- **Karotten:** Den wichtigsten gesundheitlichen Wirkstoff der Karotten erkennt man an ihrer Farbe: den Pflanzenfarbstoff Betacarotin, den der Körper in Vitamin A umwandelt. Das wiederum brauchen unsere Augen, um gut zu funktionieren. Karotten stärken das Immunsystem. Sie sollten immer mit etwas Fett, am besten gedünstet, verzehrt werden, damit die fettlöslichen Vitamine vom Körper gut aufgenommen werden.

- **Paranüsse:** Alle Nüsse enthalten wichtige Vitamine, Mineralstoffe und Ballaststoffe. Eine Handvoll Nüsse viermal pro Woche trägt dazu bei, Herzerkrankungen und Heißhungeranfälle zu vermeiden. Paranüsse sind eine der wenigen sehr ergiebigen Quellen für Selen, das vor Krebs, Depressionen und Alzheimer schützt.

- **Broccoli:** Nur zwei Broccoliröschen – roh oder leicht gegart – sind eine Gemüseportion. Diese kleinen grünen Bäumchen – wie Kinder sie oft nennen – enthalten Antioxidantien, einschließlich Vitamin C und Folsäure, die vor Herzerkrankungen schützen. Broccoli enthält außerdem ein Antioxidans namens Lutein, das die altersbedingte Makula-Degeneration (AMD) aufhalten kann, die 10 Prozent aller Menschen über 60 betrifft. Broccoli ist reich an Magnesium und kann deshalb bei Schlaflosigkeit und Nervosität helfen.

- **Olivenöl:** Studien haben ergeben, dass die ungesättigten Fettsäuren im Olivenöl gut für das Herz sind. Olivenöl kann schlechte Cholesterinwerte verbessern, gute Cholesterinwerte schützen und enthält viele Antioxidantien.

Wenn Sie abnehmen möchten, denken Sie daran, dass ein Teelöffel Öl ungefähr dieselbe Menge Fett enthält wie die Butter, die Sie großzügig auf einer großen Scheibe Brot verstreichen.

- **Lachs:** Alle Fischarten sind gute Quellen für Eiweiß, Vitamine und Mineralstoffe. Fischarten mit hohem Fettgehalt wie Lachs und Sardinen enthalten außerdem Omega-3-Fette, die die Blutgerinnung und Entzündungen hemmen. Studien zeigen, dass der Verzehr von Fisch mit hohem Fettgehalt das Risiko eines Herzinfarkts verringert, selbst bei älteren Menschen. Omega-3-Fette helfen außerdem gegen Depressionen und schützen vor Demenz. Meine Mutter hatte recht: Fisch ist wirklich Futter für das Gehirn.

- **Tee:** Das Teein im Tee hilft, Ihre Wachsamkeit, Ihre Stimmung und Ihre Motivation zu fördern. Und Tee trägt auch zu den empfohlenen zwei Litern Flüssigkeit am Tag bei, die Sie zu sich nehmen sollten. Ob schwarz oder grün, Tee ist eine gute Quelle für Catechine, die die Arterienwände vor Beschädigungen schützen, die Herzerkrankungen auslösen können. Die Antioxidantien in Tee können außerdem dazu beitragen, die Entstehung von klebrigen Blutgerinnseln zu verhindern. Schon eine Tasse schwarzer Tee pro Tag bietet einen gewissen Schutz. Stellen Sie also den Kessel auf den Herd!

- ✔ **Vollkornbrot:** Vollkornbrot mit Körnern und Keimen hat einen niedrigen glykämischen Index und ist eine hervorragende Quelle für Ballaststoffe, die die Verdauung anregen. Vollkornbrot mit Keimen enthält essenzielle Fettsäuren. Studien zeigen, dass vier Scheiben Vollkornbrot mit Soja und Leinsamen eine ausreichende Dosis Phytoöstrogene liefern, um Hitzewellen in den Wechseljahren zu lindern.

- ✔ **Joghurt:** Joghurt ist eine schnell verfügbar Kalziumquelle und ein nützlicher Milchersatz für Menschen, die unter einer Laktoseunverträglichkeit leiden. Joghurt fördert die Gesundheit des Dickdarms und hilft bei Magen-Darm-Erkrankungen.

Schlaflos wegen Schlaflosigkeit

Müdigkeit und Energiemangel während des Tages sind typische Beschwerden von geschäftigen Arbeitnehmern. Das Energieniveau hängt von der Menge (und Qualität) des Schlafes ab, den Sie in der Nacht bekommen, außerdem von der Tageszeit, den Nahrungsmitteln, die Sie essen, wann Sie essen und von Ihrem allgemeinen Gesundheitszustand.

Ein Erwachsener sollte etwa sieben bis acht Stunden schlafen. Allerdings gibt es auch Menschen, die mit vier Stunden Schlaf pro Nacht glücklich sind, während andere zehn Stunden brauchen. Fazit ist: Schlaf kann ein individuelles Bedürfnis sein. Ob Sie es glauben oder nicht, niemand ist bisher wegen Schlafmangel gestorben – auch wenn Sie sich manchmal so fühlen mögen. Wichtig ist, dass Sie verstehen, dass es besser ist, irgendwie zu schlafen, als gar nicht zu schlafen.

Traurigerweise verstärkt sich die *Schlaflosigkeit* (chronischer Schlafmangel) mit der Zeit immer mehr. Sie können den benötigen Schlaf nicht aufholen, indem Sie an Wochenenden ausschlafen. Stattdessen macht das Ausschlafen es noch schwieriger, in der nächsten Nacht zu schlafen, weil der Schlafrhythmus Ihres Körpers durcheinandergeraten ist und Sie nicht mehr müde sind.

Gesundheitsinformationen im Internet

Eine gute Informationsquelle für Gesundheitsfragen ist die *Deutsche Gesellschaft für Ernährung (DGE)*. Ziele und Aufgaben der DGE sind es, ernährungswissenschaftliche Erkenntnisse zu vermitteln und die Gesundheit der Bevölkerung in Deutschland durch gezielte, wissenschaftlich fundierte und unabhängige Ernährungsaufklärung und Qualitätssicherung zu fördern. Dafür nimmt die DGE qualitativ hochwertige Aufklärungsmaßnahmen wahr, bietet Dienstleistungen an und erarbeitet Medien.

Sie finden eine Fülle an Informationen rund um die Ernährung auf der Website der DGE unter `www.dge.de`.

Verstehen, warum Sie nicht schlafen

Schlechter Schlaf kann die folgenden Ursachen haben:

- ✔ **Ein schnarchender Partner:** Schnarchen ist ein Geräusch, das sich nur schwer ignorieren lässt.
- ✔ **Krämpfe oder Schmerzen in den Beinen:** Dieser schmerzhafte Zustand kann das Schlafen erschweren.
- ✔ **Schlafapnoe:** Während des Schlafs setzt die Atmung für kurze Zeit aus.
- ✔ **Aufschrecken aus dem Schlaf:** Muskelzuckungen oder ein Gefühl des Fallens können den Schlafenden aufschrecken.
- ✔ **Jetlag:** Wenn Sie durch verschiedene Zeitzonen reisen, kann die innere Uhr Ihres Körpers durcheinandergeraten. Sie werden einige Tage brauchen, um wieder zu Ihrem normalen Schlafmuster zurückzufinden.

Guter Schlaf ist dann möglich, wenn der Schlafende in der Lage ist, die vielen Gedanken, Erinnerungen, Sorgen und Selbstgespräche im Kopf auszuschalten und zu entspannen.

Schlafstörungen werden oft durch Sorgen verursacht, die nicht abgestellt werden können, nachdem das Licht ausgeschaltet ist.

Probieren Sie diese einfachen Tipps aus, um wieder besser zu schlafen:

- ✔ **Atmen:** Richtiges Atmen ist das einfachste und effektivste Entspannungsmittel. Atmen Sie fünf Sekunden lang langsam und tief ein und lassen Sie den Atem dann fünf Sekunden lang aus sich herausfließen. Konzentrieren Sie sich voll und ganz auf das Atmen und das Gefühl, wie Ihre Muskeln nach und nach entspannen. Fangen Sie mit fünf Atemzügen an und wiederholen Sie den Zyklus in der Nacht, falls und wann immer es erforderlich ist.
- ✔ **Finden Sie 15 Minuten Zeit für ein Sorgenfenster, bevor Sie schlafen gehen:** Setzen Sie sich außerhalb Ihres Schlafzimmers ruhig hin und denken Sie über all die Dinge nach, die Ihnen durch den Kopf gehen. Sagen Sie sich, dass Sie das jetzt nicht erledigen können, und gestehen Sie sich jeden Gedanken ein. Schreiben Sie die wichtigsten Dinge in einem Notizbuch auf, sodass Sie sicher sein können, dass Sie sich am nächsten Tag darum kümmern.
- ✔ **Halten Sie einen Stift und ein Notizbuch am Bett griffbereit:** Wenn eine neue oder bestehende Sorge Sie wach hält, setzen Sie sich hin, schreiben Sie die Einzelheiten auf und schalten Sie das Licht direkt danach wieder aus. Durch diese Gehirnwäsche schenken Sie der Sorge Aufmerksamkeit und löschen sie dann aus Ihrem Gehirn. Das Notizbuch ist auch am Morgen noch da, um Sie daran zu erinnern, wie Sie mit dem Problem umgehen wollen.
- ✔ **Entspannen Sie sich:** Sie sollten 30 Minuten früher als gewöhnlich den Fernseher abschalten oder Ihren Krimi beiseitelegen. Setzen Sie sich in einen bequemen Sessel oder legen Sie sich ins Bett. Entspannen Sie bewusst jede Muskelgruppe von Ihren Zehen bis zum Kopf, und atmen Sie dabei langsam und tief ein und aus. Diese Übung macht mir immer bewusst, wie angespannt mein Körper ist, selbst wenn ich dachte, ich wäre bereits entspannt.

Vorbereitungen für einen guten Schlaf

Experten beschreiben Gewohnheiten, die Ihnen zu einem guten Schlaf verhelfen, als *Schlafhygiene*. Viele Menschen verfallen in schlechte Schlafgewohnheiten, die sich über Wochen, Monate oder gar Jahre verstärken. Die Tipps in diesem Abschnitt helfen Ihnen, gesunde Schlafgewohnheiten zu entwickeln.

Auf die innere Uhr hören

Um die richtige Menge an Energie für die wachen Stunden zu finden, braucht der Körper Schlaf. Probieren Sie die folgenden Tipps aus:

✔ **Achten Sie auf Ihre innere Uhr.** Wenn sich Ihr Körper müde fühlt, gehen Sie ins Bett. Ihr Körper trifft die Entscheidung, wann Sie sich ausruhen sollten, nicht Ihr Kopf.

✔ **Zwingen Sie sich nicht, zu Bett zu gehen, wenn Sie nicht müde sind.** Sie steigern nur Ihre Sorge und Frustration, wenn Sie sich wach im Bett hin- und herwälzen. Mit der Zeit werden Sie so die Schlafenszeit mit Schlafproblemen und Unbehagen verbinden.

✔ **Stehen Sie jeden Tag zur selben Zeit auf.** Das Ausschlafen an Wochenenden macht das Schlafen in den darauffolgenden Nächten noch schwerer. Wenn Sie an Wochenenden zur selben Zeit aufstehen wie in der Woche, ist Ihr Körper an jedem Abend zur selben Zeit müde.

Werfen Sie Ihren Radiowecker weg

Schlafprobleme verursachen eine Menge Frustration, die, noch ärgerlicher, dazu führt, dass der Leidende wach bleibt und sich darüber ärgert, dass er wach ist, wenn er doch eigentlich schlafen sollte. Hören Sie lieber auf, sich Gedanken über Ihre Schlaflosigkeit zu machen und die Stunden herunterzuzählen.

Viele Menschen blicken auf die leuchtenden Ziffern ihres Radioweckers und fangen sofort an zu rechnen: »Jetzt ist es 2.30 Uhr, und der Wecker klingelt in vier Sunden. Wie soll ich morgen bei der Mitarbeiterbesprechung bloß funktionieren können?« Stellen Sie den Radiowecker auf den Boden, sodass Sie ihn nicht sehen können. Noch besser: Kaufen Sie einen kleinen Wecker, der nicht automatisch im Dunkeln leuchtet. Ihr größter visueller Stressfaktor ist damit nicht mehr zu sehen. Und diese Standuhr, die jede Viertelstunde und um Mitternacht zwölf Mal schlägt, sollten Sie gleich entsorgen – es sei denn, die übrigen Familienmitglieder können dabei schlafen.

Die richtige Ernährung für Ihre innere Uhr

Viele Menschen machen sich die Mühe, darauf zu achten, dass sie ihrem Körper das richtige Essen für mehr Energie liefern, aber viele vergessen, die falschen Nahrungsmittel zu vermeiden, die einen guten Schlaf verhindern können.

✔ **Vermeiden Sie Koffein.** Idealerweise sollten Sie nach 15 Uhr weder Kaffee noch Tee, Cola oder Energy-Drinks zu sich nehmen. Halten Sie sich für den Rest des Tages an Wasser oder probieren Sie es mit einem Glas warme Milch. Die Empfehlung unserer Großmütter hat durchaus ihre Berechtigung – Milch enthält eine Aminosäure, die wissenschaftlich erwiesen den Schlaf verbessert.

- **Rauchen Sie nicht.** Menschen, die nicht mit dem Rauchen aufhören können, sollten zumindest vor dem Schlafengehen nicht rauchen. Nikotin ist ein Aufputschmittel, das dazu führt, dass man länger wach bleiben kann. Rauchen kann Ihren Herzschlag beschleunigen und den Blutdruck erhöhen.
- **Verzichten Sie auf Alkohol.** Alkohol ist ein Beruhigungsmittel, das Sie möglicherweise in den Schlaf fallen lässt – aber Sie werden sich morgens nicht wirklich erholt fühlen. Alkohol raubt dem Körper dringend benötigte Flüssigkeit und kann dazu führen, dass Sie nachts aufwachen, weil Sie auf die Toilette gehen müssen.

Das Schlafzimmer verschönern

Sie verbringen rund acht Stunden pro Tag im Schlafzimmer. Deshalb verdienen Sie ein Schlafzimmer, in dem Sie sich gerne für die nächsten 16 Stunden Arbeit und Freizeit erholen und neue Energie schöpfen können. Probieren Sie die folgenden Tipps aus:

- **Kaufen Sie eine gute Matratze.** Beachten Sie dabei die folgende allgemeine Regel: nicht zu hart, nicht zu weich.
- **Verdunkeln Sie den Raum.** Vermeiden Sie, dass Straßen- oder Mondlicht durch die Schlitze im Vorhang oder den Rollläden gelangt.
- **Nutzen Sie Ihr Schlafzimmer nur zum Schlafen (und zum Sex).** Wenn Sie in dem Raum auch fernsehen, telefonieren oder – Gott behüte – am Notebook arbeiten, ist Ärger vorprogrammiert, wenn Sie versuchen, denselben Raum mit Schlaf und Ruhe zu verbinden.

Mit Musik einschlafen

Karins neuer Posten als Managerin eines viel beschäftigten Reklamationsteams bedeutete, dass sie wirklich Probleme hatte, den Schlaf zu bekommen, den sie brauchte. »Mein Kopf brummte ständig mit den Aufgaben, die ich an diesem Tag vergessen hatte, den Dingen, die ich morgen würde erledigen müssen, und Problemen, die nicht so wichtig waren, aber trotzdem ungewollt auftauchten«, erzählt sie.

Nachdem sie mit ihrem Hausarzt gesprochen hatte, stellte Karin ihre sporadischen Sportübungen auf einen regelmäßigen Bewegungsplan vor dem Abendessen um und achtete darauf, dass sie mindestens eine Stunde vor dem Schlafengehen aufhörte, an ihrem Computer zu arbeiten oder fernzusehen. Sie gab sogar ihre heißgeliebten Nachmittagsschläfchen auf dem Sofa am Samstag und Sonntag auf, um ihr Gehirn darauf zu trainieren, sieben Mal pro Woche zur selben Zeit aufzuwachen und müde zu werden.

»Der Verzicht auf meinen nachmittäglichen Energy-Drink hat ebenfalls geholfen, obwohl ich dachte, dass ich diesen bräuchte, um wach zu bleiben«, erklärt sie weiter. Karin hört außerdem gern Musik, wenn das Licht aus ist, und wählt einige ihrer eher entspannenden CDs aus. »Heute erinnere ich mich oft nicht einmal daran, die letzten Songs gehört zu haben.«

- **Sorgen Sie für absolute Ruhe.** Kaufen Sie ein Paar bequeme Ohrenstöpsel, wenn Sie sich durch Geräusche eines spät nach Hause kommenden Nachbarn, bellende Hunde oder Verkehrslärm gestört fühlen.
- **Sorgen Sie dafür, dass der Raum die richtige Temperatur hat.** Vorzugsweise sollte die Schlafzimmertemperatur eher niedrig sein. Besorgen Sie sich eine Decke, mit der Sie es im Bett angenehm warm haben. Eingekuschelt und warm zu schlafen ist besser, als sich bei Hitze hin- und herzuwälzen. Öffnen Sie zur Frischluftzufuhr ein Fenster, wenn die Nacht nicht zu kalt ist.

Meditation für praktische Menschen mit viel beschäftigten Köpfen

Meditation ist die Kunst, den Körper schnell zu entspannen und den Kopf zu beruhigen. Meditation ist außerdem nicht zeitaufwendig, tatsächlich sind für viele Meditationstechniken nicht mehr als zwei bis zehn Minuten erforderlich. Mini-Meditationen helfen Ihnen, zu jeder Tageszeit zu entspannen und in einen ausgeglichenen Gemütszustand zurückzukehren. Und wer hat nicht mal zwei Minuten Zeit?

Meditation wird aufgrund ihrer Einfachheit und ihrer zahlreichen Vorteile immer beliebter. Zu diesen Vorteilen zählen:

- Die Möglichkeit, seine Gedanken zur Meditation zurückzubringen, wann immer sie zu wandern beginnen
- Die Möglichkeit, andere Gedanken und Ablenkungen loszulassen
- Die Möglichkeit, schnell zu entspannen
- Die Möglichkeit, ein Gefühl des Wohlbefindens und der Gesundheit zu erlangen
- Die Verbesserung der Geistesklarheit und der Konzentration
- Die Reduzierung von Ängsten

Meditation lernen

Moderne Formen der Meditation zeigen Ihnen, wie Sie den Körper entspannen, den Geist aber trotzdem wach halten können. Das heißt nicht, dass Sie sich darauf vorbereiten, wieder loszurennen. Es bedeutet, das, was um Sie herum geschieht, zu sehen und zu hören – Geräusche aufzunehmen, Gefühle oder die endlosen Gedanken und Sorgen, die ständig in Ihrem Kopf herumschwirren.

Um das meiste aus der Meditationserfahrung herauszuholen, sollten Sie sich für einen Kurs anmelden und das Meditieren von einem Experten lernen. Bitten Sie Ihre Krankenkasse oder Ihren Hausarzt um Empfehlungen.

Jedes Jahr werden außerdem viele Bücher zum Thema Meditation veröffentlicht. Werfen Sie einfach einen Blick in das entsprechende Regal bei Ihrem Buchhändler oder sehen Sie auf Ihrer Lieblingswebsite nach, welche aktuellen Titel empfohlen werden. Empfehlenswert ist zum Beispiel *Meditation für Dummies*.

Meditation kann dazu beitragen, dass Sie selbst entscheiden, wie viel und wie oft Sie aktiv über Ihre Probleme nachdenken möchten. Nichts muss 24 Stunden am Tag durchgekaut werden. Stattdessen entwickeln Menschen, die meditieren, normalerweise mehr Kontrolle darüber, auf welche Gedanken sie sich konzentrieren müssen und welche Gedanken als irrelevant zur Seite geschoben werden können.

Ihr Sexualleben neu beleben

Sex ist für den Körper so natürlich wie Nahrung, Wasser und Schlaf. Aber für viele Menschen geht es beim Thema Sex in festen, langlebigen Beziehungen nicht mehr nur um den physischen Akt des Geschlechtsverkehrs. Hindernisse für guten Sex – oder Sex überhaupt – können mit beruflichem Stress, Müdigkeit, Ablehnung, Depressionen oder dem Gefühl, mit dem Partner nicht offen reden zu können, zusammenhängen.

Das Wiederbeleben eines eingeschlummerten Sexuallebens kann einfacher sein, wenn Sie die Zeit finden, mit Ihrem Partner offen über Sex zu reden, weil sich das Problem nicht von allein lösen wird. Eine eingeschlafene sexuelle Beziehung kann auch wiederbelebt werden, indem Sie Sex als einen regelmäßigen Termin einplanen – schließlich tragen Sie wichtige berufliche Termine, Ereignisse im Leben Ihrer Kinder, Einladungen zum Abendessen und so weiter auch in Ihren Kalender ein – warum also nicht eine Verabredung zum Sex mit Ihrem Partner?

Das Problem erkennen

In den ersten sechs bis 18 Monaten einer Beziehung ist Sex meist mühelos, spontan und wunderbar für beide Partner. Sex ist wie im Film und in Romanen – heiß, aufregend und häufig. Aber wenn das Leben seinen Lauf nimmt, können die Zeit und das Verlangen nach Sex schwinden und von Beruf, Kindern, finanziellen Sorgen, Zeitmangel oder körperlichen Erkrankungen überschattet werden.

Mit Ihrem Partner über Sex reden

Eine Unterhaltung über Sex zu beginnen – während Sie voll angezogen in der Küche stehen –, kann ein sehr schwieriges und stressiges Unterfangen sein. Wenn Sie Ihren Partner beschuldigen – oder Ihr Partner Sie –, dass er nicht normal ist, weil er keinen Sex hat, werden Sie die Situation nicht verbessern. Auch eine ständige Verweigerung tut niemandem gut.

Der erste Schritt zum Wiederbeleben Ihres Sexuallebens besteht darin, dass Sie anerkennen, dass Sie beide *verschiedene* Menschen mit *unterschiedlichem* Verlangen sind. Schließlich mögen Sie auch nicht genau dieselben Nahrungsmittel, Bücher, Hobbys oder Fernsehprogramme. Deshalb ist es auch sehr unwahrscheinlich, dass Ihre Libido gleich ist.

Sex – kann kinderleicht sein

Wenn Sie Kinder haben, scheint ein erfüllendes Sexleben – oder überhaupt ein Sexleben – wie eine weitere Pflicht auf Ihrer endlosen Aufgabenliste. Hier sind drei Vorschläge, die Sie je nach Zeit und Energie ausprobieren können; jeder Vorschlag macht Spaß und kann die Intimität mit Ihrem Partner stärken:

- ✔ **Zeit für einen Quickie:** Wenn Sie kleine Kinder, einen anstrengenden Haushalt und berufliche Verpflichtungen haben, kann ein »Quickie« einfach, behaglich und, nun ja, schnell sein. Ein »Quickie« bedeutet in der Regel, dass Sie sich Ihren Partner schnell schnappen, wenn sich die Gelegenheit ergibt. Reden Sie mit Ihrem Partner über Quickies, und suchen Sie dann nach einer Gelegenheit. Sie werden die Spontaneität des Moments genießen – und das so lange es dauert.
- ✔ **Freitagabend-Sex:** Regelmäßiger allwöchentlicher Sex fühlt sich sehr zufriedenstellend an. Möglicherweise fühlen Sie sich am Ende einer Arbeitswoche müde, und was gibt es Besseres, als Ihre Lebensgeister für das Wochenende mit Freitagabend-Sex mit Ihrem Partner zu wecken? Seien Sie stolz auf Ihre Freitagabend-Routine – nichts ist langweilig, wenn Sie sich darauf freuen, zusammen zu sein und sich gegenseitig zu genießen.
- ✔ **Flitterwochen-Sex:** Das bedeutet, jede sich bietende Gelegenheit zu nutzen. Wenn die Kinder bei den Großeltern sind oder bei Freunden übernachten, ergreifen Sie die Gelegenheit. Leider nutzen die meisten Eltern diese Zeit oft nicht, sondern verschwenden sie vor dem Fernseher oder am Computer. Schalten Sie den Fernseher aus und gehen Sie ins Bett.

Wie bei allen anderen Dingen im Leben basiert ein erfüllendes Sexleben, das Sie beide zufriedenstellt, auf Verhandlungen. Ja, dieses eher in die Geschäftswelt gehörende Wort lässt sich sehr gut auf Sex anwenden. Die meisten Menschen verhandeln den lieben, langen Tag – wann man aufsteht, was man isst, wer welche Hausarbeiten übernimmt, wer die Kinder wann wo betreut, welche Arbeiten und Aufgaben erledigt werden, was nach der Schule unternommen wird, wie die Mahlzeiten gestaltet werden, welche Fernsehsendungen angesehen werden, wer den Mülleimer leert und was auch immer.

Therapeuten schlagen heute vor, dass Sie auch über Sex verhandeln sollten. Wenn Sie am Ende des Tages erschöpft sind, legen Sie eine Zeit fest, zu der Sie alle Aufgaben stehen und liegen lassen und Ihre Beziehung zu Ihrem Partner genießen. Oft bedeutet das nicht mehr, als eine Stunde früher zu Bett zu gehen. Sicher ist das wichtiger, als den Müll herauszubringen.

Ablehnung ablehnen und Vorfreude fördern

Lassen Sie es uns mit einem Slogan von einem sehr erfolgreichen Sportbekleidungsunternehmen halten: *Just do it*. Ein sehr verbreitetes Missverständnis zum Thema Sex ist, dass Verlangen und Lust vorhanden sein müssen, um überhaupt Sex haben und genießen zu können. Experten – ja, es gibt tatsächlich Menschen, die Sex studieren und davon leben – haben jetzt festgestellt, dass Verlangen und Lust nicht notwendig sind. Diese Experten sind der Meinung, dass einige Paare wahrscheinlich überhaupt keinen Sex mehr hätten, wenn sie immerzu darauf warten würden, dass beide Verlangen verspüren!

Stattdessen empfehlen Therapeuten dem Partner mit dem geringeren Sexualtrieb, Sex als Gefälligkeit zu verschenken. Für den Partner mit dem stärkeren Sexualtrieb wird empfohlen, sich auf den Sex zu konzentrieren, den er bekommt, statt auf das, was er nicht bekommt.

Freitagabend-Sex: Ein toller Start ins Wochenende

Adam und Petra stellten wie viele andere Paare fest, dass ihr Sexleben unter langen Arbeitstagen und zahlreichen Haushaltspflichten einzuschlafen drohte. Hier die Geschichte, wie sie ihr Sexleben wiederbelebt haben:

Adam: »Nach der Geburt unseres zweiten Kindes kehrte meine Frau an vier Tagen pro Woche in den Beruf zurück und war am Abend erschöpft. Sie hatte einfach kein Interesse daran, unser Sexleben wieder aufzunehmen. Ich fühlte mich abgelehnt und begann, aus irgendwelchen anderen Gründen an ihr herumzunörgeln. Heute kann ich verstehen, dass sie das verletzt hat. Sie war verärgert, dass ich nicht meinen Teil im Haushalt oder mit den Kindern übernahm.«

Petra: »Mir fiel es schwer, nach einem langen Tag sofort brennendes Verlangen nach Adam zu fühlen. Und wenn ich abends nach Hause kam, hatte ich das Gefühl, dass da ständig dieses Problem zwischen uns ist, im Bett, jeden Abend. Ich wollte Adam nicht zurückweisen, und ich machte mir Sorgen, dass ich mein sexuelles Verlangen komplett verloren hatte.«

Petra vertraute sich einer engen Freundin an, die ihr empfahl, einen Sex-Abend pro Woche in den Terminkalender einzutragen. Diesen bezeichnen beide jetzt als ihre Freitagabend-Sexverabredung.

»Es funktioniert gut«, erzählt Adam. »Mir nimmt es den Druck, dass ich immer derjenige bin, der fragt und zurückgewiesen wird, und Petra weiß, dass sie für Freitagabend in Stimmung kommen kann.«

Petra stimmt zu: »Es bedeutet, dass wir jetzt nicht mehr diese Spannung zwischen uns im Bett haben. Ich merke, dass mir der Freitagabend gefällt. Ich freue mich wirklich darauf und bemühe mich, etwas Stimmung zu schaffen, indem ich Kerzen aufstelle und den Fernseher früher abschalte. Danach fühle ich mich großartig, weil das Wochenende vor uns liegt, wir entspannter sind und Zeit zum Kuscheln und Reden haben.«

Sex kann auch für den Partner mit dem geringeren sexuellen Verlangen ein Genuss sein, weil er die Gefühle von Gefallen, Respekt und Liebe vermittelt, die in der Beziehung bereits vorhanden sind. Beide sehen den Sex als einen Liebesakt statt einer rein körperlichen Leistung.

Sex ist niemals akzeptabel, wenn er erzwungen wird oder ohne Zustimmung erfolgt. Sex ist ein Akt, der darauf zielt, dass sich Menschen geliebt und geschätzt fühlen.

Eine Verbindung wiederherstellen

Es ist sehr wichtig, uns daran zu erinnern, dass Sex beruhigend, liebevoll, lustig und genussvoll sein kann, Ihnen hilft, besser zu schlafen, Spannungen löst, ein Gefühl der Nähe zu Ihrem Partner vermittelt und die Kommunikation mit dem Partner erleichtert.

Sex mit einem langjährigen Partner mag eine Menge Wiederholung beinhalten, aber Sie können Wege finden, den Sex interessant zu gestalten:

- ✔ **Steigern Sie die Erwartung.** Hinterlassen Sie eine Notiz, ein Kleidungsstück oder eine telefonische Nachricht: »Warte nur, bis du nach Hause kommst.«
- ✔ **Vergleichen Sie Ihr Sexleben nicht mit dem von anderen.** Ignorieren Sie die Zeitschriftenartikel. Glauben Sie wirklich, dass andere immer die Wahrheit sagen, wenn sie zum Thema Sex befragt werden? Experten geben zu, dass einige Umfragen im Zeitschriftenstil nutzlos sind. Entweder das oder es gibt eine sehr, sehr beschäftigte Dame in einem Vorort, die die gesamte männliche Bevölkerung in ihrem Postleitzahlenbereich zufriedenstellt!
- ✔ **Lassen Sie die Abstände zwischen dem Sex nicht zu groß werden.** Halten Sie sich an Ihre vereinbarte Sexplanung, und denken Sie daran, dass Sex ebenso wichtig wie alles andere in Ihrem Kalender ist.
- ✔ **Die weibliche Libido kann einfacher beeinträchtigt werden.** Minimieren Sie Ablenkungen, indem Sie den Sex auf einen früheren Zeitpunkt des Abends legen. Ihr bei den letzten Hausarbeiten zu helfen und ihr zu sagen, wie sehr Sie sie lieben, ist eine großartige Möglichkeit, sie in eine aufregende Nacht einzustimmen.
- ✔ **Sagen Sie einander, was Sie mögen und wollen oder nicht wollen.** Er kann es nicht wissen, wenn Sie ihn nicht sanft führen oder es ihm sagen, und ja, er möchte Sie zufriedenstellen. Und sie kann es auch nicht wissen, wenn Sie es ihr nicht sagen.

Gegenseitige Beschuldigungen, Ignoranz oder Ablehnung wegen eines unbeständigen Sexlebens hilft niemandem weiter. Wenn Sie es allein nicht schaffen, ein erfüllendes Sexleben wieder in Gang zu bringen, holen Sie sich Hilfe von einem Experten.

Sich selbst kennenlernen

5

In diesem Kapitel

- Was Sie für ein glücklicheres Leben wirklich brauchen
- Fürsorge für Ihren Partner
- Eigene Werte und Ziele festlegen
- Ihre berufliche Zufriedenheit bewerten

Viele Menschen führen einen unsinnigen Kampf, um mit dem mitzuhalten, was die Gesellschaft scheinbar von ihnen erwartet. Sie haben das Gefühl, keine Zeit zu haben, um still zu sitzen und darüber nachzudenken, was sie wirklich vom Leben erwarten. Bevor Sie langfristige Pläne für eine bessere Vereinbarkeit von Beruf und Privatleben aufstellen können, müssen Sie wissen, was Sie im Idealfall am liebsten tun würden und wozu Sie bereit sind, um Ihre Ziele zu erreichen. In diesem Kapitel beschreibe ich den Einfluss des Wohlstandssyndroms (das auch als *Affluenza* bezeichnet wird) auf eine geld- und konsumgesteuerte Lebensweise (in Kapitel 1 finden Sie mehr zum Thema Affluenza).

In diesem Kapitel wird außerdem erklärt, wie wichtig es ist, die Menschen zu erkennen, die einen positiven Einfluss auf Ihr Leben haben und zu denen Ihr Partner und Ihre Familie gehören.

Wenn Sie herausfinden möchten, was Sie für ein erfülltes Leben wirklich wollen und brauchen, müssen Sie auch Ihre derzeitige berufliche Situation einer Prüfung unterziehen. Dabei sollten Sie sowohl die positiven als auch die negativen Aspekte Ihres Berufs berücksichtigen. In diesem Kapitel finden Sie deshalb Tipps für ein Brainstorming und das Visualisieren von Zielen, zwei Methoden, die Ihnen helfen, Ihre Ziele festzulegen und zu erreichen.

Herausfinden, was Sie zum Leben, Gedeihen und Überleben brauchen

Es war einmal eine Zeit, in der ein Mensch zum Überleben nicht mehr brauchte als Nahrung, ein Dach über dem Kopf, Wärme und Gesellschaft. In der heutigen Zivilisation sind diese Grundbedürfnisse nahezu in Vergessenheit geraten und werden als selbstverständlich betrachtet, während wir nach größeren Häusern, größeren Besitztümern und größeren Gehältern streben.

Meine Mutter sagte einmal zu mir: »All diese zeitsparenden Geräte, die deine Generation heute hat, scheinen euer Leben nicht leichter gemacht zu haben.« Sie hat recht. In diesem Kapitel erkläre ich Ihnen, warum Menschen in einer Tretmühle gefangen sind, in der sie immer mehr materielle Dinge wollen, es aber nicht schaffen, Zufriedenheit und Glück zu finden.

Als einen ersten großen Schritt auf dem Weg zu einer nachhaltigen Work-Life-Balance sollten Sie herausfinden, wie Sie wirklich denken: Was brauchen Sie, und wie werden Sie das erreichen?

Ein unsicheres Unterfangen: Den Weg zum Glück kaufen

Trotz der Tatsache, dass Ihnen überall Werbeanzeigen über den Weg laufen, die Glück und Sonnenschein in Ihrem Leben versprechen, wenn Sie nur dieses oder jenes wunderbare Produkt kaufen, ist Glück mit Geld nicht zu kaufen. Die verschiedenen Stufen des Wohlstands bringen nur andere Arten von Sorgen mit sich. Warum träumen Menschen dann davon, im Lotto zu gewinnen und sich Zufriedenheit zu kaufen?

Die negativen Auswirkungen des Strebens nach materiellen Besitztümern und die Gefühle und Werte, die damit einhergehen, wurden in psychologischen Studien in verschiedenen Ländern aufgezeigt. Menschen, die neidisch auf andere sind, machen sich mehr Gedanken über die Dinge, die sie besitzen, haben einen stärkeren Wunsch, Geld und Besitztümer anzusammeln, und legen mehr Wert auf finanziellen Erfolg. Sie sind außerdem anfälliger für Depressionen und Ängste. *Weniger* zu wollen und zu brauchen, kann Ihr Leben tatsächlich einfacher und glücklicher machen.

Wollen oder brauchen?

Affluenza oder das *Wohlstandssyndrom* ist ein beliebter Begriff unter Wissenschaftlern. Er beschreibt das übermäßige Konsumieren, das Ansammeln von Schulden und den Stress, die in wohlhabenden westlichen Gesellschaften mit ihrer ungesunden Kultur der Überarbeitung, des Neids, des Unzufriedenseins und der Verschwendung weitverbreitet sind, weil jeder »besser als die Müllers« sein will.

Bei Anbruch des 21. Jahrhunderts sind Einkommen, Besitztümer und Wirtschaftsleistungen auf einem viel höheren Niveau angekommen als in den vorherigen drei Generationen. Aber dennoch scheinen die Menschen nicht glücklicher zu sein als in den Fünfzigerjahren.

Stattdessen scheint das Wohlstandssyndrom dazu zu führen, dass das psychische und physische Wohlergehen in den wohlhabenden Ländern sinkt und große gesundheitliche Probleme nach sich zieht, darunter eine deutliche Vermehrung psychischer Erkrankungen, erhöhter Drogenmissbrauch, Fettleibigkeit und Einsamkeit. Die Weltgesundheitsorganisation sagt voraus, dass klinische Depressionen bis zum Jahr 2020 die zweithäufigste Erkrankung weltweit sein werden.

Eine im Jahr 2005 in Australien durchgeführte Befragung von 12.000 Arbeitnehmern ergab, dass in Haushalten mit Einkommen von mehr als 56.000 Euro nur fünf Prozent der Befragten sich selbst als wohlhabend betrachteten und nur neun Prozent angaben, dass sie zufrieden seien mit dem, was sie haben. Unter den Menschen, die mehr als eine halbe Million Euro verdienten, betrachteten sich 55 Prozent als wohlhabend.

Diese Ergebnisse zeigen, dass »wollen« in unserem gemeinen Wohlstandssyndromzyklus mehr Bedeutung hat als »brauchen«. Menschen glauben, dass mehr Geld ihnen mehr Glück bringt. Aber wenn ihre Einkommensziele erreicht oder übertroffen sind, fühlen sie sich nicht glücklicher als vorher. Stattdessen legen sie die Messlatte höher und streben in einem nie endenden Zyklus nach mehr finanziellem Erfolg, um immer größere Häuser zu möblieren, tollere Autos zu fahren, öfter zu renovieren und mehr Schulden als je zuvor anzusammeln.

Zeit für Ihren Partner finden

Als Sie mit Ihrem Partner zusammenkamen, haben Sie zweifelsohne geglaubt, sich nicht nur zu lieben, sondern auch Ihren Seelenpartner, Unterstützer und Freund fürs Leben gefunden zu haben, richtig? Trotzdem bringen es lange Arbeitszeiten und die zusätzliche Belastung durch einen zweiten »Job« zu Hause, der Kochen, Haushalt und Kindererziehung umfasst, mit sich, dass die mit Ihrem Partner verbrachte Zeit zu selten und zu oft belanglos ist. Der Mensch, den Sie am meisten auf der Welt lieben, ist oft der Mensch, der am wenigsten Aufmerksamkeit von Ihnen erhält. Mit Aufmerksamkeit meine ich gemeinsame Zeit ohne Hektik. Stellen Sie sich die folgende Frage: Wenn Sie Ihrem Partner Ihre Aufmerksamkeit schenken, geht es dann nur darum, ihm zu erzählen, wie sehr Sie Ihren Beruf hassen, wie sehr Sie diesen Typen in der Buchhaltung verabscheuen, wie müde Sie sind, wie gern Sie sich einfach auf das Sofa schmeißen würden, dass Sie die Fernbedienung nicht finden oder nicht an das Telefon gehen möchten? Ist der einzige Wunsch, den Sie an Ihren Partner haben, dass er Ihnen ein Glas Wein bringt?

Ihrem Partner den Vorrang einräumen

Sieben ist eine Glückzahl, deshalb finden Sie nachfolgend sieben Tipps (geordnet nach Priorität), um Ihrem Partner wieder das Gefühl zu geben, dass er der wichtigste Mensch auf dem Planeten ist – oder zumindest auf Ihrem Planeten:

- ✔ **Gemeinsam frühstücken.** Wenn Sie beide tagsüber arbeiten, versuchen Sie, gemeinsam zu frühstücken. Das können nur zehn Minuten sein, die direkt vor dem Auftritt Ihrer müden Kinder, der Vorbereitung von Schulbroten und den Morgennachrichten liegen können. Aber wenn Sie den Wecker zehn Minuten früher stellen, um zusammenzusitzen und ruhig miteinander zu reden, nutzen Sie eine wertvolle Zeit, die normalerweise nur mit Hektik verbunden ist.
- ✔ **Kaffee trinken gehen.** Marc und Heike haben drei Kinder im Schulalter und leben zu weit von ihren Eltern entfernt, um ein kurzfristiges Babysitting zu arrangieren. Sie müssen außerdem einen Baukredit abzahlen, treiben Sport, gehen sozialen Verpflichtungen nach und haben festgestellt, dass sie unter der Woche oft kaum Zeit für mehr als ein »Hallo« und ein »Tschüss« haben. An Heikes freiem Tag in der Woche trifft sie Marc zwischen Einkäufen, Wäsche und Kochen in einem Café, um mit ihm gemeinsam Kaffee zu trinken. »Wir genießen den Moment im wahrsten Sinne des Wortes – guter Kaffee, außer Haus und keine Kinder. Es ist eine kurze Zeit, auf die wir uns freuen. Wir können in der Zeit oft ein Problem lösen oder über andere Dinge als den Haushalt und die Kinder reden.«
- ✔ **Eine Verabredung zu Hause treffen.** Eine Verabredung für einen gemeinsamen Abend (zu Hause) ist eine beliebte Alternative, die all diejenigen entdecken, die ein Haus abbezahlen müssen, sich keinen Babysitter leisten können und keine Verwandten in der Nähe haben.

Marc erzählt, dass er und seine Frau freitags warten, bis die Kinder gegessen haben und im Bett sind, bevor sie ein »Picknick« mit Räucherlachs, Kräcker und Käse, frischen Früchten, Schokolade und Sekt genießen – ganz bequem in ihrem eigenen Wohnzimmer. »Wir lieben es – wir fühlen uns absolut dekadent und erinnern uns daran, dass es in unserem Leben vor allem um uns geht und nicht darum, sich schick zu machen und zu überlegen, in welches Restaurant man gehen kann.«

- ✔ **Sich zum Mittagessen treffen.** Ich habe mit vielen Menschen gesprochen, die während des Arbeitstages Zeit füreinander finden. Johanna erzählt mir, dass Michael sie anruft, wenn er in der Nähe ist (er ist im IT-Bereich tätig und oft in der Stadt unterwegs), damit sie sich zum Mittagessen treffen. »Es ist eine nette Abwechslung von meinem normalen Mittagessen, das üblicherweise aus einem Brot am Schreibtisch besteht, und ich bekomme ihn in Arbeitskleidung und Arbeitsstimmung zu sehen. Es fühlt sich an, als würden wir uns wieder neu kennenlernen.«
- ✔ **Sagen Sie Danke.** Nehmen Sie sich jeden Tag eine Minute Zeit und finden Sie mindestens einen Grund, Ihrem Partner zu danken, egal wie geringfügig dieser auch sein mag. Diese tägliche kleine Aufmerksamkeit zeigt, wie sehr Sie Ihren Partner schätzen, respektieren und lieben. Schon bald wird er auch Ihnen danken.
- ✔ **Fernsehfreie Abende.** Wenn Menschen sich in langjährigen Beziehungen einrichten, verbringen sie freie Abende zunehmend gemeinsam vor dem Fernseher. Verbringen Sie stattdessen einen gemeinsamen freien Abend ohne Fernseher. Lesen Sie, hören Sie Musik, reden Sie miteinander. Sie sollten an einem solchen Abend nicht arbeiten, sondern einfach nur zusammen sein. Selbst eine einzige gemeinsame Stunde ohne andere Ablenkungen bietet Zeit für ein vernünftiges Gespräch, eine Umarmung oder sogar einen frühen Rückzug ins Bett, um Ihr Sexleben wiederzubeleben.
- ✔ **Technologie nutzen.** Menschen beschweren sich über die ungewollten Fesseln, die E-Mail-Programme, Telefone und Handys ihnen auferlegen, aber Sie können die moderne Kommunikationstechnologie auch zu Ihrem Vorteil nutzen. Ihrem Partner einige Sätze zu schreiben (nette Dinge natürlich) dauert weniger als eine Minute und ist eine effektive Möglichkeit, ihm zu sagen, wie sehr Sie ihn lieben, wie sehr Sie das Abendessen gestern genossen haben und so weiter. Das geht auch per SMS.

Sich um die Partnerschaft kümmern

Die Wahrscheinlichkeit ist groß, dass eine Verabredung zu Hause Wunder für Ihr Sexualleben bewirken kann. Falls Sie in dieser Hinsicht etwas Hilfe benötigen, finden Sie in Kapitel 4 einige Tipps zum Auffrischen einer Beziehung, die Sie beide glücklich machen wird. Andere wichtige Aspekte für eine gute Partnerschaft sind eine gerechte Aufteilung der Hausarbeit und die Möglichkeit, ab und zu die Zeit zu finden, um der Stadt, der Tretmühle des Berufs, dem Haushalt und den Kindern zu entkommen.

Hausarbeiten gerecht aufteilen

»Die Liebe wächst mit der Entfernung«, aber nicht, wenn es darum geht, Ihren Beitrag zum Haushalt zu leisten. Haushaltspflichten sind sehr wichtig, weil kein Partner je dazu gezwungen werden möchte, seinen Partner zu bitten, bei den Hausarbeiten zu helfen. Eine solche Bitte ist ein Hinweis darauf, dass die Verantwortung für die Aufgaben im Haushalt bei einer Person liegt, und das sollte nicht der Fall sein. Sie werden wahrscheinlich kaum überrascht sein, dass in einer Ehe der Streit über Haushaltspflichten direkt nach dem Streit über Geldangelegenheiten kommt. Eine nützliche Möglichkeit, dieses anhaltende Problem anzugehen, besteht darin, sich mit Ihrem Partner hinzusetzen und ihre Prioritäten für die Hausarbeit gemeinsam festzulegen. Was sind Ihrer Meinung nach die wichtigsten Aufgaben? Welche Vorlieben haben Sie beide (mein Mann ist beispielsweise ein begnadeter Koch, während ich das Kochen überhaupt nicht mag und viel lieber hinterher aufräume)?

Welche Arbeiten mögen Sie absolut nicht? Was der eine von Ihnen verabscheut, kann der andere vielleicht im Austausch gegen eine Aufgabe übernehmen, die ihm zuwider ist. Sie können auch darüber nachdenken, welche Aufgaben Sie gegen Bezahlung an andere delegieren können, zum Beispiel Putzen, Bügeln und Rasenmähen. Hunderte von Unternehmen habe sich auf unbeliebte Aufgaben wie das Baden von Hunden, das Reinigen von Dachrinnen, Gartenarbeiten und das Liefern von Lebensmitteln spezialisiert.

Regelmäßige Auszeiten zu zweit

Selbst sehr beschäftigte Paare können – wenn sie ihre Kalender zur Hand nehmen, sich zusammen hinsetzen und ausreichend im Voraus planen – zwei Wochenenden pro Jahr finden, um gemeinsam wegzufahren. Mit Wegfahren meine ich ohne Notebook, ohne Berichte, die noch gelesen werden müssen, und ohne Kinder im Schlepptau. Zwei Nächte sind besser als eine, wenn Sie die Kinder entsprechend unterbringen können, denn zwei Nächte fühlen sich eher wie ein Miniurlaub an als zwölf Stunden. Versuchen Sie, einen Ort zu finden, der weniger als eine Stunde Fahrzeit von Ihrem Zuhause entfernt ist, damit Sie nicht zu viel Ihrer wertvollen Zeit mit der Anreise verbringen. Vereinbaren Sie, wenn möglich, außerdem eine spätere Abreisezeit aus Ihrer Unterkunft, um den Morgen noch genießen zu können.

Gemeinsam um die Kinder kümmern

Wahrscheinlich wünschen Sie sich nicht nur für Ihren Partner mehr Zeit, sondern auch für Ihre Kinder. Eine kürzlich in den USA durchgeführte Studie hat ergeben, dass Eltern heute im Vergleich zu ihren eigenen Eltern nur die Hälfte der Zeit mit ihren Kindern verbringen. Ich vermute, dass die Situation bei uns ähnlich ist. Probieren Sie die folgenden Tipps aus, um mehr Zeit mit Ihren Kindern zu verbringen:

- ✔ **Nehmen Sie sich jeden Monat einen Tag frei.** Selbst wenn Sie gemeinsam zu Hause bleiben, sollten Sie an diesem besonderen freien Tag keine Arbeit mit nach Hause nehmen, das Handy ausschalten und keine Hausarbeit erledigen. Schalten Sie den Fernseher und den Computer aus und nehmen Sie keine Einladungen von Freunden an, denn dieser Tag soll ganz der Familie zur Verfügung stehen. Wenn Sie außer Haus gehen möchten, machen Sie einen Ausflug mit anschließendem Picknick, gehen Sie schwimmen oder besuchen Sie ein Museum oder den Tierpark.

- **15 Minuten persönliche Zeit pro Tag.** Jeder Elternteil kann am Abend nach der Arbeit 15 Minuten finden, die er mit den Kindern verbringt. Diese Familienzeit kann zum Kuscheln, Spazierengehen, Reden im Zimmer des Kindes oder Durchsehen der Hausaufgaben genutzt werden.
- **Einen Familienabend pro Woche.** Legen Sie einen Tag in der Woche fest, an dem alle Familienmitglieder zum Abendessen zu Hause sein müssen. Wechseln Sie sich beim Kochen ab (auch in Teams) und entscheiden Sie dann abwechselnd, was die Familie nach dem Abendessen gemeinsam macht – ein Brettspiel spielen, einen Film ansehen, spazieren gehen, eine Fernsehserie ansehen und so weiter.
- **Gemeinsam essen.** Eine Familienmahlzeit gibt jedem die Gelegenheit zu hören, was im Leben der anderen los ist. Eltern finden dabei außerdem die Zeit, ihren Kindern zuzuhören. Durch aktives Zuhören versichern Sie Ihren Kindern, dass Sie Interesse an ihnen haben und ihre Rolle in der Familie schätzen.
- **Reden Sie über die Stärken der Kinder.** Wenn Sie Ihre Kinder zu Bett bringen oder sie für die Schule wecken, sagen Sie ihnen immer wieder einmal, was Sie an ihnen bewundern. Kinder hören unglaublich gern, was Sie an ihnen schätzen – ebenso wie Ihr Partner.

Romantische Fluchten

Keine Entschuldigungen mehr! Um für ein paar Tage zu entkommen, brauchen Sie nicht mehr als Ihren Computer. Informationen finden Sie beispielsweise auf diesen Websites:

- **Expedia** (`www.expedia.de`): Hier finden Sie Reisen für jedes Budget und jede Vorstellung.
- **Last Minute** (`www.lastminute.de`): Wenn Sie das Glück haben, Ihre romantische Flucht kurzfristig planen zu können, finden Sie auf dieser Website vielleicht ein Schnäppchen.
- **Kurz mal weg** (`www.kurz-mal-weg.de`): Dieser Reiseanbieter hat sich auf Kurzreisen spezialisiert und bietet tolle Angebote für ein paar Tage zum Entspannen.
- **Romantik-Hotels** (`www.romantikhotels.com`): Hier können Sie ausgesuchte Hotels in Deutschland oder Europa für Ihren Urlaub zu zweit auswählen.

Was Sie zufriedenstellt

Unabhängig davon, was außerhalb des Berufs in Ihrem Familienleben und Freundeskreis geschieht, hängt die Zufriedenheit mit Ihrem Arbeitsplatz zuallererst von dem Beruf an sich ab. Wenn Sie also Entscheidungen hinsichtlich Ihrer Karriere treffen wollen, müssen Sie zuerst über sich selbst nachdenken. Nein, ich schlage Ihnen nicht vor, Ihre surfende Familie nach Grönland zu verfrachten, damit Sie irgendeine weit hergeholte Fantasiekarriere verwirklichen können. Aber Sie sollten darüber nachdenken, welche Art von Aufgabe Ihnen die größte Zufriedenheit bringen würde. Stellen Sie sich die folgende Frage: Wie sollte mein

Arbeitsplatz aussehen, damit ich gerne zur Arbeit gehe und mein Familienleben trotzdem nicht zu kurz kommt?

Eine kürzlich durchgeführte Studie hat ergeben, dass wichtige Faktoren wie das Interesse an Ihrer Arbeit, die Kontrolle, die Sie über Ihre Arbeit haben, und die Unterstützung, die Sie von Ihrem Arbeitgeber erhalten, wesentlich wichtiger für Ihre berufliche Zufriedenheit sind als das, was in Ihrem Familienleben geschieht.

Herrliches Bloggen

Sich die Zeit zu nehmen und seine Gedanken aufzuschreiben – ob humorvoll, ernst, eine Liste von Aufgaben oder Meinungen zum Weltgeschehen –, ist eine einfache Möglichkeit, um Ihnen etwas Zeit »für sich« und eine Gelegenheit zum Nachdenken über andere Dinge als berufliche und familiäre Verpflichtungen zu geben.

Blog ist die Abkürzung für *Weblog*, also ein Onlinetagebuch, das Menschen mit einem Internetanschluss ansehen, kommentieren oder selbst erstellen können. Diese Tagebücher können mit einem beschränkten Zugriff versehen werden, wenn der Autor seine Gedanken größtenteils für sich selbst behalten will, oder für die gesamte Internetgemeinde öffentlich gemacht werden.

Ein Blog-Eintrag kann einige Sekunden in Anspruch nehmen, wenn Sie nur eine Zeile schreiben oder ein Foto hochladen möchten. Sie können aber auch einen langen, leidenschaftlichen Artikel verfassen, der Beiträge von anderen Bloggern nach sich zieht. Viele Blogger (so auch ich) berichten, dass sie sich kreativer fühlen, den Erfahrungsaustausch genießen und ein wachsendes Vertrauen in ihre Schreib- und Kommunikationsfähigkeiten haben, wenn sie erst einmal zur Blogging-Szene gestoßen sind. Kürzlich durchgeführte Studien zeigen, dass Menschen, die regelmäßig Tagebuch oder Blogs schreiben, häufig zufriedener mit ihrem Familienleben sind und das Gefühl haben, dass ihre persönlichen Meinungen in ihrem Leben eine wichtige Rolle spielen.

Hier sind einige Websites und Tipps für Ihre ersten Schritte als Blogger:

- ✔ `www.blogger.com`: Diese sehr benutzerfreundliche Website ist auch für Neulinge in der Blogger-Szene geeignet. Auf der Website finden Sie Erklärungen, eine Tour durch Ihre Möglichkeiten und viele Arten von Blog-Vorlagen zum Gestalten Ihrer Einträge. Wenn ich diese Website verwenden kann, können Sie es auch!
- ✔ `www.blogger.de`: Hier finden Sie eine rein deutschsprachige Blog-Gemeinschaft, wenn Sie noch nicht bereit sind, sich der ganzen Welt mitzuteilen.
- ✔ `www.blogg.de`: Über diese Website erhalten Sie Zugriff auf fast 60.000 deutschsprachige Blogs.

Fallstudien sammeln

Die Erfolgsgeschichten anderer Menschen sind oft eine Inspirationsquelle auf Ihrer Suche nach dem, was Ihnen wirklich wichtig ist. Ich rede hier nicht von bewunderten Sporthelden, Musikern und Berühmtheiten, sondern von Menschen, denen Sie begegnen und die es schaffen, positive Veränderungen in ihrem Leben herbeizuführen und ihre Ziele ohne großes Tamtam zu erreichen.

Sie erkennen diese Menschen oft, weil sie sind wie Sie. Sie treffen sie bei Schulveranstaltungen, beim Mittagessen im Büro, im Sportverein oder beim Grillfest eines Freundes. Und doch wirken diese scheinbar ganz normalen Menschen weniger gestresst, weniger besorgt, wie sie auf andere wirken, und auf eine unspektakuläre Weise zufrieden. Das sind die Menschen, mit denen Sie sich hinsetzen und reden sollten. Stellen Sie ihnen einige sehr einfache Fragen: »Wie hast du deine Ziele erreicht? Welche Änderungen hast du vorgenommen, damit dein Leben erfüllter wurde?«

Jeder lebt auf seine Weise

Hier sind zwei Menschen, die ich kenne – und bewundere –, die ein normales Leben führen und normale Dinge tun, aber dennoch einfache und mutige Schritte gegangen sind, um ihr Leben positiv zu verändern:

Maik verdiente gutes Geld mit einem Posten bei einem internationalen IT-Unternehmen. Seine Partnerin Jutta hatte soeben die zweite gemeinsame Tochter geboren und pausierte deshalb in ihrem Beruf als Physiotherapeutin. Maik empfand nur wenig Leidenschaft für seinen Job. »Ich schämte mich fast, dass ich so viel Geld für eine Arbeit bekam, die keinerlei Bedeutung für mich hatte.« Er blieb ein weiteres Jahr in seinem Posten, und Jutta und er sparten jeden Penny, den sie sparen konnten. Dann verkauften sie alles und zogen aufs Land, wo die Familie von Jutta lebte.

Jutta fand eine Arbeit als Physiotherapeutin und Maik wurde Vollzeitvater. Gelegentlich hilft er bei einem befreundeten Landschaftsarchitekten aus. »Ich mag es, draußen zu sein, mit meinen Händen zu arbeiten, die geeigneten Pflanzen auszuwählen, einzupflanzen und dann wachsen zu sehen. Mein Gehalt beträgt etwa ein Viertel dessen, was ich für meinen schicken IT-Job bekommen habe, aber das Gefühl der Leere ist verschwunden.«

Während seine zwei Kinder in der Schule sind, arbeitet Maik sechs Stunden pro Tag in der Landschaftsgärtnerei, sodass er die Kinder jeden Tag zur Schule bringen und von der Schule abholen kann. »Wenn die Schulglocke ertönt, ist mein gut vierzig Jahre alter Körper bereit für eine Pause. Ich kann außerdem bei Schulveranstaltungen aushelfen, meinen Kindern beim Sport zusehen und einige der anderen Väter treffen.«

Maik und Jutta haben sich ein hübsches, hundert Jahre altes Häuschen zum Selbstrenovieren leisten können. »Hier auf dem Land sind die Lebenskosten viel geringer und unsere Lebensqualität hat sich um ein Vielfaches verbessert«, erklärt Jutta. »Das Einzige, was ich hier vermisse, ist etwas mehr Regen für den Garten.«

Opas Erbe

Als mein Großvater, der Lehrer war, pensioniert wurde, sagte er zu mir: »Ich weiß immer noch nicht, was ich werden will, wenn ich erwachsen bin – ich lerne ständig von den Menschen um mich herum.« In den fast 30 Jahren, die er nach seiner Pensionierung noch genießen konnte, hielt er sich an diese Aussage und erlernte das Imkern, bereiste die sieben Kontinente, spielte Tennis bis weit in die Achtziger, pflanzte Bäume für Umweltschutzgruppen, drechselte einige wunderschöne Holzschüsseln und stellte Spielzeug für unterprivilegierte Kinder her. Er half im Secondhandladen am Ort aus, war stets auf dem neuesten Nachrichtenstand und gut in modernen sozialen Fragen informiert und schrieb seine Autobiografie. Dabei war er stets offen für alle möglichen neuen Erfahrungen, bis er im Alter von 92 Jahren starb.

An einem Samstag schaute Anne den Stellenmarkt in der Zeitung durch. »Ich fragte mich, warum ich die Anzeigen eigentlich las.« Anne hatte sich immer glücklich geschätzt, einen gut bezahlten Posten als Leiterin einer öffentlichen Gesundheitseinrichtung mit zwölf Mitarbeitern und einem Budget von 40 Millionen Euro gefunden zu haben, auch wenn sie bereits um sieben Uhr im Büro sein musste, nur selten vor 17 Uhr gehen konnte und oft noch Arbeit mit nach Hause nahm.

Und dann sprang ihr eine Stellenanzeige in der Zeitung ins Auge. Ein bekannter Wissenschaftler suchte nach einer Assistentin. Das Gehalt war nur halb so hoch wie ihr jetziges, aber der Job würde mehr Zeit zu Hause, weniger Fahrzeit und eine Arbeit in einem Bereich bedeuten, der sie interessierte. Anne und ihr Partner Jens rechneten und erkannten, dass sie die Belastung für das Haus und die Lebenshaltungskosten auch mit einem kleineren Gehalt bewältigen würden.

Anne nahm den Job an. Zwölf Monate später wacht sie nicht mehr in der Nacht auf. Ihre Arbeit ist abgeschlossen, wenn sie das Büro verlässt, und sie muss kein Notebook mit nach Hause nehmen. »Ich habe zu Forschungen beigetragen, die jetzt bei Experten aus dem Ausland gefragt sind, was mir zeigt, dass ich an etwas arbeite, was wirklich etwas bewirkt.«

Ihren Gemütszustand überprüfen

Wie oft haben Sie eine Arbeitskollegin lesend am Schreibtisch gesehen und sofort gedacht: »Oh, sie liest nur, also hat sie nichts zu tun, und ich kann sie jetzt stören.«? Oder vielleicht sehen Sie Ihren Partner, der einfach dasitzt und tief in sich gekehrt aus dem Fenster starrt, und Sie gehen davon aus, dass er nur vor sich hinträumt. Was Sie annehmen, entspricht vielleicht nicht unbedingt der Wahrheit, deshalb ist es wichtig, den richtigen Moment zu wählen, um die Lektüre oder das Nachdenken zu unterbrechen. Tatsächlich ist es sogar besser, zu warten und diese Menschen gar nicht zu stören.

Zeit zum Nachdenken ist wichtig. Der Vorsitzende einer Umweltbehörde pflegte zu seinen Mitarbeitern, zu denen auch ich gehörte, zu sagen: »Versuchen Sie, jeden Tag eine halbe Stunde Zeit zum Nachdenken zu finden. Schließen Sie die Tür oder bringen Sie einen Hinweis an Ihrem Arbeitsplatz an, wenn das nötig ist, aber tun Sie es.«

Die meisten Menschen verbringen viel zu viel Zeit damit, herumzurennen und auf Situationen zu reagieren, wichtige Angelegenheiten zu erledigen, sich Sorgen um die nächste große Besprechung oder die Lösung eines Problems zu machen. Dann seufzen sie vor Erleichterung und albern herum, um ihre Anspannung zu lösen. Aber niemand setzt sich einfach hin, um darüber nachzudenken, was man gelernt hat, was man beim nächsten Mal besser machen könnte und was man für die Zukunft planen kann.

Wenn Sie das für Sie angemessene Verhältnis zwischen Beruf und Privatleben finden möchten, müssen Sie sich die Zeit nehmen, um darüber nachzudenken, was Sie lang-, mittel- und kurzfristig oder sogar nur am nächsten Tag erreichen möchten.

Brainstorming ohne Tafel

Eine einfache und effektive Methode, um die in Ihnen schlummernden Ziele zu finden, ist das *Brainstorming*. Diese Technik wird in der Arbeitswelt seit Jahren als ein nützliches Mittel verwendet, um eine Gruppe zu motivieren, gemeinsam und ohne Zeit für Beurteilungen Ideen und Lösungen zu produzieren. Alle Ideen, die jemandem in den Kopf schießen, können herausgerufen werden und werden auf einer Tafel notiert, egal wie verrückt sie auch scheinen mögen. Brainstorming mit einer Gruppe anderer Menschen produziert oft eine Menge nützlicher und verschiedener Ideen in kurzer Zeit.

Nehmen Sie sich etwas Zeit, um allein ein Brainstorming durchzuführen und Ihre Ziele auf einem Blatt zu notieren. Keine Panik. Selbst wenn Sie noch nicht wissen, was Ihre Ziele sind, wird Ihnen diese kleine Übung helfen. Holen Sie sich ein leeres Blatt Papier und einen funktionierenden Stift und setzen Sie sich an einen ruhigen Platz. Schreiben Sie in den nächsten 60 Sekunden alles auf, was Sie sich für die nächsten zwölf Monate wünschen. Bearbeiten Sie Ihre Liste nicht, streichen Sie nichts und machen Sie sich nicht über sich selbst lustig, weil Sie etwas Absurdes aufschreiben – bringen Sie einfach die Ideen aus Ihrem Kopf zu Papier. Dieser befreiende Prozess ist eine einfache Methode für Ihren ersten Schritt, in dem Sie festlegen, welche Träume, Ideale und Werte Sie haben und wie Sie diese verwenden können, um Ziele für Ihre Zukunft zu formulieren.

Gehen Sie dann und machen Sie sich einen Kaffee oder Tee oder holen Sie sich ein Glas Wasser. Setzen Sie sich dann wieder hin und sehen Sie (mit klarem Kopf) noch einmal durch, was Sie aufgeschrieben haben. Kreisen Sie die Ideen ein, die Ihnen am wichtigsten sind. Versuchen Sie, nicht mehr als fünf Ideen auszuwählen. Wenn zu viele Ideen auf Ihrer Liste stehen, versucht Ihr Kopf möglicherweise, Ihnen auszureden, überhaupt irgendwelche Ideen umzusetzen.

Fügen Sie jetzt neben Ihren Zielen eine neue Spalte ein, in der Sie eine Liste Ihrer Werte und Gründe für das jeweilige Ziel aufschreiben. Was ist Ihnen wirklich wichtig in Bezug auf das erste Ziel: Sie? Ihre Familie? Ihre Karriere? Ihr Zuhause? Ihre Hobbys?

Mit der Festlegung der wichtigsten Werte in Ihrem Leben – und der Auflistung dieser Werte neben jedem Ihrer Ziele – erhalten Sie eine klarere Vorstellung davon, wozu Sie bereit sind, um diese Ziele zu erreichen. Tabelle 5.1 zeigt ein Beispiel für eine Brainstorming-Liste mit persönlichen Ideen.

Meine Ziele für die nächsten 12 Monate	Warum ich dieses Ziel erreichen möchte
Eine Gehaltserhöhung oder Beförderung	Anerkennung von Erfahrungen, höherer Beitrag zur Abzahlung des Hauses, Partner ein Teilzeitstudium ermöglichen
Fitter werden und gesünder essen	Besseres Selbstwertgefühl, mehr Energie, mehr Begeisterung, gutes Beispiel für die Kinder
Überstunden reduzieren	Mehr Zeit für die Familie, gemeinsames Abendessen, mehr Unterstützung in der Kindererziehung, gutes Beispiel für Kollegen
Zwei Wochenenden pro Jahr mit meinem Partner verreisen	Wertvolle Zeit allein mit meinem Partner, Wiedererwecken der Romantik, dem Partner Gefühle und Wertschätzung zeigen
Hobby mit Tochter starten	Etwas Neues gemeinsam mit meiner Tochter lernen, entdecken, was uns beiden gefällt

Tabelle 5.1: Eine Beispielliste für das Festlegen von Zielen

Mit der schriftlichen Liste Ihrer Ziele haben Sie etwas Reales in der Hand. Verwenden Sie Ihre Liste, um sich auf die folgende Weise auf Ihre Ziele einzustellen:

- ✔ Stellen Sie sich vor, wie es sein wird, wenn Sie Ihre Ziele erreichen.
- ✔ Halten Sie die Liste der Ziele auf einer kleinen Karte griffbereit – neben Ihrem Bett, in Ihrem Kalender, auf Ihrem Schreibtisch.
- ✔ Sehen Sie sich an, was Sie aufgeschrieben haben, und ändern Sie bei Bedarf die Wortwahl.
- ✔ Lesen Sie immer wieder, was Sie geschrieben haben.
- ✔ Lesen Sie die Ziele und die Gründe eine Woche lang jeden Tag laut vor.
- ✔ Trainieren Sie Ihren Kopf, sich auf Ihre Ziele zu konzentrieren, damit der Wunsch, Ihre Pläne in Aktion umzusetzen, immer stärker wird.

Ziele durch Visualisierung festlegen

Visualisierung ist eine äußerst effektive und einfache Methode, um Ihre Ziele in Ihrem Kopf frisch zu halten und zu »sehen«, wie Ihr Leben sein wird, wenn Sie Ihre Ziele erreicht haben.

Marie, eine Freundin von mir, tut so, als würde sie einen Zeitungsartikel schreiben, in dem sie ihre Ziele als beachtenswerte Erfolge beschreibt. Sie geht davon aus, dass diese spaßigen kleinen Artikel ihr helfen zu »sehen«, wie ihr Leben nach dem Erreichen eines Ziels aussieht, selbst wenn das Ziel nicht größer ist, als im Sommer drei Kilogramm abzunehmen oder fünf nicht berufsrelevante Bücher zum reinen Spaß zu lesen.

Viele Zeitmanagement- und Lebensplanungsexperten verwenden diese Methode und empfehlen, dass Sie zuerst das erfolgreiche Ergebnis aufschreiben sollten, um Ziele leichter festlegen zu können. Marie beginnt ihr Ziel sozusagen mit dem Endergebnis im Kopf. Sie blickt in die Zukunft, um eine bessere Vorstellung davon zu bekommen, wie es sein wird, wenn sie ihr Ziel erreicht hat. Ich habe immer wieder von erfolgreichen Menschen gehört, die sich den Erfolg »ausgemalt« hatten, bevor sie ihn erreicht haben.

Der Gründer von IBM, Tom Watson, benutzte beispielsweise diese Methode, als er das Unternehmen ins Leben rief. Zuerst malte er ein klares Bild in seinem Kopf, wie sein Unternehmen aussehen sollte. Dann fragte er sich, wie ein erfolgreiches Unternehmen wie das von ihm vorgestellte vorgehen könnte, um die gesteckten Ziele im Alltag zu erreichen. Und schließlich begann Tom Watson ab dem ersten Tag der Gründung von IBM genau so zu handeln, wie er es sich ausgemalt hatte.

Ein unrealistisches Ziel, beispielsweise »Ich werde bis zum Ende des Jahres 250.000 Euro verdienen«, führt nicht unbedingt zu einer Wundererfolgsgeschichte. Sie müssen Ihr Ziel in mehrere realistische Etappen aufteilen.

Nehmen Sie sich beispielsweise vor: »Ich werde zum Ende dieses Jahres verhandeln und eine Gehaltserhöhung von meinem Chef erhalten. Nächstes Jahr werde ich ein Projektteam leiten.« Planen Sie ausreichend Zeit ein, um die erforderlichen Recherchen durchzuführen und auf Ihr Ziel hinzuarbeiten, und legen Sie schließlich einen Termin fest, an dem Sie Ihr Ziel erreichen wollen.

Ihre berufliche Situation bewerten

Unternehmensfusionen, Änderungen in der Unternehmensleitung, Umstrukturierungen und externe Auditprüfungen können unangenehme Erinnerungen daran sein, dass sich die Arbeitswelt und einzelne Arbeitsplätze ständig verändern.

Menschen müssen sich an die Veränderungen in der Arbeitswelt anpassen.

Was gefällt Ihnen an Ihrem Job?

Wenn Sie sich Gedanken über die Zukunft Ihres Arbeitsplatzes machen oder das Gefühl haben, dass Sie unter dem Druck stehen, zu viel Arbeit in zu kurzer Zeit bewältigen zu müssen, macht der Job oft keinen Spaß mehr und verliert seinen Wert. Schreiben Sie in einer zweispaltigen Tabelle auf (wie in Tabelle 5.2 gezeigt), was Ihnen an Ihrem Job gefällt, um einige negative Eindrücke relativieren zu können, die Sie möglicherweise von Ihrer Rolle am Arbeitsplatz haben.

Das gefällt mir an meinem Job	Darum gefällt mir mein Job
Gutes Gehalt	Besseres Gehalt als die Angebote auf dem Stellenmarkt, ermöglicht mir, meinen finanziellen Verpflichtungen nachzukommen
Interessante Arbeit	Arbeit in einem Bereich, den ich studiert habe und der mich interessiert, regelmäßig neue Projekte, die mein Interesse halten, Chef gibt mir gute Gelegenheiten, neue Fähigkeiten zu lernen
Nettes und produktives Team/ Kollegen	Gute hilfreiche Mitarbeiter, professionelles Team, einfache Kommunikation und Zusammenarbeit, guter Humor und nette Kameradschaft
Vernünftige Arbeitszeiten	Flexible Zeiten, kann in stressigen Zeiten von zu Hause aus arbeiten, kann früher gehen, um Kinder zum Sport zu bringen und so weiter
Angenehme Büroumgebung und -einrichtungen	Gute Büroräume und Ausrüstung, schneller IT-Service, einfache administrative Prozesse, gute Geschäfte und Park in der Nähe

Tabelle 5.2: Mein Beruf und ich

Das erneute Durchlesen Ihrer Liste ist eine äußerst effektive Methode, um zu sehen, was Ihnen an Ihrem Job gefällt. Anstatt das Glas immer als halbleer zu betrachten, werden Sie mit einer Liste der positiven Seiten vielleicht feststellen, dass Ihr Job mehr für sich hat, als Sie angenommen hatten. Diese Übung erleichtert Ihnen, mit einem umfassenden und unvoreingenommenen Blick über die Verbesserung ihrer jetzigen oder zukünftigen Berufssituation nachzudenken.

Was missfällt Ihnen an Ihrem Job?

Jetzt sollten Sie sich ansehen, was Ihnen an Ihrem Job nicht gefällt und warum das so ist, ähnlich wie in Tabelle 5.3 gezeigt. Anhand der Listen in Tabelle 5.2 und Tabelle 5.3 können Sie leichter entscheiden, mit welchen Aspekten Ihres Jobs Sie leben können und welche Aspekte geändert werden müssen, sei es sofort oder auf Ihrem weiteren Weg.

Was mir an meinem Job nicht gefällt	Warum mir mein Job nicht gefällt
Gehalt	Ich glaube, ich könnte in einem anderen Job bei einem anderen Unternehmen mehr verdienen, finanzielle Belastung zu hoch, hohe Kosten stehen an (Gebühren für Privatschule, neues Auto)
Arbeit ist keine Herausforderung mehr	Zu lange in derselben Position, brauche Herausforderung und Tapetenwechsel
Unkooperative Mitarbeiter	Zu viel Bürokratie, Verzögerungen beim Erledigen von Arbeiten, keine Aufmerksamkeit für Details, Mitarbeiter lassen sich nicht motivieren
Zu viele Überstunden	Überstunden werden »erwartet« statt »geschätzt«, müssen geleistet werden, um als Erfolg zu gelten, Müdigkeit, Stress
Geringe Moral	Zu viele Umstrukturierungen, Leute gehen

Tabelle 5.3: Was mir an meinem Job nicht gefällt

Jetzt haben Sie zwei Listen, die Sie vergleichen können. Sie werden feststellen, dass sich die Vor- und Nachteile in Ihrem Kopf zu Fragen umformen: Ist das Gehalt es wert, dass ich in einem Job bleibe, in dem die Kollegen unfreundlich sind? Sollte ich riskieren, diesen bequemen und interessanten Job zu kündigen, um einen etwas lukrativeren Job zu finden, in dem aber möglicherweise Überstunden erforderlich sind?

Oft verlässt man einen aktuellen Posten und übersieht dabei die Möglichkeit, dass eventuell im aktuellen Job bessere Arbeitsbedingungen geschaffen werden können. In Kapitel 8 finden Sie weitere Informationen zu Beschäftigungs- und Arbeitszeitmodellen und den entsprechenden Verhandlungen mit Ihrem Vorgesetzten.

Eine effektive Methode für die Bewertung Ihres derzeitigen Jobs besteht darin, ihn aus dem Blickwinkel eines Außenseiters zu betrachten. Ein objektiver Außenseiter würde wahrscheinlich die folgenden Fragen stellen (die wiederum für Sie von Nutzen sein können):

- ✔ Haben Sie eine gewisse Kontrolle über Ihre Arbeitsweise oder ein Mitspracherecht bei Entscheidungen?

- Arbeiten Ihre Kollegen gern in ihrem Job?
- Auf welche andere Weise könnte Ihre Arbeit erledigt werden?
- Sind frühere Mitarbeiter in Ihrer Position befördert worden?
- Was denkt Ihr Arbeitgeber über Ihre berufliche Leistung?
- Welche längerfristigen Strategien könnten für mehr Zufriedenheit in Ihrem Job sorgen?
- Welche Weiterbildungs- und Aufstiegsmöglichkeiten und welche Herausforderungen bietet der Job?

Stellen Sie sich auch die folgenden wichtigen Fragen, um möglicherweise durch eine andere Sichtweise Lösungen statt Probleme zu sehen:

- Kann ich meine berufliche Leistung verbessern?
- Kann ich zusätzliche Aufgaben oder Verantwortungen übernehmen, um meinen Job interessanter und zufriedenstellender zu gestalten?
- Welche neue Ideen kann ich ausprobieren und mit meinem Vorgesetzten besprechen?
- Welche Weiterbildungsmaßnahmen kann ich im und außerhalb des Jobs wahrnehmen?

Wenn Sie diese Fragen ehrlich beantworten, erkennen Sie möglicherweise, dass auch die Art und Weise, in der Sie Ihre derzeitige berufliche Situation verändern können, für Ihre Zukunft eine Rolle spielt.

Teil III

Größe ist nicht alles: Kleine Änderungen, die viel bewirken

Glenn Lumsden

»Als Teil meiner neuen Work-Life-Planung werde ich jetzt jeden Abend zum Essen hier sein. Ich dachte, es wäre hilfreich, wenn wir alle Namensschilder tragen, bis wir uns besser kennen.«

In diesem Teil ...

Oft zeigen kleine Änderungen die größte Wirkung. Sie können eine Menge für Ihre Work-Life-Balance erreichen, wenn Sie aufhören, Dinge aufzuschieben, und kleine Aufgaben sofort erledigen. Das verschafft Ihnen nicht nur große Zufriedenheit, sondern spart auch Zeit. Gleiches gilt für die Beseitigung des Chaos auf Ihrem Schreibtisch. Zeit lässt sich auch durch ein gutes Zeitmanagement sparen, das oft nicht mehr als einen sorgfältig geführten Kalender und etwas Planung beinhaltet.

In einer gut genutzten Mittagspause können Sie eine Menge für sich tun. Das reicht von gesunder Ernährung und etwas Bewegung für Ihre Gesundheit bis hin zur Erledigung verschiedener Aufgaben, damit Sie mehr Zeit am Abend oder am Wochenende haben.

Ordnung ist das halbe Leben

6

In diesem Kapitel

- Der Kampf gegen die Aufschieberitis
- Wissen, wann es Zeit ist, den Schreibtisch aufzuräumen
- Perfektes Zeitmanagement

Ich glaube, dass Sie an Ihrem Arbeitsplatz einige Veränderungen in Angriff nehmen können, die Ihnen mehr Zeit für Ihre Arbeit sichern. Damit will ich sagen, dass eine Menge Zeit durch Aufschieben vergeudet wird – indem Sie Ihre Aufgaben nicht nach Prioritäten abarbeiten oder Ihre Arbeit nicht richtig planen. Ein chaotischer Schreibtisch und verräumte oder fehlende Büroutensilien können eine Ineffektivität nach sich ziehen, die Sie mehrere Stunden zusätzlicher Arbeit kosten kann. Wie viele von Ihnen haben einen Kollegen, der ständig zu Ihnen kommt, um Ihren Hefter auszuleihen, weil er seinen eigenen in dem Chaos auf seinem Schreibtisch nicht finden kann? Ein aufgeräumter Schreibtisch hätte Ihrem Kollegen – und Ihnen – fünf Minuten Zeit gespart.

In diesem Kapitel erkläre ich Ihnen, wie Sie die Zeichen der Aufschieberitis erkennen und für jede Aufgabe, die weniger als zehn Minuten Zeit kostet, das »Sofort erledigen«-Prinzip anwenden können. Die Eindämmung von typischen Ablenkungen ist ein weiteres Thema in diesem Kapitel – in dem Sie erfahren, wie Sie Ihre Anrufe und E-Mails kontrollieren, anstatt von diesen kontrolliert zu werden.

Wir werden einen Blick darauf werfen, wie lange bestimmte Aufgaben dauern, welche Vorteile das Zusammenfassen ähnlicher Aufgaben hat und wie wichtig das Delegieren ist – denn durch Delegieren haben Sie nicht nur weniger Arbeit, sondern bieten einer anderen Person auch die Möglichkeit, etwas zu lernen. Wenn Sie sich am Freitagnachmittag 30 Minuten Zeit nehmen, um Ihre Arbeit noch einmal durchzugehen und Pläne für das Wochenende zu machen, bekommen Sie Ihren Kopf frei und können das Wochenende genießen. Auch das Planen der kommenden Woche ist eine perfekte Aufgabe für den Freitagnachmittag.

Aufschieberitis vermeiden

Viele von uns arbeiten immer mehr. Die Zahl der Menschen, die mehr als 50 Stunden pro Woche arbeiten, ist in den letzten 20 Jahren deutlich angestiegen. Ein großer Teil dieser Arbeit sind unbezahlte Überstunden, und Überstunden machen es Ihnen sehr schwer, ein ausgewogenes Verhältnis zwischen einer bedeutsamen Karriere und der Erziehung Ihrer Kinder zu finden. Nur sehr wenige Menschen machen gern Überstunden, aber viele fühlen sich in der bei uns vorherrschenden Überstundenkultur gefangen. Eltern lieben ihren Beruf, aber auch ihre Kinder, und oft fällt es schwer, aus dem Büro zu kommen, wenn die normale Arbeitszeit eigentlich vorbei ist.

Sie können Überstunden möglicherweise vermeiden, wenn Sie sich genau ansehen, wie viele Ihrer an diesem Tag anstehenden Aufgaben auf später verschoben wurden, weil Sie unter Aufschieberitis leiden. Viele Menschen überschätzen die Dauer oder Komplexität einer Aufgabe, die sie nicht mögen. Wenn es Ihnen vor einer bestimmten Aufgabe graust, verschieben Sie sie möglicherweise auf später, weil Sie denken, dass Sie dann in einer besseren Stimmung sind, um die Aufgabe anzugehen. Die Aufgabe liegt dann schwer auf Ihrem Gewissen und nimmt im Verlauf des Tages immer mehr Raum auf Ihrer To-do-Liste ein, sodass Sie sich noch mehr Gedanken darüber machen, wie Sie diese eine Aufgabe jemals schaffen werden. Beschreibe ich Ihre Gedanken im Aufschieberitismodus ungefähr richtig?

Das Multitasking-Problem

Was viele Menschen dann am Ende tun, wird als *Multitasking* bezeichnet – sie kümmern sich um E-Mails, Anrufe, Voicemail, MP3-Player, SMS, Notebook und Handy, während sie im Auto zu einer Besprechung fahren. Gegen Ende des letzten Jahrhunderts galten elektronische Geräte als praktische Werkzeuge, die Ihnen halfen, die Last Ihrer Arbeit zu erleichtern. Heutzutage gelten elektronische Geräte als eine der größten Ursachen für berufliche Überlastung und das Burn-out-Syndrom.

All diese Ablenkungen sind perfektes Futter für Leute, die gerne Dinge aufschieben. *Aufschieben* kann wie folgt definiert werden: die Intention, etwas zu tun oder Verbesserungen und Änderungen herbeizuführen, und das gleichzeitige Hinauszögern der Aktionen, die für die Realisierung der Intention erforderlich sind. Anders gesagt, Sie wissen, dass es eine Aufgabe gibt, die Sie erledigen müssen, aber Sie finden Entschuldigungen, sie nicht zu erledigen. Möglicherweise fangen Sie mit besten Intentionen an, aber wenn E-Mails und Anrufe kommen, die Ihre sofortige Aufmerksamkeit erfordern, können Stunden, Tage, Wochen und Monate vergehen, und die Aufgabe ist immer noch nicht erledigt. Das Aufschieben verstärkt Ihre Schuldgefühle, weil die Aufgabe noch nicht erledigt ist, erzeugt Angst, weil Sie sich fragen, was passiert, wenn die Aufgabe nicht erledigt ist, und verursacht negative Gefühle wegen des Stresses und der zusätzlichen Arbeitlast, die das Aufschieben verursacht hat.

Jede Entschuldigung zum Aufschieben der Arbeit

Nur Sie können sagen, ob Sie gern Dinge aufschieben. Aber die folgenden Fragen können Ihnen bei Ihrer Entscheidung helfen. Tun Sie gern irgendetwas anderes, um die Aufgaben zu vermeiden, die Sie hassen? Lassen Sie zu, dass Sie jede einzelne E-Mail beantworten, mit Kollegen reden, die an Ihrem Schreibtisch vorbeigehen, aufspringen, sobald das Wasser im Kessel kocht, um Tee aufzugießen, und Anrufe anzunehmen – selbst wenn das Telefon einer anderen Person klingelt? Hier eine kleine Geschichte: Gerade als ich diesen Abschnitt zum Thema Aufschieben schrieb, kam Susi, der Foxterrier des Hüttenbesitzers, schnüffelnd an meine Tür. Ich hörte sofort auf zu schreiben, damit ich schnell hinausgehen und Susi streicheln und am Bauch kraulen konnte. Ich hätte auch meine vorgesehene Anzahl von Wörtern schreiben und bis zur Teepause am Vormittag warten können, um Susi zu streicheln, aber wie Sie sehen, schiebe ich auch manche Dinge gerne auf.

Ihren Hang zum Aufschieben erkennen

Dem Aufschieben kann auch der Status der »Notwendigkeit« auferlegt werden, das heißt, dass Sie eine Aufgabe aufschieben *müssen*, weil Sie jetzt gerade furchtbar viel andere Dinge zu tun haben. Viele Menschen haben den Eindruck, dass jemand, dessen Handy pausenlos klingelt, dessen Aktentasche ständig voll ist und dessen Hände immerzu wild auf den PDA tippen, eine wichtige Person sein muss. Diese Annahme ist ebenso unrealistisch wie die Existenz von Superwoman. Menschen können übermäßig beschäftigt wirken, weil sie sich zwingen, auf alles sofort zu reagieren. Einige Aufgaben können warten und andere können erledigt werden, bevor das Aufschieben als Entschuldigung herhalten muss, dass Sie zu viel zu tun haben, um eine Aufgabe zu erledigen.

Anders gesagt haben Sie, solange Sie beschäftigt wirken, eine Entschuldigung, die ungeliebte Aufgabe auf später zu verschieben, indem Sie argumentieren, dass Sie später mehr Zeit dafür haben werden. Das Problem ist, dass Sie später immer noch mit den dann anstehenden Dingen beschäftigt sein werden und deshalb die aufgeschobene Aufgabe nie erledigt wird.

Kerry Gleeson behauptet, dass Menschen ebenso clever Aufgaben erledigen wie Aufgaben aufschieben. Gleeson prägte den Ausdruck »Tu es jetzt«, der von vielen Zeitmanagementexperten übernommen wurde. »Tu es jetzt« heißt, dass Sie beim ersten Mal, wenn Sie eine Sache

Die Papierstapel hin- und herschieben

Das folgende kleine Beispiel von Aufschieberitis im Büro hört sich vielleicht erschreckend vertraut an:

Sie kommen morgens an Ihren Schreibtisch, setzen sich hin, werfen einen Blick auf all die Papiere, die über den Schreibtisch verteilt sind, und nehmen eins zur Hand. »Oh, das ist von Frank.« Sie machen etwas Platz und legen einen Stapel für die Dinge an, die zu erledigen sind. Sie legen das Papier von Frank auf diesen Stapel.

Sie nehmen ein zweites Papier zur Hand, denken: »Oh ja, ich muss Bettina noch wegen des fehlenden Angebots anrufen ...«, und legen dieses Papier ebenfalls auf Ihren To-do-Stapel.

Das dritte Papier ist eine Beschwerde von einem Kunden. »Hm, das muss ich bis Ende der Woche beantworten«, und legen das Papier auf den Stapel. Ein viertes Papier ist etwas problematisch: »Darüber muss ich erst mit meiner Chefin reden, wenn ich sie beim nächsten Mal sehe.« Und auch dieses Papier wandert auf den Stapel.

Mit dem fünften Papier eröffnen Sie einen neuen Stapel, den Sie wahrscheinlich »Später erledigen« taufen, nachdem Sie entschieden haben, dass Sie sich zwar um diese Sache auch kümmern müssen, aber nicht dringend. Was als Nächstes geschieht, ist, dass Sie Zeit verschwenden, indem Sie durch die Papiere blättern, die Papiere noch einmal lesen, Entscheidungen treffen, auf welchen Stapel sie wandern, und die Papiere dann noch einmal lesen, wenn Sie wieder einen Moment haben, um eine Pause einzulegen bei dem, was Sie gerade tun, und sich all die Papiere anzusehen, die auf Sie warten. Kein Wunder, dass Sie das Gefühl haben, nichts zu schaffen!

berühren oder davon hören, an der Sache arbeiten müssen. Das bedeutet nicht, dass Sie sich sofort durch ein ganzes Projekt arbeiten oder eine Entscheidung treffen müssen, die nicht in Ihrem Verantwortungsbereich liegt, sondern dass Sie den Teil der Arbeit übernehmen, den Sie sofort erledigen können.

Dinge sofort erledigen – wenn sie nicht länger als zehn Minuten dauern

Es hört sich ziemlich einfach an, wenn ich Ihnen rate, die Disziplin aufzubringen, eine Aufgabe innerhalb der nächsten zehn Minuten zu erledigen, anstatt sie zu verschieben. Aber wie Sie wissen, kann es ganz schön schwierig sein, mit Gewohnheiten zu brechen.

Vor einigen Jahren bestand eine meiner Aufgaben darin, anderen Kollegen beim Aufräumen ihrer Schreibtische zu helfen, um sie in einige Arbeits- und Zeitmanagementtechniken einzuführen. Meine Kollegen zeigten mir ihre Stapel, die sie als »Jetzt erledigen«, »Später erledigen« oder »Auf weitere Infos warten« bezeichneten und breiteten die Arme aus, als wollten sie sagen: »Du siehst, wie überlastet ich bin«. Sie waren geradezu schockiert, als sie statt eines verständnisvollen Nickens die Frage »Und warum hast du deinen Schreibtisch noch nicht aufgeräumt?« zu hören bekamen.

Meine Kollegen gaben mir verschiedene Antworten: »Ich bin noch nicht dazu gekommen«, »Da sind noch einige Fragen offen« oder »Das dauert wahrscheinlich zu lange«. Ich unterbrach mit: »Nun, zeig es mir. Leg diese Erinnerung für einen Rückruf nicht auf den Stapel, sondern rufe jetzt zurück.« Nach einigen Bemerkungen wie »Bist du sicher?« und »Aber das ist doch sicher langweilig für dich, hier zu sitzen und mir zuzuschauen«, erledigten die Kollegen den Rückruf. Ich stoppte die Zeit und erzählte ihnen danach, dass die Aufgabe in nur zwei Minuten erledigt war. Nachdem wir mindestens drei weitere Aufgaben vom To-do-Stapel abgearbeitet hatten, erkannten meine Kollegen, dass das »Sofort erledigen«-Prinzip eine Möglichkeit ist, um schnell und effektiv einige belastende Dinge vom Schreitisch zu bekommen.

Wissen, welche Aufgaben weniger als zehn Minuten brauchen

Sie können eine überraschende Menge von Aufgaben in weniger als zehn Minuten erledigen. Sie haben richtig gelesen – weniger als zehn Minuten! Mindestens genauso lange brauchen Sie, um Entschuldigungen zu finden, warum Sie diese Aufgaben nicht erledigen, Notizen zu den Aufgaben immer wieder neu zur Hand zu nehmen, um zu überlegen, wann Sie sie erledigen können, und die Aufgabe schließlich auf den To-do-Stapel zu legen, ohne sie erledigt zu haben. Die zehn Minuten, die Sie damit verschwendet haben, Papiere hin und her zu schieben, wären besser angelegt gewesen, wenn Sie eine weitere der anstehenden Aufgaben erledigt hätten. Hier sind einige Ideen, was Sie in zehn Minuten schaffen können (wenn Sie nicht zur selben Zeit irgendetwas anderes tun):

- ✔ Eine Aufgabe an einen zuverlässigen Kollegen delegieren
- ✔ Eine Antwort auf einen Brief entwerfen
- ✔ Papiere ablegen oder wegwerfen, wenn Sie nicht darauf reagieren oder sie lesen müssen
- ✔ Mindestens drei Telefonnachrichten mit Informationen hinterlassen
- ✔ Ein wichtiges Dokument fotokopieren und für den Postversand vorbereiten oder faxen

- ✔ Drei dringende E-Mails beantworten
- ✔ Mehrere Rückrufe erledigen

Wenn Sie diese Aufgaben eine nach der anderen abarbeiten, ohne sich Gedanken über die nächste Aufgabe zu machen oder sich von unwichtigen E-Mails oder das Anlegen neuer Aufgabenstapel ablenken zu lassen, werden Sie überrascht sein, wie viel Arbeit Sie geschafft haben.

Wenn Sie sich nicht sofort um eine Aufgabe kümmern, sehen Sie sich diese erst gar nicht an

Sehen Sie nicht immer wieder die Stapel mit ausstehenden oder später zu erledigenden Aufgaben durch, wenn Sie nicht irgendetwas Bestimmtes brauchen. Wenn Sie Ihre Erinnerungsnotizen oder Briefe immer wieder lesen, verschwenden Sie nur Zeit und verstärken Ihren Stress.

Ignorieren Sie Nachrichten und E-Mails, die Sie nicht sofort beantworten müssen. Wenn Sie von einer Aufgabe zur nächsten springen, anstatt sich für eine gewisse Zeit einer Aufgabe zu widmen, verlängern Sie Ihren Tag.

Das Schlimmste zuerst erledigen

Wenn Sie beim nächsten Mal in einem Café oder Restaurant sind, beobachten Sie einmal, wie andere die Regel »Das Schlimmste zuerst« auf das Essen anwenden. Nicht nur Kinder essen pflichtbewusst ihre Bohnen und Karotten, bevor sie sich über die Pommes hermachen, sondern auch Erwachsene essen zuerst brav ihre Salatbeilage, bevor sie ihr Wiener Schnitzel mit Pommes genießen.

Ich vertrete hier nicht die Auffassung, zuerst das zu essen, was einem besonders gut schmeckt, um danach das »weniger gute« Essen zu verdrücken, aber die Philosophie, das Schlimmste zuerst zu tun, kann auch am Arbeitsplatz funktionieren. Eine Aufgabe, die Sie am wenigsten mögen, zuerst zu erledigen, bietet zwei wichtige Vorteile:

- ✔ Die Aufgabe ist erledigt.
- ✔ Die nächsten Aufgaben sind angenehmer.

Die Zehn-Minuten-Regel in der Praxis

Theoretisch hört es sich toll an, die unangenehmsten Aufgaben zuerst zu erledigen. Aber wie bringen Sie sich dazu, das in die Praxis umzusetzen? Hier sind einige Tipps zum Ausprobieren:

- ✔ **Machen Sie Ihren Kopf frei.** Viele Gedanken, die in Ihrem Kopf umherschwirren, haben nichts mit der vor Ihnen liegenden Aufgabe zu tun. Wenn Sie kleinere Aufgaben, die weniger als zehn Minuten in Anspruch nehmen, bearbeiten und erledigen, können Sie nicht nur eine Menge schaffen, sondern werden auch all die quälenden Gedanken an unerledigte Dinge los.

- **Gehen Sie eine Aufgabe nach der anderen an.** Hören Sie auf, Papierstapel zu bilden, die Sie später durcharbeiten werden. Was wie gute Organisation und das Festlegen von Prioritäten aussieht, ist tatsächlich sinnloses Hin- und Herschieben von Papieren – »später« kommt vielleicht nie. Seien Sie streng zu sich selbst, und erledigen Sie eine Aufgabe nach der anderen. Sehen Sie sich das nächste Papier erst an, wenn die erste Aufgabe abgeschlossen ist und aus dem Stapel entfernt werden kann.
- **Erledigen Sie Aufgaben, solange sie noch einfach sind.** Ich spreche hier aus eigener schmerzlicher Erfahrung. Oft werden Aufgaben, die man nicht wirklich angehen möchte, wie klein sie auch immer sind, später zu größeren, destruktiven und höchst peinlichen Problemen. Wenn eine Aufgabe eine geringfügige Irritation ist oder Sie das Gefühl haben, dass sie sich zu einem Problem auswachsen könnte, erledigen Sie die Aufgabe *jetzt* – und das Problem ist gelöst. Es ist wesentlich gefährlicher zu hoffen, dass Probleme und unerwünschte Aufgaben von allein verschwinden. Das sind genau die Dinge, die zu wahren Krisen werden können.
- **Ignorieren Sie Ablenkungen.** Viele Unterbrechungen werden von Menschen verursacht, die eine Erklärung haben wollen, warum die Aufgabe, die Sie erledigen sollten, noch nicht abgeschlossen ist. Niemand möchte Zeit damit verschwenden, einer Arbeit hinterherzurennen, deren Abgabetermin bereits vergangen ist. Und Sie möchten sicher auch nicht Ihre Zeit damit verbringen, Ausreden zu erfinden und auf Forderungen nach Projektaktualisierungen zu reagieren. Wenn Sie die Aufgabe sofort erledigen, werden eine Menge dieser Unterbrechungen verschwinden.

Ablenkungen verringern

Klingelnde Telefone, ständig eingehende E-Mails und das unermüdliche Klopfen an Ihrer Tür – all das können unerwünschte Ablenkungen sein, die Sie davon abhalten, sich auf Ihre Arbeit zu konzentrieren. Aber solange Sie nicht auf einer einsamen Insel leben und arbeiten, können Sie andere nicht immer davon abhalten, davon auszugehen, dass Sie stets zur Verfügung stehen, um ihre Bedürfnisse zu erfüllen. Trotzdem können Sie diese Unterbrechungen bis zu einem gewissen Grad verhindern:

- **Delegieren.** Wenn Sie mit einer anderen Person zusammenarbeiten, wechseln Sie sich in stressigen Zeiten mit dem Annehmen von Anrufen ab.
- **Vermeiden Sie Arbeitsrückstände.** Zurückgestellte Arbeiten führen zu vermehrten Problemen, weil diese Arbeiten sich nicht einfach in Luft auflösen und Sie zusätzlich Ihre aktuelle Arbeitslast erledigen müssen. Planen Sie mindestens eine Stunde pro Tag ein, um unerledigte Dinge zu bearbeiten. Entscheiden Sie, welche dieser Aufgaben am wichtigsten sind, und erledigen Sie diese zuerst. Finden Sie heraus, warum es zu dem Arbeitsrückstand gekommen ist, und planen Sie entsprechende Schritte ein, damit ein ähnliches Problem nicht wieder zu einem Arbeitsrückstand wird.
- **Klopfen Sie sich auf die Schulter.** Stellen Sie sich vor, Sie erledigen tatsächlich etwas. Sie schieben nicht auf, sondern Sie aktionieren! Ja, ich weiß, das Verb *aktionieren* ist

nicht im Duden zu finden. Aber ich finde, Sie verdienen ein positives Verb. Sie erledigen Ihre Aufgaben jetzt innerhalb von zehn Minuten, und Ihr Tag ist bereits wesentlich produktiver.

- ✔ **Planen Sie eine Stunde pro Tag für Rückrufe ein.** Wenn Sie Rückrufe in einem Rutsch erledigen, können Sie vorab Fragen klären oder Informationen vorbereiten. Sie können sogar eine Voicemail-Nachricht einrichten, in der Sie Anrufern mitteilen, dass Sie zu einer bestimmten Zeit des Tages zurückrufen werden – zum Beispiel zwischen 14 und 15 Uhr.
- ✔ **Planen Sie zwei Zeitfenster am Tag ein, in denen Sie Ihre E-Mails abrufen.** Bleiben Sie streng mit sich selbst, weil das Beantworten von E-Mails verlockend (und zeitaufwendig) ist. Halten Sie sich an Ihre Zeiten, lesen Sie nur berufliche E-Mails und heben Sie persönliche oder unwichtige E-Mails für Ihre persönliche Zeit auf. So können Sie schnell wieder an Ihre Arbeit zurückkehren.
- ✔ **Planen Sie Pausen zu vertretbaren Zeiten ein.** Notieren Sie diese Pausen in Ihrem Kalender, damit Sie nach dem Abschließen bestimmter Aufgaben eine Pause machen können. Dann wissen Sie, dass Sie etwas erreicht haben. Und Sie fühlen sich erfrischt und sind bereit, die nächste Aufgabe anzugehen.
- ✔ **Schließen Sie Ihre Tür.** Normalerweise haben Kollegen Respekt vor Teammitgliedern, die ihre Türen schließen (oder ein Schild an ihrem Arbeitsplatz anbringen), wenn sie nicht gestört werden möchten. Falls nicht, führen Sie diese Kultur an Ihrem Arbeitsplatz ein. Reden Sie mit Ihren Kollegen und legen Sie Teamregeln fest, beispielsweise: »Wenn meine Tür geschlossen ist, möchte ich nicht gestört werden, wenn nicht gerade ein Notfall vorliegt. Dasselbe gestehe ich auch meinen Kollegen zu.«

Nicht jede Aufgabe kann sofort erledigt werden

Sie werden sich also jetzt um Ihren Stapel unerledigter Dinge kümmern, anstatt diese Aufgaben aufzuschieben. Aber was passiert, wenn Sie ein Papier von Ihrem Schreibtisch zur Hand nehmen, das Sie daran erinnert, einen Kunden anzurufen und dieser Kunde nicht erreichbar ist? Hier sind einige Tipps, um auch solche Aufgaben vom Tisch zu bekommen:

- ✔ Finden Sie heraus, ob Ihnen stattdessen eine andere Person am anderen Ende der Leitung helfen kann. Oder lassen Sie Ihren Assistenten oder einen Kollegen den Anruf für Sie erledigen. Wenn Sie persönlich mit dem Kunden sprechen müssen, finden Sie heraus, wann der Kunde im Büro ist, und tragen Sie den noch zu erledigenden Anruf in Ihrem Kalender ein.
- ✔ Hinterlassen Sie eine Nachricht, in der Sie den Kunden an einen Kollegen verweisen, der die gewünschten Informationen bereithält. Dann müssen Sie nicht noch einmal anrufen.
- ✔ Sehen Sie sich die Nachricht noch einmal an, um zu prüfen, ob Sie Informationen vorbereiten können, bevor Sie zurückrufen. Dadurch können Sie vermeiden, ein weiteres Mal anrufen zu müssen.

- **Denken Sie an das, was vor Ihnen liegt, und nicht an das, was Sie nicht erledigt haben.** Wenn Sie sich ständig Gedanken darüber machen, was Sie nicht geschafft haben, wird Ihnen das nicht helfen, Ihre Arbeit zu erledigen. Wenn Sie ständig in der Vergangenheit leben, verschwenden Sie Ihre Zeit. Wird die Aufgabe erledigt, wenn Sie darüber nachdenken, was Sie bisher nicht geschafft haben? Nein. Wenn Sie Ihre Arbeitstage damit beginnen, über die Vergangenheit nachzudenken, sind Sie bereits hinter der Startlinie zurück.
- **Schalten Sie Ihre elektronischen Geräte aus.** Schalten Sie Ihr Handy, Ihren Pager und Ihren PDA aus, wenn Sie an einer Besprechung teilnehmen oder an einem bestimmten Projekt mit einem engen Abgabetermin arbeiten. Elektronische Geräte haben eine Anrufbeantworter- oder ähnliche Funktion, sodass Sie nichts Wichtiges verpassen werden.
- **Kündigen Sie die Abonnements veralteter oder unnützer E-Mail-Newsletter.** E-Mail-Newsletter, die Sie nicht brauchen, verstopfen Ihren Posteingang und verschwenden Ihre Zeit. Überprüfen Sie regelmäßig, welche Mailinglisten, Newsletter und Updates Sie wirklich brauchen.

Aufräumen ist nicht nur eine Aufgabe für unausgefüllte Tage

Obwohl die meisten Menschen auf ihre persönliche Reinlichkeit achten und sicherstellen, dass sie duschen und ordentliche Kleidung tragen, verlassen viele ihren Arbeitsplatz wesentlich unordentlicher, als sie es zu Hause für akzeptabel halten würden. Viele äußerst kompetente Menschen können tolle Artikel schreiben, komplizierte technische Spezifikationen entwerfen oder eine Wunde nähen, haben aber keine Ahnung, wie sie ihren Arbeitsbereich organisieren sollen. Diese Beobachtung wird oft mit Kommentaren wie »Ich werde nicht für Hausarbeit bezahlt« vom Tisch gefegt. Aber ein unordentlicher Arbeitsplatz macht die Arbeit, für die Sie bezahlt werden, wesentlich schwerer.

Stellen Sie sich beispielsweise vor, Sie beauftragen in diesem Jahr einen Steuerberater mit Ihrer Steuererklärung. Wenn Sie in das Büro des Steuerberaters kommen und einen überlaufenden Mülleimer, einen Stapel Finanzmagazine in einem unordentlichen Bücherregal und einen deutlichen Geruch nach alten Bananen bemerken, werden Sie dann das Vertrauen haben, dass dieser Steuerberater organisiert und professionell genug ist, um sich um Ihre Steuern zu kümmern?

Ihre Unordnung beseitigen

Köchen wird beigebracht, zwischendurch aufzuräumen, damit am Ende eines langen Tages in der Küche nicht alle Essensreste, übergekochte Speisen und klebrige Dinge gesäubert werden müssen. Kunststudenten lernen ebenfalls, ihre Malfarben ordentlich zu verschließen und die Pinsel auszuwaschen, damit sie nicht unbrauchbar werden. Köche und Künstler beginnen jeden Tag in einer sauberen Umgebung. Es ist durchaus sinnvoll, morgens an einem sauberen und aufgeräumten Arbeitsplatz anzukommen, der Ihre wichtigsten Utensilien und die anstehende Arbeit bereithält.

Die »Zwischendurch aufräumen«-Methode des Kochs auf einen Schreibtisch anzuwenden, ist einfacher, als Sie vielleicht denken. Wenn Sie während des Tages immer wieder Platz schaffen und am Ende der Woche richtig aufräumen, vermeiden Sie das Ansammeln eines unerwünschten Durcheinanders, das ein effektives Arbeiten wesentlich erschwert.

Ein unordentlicher Arbeitsplatz bedeutet nicht, dass Sie der fleißigste Arbeiter sind

Viele Menschen haben Angst, dass sie Dokumente, die sie an einem Platz außer Sichtweite ablegen, nicht mehr finden werden, wenn sie diese benötigen. Andere Menschen mögen es, ältere Ordner oder abgeschlossene Projekte auf dem Schreitisch liegen zu lassen, um das Gefühl zu verstärken, dass sie sehr beschäftigt und wichtig sind. Aber tatsächlich geschieht genau das Gegenteil. Wenn ich das »Horten abgeschlossener Dinge« beobachte, gehe ich davon aus, dass die Person nicht organisiert genug ist, um Informationen zu archivieren – oder noch schlimmer, dass sie eine Mauer aufbaut, um keine neuen beruflichen Herausforderungen annehmen zu müssen.

Erkennen, dass aus dem Auge nicht aus dem Sinn ist

Viele Menschen meinen, dass sie Papiere und die damit verbundene Arbeit vergessen, wenn die Papiere nicht auf ihrem Schreibtisch liegen. Dann wird der Arbeitsplatz oft mit dem vollgestopft, was ich als »visuelle Ablenkung« bezeichne und die oft dazu führt, dass Menschen aufgeben, bevor sie überhaupt anfangen. Viele der Papiere, die als aktuelle Arbeit betrachtet werden, sind oft tatsächlich alte und irrelevante Informationen, die die Suche nach kleinen Papierfetzen und Notizen für aktuelle Arbeiten zusätzlich erschweren.

Bei Aufräumaktionen am Schreibtisch stelle ich oft fest, dass 75 Prozent der Papiere auf einem Schreibtisch für die Arbeit des Tages – oder der Woche – nicht benötigt werden.

Mit »Arbeitsordnern« arbeiten

Archivieren Sie veraltete Unterlagen, die auf Ihrem Schreibtisch oder in den Schubladen herumliegen. Ihr Schreitisch sollte mitsamt seinen Schubladen den Dingen vorbehalten sein, an denen Sie zurzeit arbeiten. Wenn Sie nur für Ihre aktuelle Arbeit relevante Ordner anlegen, können Sie Informationen schneller finden und Ihre Effizienz steigern. Sie vereinfachen Ihr Leben enorm, wenn Sie während eines Telefonats mit einem Kunden den Entwurf eines Dokuments aus dem entsprechenden Ordner ziehen können.

Sie können Ihre Arbeitsordner in vier Kategorien unterteilen:

- ✔ **Allgemeine Informationen:** Dieser Ordner enthält wichtige Telefonnummern, Kontonummern, Finanzdaten und regelmäßige Vorgänge.
- ✔ **Zu diskutierende Angelegenheiten:** In diesem Ordner bewahren Sie alle Papiere mit Fragen oder Problemen auf, für die eine Erlaubnis oder ein Ratschlag einer anderen Person erforderlich ist. Wenn Sie mehr als einer Person unterstehen oder mehrere Personen Ihnen unterstehen, legen Sie für jede Person einen eigenen Ordner an.

- **Monatliche Vorgänge:** Möglicherweise benötigen Sie mehrere dieser Ordner, je nachdem, welche monatlichen Aufgaben und Berichte Sie regelmäßig nutzen.
- **Projektordner:** Geben Sie diesen Ordnern offizielle Namen, damit auch Ihre Kollegen sie finden können und sofort wissen, an was Sie gearbeitet haben und in welcher Phase das Projekt steht, falls Ihnen einmal etwas passieren sollte.

Sobald Projekte abgeschlossen sind oder regelmäßig wiederkehrende Vorgänge nicht mehr in Ihren Verantwortungsbereich fallen, archivieren Sie die entsprechenden Papiere. Machen Sie sich klar, dass Ihre Unterlagen nicht verloren sind. Sie können bei Bedarf jederzeit darauf zurückgreifen – und Ihr Arbeitsplatz ist nicht mehr chaotisch.

Ihren Werkzeugkasten auffüllen

Als ich begann, für einen viel beschäftigten Geschäftsführer zu arbeiten, der mehr als 100 Mitarbeiter unter sich hatte, bat er mich immer wieder, ihm meinen Hefter zu leihen, suchte verzweifelt nach einem Stift, um sich während einer telefonischen Besprechung Notizen zu machen, und hatte nur ein Fach, in dem er seine handschriftlichen Telefonnotizen und seine Arbeitsordner aufbewahrte.

Was ihm fehlte, war die grundlegende Büroausstattung, um seinen Job zu erledigen. Er wurde eines der ersten »Opfer« meines Schreibtischaufräumkurses. Alle Büroutensilien, die er seiner Meinung nach nicht besaß, wurden mitten im Chaos gefunden. Jede Menge Stifte, Dutzende Haftnotizen und wesentlich mehr Dinge wurden in den zentralen Bürobedarfschrank zurückgebracht. Die kaputten Hefter, stumpfen Scheren und uralten Rollen nicht mehr brauchbaren Klebebands wurden in den Müll befördert. Das Ergebnis war ein sauberer Arbeitsplatz mit einer Schublade voller wichtiger Gegenstände in gut funktionierendem Zustand.

Die fantastischen Vier: Fächer, die Ihr Leben vereinfachen

Die folgenden vier Fächer auf Ihrem Schreibtisch sollten Chaos vermeiden – und für einen klaren Kopf sorgen –, weil Sie jedes Papier dort finden, wo es hingehört:

- **Eingang:** Dieses Fach ist für brandneue Aufgaben vorgesehen, nicht für das Ablegen aller Probleme, bereits abgeschlossener Dinge oder Lesematerial. Sie nehmen Dokumente aus dem Fach heraus und tun sofort etwas damit. Auch wenn Sie nur einen Anruf erledigen müssen, sollten Sie das Dokument danach sofort ablegen. Dieses Fach sollte meistens leer sein.
- **Ausstehend:** Dieses Fach ist für aktuelle Aufgaben vorgesehen, die Sie nicht gleich erledigen können, weil Sie auf Informationen warten. Ausstehend bedeutet nicht aufgeschoben. Das Fach enthält Aufgaben, die Sie bereits bearbeitet haben, aber nicht komplett abschließen konnten (weil sie beispielsweise auf einen Rückruf warten, von dringenderen Aufgaben unterbrochen wurden oder Informationen von einem anderen Kollegen benötigen). Dieses Fach sollte jeden Tag überprüft werden, damit nichts länger als zwei Tage darin liegen bleibt.

- ✔ **Erledigt:** In diesem Fach legen Sie Ihre erledigten Arbeiten ab. Denken Sie jedes Mal, wenn Sie Ihren Schreibtisch verlassen, um zur Toilette zu gehen oder einen Kaffee zu holen, daran, dass Sie Ihre erledigte Arbeit aus dem Fach herausholen und an die richtigen Stellen verteilen.
- ✔ **Lesen:** Dieses Fach kann schwer zu kontrollieren sein. Ich stelle oft fest, dass ein Lesefach schnell zu einem schiefen Turm von Pisa werden kann, angefüllt mit Dokumenten, die ich gern lesen würde, aber niemals lesen werde. Dieses Fach erfordert einige brutale Entscheidungen. Wenn Sie ein Dokument erhalten, das Sie unbedingt lesen müssen, legen Sie dieses Dokument ganz oben auf den Stapel. Lesen Sie das Inhaltsverzeichnis und die Zusammenfassung durch, um zu entscheiden, ob Sie das Dokument sofort oder später lesen sollten. Wenn das Dokument interessant, aber nicht wirklich wichtig ist, legen Sie es nach unten oder erkundigen Sie sich, ob eine andere Person an Ihrem Arbeitsplatz es sinnvoller einsetzen kann. Wenn das Dokument interessant, aber nicht relevant ist, werfen Sie es in den Müll – dieser Mülleimer unter dem Schreibtisch ist das praktischste »Fach« von allen.

Zeitmanagement

Ob Sie es glauben oder nicht, Sie haben eine Menge zu sagen, wenn es darum geht, wie, wann und warum Sie die Arbeit tun, die Sie tun. Ihr Arbeitgeber vertraut Ihnen, dass Sie das tun, wofür Sie angestellt wurden – und zwar rechtzeitig. *Wie* Sie die Aufgabe erledigen, bleibt Ihnen größtenteils selbst überlassen. Einige einfache Zeitmanagementtechniken bringen vielleicht keine drei zusätzlichen Stunden pro Tag, aber das Zeitmanagement kann Ihnen helfen, Ihre Arbeit zu rationalisieren, damit Sie keine Überstunden einlegen müssen und kaum vor acht Uhr aus dem Büro kommen.

Die Fesseln von E-Mails und Anrufen lösen

Handys und E-Mail-Programme ermöglichen Ihnen, an praktisch beliebigen Orten zu arbeiten und trotzdem mit Arbeitskollegen und Kunden in Verbindung zu bleiben. Aber Sie sollten beachten, dass Handys und E-Mail-Nachrichten sofort nach Ihrer Aufmerksamkeit schreien und Sie von Ihrer eigentlichen Arbeit ablenken können.

Sie können die Kontrolle über Ihr Handy und Ihr E-Mail-Programm übernehmen, indem Sie entscheiden, wann Sie darauf reagieren. Behandeln Sie Handy- und E-Mail-Nachrichten wie Faxe, Post, Pakete und Lesematerial und entscheiden *Sie*, um was Sie sich zuerst kümmern müssen – anstatt auf das zu reagieren, was am lautesten schreit.

E-Mails vereinfachen

An einem geschäftigen Arbeitsplatz ist es nicht ungewöhnlich, bis zu 150 E-Mails pro Tag zu empfangen. Die beste Möglichkeit, darauf zu reagieren, besteht darin, E-Mails sofort zu beantworten und dann zu löschen (wenn Ihre Unternehmensrichtlinie das zulässt) oder die E-Mails abzulegen (wenn Ihr Unternehmen E-Mails auf diese Weise speichert). Oft werden E-Mails nicht gelöscht (oder in die entsprechenden Unterordner verschoben), nachdem sie gelesen und beantwortet wurden, was letztendlich zu einem unnötig chaotischen Posteingang führt, der immer mehr Stress bedeutet, je mehr er anwächst.

Vereinfachen Sie die Verwaltung Ihrer E-Mails mit den folgenden effektiven Methoden:

- **Erstellen Sie E-Mail-Ordner als Ablage.** Jedes E-Mail-Programm bietet Funktionen zum Ablegen von E-Mail-Nachrichten, die Sie noch nicht löschen möchten. Verschieben Sie ausstehende E-Mails aus Ihrem Posteingang in einen passend benannten Ordner.
- **Lesen Sie Ihre E-Mails nur zweimal täglich.** Widerstehen Sie der Versuchung und lesen Sie Ihre E-Mails, wenn Sie die Zeit haben, darauf zu antworten. Planen Sie jeweils eine halbe Stunde in Ihrem Kalender ein, um E-Mails direkt in der Früh und, sagen wir, um 3 Uhr am Nachmittag zu lesen, zu beantworten und zu löschen.
- **Antworten Sie sofort und löschen Sie die Nachricht dann.** Antworten Sie sofort auf E-Mails, die weniger als zehn Minuten Ihrer Zeit in Anspruch nehmen (was bei den meisten E-Mails der Fall sein wird). Löschen Sie die E-Mail dann aus Ihrem Posteingang, damit Sie eine Aufgabe weniger vor sich auf dem Bildschirm haben.
- **Sparen Sie Papier.** Die elektronische Post wurde zum Papiersparen eingeführt. Denken Sie daran! Das Ausdrucken von E-Mails widerspricht dem Sinn und Zweck dieser Absicht. Wenn Sie die E-Mail-Nachricht also nicht unbedingt in einem Papierordner ablegen müssen, verzichten Sie auf das Ausdrucken.
- **Schalten Sie die automatische E-Mail-Eingangsbenachrichtigung aus.** Diese Maßnahme ist eine der nützlichsten Methoden zum Zeitsparen, wenn sie an Ihrem Arbeitsplatz zugelassen ist. Wenn Sie die automatische Benachrichtigungsfunktion ausschalten, wissen Sie nicht, was sich in Ihrem Posteingang befindet, bis Sie die Zeit haben, es herauszufinden. Das Deaktivieren dieser Funktion verhindert außerdem, dass Sie versucht sind, Ihre Arbeit zu unterbrechen und in Ihren E-Mails herumzustöbern.

Praktische Voicemail

Voicemail ist ein elektronisches System, das mir mehr als gefällt – zumindest, wenn es richtig eingesetzt wird. Vielleicht sollte ich Ihnen erklären, wofür *Voicemail* – die Möglichkeit, dass jemand Ihnen auf Ihrem Telefon am Arbeitsplatz eine Nachricht hinterlässt, die Sie später abrufen können – nicht verwendet werden sollte:

- Vermeiden von Anrufen, die Sie annehmen sollten
- Löschen von Anrufen, ohne sie vorher anzuhören
- Vergessen, die Nachrichten zweimal täglich abzuhören
- Eine alte Ansage darauf zu speichern (zum Beispiel: »Sie erreichen mich von Montag bis Freitag«, wenn Sie nur drei Tage pro Woche arbeiten)

Nachdem wir die negativen Dinge aus dem Weg geräumt haben, lassen Sie mich die Vorteile von Voicemail für Ihren Arbeitstag erklären:

- ✔ Sie können alle Nachrichten abhören, die Einzelheiten aufschreiben und die Anrufe nach Wichtigkeit und Dringlichkeit ordnen, die verlangten Informationen besorgen und zu einem passenden Zeitpunkt zurückrufen.
- ✔ Sie können Ihre Voicemail so einrichten, dass sie nach dem ersten, dem dritten oder dem fünften Klingeln anspringt, falls Sie sich daran halten, Anrufe nicht zu vermeiden. Wenn es die Regeln an Ihrem Arbeitsplatz zulassen, schalten Sie Ihr Telefon stumm, oder stellen Sie das leiseste Klingeln ein, damit Sie nicht von Ihrer Arbeit abgelenkt werden, weil Sie sich fragen, wer gerade warum angerufen hat.
- ✔ Hinterlassen Sie eine Ansage, in der Sie Ihre Anrufer über Ihre Verfügbarkeit informieren. Zum Beispiel: »Ich bin in dieser Woche nicht im Büro, werde Sie aber am Montag, den 27. zurückrufen« oder »Bitte beachten Sie, dass ich Sie heute ab 14 Uhr zurückrufen kann«. Diese Nachrichten geben Ihren Anrufern einen Hinweis, wann sie Ihren Rückruf erwarten können.
- ✔ Hinterlassen Sie eine Nachricht, in der Sie Ihren Anrufern mitteilen, welche Informationen diese in Ihrer Voicemail hinterlassen sollten. Das hört sich irgendwie simpel an, aber Sie können es vergessen, dass jeder seinen vollständigen Namen, seine Telefonnummer und den Grund für den Anruf nennt. Die Informationen schützen Sie davor, unnütze Nachrichten zu bekommen wie »Hier ist Tom. Bitte rufen Sie mich dringend zurück.«. Sie haben keine Ahnung, wer Tom ist, was er will und unter welcher Telefonnummer Sie ihn erreichen können. Als bessere Lösung fügen Sie eine Nachricht wie die folgende hinzu: »Bitte hinterlassen Sie Ihren vollständigen Namen, Ihr Unternehmen, Ihre Telefonnummer und den Grund Ihres Anrufs, damit ich Sie so schnell wie möglich mit den gewünschten Informationen kontaktieren kann.«
- ✔ Schreiben Sie das Datum und die Zeit des Anrufs auf. Das sind praktische Informationen, die Ihnen helfen, die Prioritäten für Ihre Rückrufe festzulegen – insbesondere wenn Sie ein paar Tage nicht im Büro waren (obwohl ich hoffe, dass Sie in einem solchen Fall Ihre Ansage aktualisiert haben, damit Ihre Anrufer Bescheid wissen).

Unterstützung von Kollegen

Nicht jeder verfügt über Voicemail am Arbeitsplatz. Ich habe einmal in einem Unternehmen gearbeitet, in dem Voicemail verboten war. Der Geschäftsführer wollte, dass jeder nach höchstens dreimaligem Klingeln an sein Telefon ging, um einen guten Eindruck vom Kundendienst zu vermitteln. Dieser Ansatz kann sehr effektiv sein, wenn jeder in einem Team über ein Thema Bescheid weiß. Aber wenn Sie in einer Abteilung arbeiten, die verschiedene und spezielle Projekte bearbeitet, verschwenden Sie die Zeit des Anrufers, Ihres Kollegen und Ihre eigene, wenn Sie nicht mehr sagen können als »Entschuldigung, das weiß ich leider nicht. Herr Maier wird Sie zurückrufen«, wenn Sie an das Telefon Ihres Kollegen gehen. In diesem Fall würde Voicemail mehr Sinn machen.

Falls Sie keine Voicemail zur Verfügung haben, können Sie vielleicht ein gemeinsames Teamtelefonsystem an Ihrem Arbeitsplatz einrichten. Wenn Sie Ihr Telefon vormittags für zwei Stunden auf einen Kollegen umstellen – und Sie dafür am Nachmittag sein Telefon übernehmen –, haben Sie beide eine feste Zeit ohne Unterbrechungen, in der Sie Ihre aktuelle Arbeit erledigen und andere später zurückrufen können.

Zeiten für Anrufe festlegen

Zusätzlich zu all den E-Mail-Nachrichten, die ich im letzten Abschnitt erwähnt habe, erhalten Sie möglicherweise 20 Anrufe pro Tag, die jeweils Ihre Zeit und Aufmerksamkeit erfordern (diese Zahl ist natürlich viel höher bei Callcenter-Mitarbeitern, die vertraglich verpflichtet sind, Telefonanfragen sofort zu beantworten und zu bearbeiten).

Das Telefon zu Hause im Zaum halten

Juliana erzählt: »Wenn nach einem langen Arbeitstag zu Hause das Telefon klingelt, habe ich meistens keine Lust, ranzugehen. Auch wenn ich weiß, dass der Anrufer wahrscheinlich jemand ist, der mir wichtig ist und mit dem ich normalerweise gerne reden würde, ist mir ein weiteres Telefongespräch einfach zuwider.«

»Mein Mann und ich schalten jetzt zwischen 17 und 20 Uhr den Anrufbeantworter ein, weil diese Stunden für uns am wichtigsten sind und wir die Zeit lieber mit den Kindern verbringen. Telemarketingmitarbeiter hinterlassen keine Nachrichten, also hört man oft nur das Klicken, wenn sie auflegen. Meine Eltern und Freunde wissen jetzt, dass es besser ist, eine Nachricht zu hinterlassen, damit wir sie bald zurückrufen können.«

Anrufe en bloc zu bearbeiten, bedeutet jeden Tag eine bestimmte Zeit festzulegen, um alle zurückzurufen, die Sie angerufen haben. Das hat die folgenden Vorteile:

- ✔ Sie können festlegen, welche Anrufe die höchste Priorität haben.
- ✔ Sie können die erforderlichen Informationen beschaffen, damit Ihre Rückrufe effektiv sind.
- ✔ Sie können Zeit sparen, ohne Ihre aktuelle Arbeit zu unterbrechen.

Natürlich kann ein Anruf eingehen, der wichtiger ist als jede andere Arbeit, die Sie gerade zu erledigen haben. Aber grundsätzlich sollten Sie Ihre guten Vorsätze einhalten, um nicht die Kontrolle über Ihr Telefon zu verlieren.

Delegieren ist die Übergabe von Aufgaben oder Pflichten an eine Person, die Sie vertritt. Das heißt, Sie geben Aufgaben an einen Kollegen weiter. Das Delegieren hat nichts mit einer öffentlichen Offenbarung zu tun, dass Sie nicht in der Lage sind, eine Aufgabe zu erledigen. Nein, das Delegieren ist ein sehr positiver Schritt, der die folgenden Vorteile bietet:

- ✔ Sie haben mehr Zeit für Ihre Arbeit.
- ✔ Es bietet anderen die Gelegenheit, beim Arbeiten Neues zu erlernen.
- ✔ Sie zeigen einem Kollegen, dass Sie seine Arbeit schätzen.
- ✔ Sie zeigen Vertrauen in die Arbeit und Erfahrung eines Kollegen.

Das Delegieren von Aufgaben an andere heißt nicht, dass sich der Delegierende der Aufgabe entledigt. Die Person, der die Aufgabe »gehört«, trägt weiterhin die Verantwortung, dass die Aufgabe rechtzeitig und zufriedenstellend erledigt wird.

Schlechtes Delegieren – schlechter Chef

Ich habe einmal für einen Abteilungsleiter gearbeitet, der auf Aufgaben sitzen blieb – für die ihm die erforderlichen Fähigkeiten oder die Zeit fehlten – manchmal wochenlang. Am Nachmittag, bevor ein Bericht fällig war, rief er mich in sein Büro und bat mich, »alles stehen und liegen zu lassen«, um die Arbeit zu beenden. Seine Anweisungen waren oft sehr vage. Dieses allzu häufige ineffektive Delegieren hatte die folgenden Konsequenzen:

- ✔ Ein nicht zufriedenstellendes Ergebnis aufgrund fehlender Informationen, unklarer Anweisungen und nicht ausreichender Zeit zum Abschließen der Aufgabe
- ✔ Ein stressiger Arbeitsplatz aufgrund der Kritikpunkte
- ✔ Schuldzuweisung an die Person, an die der Job delegiert wurde, wenn die Aufgabe aufgrund des Zeitmangels nicht zufriedenstellend abgeschlossen wurde

Es überrascht Sie wohl kaum, dass dieser Mensch nicht mehr in einer leitenden Position arbeitet.

Effektives Delegieren erkennen und einsetzen

Ein guter Delegierender setzt in seiner alltäglichen Arbeit aktiv die folgenden Mittel ein:

- ✔ Er stellt sicher, dass die Teammitglieder vollkommen verstehen, was die Aufgabe umfasst und wann die Arbeit abzuliefern ist.
- ✔ Er findet die richtige Person (mit den passenden Fähigkeiten, der ausreichenden Erfahrung und der entsprechenden Verfügbarkeit) für die Aufgabe.
- ✔ Er gibt Mitarbeitern die Gelegenheit, neue Fähigkeiten zu erlernen, indem sie Aufgaben erhalten, die eine Herausforderung und die Übernahme von Verantwortung bedeuten.
- ✔ Er übergibt Teammitgliedern die Aufgabe so bald wie möglich, damit sie genügend Zeit haben, um die Aufgabe effektiv abzuschließen.
- ✔ Er hilft dem Mitarbeiter bei der Entwicklung eines Zeit- oder Projektplans (falls erforderlich).
- ✔ Er lässt sich über Fortschritte informieren und steht für Fragen und Ratschläge zur Verfügung.
- ✔ Er behält die Verantwortung für das Abschließen der Aufgabe, überlässt die Lorbeeren aber öffentlich der Person, die die Aufgabe bearbeitet hat.
- ✔ Er gibt dem Mitarbeiter, der die Aufgabe erhält, klare Anweisungen und erklärt, warum die Aufgabe wichtig ist.

Effektive Nachfasssysteme organisieren

Gute Delegierende müssen die Aufgaben überwachen, die sie an eine andere Person übergeben, ohne sich unnötig in die Ausführung einzumischen. Der Delegierende sollte dem Mitarbeiter außerdem zur Verfügung stehen, wenn dieser Informationen oder Unterstützung benötigt. Das mag sich nach einer Gratwanderung anhören, ist aber keine. Nachdem Sie sich für einen Termin entschieden haben, an dem die Arbeit an Sie übergeben werden sollte, notieren Sie dieses Datum in Ihrem Kalender. Wenn die Ausführung der Aufgabe relativ einfach ist, ist keine Überwachung erforderlich. Aufgaben, deren Bearbeitung mehrere Tage oder Wochen in Anspruch nimmt, müssen in zuvor festgelegten Phasen mit dem Mitarbeiter besprochen werden.

Gute Freundschaft mit Ihrem Kalender

Ihr elektronischer Kalender kann Ihnen beim Delegieren helfen. Ich hatte früher Probleme damit, eine Gelegenheit für ein Gespräch mit meinem Vorgesetzten zu finden. Jetzt verwende ich die Einladungsfunktion der elektronischen Kalendersoftware, um zu sehen, wann er (und andere, mit denen wir etwas besprechen müssen) Zeit hat. Dann kann ich Besprechungen für eine Zeit ansetzen, die uns beiden passt.

In verdaulichen Häppchen planen

Idealerweise richten Sie für Ihren elektronischen Kalender die Ansicht ein, mit der Sie den Überblick über eine ganze Woche haben. Auf diese Weise haben Sie eine klare Übersicht über das, was in der Woche vor Ihnen liegt, und müssen sich keine Gedanken darüber machen, dass Sie Besprechungen oder Termine übersehen könnten (aus den Augen, aus dem Sinn ...).

Ihr Kalender kann viel mehr, als nur Ihre anstehenden Besprechungen zu speichern. Legen Sie für alle Aufgaben und Pflichten, die mehr als zehn Minuten in Anspruch nehmen, eine Zeit in Ihrem Kalender fest, zu der Sie diese erledigen werden, und halten Sie sich an diese Zeit. Behandeln Sie diesen Eintrag so, wie Sie eine mit Ihrem Chef geplante Besprechung behandeln würden. Nehmen wir beispielsweise an, Sie müssen am ersten Montag in jedem Monat einen monatlichen Ausgabenbericht abliefern. Legen Sie in Ihrem Kalender fest, den Bericht bis Freitagmorgen vor dem jeweiligen Montag auszuführen, damit Sie genügend Zeit für eine Analyse des Berichts und die Vorbereitung der Präsentation und/oder Diskussion am Montag haben.

Ihre neuen Gewohnheiten beibehalten

Sie sagen jetzt Nein zum Aufschieben, erledigen eine Aufgabe sofort, wenn sie in Ihrem Fach ankommt, haben einen ordentlichen und organisierten Arbeitsplatz, delegieren Arbeit, wo immer es geht, und planen Ihre Woche im Voraus. Wie behalten Sie jetzt diese neuen Gewohnheiten bei, wenn Sie an einem Montagmorgen vor den Realitäten ungeplanter Ereignisse, Unterbrechungen und Massen von E-Mails stehen?

Gleich in der Früh

Zuerst werfen Sie einen Blick in Ihren Kalender, um zu sehen, was in der kommenden Woche ansteht. Halten Sie sich so weit wie möglich an Ihre Planung – hoffentlich haben Sie zwei Zeiträume pro Tag eingeplant, in denen Sie Ihre E-Mails bearbeiten und Rückrufe en bloc abarbeiten. Halten Sie sich an dieses Schema – Sie werden feststellen, dass Sie mehr Zeit haben, um sich auf andere wichtige Dinge zu konzentrieren, wenn diese Ablenkungen auf bestimmte Zeiten beschränkt sind.

Blockieren Sie die erste Stunde (oder zwei, wenn Sie resolut sind) jedes Tages für sich selbst. Wenn Sie Frühaufsteher sind, können Sie nachdenken, planen, lesen und einige eigenständige Aufgaben (wie das Schreiben eines Briefs oder das Bearbeiten eines Berichts) erledigen, bevor Ihre Kollegen im Büro eintreffen.

Einfache und effektive Wochenplanung

Ich sorge dafür, keine Besprechungen nach 15 Uhr am Freitag einzuplanen (oder daran teilzunehmen) und – wenn ich das selbst entscheiden kann – Abgabetermine auf den Mittwoch oder Donnerstag zu legen, damit ich etwas Raum für unvorhergesehene Ereignisse habe. Das bedeutet, dass ich ohne Gedanken an die Arbeit in das Wochenende gehen kann.

Legen Sie eine halbe Stunde am Freitagnachmittag in Ihrem Kalender für die folgenden Aufgaben fest:

- ✔ Tragen Sie Pausen und »Überlappungszeiten« ein – für den Weg zu und von Besprechungen und eine Pause am Vormittag, zum Mittagessen und am Nachmittag – jeder muss mal Luft holen können!
- ✔ Tragen Sie um 15 Uhr am Freitag eine halbe Stunde für Ihren wöchentlichen Rückblick und die weitere Planung ein – wenn Sie dies zu einem regelmäßigen wöchentlichen Ereignis machen, werden Sie wahrscheinlich immer besser darin, Ihre Arbeitszeit richtig zu planen.
- ✔ Nutzen Sie die Wochenübersicht Ihres Kalenders (elektronisch und/oder Papier).
- ✔ Legen Sie Prioritäten fest – die wichtigste Aufgabe ist Nummer eins, die unwichtigste Nummer zehn.
- ✔ Tragen Sie die regelmäßigen Besprechungen ein, für die Sie bereits zugesagt haben, und planen Sie dann Zeiten für Ihre nach Prioritäten festgelegten Aufgaben ein.
- ✔ Schreiben Sie alle Aufgaben auf, die Sie in der nächsten Woche erledigen müssen.

Für das Ungeplante planen

Niemand kann seinen Achtstundentag vollständig durchplanen. Auch beim besten Willen braucht man Zeit, um auf die Toilette zu gehen, ein Glas Wasser zu trinken, einen Kaffee zu holen, zum Mittagessen zu gehen, mit Kollegen zu sprechen ... ganz abgesehen von einer unerwarteten dringenden Aufgabe.

Tragen Sie für jeden Termin, jede Aufgabe, jede E-Mail- oder Rückrufzeit, die Sie in Ihrem Kalender planen, 15 Minuten »Überlappungszeit« zwischen allen Einträgen ein. Diese Zeit kann für Verzögerungen, dringende Aufgaben oder einfach zum Erholen und Nachdenken genutzt werden, bevor Sie die nächste Aufgabe des Tages angehen.

Wenn Sie gebeten werden, eine Aufgabe zu übernehmen, die nicht eingeplant war, aber dringend ist, bringt diese Aufgabe Ihre geplante Arbeit durcheinander. Möglicherweise müssen Sie eine der anderen Aufgaben in die nächste Woche verschieben. Ich bezeichne die folgende Vorgehensweise gern als »Flanke sichern«. Wenn Sie gebeten werden, eine andere Aufgabe zu übernehmen, zeigen Sie Ihrem Chef Ihren Kalender und sagen Sie: »Ich helfe Ihnen natürlich gern aus, aber ich werde Ihnen zeigen, was heute/in dieser Woche vor mir liegt, und wir sehen uns an, was wir auf die nächste Woche verschieben können.« Das bedeutet, dass Ihrem Chef bewusst wird, welche Aufgaben Sie bearbeiten, dass Sie Ihre Unterstützung nicht verweigern und dass Sie in der Lage sind, entweder über einen anderen Abgabetermin für die neue Aufgabe oder für die Aufgabe, die diese ersetzt, zu verhandeln.

Freitags haben Sie sich einen frühen Feierabend verdient

Ein Freund von mir ist Ingenieur und verlässt sein Büro freitags immer um 16 Uhr. Er hat vor einigen Jahren bemerkt, dass er zu Zeiten, in denen er aus irgendeinem wichtigen Grund – beispielsweise weil er einen Flug nehmen musste oder am Wochenende wegfuhr – einen frühen Feierabend am Freitag geplant hatte, alle Arbeiten erledigen konnte, um das Büro problemlos um 16 Uhr zu verlassen.

»Warum sollte das nicht jede Woche gehen?«, fragte er sich. »Ich weiß jetzt, dass ich am Freitag sieben Stunden für meine Arbeit statt der gewöhnlichen acht Stunden habe und bin um 16 Uhr aus der Tür, egal was ich am Wochenende vorhabe.«

Mittagspause für Fortgeschrittene

7

In diesem Kapitel

- Pause machen und Ihre Batterien wieder aufladen
- Sport in der Mittagspause
- Mittagspause im Büro
- Leckeres Essen

Die Zeiten langer Mittagspausen, als alle für eine Stunde alles stehen und liegen ließen, an dem sie gerade gearbeitet hatten und zur selben Zeit das Büro verließen, um zum Mittagessen zu gehen, sind lange vorbei. Aber Experten meinen, dass alle Arbeitnehmer zur Mittagszeit von ihren Arbeitsplätzen wegkommen sollten, um sich am Nachmittag erholt und produktiv wieder an die Arbeit setzen zu können.

In diesem Kapitel zeige ich Ihnen, wie Sie beginnen können, Ihre Mittagspause (und regelmäßige kleinere Pausen) in Anspruch zu nehmen, ohne Schuldgefühle oder das Gefühl zu entwickeln, dass Sie die Kollegen im Stich lassen, die keine Mittagspause machen. Sie finden nützliche Tipps für Aktivitäten, die Sie während der Mittagszeit ausprobieren können – nach dem Essen und bevor Sie an Ihren Schreibtisch zurückkehren.

Sie können Ihre Mittagspause auch nutzen, um persönliche Dinge zu erledigen und dadurch mehr Zeit nach der Arbeit oder am Wochenende zu haben. Deshalb finden Sie in diesem Kapitel auch Tipps, wie Sie Ihre Mittagspause nutzen, um Geschenke zu kaufen, Ihre Bankgeschäfte zu erledigen oder Lebensmittel zu besorgen.

Das Abendessen sollte wirklich zur Erholung genutzt werden. Es ist die Zeit, zu der Sie sich mit Ihren Lieben um den Esstisch versammeln und über die Ereignisse des Tages reden.

Die »Keine Mittagspause«-Falle umgehen

Fettleibigkeit ist in westlichen Gesellschaften ein wachsendes Problem, unter dem sowohl Erwachsene als auch vermehrt Kinder leiden. Trotz dieser Tatsache schaffen es viele Menschen nicht, sich aufzuraffen und Sport zu treiben. Jeder hat seine eigenen Motive für den Wunsch, Sport zu treiben – bessere Gesundheit, mehr Energie, Gewichtskontrolle, Zugehörigkeit zu einer Mannschaft oder einfach nur ein gutes Gefühl –, aber oft macht der Zeitfaktor alle sportlichen Vorsätze zunichte.

Die Notwendigkeit, sich zu bewegen, ist ein sehr wichtiger Grund, warum Sie Ihre Mittagspause einhalten sollten. Wenn es Ihnen wie mir geht, haben Sie viele berufliche und häusliche Pflichten, mit deren Bewältigung Sie zu kämpfen haben. Deshalb entscheiden Sie vielleicht,

Ihre Mittagspause zu opfern, um mehr in Ihrem Tag unterzubringen. Möglicherweise sagen Sie sich auch, dass Sie, wenn Sie die Mittagspause am Schreitisch verbringen, Ihre liegen gebliebene Arbeit aufholen und vielleicht – nur vielleicht – etwas früher als gewöhnlich nach Hause gehen können.

Tatsächlich bringt Ihnen das Verschlingen einer ungesunden Mahlzeit aus dem Imbiss nebenan an Ihrem Computer nicht viel mehr Zeit ein. Ganz im Gegenteil kann Ihre Produktivität leiden und Ihre Work-Life-Balance aus dem Lot geraten. Viele Experten sind sich einig, dass die meisten Menschen nicht in der Lage sind, acht Stunden ohne Pause produktiv zu arbeiten. Unsere Augen, unser Gehirn, unsere Hände und unser Körper brauchen Erholungspausen und einen gelegentlichen Szenenwechsel, um die beste Leistung zeigen zu können. Stellen Sie sich einmal die folgenden Fragen: Sind Sie produktiver, wenn Sie in fünf Minuten ein Brot verschlingen und dann weiter an dem Bericht arbeiten, bis Sie unerträgliche Kopfschmerzen haben? Oder ist es besser, sich etwas zu strecken, einen Spaziergang in der Sonne zu machen, an der frischen Luft zu essen und dann mit klarem Kopf und erholtem Körper weiter an Ihrem Bericht zu arbeiten?

Anstatt während Ihrer Mittagspause durchzuarbeiten, sehen Sie die Pause als Ihre spezielle persönliche Zeit an – um sich zu erholen und das zu tun, was Ihnen gefällt, anstatt etwas zu tun, was Sie Ihrer Meinung nach tun müssten.

Dem Büro entkommen

Wenn Sie feststellen, dass Sie nur selten »Zeit für sich« im Büro haben, sollten Sie Ihre Mittagspause unbedingt einhalten. Sie haben das Recht, sich von Ihrer Arbeit zu entfernen, Ihr Mittagessen zu sich zu nehmen und sich zu erholen. Machen Sie einen Termin mit sich selbst aus – keine beruflichen, häuslichen oder familiären Verpflichtungen in den nächsten 30 bis 60 Minuten.

Wenn Sie Ihren Arbeitsplatz während der Mittagspause verlassen, entkommen Sie nicht nur dem Büro, sondern haben auch die Gelegenheit, sich zu bewegen, etwas zu erledigen, frische Luft zu schnappen, ein paar Stretching-Übungen einzulegen, nachzudenken und zu lesen. Bringen Sie ein einfaches und gesundes Mittagessen von zu Hause mit, damit Sie Ihre Zeit nicht damit verschwenden, in einem Imbiss, Café oder Geschäft in der Schlange zu stehen.

Ihre Umgebung entdecken

Gehen Sie aus dem Büro. Ich meine das ernst: Gehen Sie raus! Und das ist nett gemeint. Wenn es Zeit für Ihre Mittagspause ist, nehmen Sie ein gutes Buch, Ihre Laufschuhe und gehen Sie nach draußen. Suchen Sie sich ein Plätzchen auf einem abgelegenen Rasenstück, unter einem schattigen Baum oder auf einer Parkbank, und gönnen Sie sich ein Kapitel eines Buches, das Sie schon lange lesen wollten. Oder setzen Sie sich gar nicht hin. Verbringen Sie Ihre Mittagspause damit, Ihre Umgebung zu erkunden und für umkomplizierte und einfache Bewegung zu sorgen. Wenn Sie in einer Wohngegend arbeiten, spazieren Sie durch die Nachbarschaft und sammeln Sie Ideen für Ihr eigenes Haus, Ihren Garten oder Ihren Balkon.

So nutzen Sie Ihre Mittagspause auf effektive Weise

Wenn Sie Ihr Mittagessen mit zur Arbeit nehmen (und damit vermeiden, Zeit in Geschäften zu verschwenden), können Sie Folgendes ausprobieren:

- ✔ **Vermeiden Sie Stoßzeiten.** Planen Sie Ihre Mittagspause früher oder später als zur üblichen Mittagszeit, um die Menschenansammlungen während der Mittagszeit zu vermeiden.
- ✔ **Spenden Sie Blut.** Sie können Ihre Mittagspause nutzen, um potenziell Leben zu retten – und Sie können sich hinlegen und nach der wichtigen Blutspende einen kostenlosen Snack genießen.
- ✔ **Gehen Sie in den Park.** Suchen Sie sich ein angenehmes Plätzchen zum Entspannen oder nutzen Sie Lauf- oder Fahrradwege.
- ✔ **Machen Sie ein Nickerchen.** In einigen südlichen Ländern ist eine zweistündige Siesta zur Mittagszeit immer noch Tradition. Ich schlage hier nicht vor, dass Sie zwei Stunden an Ihrem Schreibtisch schlummern sollen, aber wenn Sie Ihr eigenes Büro haben, können Sie während der Mittagszeit ein kurzes und erfrischendes Nickerchen machen.
- ✔ **Lassen Sie das Auto am Büro stehen.** Wählen Sie, wann immer möglich, Aktivitäten aus, die Sie zu Fuß erreichen können. So können Sie den Fahrstress und die Suche nach einem Parkplatz vermeiden.
- ✔ **Telefonieren Sie oder surfen Sie im Internet.** Erledigen Sie einige Anrufe – bei Ihren Eltern oder bei Freunden, mit denen Sie lange nicht gesprochen haben. Verwenden Sie das Internet, um einzukaufen, sich auf dem Laufenden zu halten oder Ihre Lieblingswebsites zu besuchen.
- ✔ **Gehen Sie in die Bibliothek.** Es kann sehr entspannend sein, in einer Bibliothek durch Bücher zu blättern und zu lesen. Moderne Bibliotheken bieten auch DVDs mit Filmen an. Nehmen Sie etwas mit, das Sie gemeinsam mit Ihrer Familie oder Ihren Freunden ansehen können, ohne extra in die Videothek gehen zu müssen. Kehren Sie alle paar Wochen in die Bibliothek zurück, um ausgeliehene Medien zurückzugeben oder zu verlängern.
- ✔ **Machen Sie einen Schaufensterbummel.** Finden Sie heraus, ob sich in Ihrer Bürogegend interessante Antiquitäten- oder Kunsthändler befinden – oder andere Geschäfte, die Ihnen gefallen.

Zeitsparende Aufgaben

Manchmal ärgert mich an meinem Vollzeitarbeitsplatz, dass ich entweder einen Abend oder den größten Teil des Samstagvormittags damit verbringen muss, Lebensmittel einzukaufen. Ich sehe Hunderte anderer müder und gestresster berufstätiger Eltern mit Einkaufslisten und unglücklichen Kindern im Schlepptau, die versuchen, den Traumparkplatz direkt vor der Tür eines Supermarkts zu finden, in dem sie alles finden, was sie brauchen.

Ihre Mittagspause im Büro kann die perfekte Zeit sein, kleinere Dinge zu erledigen, um die Sie sich sonst in Ihrer wertvollen Zeit am Wochenende kümmern müssten. Für gewöhnlich fahre ich mit dem Fahrrad oder dem Bus zur Arbeit und habe die Gegend um mein Büro ausführlich erkundet, um herauszufinden, welche Geschäfte und Dienstleistungen zur Verfügung stehen. Unabhängig davon, ob Sie in der Stadt, in einem Vorort oder auf dem Land arbeiten, können Sie versuchen, die folgenden Geschäfte und Dienstleister in Ihrer Mittagspause aufzusuchen:

- ✔ **Bank:** Der Legende nach stehen die Menschen zur Mittagszeit in der Bank Schlange, das stimmt aber häufig nicht. Viele Menschen erledigen ihre Bankgeschäfte heute über das Internet oder am Bankautomaten. Wenn Sie also Ihre Bank besuchen müssen, werden Sie kaum lange Menschenschlangen vorfinden, die ihre Bankgeschäfte ebenfalls zur Mittagszeit erledigen wollen.
- ✔ **Zahnarzt und Arztzentren:** Wenn Sie arbeiten, bedeutet das manchmal, dass Sie Ihren Arzt nicht aufsuchen können, wenn Sie ihn brauchen. Arztzentren, die viele verschiedene Disziplinen der Medizin an einem Ort vereinen, sind ein Segen für berufstätige Eltern, wenn Sie eine kleine, aber irritierende Sache behandeln lassen müssen. Sie können dies während der Mittagspause erledigen und Ihrem Arzt beim nächsten Besuch davon erzählen.
- ✔ **Friseur und Schönheitssalon:** Ich betrachte mich selbst nicht als »pflegeaufwendig«, also passt ein einfacher Haarschnitt gut in meine Mittagspause. Das spart wiederum Zeit, weil Friseurbesuche an einem vollen Samstag länger dauern als in der Woche – und Sie müssen sich dann gleichzeitig noch darum kümmern, die Kinder zum Sport zu bringen und die Wäsche zu erledigen.
- ✔ **Autowerkstatt:** Wenn Sie eine vernünftige Autowerkstatt in der Nähe Ihres Büros haben, liefern Sie Ihr Auto während der Arbeitszeit dort ab. Die meisten Autowerkstätten öffnen bereits früh und bieten einen Service am selben Tag. Nichts ist schlimmer, als über das Wochenende kein Auto zu haben, wenn Sie es für Sportveranstaltungen und Ähnliches brauchen.
- ✔ **Zeitungskiosk/-laden:** Hier bekommen Sie nicht nur Zeitschriften und Zeitungen, sondern auch Grußkarten, günstige Sachbücher und Romane, Aufkleber und Schulbedarf. Ich finde viele Geburtstagsgeschenke für die Freunde meiner Tochter, wenn ich zur Mittagszeit zum Zeitungsladen um die Ecke gehe, um meine Busfahrkarte zu kaufen.
- ✔ **Apotheke:** Geben Sie alle Rezepte morgens auf dem Weg zur Arbeit ab, damit Sie Ihre Medikamente komplett zur Mittagszeit abholen können, falls etwas bestellt werden muss. Damit vermeiden Sie die Schlange in der Apotheke am Samstagvormittag.
- ✔ **Post:** Postniederlassungen bieten längst mehr als nur Briefmarken an. Neben der Erledigung von Bankgeschäften können Sie Handys, Schreibutensilien, kleine Geschenke für Kinder und vieles mehr besorgen.
- ✔ **Supermarkt/Tante-Emma-Laden:** Wenn Sie einen kleinen Laden in der Nähe haben, der etwas teurer ist als die größeren Geschäfte, kaufen Sie dort nur das ein, was Sie für den Tag benötigen. Wenn Sie ein größeres Geschäft in der Nähe haben, kaufen Sie nur das, was in Ihre Einkaufstasche oder Ihren Rucksack passt. Diese Art des Einkaufens unter der Woche kostet nicht viel mehr und sorgt dafür, dass Sie am Wochenende weniger einkaufen müssen.

Orte, denen Sie in Ihrer Mittagspause fernbleiben sollten

Natürlich können Sie großartige Orte für Ihre Mittagspause finden, aber es gibt auch Orte, die mehr Stress als Erholung bedeuten. Vermeiden Sie die folgenden Situationen:

- ✔ **Am Schreibtisch essen:** Mehrere Dinge gleichzeitig zu tun ist chaotisch und verhindert, dass Sie sich einfach zurücklehnen und das genießen, was Sie zu sich nehmen. Essen am Schreibtisch ist Multitasking in Reinkultur, denn Sie müssen sich mit Kollegen abgeben, die auf Sie einreden, an das Telefon gehen und – welch schreckliche Vorstellung – Ihrem Chef zur Verfügung stehen, wenn dieser Ihre Anwesenheit verlangt. Und wahrscheinlich werden Sie im weiteren Verlauf des Tages zu viel essen, weil Sie sich nicht einmal daran erinnern können, zu Mittag gegessen zu haben.
- ✔ **Im Gehen unterwegs essen:** Meine Großmutter hielt nichts davon, draußen zu essen, was würde sie also wohl davon halten, unterwegs im Gehen zu essen? Das hat etwas mit der Verdauung zu tun – die nicht richtig funktionieren kann, wenn Sie gestresst sind und irgendwohin eilen und dabei ein Brot verschlingen. Und es hat etwas mit Ihrem Aussehen zu tun – es kann sehr hässlich sein, wenn Essen auf Ihre Kleidung und den Boden fällt.
- ✔ **In Fast-Food-Restaurants essen:** Ja, es gibt auch in Fast-Food-Restaurants gesundes Essen, aber warum sollten Sie einen Becher Joghurt (zum doppelten Preis wie im Supermarkt) an einem Ort essen, der nach heißem Fett stinkt? Bleiben Sie diesen Orten fern!
- ✔ **An Spielautomaten oder in Wettbüros Ihr Geld verschwenden:** Sparen Sie Ihr Geld und Ihre Zeit, und streichen Sie diese Dinge aus Ihrer Freizeitliste. Wettspiele sind so ausgelegt, dass die Zeit verfliegt und Sie Ihre Mittagspause gar nicht bemerken. Und der Stress, Geld zu verlieren, macht auch keinen Spaß. Denken Sie daran, dass Sie auf lange Sicht gesehen gar nicht gewinnen können.
- ✔ **In die Kneipe gehen:** Alkohol ist weder gut für Ihre Konzentration noch für Ihre Gesundheit, und an einigen Arbeitsplätzen gilt ein klares Alkoholverbot. Dazu kommen fettiges Essen und die Versuchung des Spielautomaten. In die Kneipe zu gehen ist noch schlimmer, als an Ihrem Schreibtisch zu essen.

Freundschaften pflegen

Vielleicht ist eines Ihrer Ziele, mehr Zeit mit anderen zu verbringen. Wenn Ihr Tag mit Arbeit, Familie und Haushalt vollgestopft ist, können Sie Ihre Mittagspause nutzen, um sich mit Freunden zu treffen oder die Romantik aufleben zu lassen – hört sich besser an, als fade am Schreitisch vor sich hinzudämmern, oder?

Nutzen Sie Ihre Mittagspause als Gelegenheit, Ihre Arbeitskollegen kennenzulernen. Wenn Sie einen neuen Kollegen oder jemanden, den Sie gerne besser kennenlernen möchten, bitten, Sie zum Mittagessen in den Park zu begleiten, können Sie die Arbeitsmoral fördern und für ein besseres Klima im Büro sorgen. Möglicherweise entdecken Sie sogar, dass Sie ähnliche

Hobbys, denselben Sinn für Humor oder gemeinsame Interessen haben, die zu einer Freundschaft außerhalb des Büros führen können. Versuchen Sie, Ihre Unterhaltungen in regelmäßige Spaziergänge einzubinden.

Verwenden Sie Ihre Mittagspause auch, um sich mit alten Freunden auszutauschen, die Sie nicht oft genug treffen können. Finden Sie heraus, ob Freunde von Ihnen in der Nähe des Büros leben oder arbeiten, um sie zum Mittagessen zu treffen. Sie können anbieten, ein paar belegte Brote mitzubringen und Ihre Freunde spendieren Kaffee oder Saft. Wenn Ihre Eltern oder andere Verwandte in der Nähe wohnen, nehmen Sie Ihr Mittagessen mit und machen Sie einen schnellen Besuch. Wenn Sie dies zu einer monatlichen Routine werden lassen, sorgen Sie dafür, dass Sie den Anschluss nicht verlieren.

Manchmal sind die Menschen, mit denen Sie leben und die Sie jeden Tag sehen, diejenigen, mit denen Sie am wenigsten Zeit verbringen. Sie lieben sich sehr, aber möglicherweise haben Sie zu wenig Zeit zu Hause, um über die Dinge zu reden, über die Sie reden sollten. Gehen Sie im Park spazieren oder treffen Sie sich auf eine Tasse des besten Kaffees in der Nachbarschaft. Reden Sie über Dinge, die mit Aufgaben, Kindern oder dem Haushalt zu tun haben. Oder reden Sie einfach über sich. Genießen Sie den Moment, halten Sie Händchen über dem Tisch und sehen Sie sich in die Augen, während Sie reden. Hoffentlich können Sie einen kleinen Funken wieder anzünden, der vielleicht noch glimmt, wenn die Kinder abends im Bett sind.

Wenn Ihr Partner oder bester Freund zu weit entfernt wohnt, um sich persönlich mit Ihnen zu treffen, bietet die Mittagspause die Gelegenheit, zum Telefon zu greifen. Essen Sie Ihr Mittagessen und suchen Sie sich dann einen netten Ort mit Ihrem Handy, um herauszufinden, wie der Tag Ihres Partners läuft. Wenn Sie sich Gedanken über Ihre Handyrechnung machen, verwenden Sie das Telefon im Büro, wenn Ihr Arbeitgeber nichts dagegen hat, dass Sie während der Mittagspause persönliche Gespräche führen. Sie können auch E-Mails an Freunde und Verwandte schreiben, um die neuesten Neuigkeiten auszutauschen – wenn Ihr Arbeitgeber nichts gegen solche Privatnutzung hat.

Zeit für etwas Bewegung

Viele Menschen glauben, dass sie wie ein Marathonläufer trainieren müssen, um wirkliche Vorteile aus sportlichen Aktivitäten zu ziehen. Das stimmt nicht. Tatsächlich zeigen viele Studien, dass moderate körperliche Bewegung dazu beiträgt, Sie vor einer Fülle an Krankheiten wie Diabetes, Schlaganfall, Darmkrebs und Brustkrebs zu schützen. Medizinische Experten haben außerdem herausgefunden, dass moderate sportliche Bewegung das Risiko von Knochenschwund (Osteoporose) verringert und die Behandlung von Depressionen unterstützt.

Das wirft die folgende Frage auf: Was bedeutet moderate sportliche Bewegung eigentlich? Nichts Beängstigendes. Jede Aktivität, die dazu führt, dass Sie etwas schneller atmen als gewöhnlich ist moderater Sport. Wenn Sie beispielsweise (gerade) noch normal reden, aber nicht mehr singen können, trainieren Sie ungefähr mit der richtigen Intensität.

Auf einfache Weise verausgaben

Nachfolgend finden Sie einige Beispiele für passende Aktivitäten während der Mittagspause:

- ✔ **Fahrrad fahren:** Gehen Sie an die frische Luft oder fragen Sie Ihren Arbeitgeber, ob er eine Vereinbarung mit einem Fitnessstudio in der Nähe hat.
- ✔ **Schwimmen:** Großartig für Menschen mit Übergewicht (oder auch ohne), die ein Schwimmbad in der Nähe des Arbeitsplatzes haben.
- ✔ **Walking:** Sehr einfach und gut für nahezu jeden Menschen, weil das Walking eine Belastungsübung ist. Walking schützt vor Osteoporose in den Beinen, Hüften und im Rücken.
- ✔ **Sportkurse im Fitnessstudio:** Viele Fitnessstudios bieten Kurse in der Mittagszeit speziell für viel beschäftigte Arbeitnehmer an. Die Kurse dauern in der Regel 30 Minuten, sodass Sie genug Zeit zum Duschen, Anziehen und Essen haben.

Zeit zum Laufen finden

Mein Freund Jan ist ein sehr fleißiger Läufer, der schon an vier Marathonrennen teilgenommen hat und weitere Rennen plant. Mindestens dreimal pro Woche läuft er während der Mittagspause.

Jan erklärt: »Früher hatte ich ein schlechtes Gewissen, wenn ich 40 Minuten brauchte, um 9 Kilometer zu rennen, und mir danach weitere 30 Minuten zum Duschen und Essen Zeit nahm, während alle um mich herum noch arbeiteten und nur schnell einen Bissen am Schreitisch verschlangen.«

»Dann dachte ich darüber nach, wie gesund und erfrischt ich mich fühle, und dass ich im Laufe des Nachmittags der positivste Mensch mit der meisten Energie bin. Zu dieser Tageszeit werden meine Arbeitskollegen müde und beginnen, nach Kaffee und Schokolade zu greifen, was meiner Meinung nach die Sache noch verschlimmert. Ich fange jetzt um acht Uhr an zu arbeiten und gehe um halb sechs, damit ich meine Laufmittagspause einhalten kann. Ich bin sehr stolz darauf.«

Stärke durch Widerstandsübungen wiedergewinnen

Neben den 30 Minuten moderater Bewegung an den meisten Tagen der Woche ist es wichtig, einige Widerstands- und Lockerungsübungen (zum Beispiel Stretching) zu machen. Widerstandstraining hilft Ihnen, Ihre Stärke und Muskelkraft beizubehalten, was für ältere Menschen noch wichtiger ist, weil die Muskeln mit dem Alter an Kraft verlieren. Widerstandsübungen sind die einzige Form der Aktivität, die den Kraftverlust verlangsamt. Übungen wie Pushups, Situps und Chinups sind gute Beispiele und vollkommen kostenlos.

Organisierte und nur dem Spaß verschriebene Kurse können gut für alle sein, denen die Zeit und/oder Motivation für ein regelmäßiges Training fehlt. Beispiele sind Wassergymnastik (ein guter Anfang für Unsportliche, ältere Menschen oder Anfänger), Karate, Spinning (auf dem Fahrrad), Aerobics und Zirkeltraining. Cardio- und Step-Kurse können außerdem eine effektive Möglichkeit sein, Ihr soziales Netz zu erweitern, indem Sie einige Ihrer Arbeitskollegen mobilisieren, mit Ihnen an einem Kurs teilzunehmen.

Zusätzlich zu Ihren täglichen 30 Minuten Training können Sie Ihre Aktivität weiter steigern, indem Sie folgendermaßen zum Arbeitsplatz zurückkehren:

- ✔ Fahren Sie mit dem Fahrrad, wenn der Weg sicher genug ist.
- ✔ Laufen Sie die Treppe hoch, anstatt den Aufzug zu nehmen.
- ✔ Laufen Sie kurze Distanzen, anstatt mit dem Auto zu fahren.

Reden Sie zuerst mit einem Experten

Es ist wichtig, dass Sie sich von einem persönlichen Trainer in einem Fitnessstudio professionell beraten lassen, wie Sie auf sichere und effektive Weise Widerstands- oder Gewichtstraining in Ihr Sportprogramm einbinden können.

Sie wollen schließlich Ihren Körper nicht überlasten und Verletzungen davontragen.

Ein wöchentlicher Trainingsplan kann beispielsweise vier Tage schnelles Gehen, Schwimmen oder Radfahren jeden Tag insgesamt 30 Minuten lang, zehn Minuten Widerstandstraining an einem Tag und 20 Minuten leichtes Gewichtstraining an einem anderen Tag umfassen.

Ihr persönlicher Trainer wird einen schriftlichen Plan für Sie aufstellen, an den Sie sich halten sollten, und die Kosten für einen Termin sind minimal.

Mittagspause im Büro

Lassen Sie sich nicht durch einen Regentag oder eine Hitzewelle von Ihrer Mittagspause abhalten. Sie haben viele Möglichkeiten, Ihr Mittagessen zu sich zu nehmen und sich dann statt nach draußen in die Onlinewelt aufzumachen.

Schließen Sie die Tür zu Ihrem Büro oder bringen Sie ein Schild an Ihrem Arbeitsplatz an, auf dem Sie andere darüber informieren, dass Sie Mittagspause haben. Jetzt haben Sie die Gelegenheit, bei Ihren Lieblingsbloggern oder –websites vorbeizuschauen (stellen Sie dabei sicher, dass Sie nicht gegen Regelungen an Ihrem Arbeitsplatz zu Internetinhalten verstoßen). Bloggen Sie selbst ein bisschen (weitere Informationen dazu, wie das geht und warum das Bloggen gut für Sie ist, finden Sie in Kapitel 5). Wenn das an Ihrem Arbeitsplatz nicht möglich ist, nehmen Sie ein Buch oder eine Zeitschrift (mit nicht beruflichen Inhalten) mit und suchen Sie sich einen ruhigen Platz zum Lesen.

Strecken und Recken für mehr Produktivität

Es ist sehr wichtig, regelmäßig Pausen vom Sitzen am Schreibtisch zu machen, insbesondere wenn Sie am Computer arbeiten. Als jemand, der viele Stunden am Computer sitzt und auf eine Tastatur einhackt, habe ich die in Abbildung 7.1 dargestellten Übungen übernommen, die für SafeWork SA entwickelt wurden.

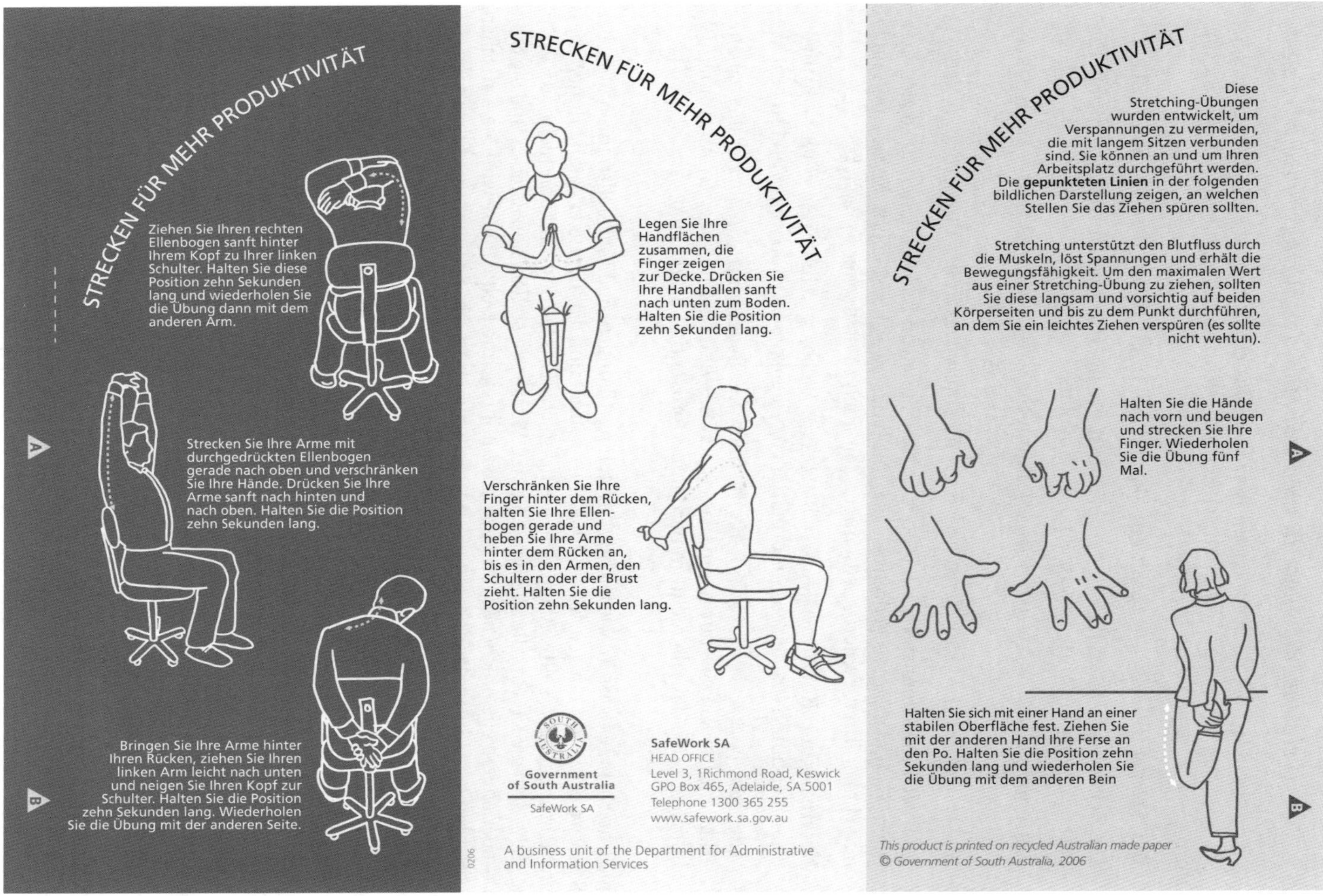

Abbildung 7.1: SafeWork SA hat eine Reihe von Übungen für Schreibtischarbeiter entwickelt.

Websites, die einen Besuch während der Mittagspause wert sind

Lassen Sie mich Ihnen ein paar Websites empfehlen, die Sie besuchen können, wenn das Wetter zu schlecht ist, um nach draußen zu gehen, und Ihr Gehirn etwas Entspannung braucht:

- **Der Spiegel** (`www.spiegel.de`): Für aktuelle Nachrichten aus dem In- und Ausland.
- **Die Zeit** (`www.zeit.de`): Der Internetauftritt der überregionalen Wochenzeitung. Ein guter Tipp für die Mittagspause sind die Sudokus.
- **Wetteronline** (`www.wetteronline.de`): Damit Sie wissen, wie das Wetter am Wochenende wird.
- **Kicker** (`www.kicker.de`): Falls Sie wissen möchten, was in der Bundesliga los ist.
- **Internet-Filmdatenbank** (`www.imdb.de`): Eine Fülle von Informationen zu so ziemlich jedem Film, der jemals gedreht wurde, mit Links zu Schauspielern, Regisseuren und, manchmal, ihren Fehlern. Seit einiger Zeit auch in deutscher Sprache!
- **Unterhaltsame Kurzfilme** (`www.youtube.de`): Videos in Hülle und Fülle – lustige, unterhaltsame, Musikvideos, Informationen, Videokurse und so weiter und so weiter.
- **Wikipedia** (`www.wikipedia.de`): Kann Ihnen die Bedeutung von so ziemlich allem erklären. Denken Sie nur daran, dass jeder an Wikipedia mitarbeiten kann und die Informationen deshalb nicht immer hundertprozentig korrekt sind.

Einige Unternehmen wissen, wie wichtig Stretching-Übungen sind und stellen ihren Mitarbeiter Software bereit, die ein Fenster am Bildschirm öffnet und den Benutzer daran erinnert, dass er eine Pause einlegen sollte. Allen, denen eine solche Erinnerungsfunktion nicht zur Verfügung steht, schlage ich vor, alle 20 Minuten einen Wecker zu stellen, aufzustehen und die Safe-Work- oder andere entsprechende Übungen auszuführen. Die kleine Pause wird Sie erfrischen, und die Übungen sorgen dafür, dass quälende Schmerzen in den Schultern verschwinden.

Zeit mit dem Internet sparen

Das Internet ist eine wunderbare Erfindung für Menschen, die am Computer arbeiten und wenig Zeit haben. In den letzten zehn Jahren habe ich das Internet zu schätzen gelernt und

war stolz darauf, dass ich im letzten Jahr alle Weihnachtsgeschenke über das Internet bestellt habe, bereits eingepackt, und so meine Weihnachtsvorbereitungen stressfrei und früh abgeschlossen hatte.

Einkaufen, Bankgeschäfte erledigen, nach Veranstaltungen suchen und Reisen planen – all diese Dinge können Sie leicht im Internet erledigen, ohne Zeit für Fahrten mit dem Auto oder die Suche nach bestimmten Produkten oder Dienstleistungen zu verschwenden.

Lebensmittel online einkaufen

Das gute alte Internet hat eine große Last von meinen Schultern genommen, weil ich nicht für jedes Paar Socken in die Stadt fahren muss.

Es gibt inzwischen zahlreiche Onlinehändler oder Web-Seiten von Einzelhändlern über die Sie Produkte ansehen und die gewünschten Artikel in einen virtuellen Einkaufskorb legen können, in dem sie aufbewahrt werden, bis Sie zur virtuellen Kasse gehen. An der »Kasse« werden Sie gebeten, Ihre Bestellung zu prüfen und eventuell Artikel zu löschen oder hinzuzufügen. Die Website berechnet dann die Kosten für Ihre Bestellung – einschließlich Mehrwertsteuer und Lieferkosten – und bittet Sie um die Angabe Ihrer Lieferadresse und Kreditkartendaten.

Immer wenn jemand sagt: »Ich verstehe nicht, wie du deine Kreditkartendaten einfach so an eine Website übermitteln kannst«, erkläre ich, dass die Zahlungsbereiche guter Websites verschlüsselt sind, sodass meine persönlichen Daten und Zahlungsangaben geschützt sind. In diesem Fall sehen Sie ein kleines Vorhängeschlosssymbol unten in Ihrem Browser-Fenster. Diese Art der Bezahlung ist wesentlich sicherer, als wenn Sie Ihre Kreditkartendaten per E-Mail an einen Verkäufer senden, denn E-Mails können »abgefangen« werden.

Geschenke im Internet kaufen

Neben dem Vorteil, dass Sie Dinge anschauen, bestellen und kaufen können, wann immer Sie Zeit und Lust dazu haben, ist das Onlineshopping auch umweltfreundlich. Sie reduzieren die Anzahl der Autofahrten und die daraus folgenden giftigen Emissionen, wenn Sie online einkaufen.

Hier eine kleine Auswahl von Websites, auf denen Sie persönliche Dinge und Geschenke online einkaufen können:

- **Amazon** (`www.amazon.de`): Die ultimative Website für Bücher, DVDs, CDs, elektronische Geräte und seit einiger Zeit auch Kleidung, Spielwaren, Haushaltsgeräte, Gartenzubehör und so weiter und so weiter.
- **eBay** (`www.ebay.de`): Die führende Auktionswebsite zum Kaufen und Verkaufen so ziemlich aller neuen und gebrauchten Dinge, die Sie sich vorstellen können. Mein Bruder und meine Schwägerin haben praktisch ihr ganzes Haus mit Möbeln ausgestattet, die sie über eBay ersteigert haben, und ich habe dort einige seltene Filme zu Superpreisen gefunden.
- **MyToys** (`www.mytoys.de`): Hier finden Sie alles, was das Kinderherz begehrt: Spielwaren, Bücher, Computerspiele, Mal- und Bastelbedarf und Kinderkleidung.
- **Yoox** (`www.yoox.de`): Mein Lieblingsshop für Kleidung. Hier finden Sie Schnäppchen für Designer-Kleidung, aber auch Jeans und Freizeitkleidung.
- **Jako-o** (`www.jako-o.de`): Für hochwertiges Spielzeug und robuste Kinderkleidung.
- **Kaufhof** (`www.galeria-kaufhof.de`): Der Onlineshop des großen Kaufhauses, in dem Sie Spielwaren, aber auch Geschenkideen finden.
- **Impressionen** (`www.impressionen.de`): Ein toller Shop mit Bekleidung, Haushaltswaren und Geschenkideen.
- **H & M** (`www.hm.com`): Die Website des beliebten Bekleidungsunternehmens, neuerdings auch mit Heimtextilien.

Bankgeschäfte im Sitzungsraum erledigen

Die meisten Banken bieten eine Reihe von elektronischen Bankdienstleistungen an, darunter Kontoführung, Einrichten von Daueraufträgen, Überweisungen, Abrufen des Kontostands und der Umsätze, Beantragen von Krediten und Abrufen von Zinsinformationen, die Sie nutzen können, um Bankgeschäfte nicht in der Mittagspause erledigen zu müssen.

Viele viel beschäftigte Berufstätige nehmen das sogenannte Onlinebanking mit Begeisterung an, weil sie ihre Bankgeschäfte erledigen können, wann immer es ihnen passt, und sie sofortigen Zugriff auf alle Informationen zu ihren Bankkonten erhalten. Um die Nutzung des Onlinebankings zu fördern, bieten einige Banken bessere Zinsen und kostenlose Girokonten an, wenn Sie Ihre Bankgeschäfte komplett über das Internet erledigen. Wenn Sie technisch versiert sind wie mein Mann (im Gegensatz zu mir), können Sie sogar Ihre Finanzen planen, indem Sie Daten direkt in eine Tabellenkalkulation oder ein Finanzplanungsprogramm laden.

Der Zugang zum Onlinebanking ist in der Regel ganz einfach – die meisten Banken ermöglichen Ihnen das Einrichten Ihres Zugangs über ihre Website. Oder Sie gehen persönlich zur Bank, um sich über die angebotenen Onlinedienste und die anfallenden Gebühren zu informieren. Sie erhalten ein Kennwort und müssen möglicherweise aus Sicherheitsgründen eine spezielle Tastatur am Bildschirm verwenden, um Ihr Kennwort einzugeben.

Wenn Sie auf elektronische Bankgeschäfte umsteigen, sollten Sie die folgenden Sicherheitsmaßnahmen beachten:

- ✔ Ändern Sie Ihr Kennwort regelmäßig und verwenden Sie Kennwörter, die nicht leicht zu erraten sind.
- ✔ Prüfen Sie, welche Sicherheitsmaßnahmen von Ihrer Bank verwendet werden, und lesen Sie alle Nutzungsbedingungen.
- ✔ Vergessen Sie nicht, sich im Internet wieder abzumelden, wenn Sie eine Transaktion abgeschlossen haben.
- ✔ Wenden Sie sich sofort an Ihre Bank, wenn etwas schiefgeht.
- ✔ Bewahren Sie eine Kopie aller Transaktionen auf, indem Sie Transaktionen, Quittungsnummern oder Bestätigungsmails speichern und ausdrucken, und machen Sie sich Notizen zu allen Anrufen bei Ihrer Bank.
- ✔ Bewahren Sie Ihre persönliche Identifikationsnummer (PIN), Kennwörter oder Zugangscodes an einem sicheren Ort auf, oder lernen Sie sie auswendig.

Verraten Sie niemandem Ihre PIN, Ihr Kennwort oder Ihren Zugangscode.

Man ist, was man isst

Vielleicht sollten Ernährungsexperten noch einmal betonen, wie wichtig gesundes Essen während der Arbeitszeit ist. Schließlich weiß mittlerweile jeder, dass zu Hause möglichst frische Nahrungsmittel von guter Qualität zubereitet und gegessen werden sollten. Oft scheint Ihnen aber schlicht die Zeit zu fehlen, ein gesundes Mittagessen vorzubereiten, das Sie mit ins Büro nehmen können.

Ein Mittagessen in letzter Minute aus dem Snackautomaten, der Cafeteria oder der Dönerbude um die Ecke scheint die einfachste Option zu sein. Leider bedeutet das normalerweise, dass Sie etwas essen – selbst in fettarmen oder leichten Varianten –, was kaum wertvolle Nährstoffe enthält und oft voller Zucker steckt. Die Konsequenz ist, dass sowohl Ihre Energie als auch Ihr Gewicht leiden.

Ein gesundes Mittagessen vorbereiten

Wenn Sie Ihr Mittagessen selber zubereiten, um es mit zur Arbeit zu nehmen, bestimmen Sie selbst, was Sie essen und müssen sich nicht über die übrig gebliebenen Muffins aus der Frühbesprechung hermachen, wenn Sie hungrig sind. Für die Vorbereitung eines gesunden Mittagessens müssen Sie nur fünf bis zehn Minuten Zeit finden.

Versuchen Sie, sich die Vorbereitung Ihres Mittagessens zur Gewohnheit zu machen. Wenn Sie morgens zu wenig Zeit haben, bereiten Sie Ihr Mittagessen vor, bevor Sie zu Bett gehen oder während Sie das Abendessen kochen. Und falls Sie befürchten, all das gute Essen in der Hektik am Morgen im Kühlschrank zu vergessen, legen Sie Ihren Autoschlüssel in die Essensdose – dann werden Sie es bestimmt nicht vergessen.

Leckere Ideen für Ihr Mittagessen

Hier sind einige einfache und nahrhafte Vorschläge für Ihr Mittagessen im Büro:

- ✔ **Nehmen Sie Ihr Frühstück als Mittagessen mit:** Wenn es morgens zu hektisch ist, um etwas Vernünftiges zu frühstücken, nehme ich Obst und Joghurt mit und achte darauf, dass ich die verpasste Mahlzeit zum Mittagessen esse. Oft esse ich eine Schüssel fettarmes, ballaststoffreiches Müsli oder mache mir einen Griesbrei in der Mikrowelle warm. Das mag ungewöhnlich sein, aber diese Mahlzeiten sind sättigend, nahrhaft und verhindern, dass ich am Nachmittag schlecht gelaunt bin.
- ✔ **Geben Sie Vollkorn den Vorzug:** Das gilt sowohl für Reis als auch für Brot. Wenn es bei Ihnen Reis zum Abendessen gibt, kochen Sie etwas mehr, um Reis für Ihr Mittagessen am nächsten Tag mitzunehmen. Fügen Sie klein geschnittenes Gemüse (das Sie ebenfalls am Abend vorher kochen können) oder Salatzutaten hinzu, und Sie haben ein sättigendes Mittagessen, das Sie kalt oder aufgewärmt essen können.
- ✔ **Leckere Reste:** Die besten Mittagessen sind immer die köstlich riechenden und schmeckenden Soßen, Nudeln, Eintöpfe und Burger, die als Rest vom Abend vorher aufgewärmt werden. Machen Sie es sich einfach zur Gewohnheit, mehr zu kochen, um die Reste am nächsten Tag mit ins Büro zu nehmen oder für spätere Mittagmahlzeiten einzufrieren.

- **Sandwiches:** Selbst berühmte Küchenchefs rühmen das Sandwich als die einfachste Methode, eine leckere und sättigende Mahlzeit zu sich zu nehmen. Sie müssen sich nicht auf Käse und Schinken beschränken. Nehmen Sie ein Brötchen oder ein Stück Baguette mit zur Arbeit und belegen Sie es mit würzigem Thunfisch aus der Dose und einer frisch geschnittenen Avocado. Nehmen Sie einen außergewöhnlichen Käse und einige Salatzutaten mit und legen Sie diese erst auf das Brötchen, wenn Sie zum Essen bereit sind, damit das Brötchen nicht weich wird.
- **Sättigende Salate:** Salat an sich wird Sie wahrscheinlich nicht lange satt halten. Bereichern Sie Ihren Salat mit Nüssen, fettarmem Käse (Ziegenkäse gibt besonders viel Geschmack), Kapern, gekochtem Ei, trockenem Toast in kleinen Würfeln (die fettarme Variante von Croutons), Huhn, geräuchertem Lachs oder Thunfisch aus der Dose.
- **Gründen Sie einen Mittagessenclub:** Fragen Sie Ihre Arbeitskollegen, ob sie Interesse daran haben, gesunde gemeinsame Mittagessen zu organisieren. Sie können eine gemeinsame Kasse einrichten und entscheiden, welche gesunden Mahlzeiten und Zutaten gekauft werden, oder jeder bringt etwas mit, das geteilt wird. Es ist einfacher, brav zu sein, wenn alle um Sie herum ebenfalls brav sind.
- **Probieren Sie Dosensuppen aus:** Eine Dose gesunde Suppe kann eine schnelle Notlösung für Ihr Mittagessen sein, wenn Sie unglaublich viel zu tun haben. Suchen Sie nach Gemüsesuppen mit wenig Salz, die etwas Huhn, Bohnen oder Linsen enthalten, damit Sie genug Eiweiß bekommen. Viele gesunde Marken sind fettarm und voller Vitamine und Ballaststoffe.

In Kapitel 4 finden Sie Informationen zu den Supernahrungsmitteln, die Ihnen weitere Ideen für Ihr Mittagessen im Büro liefern können.

Vernünftige Zwischenmahlzeiten

Ich weiß, ich weiß. Sie nehmen frisches Obst, getrocknetes Obst und Nüsse mit ins Büro, weil Sie auf eine gesunde Ernährung achten möchten. Und dann liegen Obst und Nüsse in Ihrer Schreibtischschublade und vergammeln, weil Sie sie immer wieder zur Seite schieben, um stattdessen die Schokolade hervorzuholen. Wie mein Mann einmal sagte: »Kauf die ungesunden Sachen doch erst gar nicht. Dann werden sie dich auch nicht in Versuchung führen können.«

Es braucht Willenskraft, an den Süßwarenregalen entlangzugehen und nicht zuzugreifen. Vergnügen Sie sich stattdessen am Delikatessenstand, und sagen Sie sich, dass diese Snacks viel besser für Ihre Gesundheit sind.

Probieren Sie die folgenden gesunden Zwischenmahlzeiten aus:

- **Obst:** Versuchen Sie, am Montag Ihre Wochenration an Obst zu kaufen und diese in einen Obstkorb zu legen. Setzen Sie sich das Ziel, den Korb bis zum Freitag zu leeren. Stöbern Sie ein wenig bei Ihrem Obsthändler am Ort und kaufen Sie frisches Obst der jeweiligen Saison. Auch Ihre Arbeitskollegen können am Büroobstkorb teilhaben. Solange Sie ein vernünftiges Obstmesser zum Schneiden und Schälen haben, ist das Schälen von Obst so einfach und schnell wie das Öffnen einer Chipstüte.

✔ **Frische Dips und Pitabrot:** Gut, Sie müssen die Dips im Kühlschrank aufbewahren, aber das Pitabrot kann in Ihrer Schublade bleiben (wenn es frisch ist). Oder Sie können einzelne Scheiben im Gefrierfach aufbewahren. Sie können viele fettarme Dips wie Hummus, Tsatziki oder Ähnliches kaufen, die großartig schmecken.

✔ **Milch:** Wann haben Sie zum letzten Mal ein großes Glas Milch getrunken? Milch ist sehr sättigend und kann Ihnen helfen, die Lust auf Kuchen und Kekse zu zügeln. Wenn Sie keine Milch mögen, probieren Sie ein fertiges fettarmes Milchgetränk als süße Belohnung aus, das nicht zu ungesund ist und Ihnen eine Menge Kalzium liefert.

✔ **Erdnussbutter:** Streichen Sie Erdnussbutter auf Vollkornreiskräcker, um das Knurren im Magen zu besänftigen.

✔ **Kerne und Nüsse:** Sie können Sonnenblumen- und Kürbiskerne in Großpackungen im Supermarkt oder im Naturkostladen kaufen. Nüsse jeder Art sind eine großartige Energiequelle. Essen Sie nur eine Handvoll verschiedener Nüsse, wenn Sie auf Ihre Fettzufuhr achten.

✔ **Schokobrotaufstrich:** Streichen Sie Schokobrotaufstrich ohne Butter auf ein Vollkornbrot, ein Vollkornbrötchen oder einen Reiskräcker.

✔ **Joghurt:** Joghurt gibt es in so vielen Geschmacksrichtungen, Varianten und Größen, dass ich hier nicht alle auflisten kann. Besorgen Sie sich Ihren Lieblingsjoghurt und stellen Sie einige Becher in den Bürokühlschrank.

Koffein reduzieren

Neben Wasser ist Kaffee weltweit ein bevorzugtes Getränk. Bei der Arbeit trinkt man gern Kaffee, um wach zu werden und zu bleiben. Ich finde, dass Kaffeetrinken auch eine soziale Aktivität ist. Die Zeit, die es braucht, um in der Küche einen Kaffee zu kochen, dabei mit einem Arbeitskollegen zu plaudern, ein oder zwei Minuten zu warten, bis der Kaffee abgekühlt ist, und ihn zu trinken, trägt dazu bei, dass Sie eine kleine Pause von Ihrer Arbeit genießen können.

Aber Kaffee enthält Koffein, das auch in Tee (als Teein), Cola, Energy-Drinks und Schokolade enthalten ist. Gesundheitsexperten erwarten ein gewisses Urteilsvermögen von Ihnen, wenn es darum geht, wie viel Kaffee oder andere koffeinhaltige Getränke oder Nahrungsmittel Sie pro Tag zu sich nehmen.

Die Vorteile von Koffein

Koffein trägt anscheinend dazu bei, Herzerkrankungen und einige Krebsarten zu verhindern. Koffein soll außerdem die Aufmerksamkeit und Konzentrationsfähigkeit steigern. Koffein wird von der Leber verarbeitet und geht dann in den Blutkreislauf über, bis es zum Gehirn gelangt. Im Gehirn verbindet es sich mit Dopamin-Rezeptoren (die Ihnen ein gutes Gefühl geben) und Adenosin-Rezeptoren. Adenosin verlangsamt das Wachstum der Nervenzellen, was Schläfrigkeit verursacht. Wenn sich Koffein mit den Rezeptoren verbindet, wird das Wachstum der Nervenzellen beschleunigt, was zu einem Gefühl der Ruhelosigkeit und Wachheit führt. Koffein wurde in Sportergänzungsmitteln verwendet, um gegen Müdigkeit zu helfen, und ist in einigen Sportarten verboten. Kein Wunder, dass wir darauf zurückgreifen, wenn wir während der Arbeit an einen Tiefpunkt kommen.

Die Nachteile von Koffein

Koffein macht nicht süchtig, kann aber sicher zur Gewohnheit werden. Unser Körper entwickelt eine Toleranz gegenüber Koffein, was bedeutet, dass mehr Koffein benötigt wird, um dieselbe Wirkung zu erzielen. Eine übermäßige Koffeinaufnahme (mehr als vier oder fünf Tassen starker Tee oder Kaffee pro Tag) kann zu Zittern, Herzrasen, häufigem Harndrang, Nervosität, Angst, Magenbeschwerden und Schlaflosigkeit führen. Wenn Sie vor dem Schlafengehen Kaffee trinken, fällt Ihnen möglicherweise das Einschlafen schwer. Darüber hinaus verkürzen sich vielleicht Ihre Tiefschlafphasen, sodass Sie sich weniger erholt fühlen, wenn Sie aufwachen. Koffein ist außerdem harntreibend, wodurch Sie schneller austrocknen, wenn Sie nicht gleichzeitig Wasser trinken.

Entzugserscheinungen treten nach etwa einem Tag ohne Koffein auf. Das Gehirn wird sehr empfindlich gegenüber Adenosin, sodass der Blutdruck drastisch fällt. Die typischste Entzugserscheinung ist der Koffeinkopfschmerz. Zu den anderen Symptomen können Gereiztheit, Übelkeit und – paradoxerweise – Schläfrigkeit gehören.

Wie viel Koffein ist in Ordnung?

Wenn Sie herausfinden möchten, wie viel Koffein Sie ohne Schäden zu sich nehmen können, ist es sinnvoll zu wissen, wie viel Koffein in einer durchschnittlichen Portion eines bestimmten Getränks oder Nahrungsmittels enthalten ist (siehe Tabelle 7.1).

Eine typische Portion ...	Enthält so viel Koffein ...
Schokolade (30 g)	20 bis 60 mg
Schwarzer Tee (150 ml) – je nach Art und Dauer des Ziehens	30 bis 100 mg
Cola (375 ml)	Rund 40 mg
Löslicher Kaffee (150 ml)	60 bis 100 mg
Energy-Drink (250 ml)	80 bis 100 mg
Espresso (150 ml)	Rund 90 mg
Filterkaffee (150 ml)	100 bis 150 mg

Tabelle 7.1: Typische Koffeinmengen

Gesundheitsexperten empfehlen, dass Erwachsene nicht mehr als 600 Milligramm Koffein pro Tag zu sich nehmen sollten, was ungefähr vier Tassen starkem Filterkaffee oder fünf bis sechs Tassen Tee entspricht. Idealerweise sollten Sie viel weniger als das trinken und versuchen, Kaffee und schwarzen Tee am Nachmittag komplett zu vermeiden. Versuchen Sie stattdessen, sich an grünen Tee zu gewöhnen, der weniger Koffein enthält und eine gute Quelle für Flüssigkeit und Antioxidantien ist. Oder seien Sie noch netter zu Ihrem Körper und trinken Sie einfach Wasser.

Teil IV

Vorbereitungen für Ihre neue Work-Life-Balance

Glenn Lumsden

»Ich fühle mich absolut furchtbar. Sobald ich diesen Bericht per E-Mail versendet habe, gehe ich nach Hause, lege mich ins Bett und arbeite am Notebook weiter.«

In diesem Teil ...

Beispiele von Arbeitgebern zu sammeln, die flexiblere Beschäftigungs- und Arbeitszeitmodelle anbieten, von denen sie selbst ebenso wie ihre Mitarbeiter profitieren, ist eine großartige Idee. Hier erkläre ich Ihnen, wie Sie solche Beispiele finden und mit Ihrer Branche vergleichen können. Wenn Sie Ihre Hausaufgaben machen, bevor Sie mit Ihrem Chef reden, sind Sie in einer guten Verhandlungsposition, um flexiblere Arbeitsbedingungen auszuhandeln. In diesem Teil zeige ich Ihnen, wie Sie eine überzeugende Argumentation zusammenstellen.

Haben Sie einen Chef, der ständig in Ihre Freizeit eingreift? In diesem Teil finden Sie einige Ideen, wie Sie sich durchsetzen und Ihr Selbstwertgefühl bewahren können. Oft ist auch ein guter Mentor eine große Hilfe.

Und schließlich sollten Sie den Spaß nicht vergessen – für sich und Ihre Familie. Dieser Teil zeigt Ihnen, wie Sie das Beste aus Ihrem Urlaub machen und Zeit für eine ehrenamtliche Tätigkeit in Ihrer Gemeinde finden.

Work-Life-Balance und Ihr Arbeitgeber

8

In diesem Kapitel

- Verständnis für Ihren Arbeitgeber entwickeln
- Ausgewogenheit zwischen Berufs- und Privatleben bietet Vorteile für alle
- Erklären, was Sie wollen
- Ihren Weg zum Erfolg aushandeln
- Mit Widerstand umgehen
- Nein als Antwort akzeptieren

Ihr Chef respektiert und schätzt Ihre Arbeit. Und er kann verstehen, dass Sie sich mehr Ausgewogenheit in Ihrem Berufs- und Ihrem Privat- und Familienleben wünschen. Aber Ihr Chef muss, wie alle anderen Menschen in Führungsposition, seine eigenen Ziele erfüllen. Und diese Ziele wirken sich oft auf seine Entscheidungen aus. Unverblümt gesagt: Ihr Chef hat andere Dinge im Kopf als Sie.

Führungskräfte gründen ihre Planungen, Entscheidungen und Ergebnisse auf der Überlegung, was für das Team, die Abteilung oder das Unternehmen als Ganzes am besten ist. Ihr Chef will vor allem wissen, wie sich die von Ihnen vorgeschlagene Veränderung der Beschäftigungsweise und/oder der Arbeitszeit auf die Produktivität, die Kosten, die Leistung, die Arbeitsergebnisse und die anderen Mitarbeiter auswirkt.

In diesem Kapitel zeige ich Ihnen, wie wichtig es ist, eine gute Argumentation zusammenzustellen, die nicht nur Ihren Chef überzeugen wird, flexibleren Arbeitszeiten zuzustimmen, sondern auch dem gesamten Arbeitsplatz echte Vorteile bringt.

Vorgesetzte sind auch nur Menschen

Wenn Ihnen Ihr Beruf und Ihr Arbeitsplatz gefallen, handeln Sie mit Ihren Vorgesetzten flexiblere Beschäftigungs- und Arbeitsoptionen aus, damit Sie Ihren Beruf und Ihr Privatleben besser vereinbaren können. Mehr Flexibilität könnte die folgenden Optionen beinhalten:

- ✔ **Freizeitausgleich:** Sie sammeln Überstunden, die Sie später in freie Zeit umwandeln können, zum Beispiel für einen Sporttag in der Schule, Arzttermine und so weiter. Sie können diese angesammelten Überstunden auch einsetzen, wenn Sie Ihren Arbeitsplatz wegen eines ungeplanten Ereignisses früher als normal verlassen müssen, zum Beispiel weil Ihr Kind krank geworden ist.
- ✔ **Komprimierte Arbeitswoche:** Bei diesem flexiblen Arbeitszeitmodell wird die Wochenarbeitszeit auf vier Tage verteilt und ein Tag pro Arbeitswoche freigenommen.

- **Gleitzeit:** Sie können beispielsweise um 7 Uhr anfangen und um 15 Uhr gehen, oder um 10 Uhr anfangen und um 18 Uhr gehen.
- **Wechsel zu einer reduzierten Stundenzahl:** Mitarbeiter entscheiden aus verschiedenen Gründen, dass sie nicht weiter in Vollzeit arbeiten können oder möchten. Kürzere Arbeitszeiten bedeuten, dass der Mitarbeiter seinen Arbeitsplatz behält (zum Beispiel durch Jobsharing) und der Arbeitgeber gleichzeitig einen erfahrenen und geschulten Mitarbeiter halten kann.

Dafür sorgen, dass Ihre flexiblen Arbeitszeitvorschläge Ihren Bedürfnissen entsprechen

Bevor Sie in das Büro Ihres Vorgesetzten marschieren, stellen Sie sich die folgenden Fragen, um noch einmal zu klären, was Sie von Ihrer beruflichen Situation erwarten und was machbar ist:

- Gibt es bereits Mitarbeiter mit flexiblen Arbeitszeiten? Welche Ähnlichkeiten gibt es zwischen deren und Ihrer Situation? Welche Unterschiede?
- Können Sie Ihre Arbeitslast mit flexiblen Arbeitszeiten bewältigen? Kann Ihre Arbeit in kleinere Häppchen unterteilt werden, um Teilzeitarbeit, Jobsharing oder Telearbeit zu ermöglichen?
- Was sind Ihre wichtigsten Aufgaben? Können diese Aufgaben in kürzerer Zeit oder außerhalb der gängigen Arbeitszeiten erledigt werden?
- An welchen Mitarbeiterbesprechungen oder Seminaren müssen Sie zwingend teilnehmen? Könnten Sie mit flexiblen Arbeitszeiten weiterhin an diesen teilnehmen?

  Ebenso wichtig sind die folgenden Fragen, die sich darauf beziehen, wie sich eine Änderung der Arbeitszeiten auf Ihr Privatleben auswirken kann:

- Können Sie sich ein niedrigeres Gehalt leisten, und ist es für Sie in Ordnung, weniger Stunden zu arbeiten, aber auch weniger Verantwortung zu tragen und weniger Herausforderungen zu meistern?
- Können Sie eine Kinderbetreuung für die veränderten Arbeitszeiten organisieren?
- Können Sie Ihre Karrierepläne auf Eis legen, um mehr Flexibilität zu gewinnen?
- Haben Sie andere anteilmäßige Reduzierungen bedacht? Möglicherweise werden Sie zum Beispiel nur zwölf statt 20 Tage Urlaub haben, wenn Sie nur drei Tage pro Woche arbeiten.

Niemand geht gern in das Büro seines Vorgesetzten, um nach etwas zu fragen, das es bisher noch nicht gibt. Möglicherweise haben Sie gute Gründe dafür, eine Änderung Ihrer Beschäftigungsstruktur oder Ihrer Arbeitszeiten zu verlangen, aber Sie sollten auch *unbedingt* verstehen, was Ihr Vorgesetzter – oder Ihr Unternehmen – von *Ihnen* braucht.

Sie wissen, was Sie wollen – aber was will Ihr Chef?

Ich bin mir relativ sicher, dass ich weiß, was Sie von Ihrem Beruf und Ihrem Leben erwarten:

- ✔ Günstige Kinderbetreuung oder Pflegeangebote für Ihre Eltern
- ✔ Einen Job, der Spaß macht und Aufstiegschancen bietet
- ✔ Gute Weiterbildungs- und Entwicklungsmöglichkeiten
- ✔ Gute Gesundheit
- ✔ Mehr Zeit für Ihre Familie und Freunde
- ✔ Mehr Zeit für Sport und Hobbys
- ✔ Zeit für Freiwilligendienste oder ehrenamtliche Arbeit

Liege ich größtenteils richtig? Ich glaube, dass sich auch Führungskräfte für sich selbst so ziemlich dasselbe wünschen.

Was muss Ihr Chef erreichen?

Noch mehr als Ihr eigener Job werden die Jobs von Führungskräften an zuvor festgelegten Ergebnissen und Zielen gemessen, die sie erreichen müssen. Ein großer Teil der Zeit wird damit verbracht, auf die Mitarbeiter zu achten, die sie umgeben. Ein guter Manager hat großes Interesse daran, dass Sie und Ihre Kollegen interessiert, motiviert und produktiv bleiben. Ein guter Manager wird außerdem versuchen, die Arbeitsplätze und Verantwortungsbereiche von Mitarbeitern zu schützen und dafür zu sorgen, dass die Arbeitslast überschaubar bleibt.

Ihr Chef will Folgendes:

- ✔ Verstärktes Wohlbefinden, gutes Arbeitsklima und hohe Loyalität aufseiten der Mitarbeiter
- ✔ Höhere Mitarbeiterproduktivität
- ✔ Weniger Fehlzeiten
- ✔ Anerkennung und Belohnungen von der Unternehmensführung für seine Führungsqualitäten und das Erreichen von Zielen

Damit Ihre Vorschläge für flexiblere Arbeitszeiten ernsthaft in Betracht gezogen werden, *müssen* Sie die Aufmerksamkeit Ihres Vorgesetzten sichern. Das können Sie erreichen, indem Sie Ihren Vorschlag mit den Ergebnissen verknüpfen, die für Ihren Vorgesetzten von Interesse sind.

Ihren Vorgesetzten davon überzeugen, wie wichtig es ist, sich zu kümmern

Viele Arbeitgeber haben Schwierigkeiten, gute Mitarbeiter zu halten. Viele realisieren jetzt, dass sie aus den folgenden wichtigen Gründen flexible Beschäftigungs- und Arbeitszeitmodelle bereitstellen sollten:

- **Alternde Arbeitnehmerschaft:** Da die Babyboomer-Generation (die Generation, die nach dem Zweiten Weltkrieg geboren wurde) nach und nach das Rentenalter erreicht, akzeptieren Arbeitgeber zunehmend, dass deren Erfahrungen auch über das Alter von 55 Jahren hinaus genutzt werden können.
- **Weniger Arbeitnehmer, die in die Arbeitnehmerschaft eintreten:** Die Babyboomer-Generation ist die größte Generation in der Arbeitnehmerschaft. Wenn diese Menschen in den Ruhestand gehen, werden weniger Arbeitnehmer zur Verfügung stehen, um sie zu ersetzen.
- **Instabilität:** Arbeitgeber müssen Arbeitsplätze schaffen, in denen Arbeitnehmer langfristig bleiben möchten.
- **Sinkende Geburtsrate:** Heute werden weniger Kinder als vor 50 Jahren geboren, deshalb wird der Wettbewerb um Mitarbeiter in Zukunft härter sein.
- **Traditionell nicht eingestellte Mitarbeiter:** Rentner, Menschen mit Pflegeverpflichtungen (Kinder, pflegebedürftige Eltern und so weiter) und Menschen mit Behinderungen haben Fähigkeiten und Erfahrungen, die für Arbeitgeber wertvoll sind – wenn der Arbeitgeber flexible Arbeitsplatzbedingungen anbieten kann.

Aber Moment, da ist noch mehr!

Machen Sie Ihrem Chef die vielen Vorteile flexibler Arbeitszeitmodelle klar:

- Anerkennung als attraktiver Arbeitgeber
- Mehr Loyalität der Mitarbeiter und bessere Rendite für Investitionen in Weiterbildungsmaßnahmen
- Verbesserung von Arbeitsschutz und Arbeitssicherheit
- Bessere Verteilung von Arbeitslasten und Mitarbeitern bei schwankender Auftragslage
- Weniger Fehlzeiten und Mitarbeiterfluktuation
- Weniger Stress und bessere Arbeitsmoral

Mitarbeiter halten oder ersetzen?

Arbeitgeber möchten in der Regel die möglichst besten Mitarbeiter einstellen, und kein Arbeitgeber möchte wertvolle Mitarbeiter verlieren. Die Kosten für die Mitarbeiterfluktuation sammeln sich an: Abfindung für den Mitarbeiter, der das Unternehmen verlässt, das Schalten von Stellenanzeigen für den offnen Posten, der Rekrutierungsprozess und Schulungen für den neuen Mitarbeiter. Schwieriger zu berechnen sind die zusätzlichen Kosten, die durch den Verlust von Erfahrung und Know-how, den erforderlichen Neuaufbau einer Beziehung zu Kunden und die allgemeine Auswirkung des Mitarbeiterwechsels auf die Moral und Arbeitslast der anderen Mitarbeiter entstehen.

Es gibt zahlreiche flexible Beschäftigungs- und Arbeitszeitmodelle, die Arbeitgeber nutzen können, um gute Mitarbeiter anzuziehen und zu binden.

Zeigen Sie Ihrem Chef die beängstigenden Kosten der Mitarbeiterfluktuation

Die Kosten, die einem Arbeitgeber durch den Verlust von Mitarbeitern entstehen, hängen von der Position des Mitarbeiters ab. Laut Angaben des DGB in einer Untersuchung zum Thema Mobbing am Arbeitsplatz reichen diese Kosten von 7.700 Euro für einen Facharbeiter bis hin zu 205.000 Euro für eine Führungskraft.

Ihre Anforderungen definieren

Dank Internet, E-Mail, Messaging-Systemen und einer globalen Wirtschaft, die rund im die Uhr aktiv ist, sind wir längst nicht mehr an Arbeitszeiten zwischen 9 und 17 Uhr von Montag bis Freitag gebunden.

Flexibles Arbeiten bedeutet anpassbare oder variable Beschäftigungs- und Arbeitszeitmodelle. Da die Arbeitszeiten flexibel sind, können diese Modelle viele verschiedene Varianten umfassen, darunter die folgenden:

- ✔ Flexible Freistellungsoptionen
- ✔ Flexible Dienst- und Zeitplanung
- ✔ Gleitzeit
- ✔ Jobsharing
- ✔ Zeitkonten
- ✔ Komprimierte Arbeitswoche
- ✔ Regelmäßige oder gelegentliche Telearbeit
- ✔ Regelmäßige Teilzeitarbeit
- ✔ Freizeitausgleich bei Überstunden

Flexible Arbeitszeiten aushandeln

Viele Familien versuchen, durch Teilzeitarbeit ein ausgewogeneres Verhältnis zwischen Berufs- und Privatleben zu finden. Dabei ergibt sich das folgende Bild:

Etwas weniger als die Hälfte (44 Prozent) aller berufstätigen Frauen arbeitet in Teilzeit. Bei den Männern liegt der Anteil bei 15 Prozent.

Wenn Ihr Arbeitgeber zögert, flexible Arbeitszeitmodelle anzubieten, argumentieren Sie mit den folgenden Zahlen:

- ✔ 38 Prozent der Arbeitnehmer arbeiten Überstunden, um diese später gegen Freizeit einzutauschen.

- ✔ 70 Prozent entscheiden selbst über ihren Urlaub.
- ✔ 20 Prozent haben das Recht auf freie Tage durch Freizeitausgleich.
- ✔ 22 Prozent der Mitarbeiter können auf täglicher Basis entscheiden, wann sie ihre Arbeit beginnen und beenden.

Downshifting – flexible Arbeitszeiten finden, die zu Ihnen passen

Downshifting, zu Deutsch so viel wie *einen Gang herunterschalten*, ist ein neuer beliebter Trend, der unterschiedlich definiert werden kann. Downshifting entsprang ursprünglich der Idee der *freiwilligen Einfachheit* oder der Vereinfachung der Lebensweise. Diese Vereinfachung wurde (und wird immer noch) vor allem durch eine Reduzierung des Gehalts, eine minimale Anschaffung und Verwendung von materiellen Gütern sowie ein wachsendes Umweltbewusstsein erreicht. Viele Menschen stellen sich das wie folgt vor: Sie kündigen ihren Job in der Stadt und ziehen auf einen kleinen Bauernhof auf dem Land, der ihnen Nahrung, ein Dach über dem Kopf und ein kleines Einkommen sichert.

Aber für Menschen mit Beruf, Familie, Baukredit und einem gewissen Faible für die kleinen Annehmlichkeiten des Lebens, denen eine Work-Life-Balance (und eine weniger drastische Umstellung) vorschwebt, nimmt der Begriff Downshifting zwei andere Bedeutungen an:

- ✔ Sie entscheiden sich für eine Änderung ihrer Lebensweise, indem sie einen Job annehmen, in dem sie weniger verdienen, aber zufriedener sind. Diese Zufriedenheit wird erreicht, weil sie durch flexible Arbeitszeiten mehr Zeit mit ihrer Familie und nicht beruflichen Aktivitäten verbringen können. Kapitel 14 hält weitere Informationen dazu bereit, wie Sie solche Änderungen für Ihre eigene Karriere und Work-Life-Balance erreichen können.
- ✔ Sie realisieren das Downshifting durch eine sogenannte *freiwillige Herabstufung*, was bedeutet, dass sie mit Genehmigung des Arbeitgebers einen niedrigeren Posten als den derzeitigen übernehmen. Ob Sie eine solche Entscheidung treffen können, hängt von den Anforderungen der Abteilung und des Arbeitgebers ab. Die Herabstufung kann aus verschiedenen Gründen gewährt werden:
  - Wechsel der Karriererichtung
  - Wechsel vom Außen- in den Innendienst (und umgekehrt)
  - Gesundheitliche Gründe/Erkrankungen
  - Beruflicher Standortwechsel
  - Reduzierung der Fahrzeit
  - Reduzierung von Stress und Arbeitsbelastung in einem bestimmten Posten
  - Reduzierung der Arbeitszeiten
  - Weiterbildung
  - Anstehender Ruhestand

In diesem Buch verwende ich für die Darstellung des Downshifting-Konzepts die erste Definition, weil diese einen wesentlich klareren und praktischeren Ansatz für die Aushandlung eines flexiblen Arbeitszeitmodells bietet, das zu Ihnen passt. Flexible Arbeitszeitmodelle können auf verschiedene Weise angewendet werden.

Gleitzeit

Arbeitgeber können Kernzeiten festlegen, in denen Mitarbeiter am Arbeitsplatz anwesend sein müssen, und Mitarbeitern die Flexibilität geben, früh/spät zu beginnen und früh/spät zu gehen. Das bedeutet, dass Sie Arbeitsbeginn und -ende auf Zeiten legen können, die sowohl Ihren familiären als auch Ihren beruflichen Verpflichtungen entgegenkommen.

Kürzere Arbeitszeiten

Kürzere Arbeitszeiten können zwei Dinge bedeuten: Erstens können Sie die Überstundenkultur durchbrechen und ohne nachteilige Auswirkungen auf Ihre Karriereaussichten zu einer vernünftigen Zeit nach Hause gehen.

Zweitens können Sie entscheiden, von einem Vollzeit- in einen Teilzeitarbeitsplatz zu wechseln. Teilzeitarbeit kann je nach Arbeitsauslastung, finanziellen Umständen und Karriereplänen von viereinhalb Tagen pro Woche bis zu einem halben Tag pro Woche reichen.

Geplante oder angesammelte Freistellungen

Mitarbeiter können während der Woche mehr arbeiten und so genügend Stunden sammeln, um alle vierzehn Tage oder einmal im Monat einen geplanten Tag freizunehmen. Dieses Modell ändert die Gesamtstundenanzahl eines Mitarbeiters nicht. Einige Arbeitgeber ermöglichen Ihren Mitarbeitern, während der Woche mehr zu arbeiten und dafür den Freitagnachmittag frei zu nehmen, wenn es im Büro ruhig ist.

Frühaufsteher oder Nachteulen

Kates Arbeitgeber ermöglichte seinen Mitarbeitern, den Arbeitstag zu einer beliebigen Zeit zwischen sieben und zehn Uhr morgens zu beginnen, solange sie täglich acht Stunden arbeiteten. Kate war Frühaufsteherin, die sich für einen Arbeitsbeginn um sieben Uhr entschied, nachdem sie mit ihrem Mann vereinbart hatte, dass er die Kinder morgens zur Schule bringen würde.

»Für mich war das ein Geschenk. Ich bekomme zwischen sieben und neun Uhr mehr Arbeit geschafft, weil niemand im Büro ist, kein Telefon klingelt, um mich abzulenken, und ich dazu komme, Berichte zu planen und zu entwerfen und meine E-Mails zu beantworten, bevor sich das Büro langsam füllt.«

Freizeitausgleich für Überstunden

Mitarbeiter können Überstunden sammeln, die nicht bezahlt, sondern als Urlaub für einen bestimmten Zweck oder zu einer für den Arbeitgeber und den Mitarbeiter sinnvollen Zeit ausgeglichen werden. Mitarbeiter erhalten für die zusätzlich geleistete Arbeit dieselbe Zeit auf Stundenbasis frei. Wenn Mitarbeiter nicht genügend Stunden gesammelt haben, um eine bestimmte Abwesenheit abzudecken, kann von ihnen verlangt werden, die Zeit innerhalb eines vereinbarten Zeitrahmens nachzuholen.

Der Urlaub kann für Schulferien, plötzliche oder unerwartete Familienangelegenheiten wie Arzttermine, freie Tage in der Schule und Sport- oder Schulveranstaltungen gesammelt werden.

Sie sollten sich Ihre Überstunden notieren. Möglicherweise setzen Arbeitgeber eine Obergrenze für die Anzahl der Stunden oder Tage, die gesammelt werden können, sowie eine zeitliche Begrenzung für das Ausgleichen der gesammelten Stunden, weil Arbeitnehmer sonst zu viele Stunden arbeiten könnten.

Komprimierte Arbeitswoche

Die Stunden in einem Arbeitszyklus können in weniger, aber längeren Schichten, beispielsweise Zehn-Stunden-Schichten, zusammengefasst werden, sodass Mitarbeiter ihre normalen Arbeitsstunden über vier statt über fünf Tage verteilen können.

Die 12-Stunden-pro-Tag-Erwartung durchbrechen

Laut Oliver war es hart, die von seinem Arbeitgeber erwartete Arbeitszeit von acht Uhr morgens bis acht Uhr abends zu ändern. »Meine Firma lebt von den Stunden, die wir unseren Klienten in Rechnung stellen, und als junger, alleinstehender Mann mochte ich die Herausforderung und die langen Arbeitszeiten. Aber nachdem ich geheiratet hatte und wir zwei Kinder bekommen hatten, musste ich meine Zeiten an Kinderbetreuung und Schule anpassen. Ich musste anfangen, Nein zu mehr als acht Stunden Arbeit pro Tag zu sagen. Am Anfang war es eine große Sache, mich um fünf abzumelden und das Büro zu verlassen, und ich fühlte mich etwas unsicher, der Erste zu sein, der nach Hause ging. Aber irgendwann hörten meine Kollegen auf, mich zu Besprechungen nach 16 Uhr einzuladen und respektierten meine Entscheidung, zu einer vernünftigen Zeit zu gehen, um Zeit mit meiner Familie zu verbringen. Mein Chef konnte sehen, dass die Qualität meiner Arbeit nicht nachgelassen hatte. Tatsächlich begann ich jeden Tag frischer und konnte einen hohen Umsatz sichern, weil ich motiviert war, jeden Tag innerhalb von acht Stunden fertig zu werden. Seitdem sind auch andere Mitarbeiter in unserer Firma Eltern geworden, und ich bin jetzt nicht mehr der Einzige, der um fünf geht.«

Work-Life-Balance durch Telearbeit

Ein Bericht aus dem Jahr 2006 betont die folgenden Vorteile der Telearbeit:

- **Kosteneinsparungen:** Arbeitgeber, die Telearbeitsplätze einrichten, konnten Betriebskosten wie Miete, Wartung, Parkplätze und Fahrkosten einsparen.
- **Effizienz:** Telearbeit sorgte für mehr Effizienz im Unternehmen. Der Bericht zeigte, dass die Mitarbeiter zu Hause mehr Arbeit pro Stunde schafften als ihre Kollegen im Büro.

- ✔ **Einstellung neuer Mitarbeiter:** Wenn in Zeiten hoher Arbeitslasten mehr Mitarbeiter eingestellt werden müssen, bieten Telearbeitsplätze die Möglichkeit, nicht traditionelle Mitarbeiter wie Menschen mit Behinderungen, Mitarbeiter, die auf dem Land leben, pensionierte Mitarbeiter und Mitarbeiter mit Pflegeverpflichtungen einzustellen.
- ✔ **Produktivität:** Der Bericht zeigte, dass 20 Prozent der Arbeitgeber, die Telearbeitsplätze eingerichtet haben, und 24 Prozent der Telemitarbeiter meinen, dass sie ihre Produktivität aufgrund der Arbeit zu Hause oder an einem anderen Ort als im Büro steigern konnten.
- ✔ **Zufriedenheit:** Fast drei Viertel (73 Prozent) der Unternehmen und 62 Prozent der Telearbeiter berichteten von einem hohen Grad der Zufriedenheit mit der Telearbeit.
- ✔ **Work-Life-Balance:** Das wichtigste Ergebnis ist vielleicht, dass Telearbeit eine bessere Vereinbarkeit von Berufs- und Privatleben für den Arbeitnehmer bedeutet, weil die Fahrzeit zum und vom Büro wegfällt und die Arbeitsumgebung (das heißt das Zuhause) näher an den familiären und nicht beruflichen Verpflichtungen des Mitarbeiters liegt.

Arbeiten während der Schulzeiten

Dieses Arbeitszeitmodell ist vor allem für Eltern mit Schulkindern interessant und basiert darauf, dass der Mitarbeiter während der Schulferien freigestellt wird. Diese Freistellung kann zusätzlich zum normalen Urlaubsanspruch entweder unbezahlt oder als Ausgleich für Überstunden während der normalen Arbeitszeiten gewährt werden.

Vier Tage arbeiten und einen Tag frei

Petra und Jan arbeiten beide im öffentlichen Dienst und haben entschieden, vier längere Tage – mit zehn Stunden – statt fünf Achtstundentage zu arbeiten. »Es ist eine gewisse Organisation erforderlich, weil wir planen müssen, wer die Kinder wegbringt und abholt, damit jeder von uns vier lange Tage arbeiten kann.«

»Bevor die Kinder in die Schule kamen, hat Jan montags und ich freitags freigenommen, damit wir beide Zeit mit den Kindern verbringen konnten. So brauchten wir nur für drei Tage pro Woche eine Kinderbetreuung. Seit die Kinder in der Schule sind, nehmen wir beide den Freitag frei, damit wir zusammen einkaufen, das Haus putzen und sogar noch gemeinsam zu Mittag essen können, bevor das Wochenende beginnt«, erzählt Petra.

Die Vorteile der Telearbeit

Telearbeit ist Arbeit, die in Vollzeit, Teilzeit oder auf gelegentlicher Basis von einem Arbeitnehmer geleistet wird. Diese Arbeit erfolgt nicht in einer traditionellen Büroumgebung, sondern zu Hause oder über das Internet, wenn der Mitarbeiter beruflich unterwegs ist.

Mit dem Begriff Telearbeit unterscheide ich diese Art des Arbeitens vom »Arbeiten zu Hause«, das auf Menschen zutrifft, die zu Hause ein eigenes Unternehmen führen oder freiberuflich tätig sind (was normalerweise als *Heimunternehmen* bezeichnet wird). Dieses Thema wird in Kapitel 13 dargestellt.

Ihrem Chef ein Angebot machen, das er nicht ausschlagen kann

Bevor Sie das Büro Ihres Chefs betreten und nach flexibleren Arbeitszeiten fragen – ob Gleitzeit, unbezahlten Urlaub während der Schulferien oder Telearbeit –, müssen Sie die Bedürfnisse und Ziele des Unternehmens in Betracht ziehen und sicherstellen, dass sich Ihr Vorschlag nicht negativ auf die Geschäfte des Unternehmens auswirkt.

Die Präsentation einer Argumentation ist ein effektives Mittel, um zu zeigen, dass Sie die Situation ernsthaft durchdacht und sichergestellt haben, dass Ihr Vorschlag auch Vorteile für den Arbeitgeber bringt. Ihr Chef will wissen, dass Ihr Job auch mit flexiblen Arbeitszeiten erledigt werden kann, dass der Job die Kapazität bietet, flexible Arbeitszeiten zu ermöglichen, und dass Ihr Vorschlag zu Richtlinien für andere Mitarbeiter weiterentwickelt werden kann.

Eine überzeugende Argumentation ausarbeiten

Eine *Argumentation* ist in Ihrem Fall ein strukturierter Vorschlag für Veränderungen am Arbeitsplatz, deren Kosten und Vorteile erklärt und gerechtfertigt werden. Hier sind einige wichtige Informationen, die Sie in Ihre Argumentation einschließen sollten:

- ✔ **Stellen Sie die Auswirkungen für Ihre Kunden dar.** Viele Kunden möchten, dass ihr bevorzugter Ansprechpartner rund um die Uhr für sie erreichbar ist. Ein Jobsharing-Modell, bei dem zwei Mitarbeiter einen Arbeitsplatz teilen, sorgt dafür, dass Kunden ihren bevorzugten Ansprechpartner an dem jeweiligen Arbeitstag länger erreichen können.
- ✔ **Stellen Sie die Vorteile dar.** Die Einführung von familienfreundlichen Arbeitszeitmodellen steigert die Arbeitsmoral und das Wohlbefinden von Mitarbeitern. Jobsharing kann beispielsweise Möglichkeiten für die Einstellung von Arbeitnehmern schaffen, für die es zurzeit keine Posten im Unternehmen gibt. Jobsharing-Modelle können auch verhindern, dass erfahrene Vollzeitmitarbeiter das Unternehmen verlassen, die ihre Arbeitszeit gern verkürzen würden.
- ✔ **Stellen Sie klar, welche Art von Schulung für Führungskräfte der Arbeitgeber bereitstellen kann.** Finden Sie heraus, ob Führungskräfte des Unternehmens flexibel arbeiten. Ist diesen bewusst, was das Unternehmen seinen Mitarbeiter aktuell anbietet? Schlagen Sie vor, Informationen zu familienfreundlichen Arbeitszeiten in Schulungen und Anweisungen für Manager einzubinden.
- ✔ **Listen Sie bereits vorhandene Personal- und Branchenrichtlinien und Verbesserungsvorschläge auf.** Finden Sie heraus, ob das Unternehmen über eine Richtlinie für flexible Arbeitszeiten verfügt, und überprüfen Sie diese gegebenenfalls. Wurde sie jemals in die Praxis umgesetzt? Wissen die Mitarbeiter davon? Ist sie noch relevant? Möglicherweise

gibt es eine Vereinbarung für Elternzeit und die Rückkehr in den Beruf. Finden Sie heraus, wie viele Frauen nach der Elternzeit zurückkehren. Falls sie nicht zurückkehren, finden Sie heraus, warum.

✔ **Zeigen Sie das Einsparpotenzial.** Flexible Arbeitszeitmodelle können Kosten sparen, weil sie Fehlzeiten, Mitarbeiterfluktuation, Rekrutierungskosten und Schulungskosten für neue Mitarbeiter reduzieren.

✔ **Geben Sie an, wie Ihr Arbeitgeber die neuen Arbeitszeitmodelle überwachen und auswerten kann.** Erklären Sie, dass Ihr Arbeitgeber Pünktlichkeit messen kann, wenn Kernarbeitszeiten erweitert oder reduziert werden. Er kann außerdem die Raten für Fehlzeiten vor und nach der Einführung von flexiblen Arbeitszeitmodellen vergleichen, die Mitarbeiterfluktuation und die Gründe für das Bleiben oder Gehen (über Mitarbeiterbefragungen) messen und prüfen, ob die Anzahl der Bewerber für neu ausgeschriebene Stellen steigt (weil das Unternehmen jetzt als attraktiver Arbeitgeber gilt).

Fallstudien, um den Fall unter Dach und Fach zu bringen

Wie die meisten Menschen höre ich gern Erfolgsgeschichten. Gute Fallstudien beschreiben ein Unternehmen oder eine Person, das beziehungsweise die ein Problem erkennt, eine Lösung findet, die Lösung in die Praxis umsetzt und die Lorbeeren erntet. Fallstudien können auch verwendet werden, um andere Mitarbeiter zu ermutigen, neue Wege im Beruf zu gehen.

Flexible Arbeitszeiten

Ein Einzelhändler bot seinen Mitarbeitern flexible Arbeitszeitmodelle an, die dem Geschäft längere Öffnungszeiten und den Mitarbeitern gestaffelte Arbeitszeiten ermöglichten, sodass diese gestärkt und mit mehr Energie und Motivation in die Arbeit gingen. Als besonders erfolgreich erwies sich die Einführung von Gleitzeitangeboten. Mitarbeiter können sich entscheiden, später anzufangen und später zu gehen, und so Stoßzeiten im Straßenverkehr vermeiden und ihren Betreuungsverpflichtungen nachkommen. Die Maßnahmen sorgen dafür, dass die Mitarbeiter mehr Energie und weniger Stress haben. Die gesteigerte Motivation bedeutet, dass die Mitarbeiter des Unternehmens von dem Moment, in dem sie in die Arbeit kommen, produktiver sind.

Komprimierte Arbeitswochen sind eine weitere flexible Option, bei der Mitarbeiter entscheiden können, ihre Arbeitszeit über vier statt fünf Tage zu verteilen. Auch diese bieten Kunden längere Öffnungszeiten und Mitarbeitern die Möglichkeit, einen freien Tag in der Woche zu bekommen.

Marktleitung in Teilzeit

Ein Einzelhändler erkannte, wie wichtig es ist, wertvolle Mitarbeiter zu halten. Als eine versierte und erfahrene Marktleiterin nach dem Mutterschutz an den Arbeitsplatz zurückkehren wollte, war der Arbeitgeber mehr als gewillt, Möglichkeiten zu schaffen, die der Mitarbeiterin die Rückkehr an den Arbeitsplatz, aber trotzdem ein ausgewogenes Verhältnis zwischen Berufs- und Familienleben ermöglichen würden. Die Bedürfnisse der Mitarbeiterin wurden durch eine Teilzeitstelle berücksichtigt, gleichzeitig profitierte das Unternehmen, weil es eine fähige und erfahrene Mitarbeiterin halten konnte.

Die flexible Arbeitszeitvereinbarung wirkte sich auch auf die zwei Assistenzleiter aus – die beide in Vollzeit arbeiten und an die Marktleiterin berichten. Die Marktleiterin war glücklich, weil sie ihren Posten behalten konnte, die Assistenzleiter waren glücklich, weil ihre Vollzeitstelle gesichert war und sie das Vertrauen genossen, von der Initiative zu profitieren und weiterhin von einer erfahrenen Marktleiterin betreut zu werden.

Flexibilität in Dienstplänen

Eine Einzelhandelskette ermöglicht Mitarbeiter in den Niederlassungen, ihre Dienstpläne an ihre Bedürfnisse anzupassen. Die einzige Vorgabe für die Niederlassungen ist, dass die Ergebnisse unabhängig von den flexiblen Dienstplänen gehalten oder gesteigert werden müssen und Änderungen erst nach Rücksprache mit dem Niederlassungsleiter erfolgen.

In einigen Niederlassungen können Mitarbeiter Dienstpläne entweder innerhalb der Niederlassung oder sogar zwischen verschiedenen, nahe beieinander liegenden Niederlassungen tauschen. In einer anderen Niederlassung werden die Dienstpläne an die speziellen Bedürfnisse der Mitarbeiter angepasst, damit diese andere Dingen wie Betreuungspflichten, Studium oder Sport mit dem Beruf vereinbaren können. Fazit ist, dass die Mitarbeiter das Gefühl haben, ihre Arbeitszeiten besser kontrollieren zu können. Gleichzeitig werden die Bedürfnisse des Unternehmens erfüllt. Fehlzeiten und der Verwaltungsaufwand für die Unternehmensleitung wurden deutlich reduziert.

In einer Niederlassung standen für die Besetzung des Leiterpostens zwei gleich qualifizierte und erfahrene Mitarbeiter zur Verfügung. Das Unternehmen beschloss, das Problem mit einem Jobsharing-Modell zu lösen. Die zwei Mitarbeiter machten die Zuweisung von Aufgaben und Verantwortlichkeiten sowie die Art und Weise der Berichterstattung an die Unternehmensleitung unter sich aus.

Ohne diese Flexibilität hätte das Unternehmen sehr wahrscheinlich einen wertvollen Mitarbeiter verloren, möglicherweise sogar an die Konkurrenz. Das Jobsharing brachte die folgenden Vorteile:

- ✔ Bessere Geschäftsleistung durch höhere Effizienz und Effektivität der Niederlassungsleitung
- ✔ Bessere Verfügbarkeit aufseiten der Niederlassungsleitung und höhere Mitarbeitermotivation, da mehr als eine Person auf die Bedürfnisse der Mitarbeiter reagieren kann
- ✔ Weniger Abhängigkeit vom Bereichsleiter, da die zwei Leiter den jeweils anderen um Rat fragen können

Telearbeit

Ein Unternehmen bot einer aus dem Mutterschutz an den Arbeitsplatz zurückkehrenden Mitarbeiterin an, regelmäßig von zu Hause aus zu arbeiten. Damit half das Unternehmen der Mitarbeiterin, Berufs- und Familienleben besser zu vereinbaren. Außerdem setzte die Vereinbarung positive Zeichen für die anderen Mitarbeiter, weil sie zeigte, welchen Wert der Arbeitgeber auf erfahrene und qualifizierte Mitarbeiter legt.

Das Unternehmen profitierte von der Vereinbarung, weil eine wertvolle, geschulte und erfahrene Mitarbeiterin gehalten werden konnte. Die Telearbeit sorgte außerdem für mehr Effizienz aufseiten der Mitarbeiterin, weil diese motiviert war, das Beste aus dieser Chance zu machen und die typischen Unterbrechungen im Büro wegfielen.

Interessante Fallstudien finden

Die Erfahrung, nicht der einzige Mensch in einer bestimmten Situation zu sein, hilft Ihnen, mehr Sicherheit und Argumente für das Aushandeln flexiblerer Arbeitszeiten zu finden. Hier einige Websites mit Fallstudien zu anderen Menschen, die in einer ähnlichen Situationen wie Sie sind:

- ✔ **Arbeitszeitberatung Dr. Hoff:** `www.arbeitszeitberatung.de`
- ✔ **Chefsache Familie:** `www.chefsache-familie.de`
- ✔ **Beruf und Familie:** `www.beruf-und-familie.de`
- ✔ **Erfolgsfaktor Familie:** `www.erfolgsfaktor-familie.de`

Positiv mit Einwänden umgehen

Ihr Chef trägt eine Menge Verantwortung und muss bei Ihrem Vorschlag das Unternehmen und seine Mitarbeiter als Ganzes in Betracht ziehen. Wenn Ihr Chef große Verantwortung trägt und einen Teil Ihrer Arbeit beaufsichtigen muss, wird er Änderungen wahrscheinlich eher nicht zustimmen. Möglicherweise meint er, dass Ihr Vorschlag negative Auswirkungen auf das Unternehmen haben könnte.

Jeder, der im Berufs- und Privatleben – in diesem Fall treffen beide Positionen auf Sie zu – Verhandlungen führt, sollte vorausahnen können, welche Einwände und Bedenken die andere Partei (Ihr Chef) vorbringen wird, um Ihren Vorschlag nicht zu genehmigen oder umzusetzen. Ein Arbeitgeber kann beispielsweise die folgenden Fragen stellen:

- ✔ Haben Sie mir bewiesen, dass Sie in der Lage sind, Arbeiten ohne oder mit wenig Aufsicht durchzuführen?
- ✔ Wie kann ich Ihre Ergebnisse und Leistungen anders messen als an der Tatsache, wann Sie an Ihrem Schreibtisch im Büro sitzen?
- ✔ Wenn ich Ihnen flexible Arbeitszeiten gewähre, muss ich dann nicht auch allen anderen Mitarbeitern diese Möglichkeiten bieten?
- ✔ Können Sie Ihre Arbeit mit flexiblen Arbeitszeiten überhaupt schaffen?
- ✔ Wird die Arbeit in derselben Qualität und termingerecht abgeliefert?
- ✔ Wird sich die Vereinbarung auf den Kundendienst auswirken?
- ✔ Sind Sie erreichbar, wenn ich Sie brauche?

Antworten geben und Unterstützung finden

Versuchen Sie, sich in Ihren Chef hineinzuversetzen, wenn Sie an mögliche Einwände gegen Ihre flexiblen Arbeitszeitvorschläge denken. Versuchen Sie dann, eine Lösung zu finden. Bleiben Sie Ihrem Chef einen Schritt voraus, und zeigen Sie, dass Sie Fragen erwartet und Strategien entwickelt haben, um die erwähnten Probleme zu lösen.

Fortlaufender Kundendienst

Die meisten Arbeitgeber legen heute großen Wert auf einen guten Kundendienst. Oft ist ein guter Kundendienst der entscheidende Faktor, der wiederholte oder neue Aufträge sichert. Wenn Sie bei Ihrem Vorschlag Strategien für den Kundendienst berücksichtigen, zeigen Sie Ihrem Chef, dass Ihr Team – und Sie selbst – Wert auf einen guten Kundendienst legt und Sie Teil eines höchst effektiven Teams sind, das diesen Standard aufrechterhalten möchte.

Empfehlen Sie, dass Kunden über die neuen Arbeitszeiten informiert werden sollten, um ihnen zu versichern, dass ihre Aufträge geschätzt und ihre Anforderungen weiterhin erfüllt werden. Dieser Ratschlag zeigt nicht nur, dass Sie mitdenken, sondern kann auch dazu führen, dass Sie zu einer wichtigen Kontaktperson werden, die Kunden persönlich, telefonisch oder per E-Mail informiert. Darüber hinaus können Sie vorschlagen, ein Kollegensystem aufzubauen, bei dem jedes Teammitglied ein anderes darin schult, effektiv mit den Kunden des jeweils anderen umzugehen. Ein solches System garantiert nicht nur bei Teilzeit- oder flexiblen Arbeitszeiten einen kontinuierlichen Kundendienst, sondern deckt auch andere Fehlzeiten ab, beispielsweise wegen Krankheit oder in der Urlaubszeit.

Mit dem »Das bedeutet aber mehr Arbeit für mich«-Dilemma umgehen

Um Ihrem Chef das Gefühl zu vermitteln, dass Sie ihn verstehen, stimmen Sie seinen Bedenken zu, dass die neuen Arbeitszeiten möglicherweise mehr Arbeit für ihn bedeuten. Stellen Sie die Situation dann klar, indem Sie darauf hinweisen, dass eine Einführung flexibler Arbeitszeiten zwar anfangs mehr Arbeit verursachen kann, später aber dafür weniger. Studien haben gezeigt, dass Arbeitgeber, die ihren Mitarbeitern zutrauen, ihre Arbeit mit minimaler Beaufsichtigung zu erledigen, im Endeffekt mehr Motivation, Loyalität und Produktivität ernten. Als zeitsparende Methoden kann Ihr Chef eine Änderung der Zeiten für Teambesprechungen und eine neue Art der Mitarbeiterkommunikation in Betracht ziehen, damit Mitarbeiter, die in Teilzeit oder zu Hause arbeiten, an Besprechungen teilnehmen können und auf dem Laufenden bleiben.

Arbeitgeber sollten ihre Mitarbeiter außerdem in den Entscheidungsprozess einbinden, indem diese sich Wege überlegen, wie flexible Arbeitszeiten funktionieren können. Dazu zählen beispielsweise ein vermehrtes Mitspracherecht bei Dienstplänen, eine E-Mail-Etikette (nur unbedingt notwendige E-Mails schreiben und mehrere Informationen in einer E-Mail zusammenfassen), das Zusammenfassen von Fragen (um Unterbrechungen zu verringern) und die Durchführung kürzerer und effektiverer Teambesprechungen.

Die Schwierigkeiten bei der Auswertung flexibler Leistungen

Arbeitgeber fragen sich, wie sie die Leistung von Mitarbeitern in einem flexiblen Arbeitszeitmodell bewerten können. Diese Frage hat durchaus ihre Berechtigung, weil nur sehr wenige

Führungskräfte wissen, wie flexible Arbeitszeiten in ein Team integriert werden können oder wie sie flexibel arbeitende Mitarbeiter führen können. Vereinbaren Sie eine Besprechung mit Ihrem Chef, um über die folgenden Maßnahmen zu reden:

- ✔ Legen Sie die besten Zeiten für persönliche Besprechungen und die Kommunikation per Telefon oder E-Mail fest.
- ✔ Vereinbaren Sie, an welchen Mitarbeiterbesprechungen Sie teilnehmen müssen (unter Berücksichtigung der Zeit, in der Sie am Arbeitsplatz sind), welche Schulungen und Weiterbildungsmaßnahmen Sie noch benötigen und welche anderen organisatorischen oder teamrelevanten Verantwortungen Sie tragen. Bleiben Sie realistisch, wenn Sie Ihren Beitrag festlegen, den Sie in Ihren reduzierten Stunden leisten können.
- ✔ Reden Sie über die wichtigsten Aspekte Ihrer Position und überlegen Sie sich solide Maßstäbe, an denen Ihre Leistung gemessen werden kann, beispielsweise abgeschlossene Projekte, Kundenzufriedenheit und das Erreichen von Teamzielen.

Die Schleusen öffnen

Wie oft haben Sie den folgenden Satz schon gehört: »Nun, wenn ich das für Sie tue, muss ich es auch für alle anderen tun.« Versuchen Sie, nicht mit den Augen zu rollen, wenn Ihr Chef diesen Satz ausspricht. Hören Sie stattdessen zu und zeigen Sie Verständnis für seine Bedenken. Eine gute Antwort, die Ihren Chef am Ball hält, ist etwas wie: »Nicht unbedingt, weil Sie immer noch die Autorität besitzen, jeden Einzelfall zu bewerten, basierend auf den Verantwortlichkeiten in einem bestimmten Posten, den Fähigkeiten des Mitarbeiters und den Bedürfnissen des Teams.«

Sie können außerdem erwähnen, dass das Schlimmste, was Ihrem Chef passieren kann, wenn andere Mitarbeiter flexible Arbeitszeiten nutzen, eine motivierte Belegschaft mit Mitarbeitern ist, die alles daransetzen werden, dass die neuen Arbeitszeiten Erfolg haben!

Testphase

Wenn Ihr Chef immer noch unsicher ist, ob Ihre Idee der flexiblen Arbeitszeiten in der Praxis Erfolg haben kann, schlagen Sie eine Testphase vor. Idealerweise sollte die Testphase für einen Zeitraum von drei bis sechs Monaten festgelegt werden. Vereinbaren Sie außerdem einige Leistungsziele, die Sie erreichen sollten. Empfehlen Sie Ihrem Chef, während dieses Zeitraums regelmäßig, beispielsweise vierzehntägig, zusammenzutreffen, um Probleme, Ihre Arbeitsauslastung, die Kommunikation mit anderen Mitarbeitern und Kunden sowie Ihre produktivsten Zeiten zu besprechen.

Am Ende der vereinbarten Testphase können Sie und Ihr Chef die flexiblen Arbeitszeiten auswerten, um zu entscheiden, ob Sie das Modell langfristig umsetzen werden. Sprechen Sie auch über eventuelle Änderungen, die das Modell verbessern könnten, und wie Sie diese Änderungen umsetzen werden. Unabhängig von dem Ergebnis dieses Gesprächs sollten Sie Ihrem Chef vorschlagen, die Entscheidung schriftlich festzuhalten und von beiden Parteien unterschreiben zu lassen. Bei einem negativen Ausgang können Sie Ihren Vorschlag so später noch einmal durchgehen, und Ihre Erfahrung kann Ihnen helfen, eine bessere Alternative auszuarbeiten.

Kühlen Kopf bewahren, wenn es hoch hergeht

Als wäre es nicht schwer genug, den Mut aufzubringen, Ihr Anliegen vorzutragen, müssen Sie auch noch üben, wie Sie während der Verhandlungen Ihre Gefühle im Zaum halten.

Wenn Sie verärgert reagieren oder Frustration und Enttäuschung zeigen, werden Sie Ihren Chef kaum beeindrucken und Ihr Vorschlag möglicherweise allein deshalb abgelehnt. Ihr Chef wird Ihre Argumentation wahrscheinlich positiver betrachten, wenn Sie einen Termin mit ihm vereinbaren und sich ruhig hinsetzen, um über das Thema zu diskutieren.

Hier einige Ratschläge, die Sie berücksichtigen sollten, wenn Sie während des Gesprächs emotional zu werden drohen:

- ✔ **Ihren Chef einbeziehen:** Danken Sie Ihrem Chef, dass er sich die Zeit für den Termin mit Ihnen nimmt und bereit ist, über eine Lösung zu sprechen, die Ihnen beiden entgegenkommt. Auf diese Weise wirken Sie professionell und wohlüberlegt und hinterlassen einen guten Eindruck.
- ✔ **Die Auslöser erkennen:** Wenn Sie befürchten, wichtige Punkte zu vergessen, schreiben Sie diese auf und lesen Sie direkt von Ihren Notizen ab, damit Ihr Chef sehen kann, dass Sie es ernst meinen und Sie Ihre Hausaufgaben gemacht haben. Wenn Sie glauben, dass Sie in Tränen ausbrechen könnten, geben Sie Ihrem Vorgesetzten vorab eine schriftliche Version Ihrer Argumentation, damit Ihr Vorschlag bereits gelesen und verdaut ist. Damit verhindern Sie, dass Sie in die Defensive gehen müssen, sobald Sie sich hingesetzt haben.

  Sie glauben, Sie könnten wütend werden? Atmen Sie ein paar Mal tief durch, lesen Sie von Ihrer Liste langsam die Punkte ab, über die Sie sprechen möchten, und machen Sie zwischendurch Pausen, um hier und da noch einmal tief durchzuatmen. Diese Art der Präsentation ist erfolgreicher, als wenn Sie durch Ihre einleitenden Aussagen hetzen und sofort ein Ja verlangen.
- ✔ **Zuhören, zuhören, zuhören:** Wenn Ihr Chef eine Frage stellen oder einen Kommentar einwerfen möchte, hören Sie zu, was er zu sagen hat. Aktives Zuhören zeigt, dass Sie sich nicht leicht ablenken lassen und nicht nur darauf warten, dass Ihr Chef zu reden aufhört, damit Sie Ihre Argumentation weiter vortragen können.
- ✔ **Verschiedene Optionen anbieten:** Wenn Sie mehr als eine Lösung anbieten, zeigen Sie Ihrem Chef, dass Sie eine Reihe von Optionen in Betracht ziehen. Sie können dann darüber reden, wie und warum diese funktionieren könnten oder nicht. Auf diese Weise zeigen Sie, dass Sie die Bedürfnisse Ihres Arbeitgebers in Betracht ziehen.
- ✔ **Machen Sie sich Notizen:** Bei mir hat es bei mehreren Gelegenheiten funktioniert, mich auf das Zuhören zu konzentrieren und Notizen von dem zu machen, was gesagt wird. Wenn ich in einem Bewerbungsgespräch oder einer Besprechung, die mich etwas nervös macht, einen Block und einen Stift bereithalte, um Notizen zu machen, geschehen drei Dinge:
  - Ich kann genau verstehen, was die andere Person sagt.
  - Ich kann die Punkte der anderen Person festhalten, ohne sie zu beurteilen oder sofort darüber zu diskutieren.
  - Ich bekomme ein oder zwei Sekunden Zeit, um meine Gedanken zu sammeln und über die beste Antwort nachzudenken.

Mit einem Nein umgehen

Der Himmel bewahre, dass Ihr Chef Ihren Vorschlag bezüglich flexibler Arbeitszeiten ablehnt. Aber wenn dem so ist, denken Sie daran, dass nicht alles verloren ist. Hier einige andere Wege, die Sie gehen können:

- ✔ **Bitten Sie Ihren Chef, Ihnen die Gründe für seine Entscheidung schriftlich mitzuteilen.** Eine schriftliche Aussage, in der die Gründe für die Ablehnung klar aufgeführt sind, können Sie an einem ruhigen Ort und in einer ruhigen Zeit noch einmal lesen, um über die Gründe für die Ablehnung nachzudenken.
- ✔ **Bitten Sie um eine erneute Prüfung der Situation bis zu einem bestimmten Datum.** Wenn Sie Ihren Chef bitten, die Entscheidung innerhalb von sechs Monaten noch einmal zu prüfen, haben Sie die Möglichkeit, Ihre Argumentation noch einmal zu überarbeiten. Diese erneute Prüfung ist Ihre zweite Chance, Ihren Vorschlag zu präsentieren. Recherchieren Sie weiter, berücksichtigen Sie die Ansichten Ihres Arbeitgebers, ziehen Sie andere flexible Arbeitszeiten in Betracht und stellen Sie sicher, dass Sie verschiedene Gründe angeben, die Ihren Chef überzeugen.
- ✔ **Suchen Sie Rat bei Ihrem Personalleiter.** Ihr Arbeitgeber hat möglicherweise Mitarbeiterrichtlinien aufgestellt, die Leitfäden für flexible Arbeitszeitmodelle sein können und Ihnen Informationen über die Prozesse geben, die Sie durchlaufen müssen, um einen Vorschlag für flexible Arbeitszeiten auszuarbeiten. Darüber hinaus weiß Ihr Personalleiter möglicherweise von Mitarbeitern, die in anderen Bereichen Ihres Unternehmens erfolgreich flexible Arbeitszeiten umgesetzt haben, an die Sie sich wenden können.
- ✔ **Suchen Sie Rat bei Ihrem Gewerkschaftsvertreter.** Ihr Personalleiter kann Ihnen auch mitteilen, welche Gewerkschaft für Sie zuständig ist. Informationen zu den Gewerkschaften für die verschiedenen Branchen finden Sie auf der Website des Deutschen Gewerkschaftsbundes (DGB) unter `www.dgb.de`.

Ihr neues Berufsleben organisieren

9

In diesem Kapitel

- Zeigen, dass Sie Beruf und Privatleben vereinbaren können
- Ihre neuen Arbeitszeiten einhalten
- Die Balance zwischen Berufs- und Privatleben weiter verbessern
- Ihren Chef im Zaum halten
- Den Erfolg Ihrer Work-Life-Balance testen

Wenn Sie einen realistischen Grad der Vereinbarkeit von Berufs- und Privatleben sichern möchten, müssen Sie zahlreiche Aspekte berücksichtigen. Sie müssen auf Ihre physische Gesundheit achten (siehe Kapitel 4), Ihre Zeit besser in den Griff bekommen und Prioritäten festlegen (siehe Kapitel 6), vernünftige Pausen einlegen (siehe Kapitel 7) und das flexible Arbeitszeitmodell finden, das am besten zu Ihnen, Ihrer Familie und Ihrem Arbeitgeber passt (siehe Kapitel 8). Wenn sich all diese Herausforderungen vor Ihnen auftürmen, haben Sie möglicherweise das Gefühl, am liebsten direkt wieder ins Bett gehen und dort bleiben zu wollen. Aber Sie können nicht, denn Sie haben noch Arbeit vor sich ...

Mit *Arbeit* meine ich, dass Sie jetzt sicherstellen müssen, dass Ihre neuen Arbeitszeiten nicht in Vergessenheit geraten, von Vorgesetzten und Kollegen »angeknabbert« werden oder unter unerbittlichen Arbeitslasten zusammenbrechen. Andererseits müssen Sie auch nicht unnachgiebig und starr sein, wenn wirklich unvorhergesehene Dinge und knappe Abgabetermine auftauchen und Sie in der Lage sind, die Betreuung Ihrer Kinder während des Tages oder nach der Schule oder Ihre Pflegeverpflichtungen entsprechend zu organisieren.

In diesem Kapitel zeige ich Ihnen, wie Sie sich durchsetzen und sich gute Ratschläge bei einem Mentor holen. Sie erfahren außerdem, wie Sie Richtlinien für andere Mitarbeiter unterstützen und entschlossen andere attraktive Arbeitgeber ausspionieren können, um herauszufinden, welche Modelle diese erfolgreich umsetzen. Darüber hinaus müssen Sie lernen, mit einem Vorgesetzten zu verhandeln, der vielleicht nicht so entgegenkommend ist wie Ihr vorheriger Chef und erst von Ihrer flexiblen Arbeitszeit überzeugt werden muss. Hört sich ganz einfach an, oder?

Mit gutem Beispiel vorangehen

Schuldgefühle wirken sich allzu häufig auf Ihre Arbeitszeit aus, indem sie Ihnen ins Ohr flüstern, dass »Sie heute nicht um drei gehen können, weil Sie das Papier für Ihren Chef noch nicht fertig haben« oder dass »Sie alle im Stich lassen, weil der Rest des Teams ohne Ihren Bericht nicht zur nächsten Phase des Projekts übergehen kann«. Oder wie wäre es mit: »Komm schon, du bist der Einzige, der das machen kann.« Und wenn Ihr eigenes Schuldgefühl nicht dazu führt, dass Sie im Büro bleiben und Ihre flexiblen Arbeitszeiten ignorieren, dann organisieren möglicherweise wohlmeinende Kollegen oder Ihr Chef eine Besprechung an dem Tag, an dem Sie nicht arbeiten, und es wird erwartet, dass Sie Ihre Woche umplanen, um an der Sitzung teilzunehmen.

Es ist wichtig, Regeln für Ihre Arbeitszeiten aufzustellen und sich daran zu halten. Machen Sie beispielsweise Ihrem Team klar, dass Sie zu den Zeiten A und B erreichbar sind, aber definitiv nicht zu den Zeiten X und Y. Wenn Sie von zu Hause aus arbeiten, werden Sie nicht nach 19 Uhr und auch nicht am Wochenende am Computer sitzen. Das bedeutet nicht, dass Sie nicht zusätzliche oder andere Stunden arbeiten können, wenn die Arbeit das erforderlich macht und Sie Ihre Zeitplanung umstellen können. Aber wenn Sie sich meistens an Ihre Regeln halten, weiß Ihr Team bald, wann eine Besprechung geplant werden kann, bei der Sie anwesend sein sollen, oder wann Sie am besten erreichbar sind. Die meisten E-Mail-Programme bieten entsprechende Funktionen, die diese Informationen für Sie weitergeben können.

Sorgen Sie mit den folgenden einfachen Schritten dafür, dass Ihre Schuldgefühle oder die fehlende Rücksicht Ihrer Kollegen Ihre flexiblen Arbeitszeiten nicht zunichtemachen:

- ✔ **Aktiv sein:** Nehmen Sie an Komitees, Arbeitsgruppen oder Besprechungen zu bestimmten Projekten teil. Sie können sich außerdem in unternehmensweiten Komitees engagieren, die sich dem Thema familienfreundliche Arbeitszeiten und den Vorteilen von Änderungen für andere Kollegen widmen. Möglicherweise stellen Sie fest, dass Kollegen, die Ihr Arbeitszeitmodell missverstehen oder sogar ablehnen, tatsächlich selbst gern flexibler arbeiten würden. Lächeln Sie, hören Sie zu und versuchen Sie, ihnen zu zeigen, wie es geht.
- ✔ **Organisiert sein:** Liefern Sie sorgfältig Notizen, Berichte und regelmäßige E-Mails über Ihre Fortschritte bei verschiedenen Aufgaben und Projekten ab. Organisieren Sie rechtzeitig einen Ersatz für die Zeiten Ihrer Abwesenheit, und informieren Sie Ihre Kollegen über Ihre Vereinbarungen sowie darüber, wen sie für was kontaktieren können. Wenn Sie Ihre Kollegen auf dem Laufenden halten, reduzieren Sie Missverständnisse und machen ihnen bewusst, wie Sie arbeiten und was Sie zum Team-/Unternehmensplan beitragen.
- ✔ **Zuverlässig sein:** Halten Sie sich an Ihre Seite der Vereinbarung und erledigen Sie Ihre Aufgaben termingerecht. Oder lassen Sie Ihren Manager so bald wie möglich wissen, wenn Sie ein Problem haben. Geben Sie Ihrem Chef nie das Gefühl, dass er nicht weiß, was in Ihrem Arbeitstag vor sich geht.
- ✔ **Erreichbar sein:** Breitband, Internet, E-Mail, SMS, Handy und sogar das gute alte Telefon sind Möglichkeiten, um mit Ihrem Chef (und anderen Leuten) zu kommunizieren.
- ✔ **Verfügbarkeit ankündigen:** Kommunizieren Sie. Stellen Sie sicher, dass Ihre Kollegen wissen, was Sie wann tun. Lassen Sie Ihre Kollegen wissen, wann Sie verfügbar sind und wann nicht. Und halten Sie sich an die Regeln, ohne unhöflich oder abweisend zu wirken.
- ✔ **Flexibel sein:** Springen Sie im Notfall für einen Kollegen ein oder nehmen Sie gelegentlich an Besprechungen teil, die außerhalb Ihrer Arbeitszeiten liegen. Dieses Entgegenkommen trägt stark dazu bei zu zeigen, dass Sie immer noch ein Teammitglied sind, auf das man sich in Notfällen verlassen kann.

Ihre hart erkämpften Arbeitszeiten einhalten

Wie schaffen Sie es also, Ihre flexiblen Arbeitszeiten einzuhalten? Jetzt ist es an der Zeit sich anzusehen, was es heißt, durchsetzungsfähig zu sein. Durchsetzungsvermögen bedeutet, dass Sie Ihre Meinungen oder Bedürfnisse ehrlich ausdrücken. Das heißt, Sie können für Ihre Rechte einstehen und lassen sich von anderen nicht übervorteilen. Durchsetzungsvermögen heißt auch, dass Sie sagen können, was Sie wollen, und zwar klar und auf eine Weise, die zeigt, dass Sie Vertrauen in sich selbst und Ihre Ansichten haben.

Wie mir wurde Ihnen wahrscheinlich von Ihrer Familie und den Lehrern in der Schule beigebracht, dass gute Manieren bedeuten, sich auf die Bedürfnisse von anderen und nicht auf Ihre eigenen Bedürfnisse zu konzentrieren. Das ist ein netter Gedanke. Aber diese Regel macht es schwerer, nach dem zu fragen, was Sie wollen und brauchen. Das Aushandeln Ihrer Arbeitsbedingungen ist etwas, das Sie und das Unternehmen betrifft, bei dem Sie angestellt sind.

Ihr Selbstbewusstsein wirkt sich auf zweierlei wichtige Weise auf Ihr Durchsetzungsvermögen aus. Wenn Sie nicht besonders viel von sich halten, fällt es Ihnen vielleicht schwer, das Vertrauen aufzubringen, für sich selbst einzustehen. Alternativ kann Angst möglicherweise dazu führen, dass Sie in unpassenden Momenten aggressiv werden. Sie können genervt oder verärgert wirken und anderen Menschen Angst machen, obwohl es tatsächlich Sie selbst sind, der Angst hat und dem das Vertrauen fehlt.

Ich habe einmal mit einer Abteilungsleiterin gearbeitet, die regelmäßig ankündigte, dass sie »Dummköpfe einfach nicht ausstehen könne«. Ihr aggressives Verhalten vermittelte den Mitarbeitern die Botschaft, dass sie uns alle für Dummköpfe hielt. Die Mitarbeiter nahmen an, dass sie frustriert war, weil sie nicht bei einem Posten im höheren Management berücksichtigt worden war und ihre Frustration an den Menschen um sie herum ausließ. Im Nachhinein sehe ich jetzt, dass sie möglicherweise Angst hatte, uns ihre Enttäuschung zu zeigen.

Durchsetzungsvermögen akzeptieren

Sehr wahrscheinlich wissen Sie, dass Sie sich manchmal mehr durchsetzen sollten, und sicher haben Sie anderen Leuten oft genug genau das geraten. Aber wenn es um Ihre eigene Situation geht, kann Durchsetzungsvermögen eine Herausforderung sein. Menschen, die wissen, wie sie sich auf respektvolle Weise durchsetzen – oder für ihre Rechte einstehen –, haben oft den größten Erfolg, wenn es darum geht, ihr ausgehandeltes flexibles Arbeitszeitmodell mit Unterstützung ihrer Vorgesetzten einzuhalten. Durchsetzungsvermögen wird mit einem positiven Selbstwertgefühl in Beziehung gesetzt.

Durchsetzungsvermögen bedeutet nicht, dass Sie aggressiv werden sollen. Durchsetzungsfähiges Verhalten hat nichts mit Schuldzuweisungen, Drohungen oder Forderungen zu tun. Aggression beinhaltet Drohungen, Sarkasmus, Beschimpfungen und üble Nachrede – nichts davon wird Ihnen helfen, den Respekt von Kollegen oder Vorgesetzten zu gewinnen. Mit aggressivem Verhalten werden Sie den Kampf sicher nicht für sich entscheiden.

Andererseits vermeiden Menschen, sich durchzusetzen, weil sie Angst haben, andere zu verärgern oder abgelehnt zu werden. Dieser Drang behält weit über die Schulzeit hinaus seine

Wirkung. Dennoch fühlen sie sich bei fehlendem Durchsetzungsvermögen möglicherweise übervorteilt, worunter dann wiederum ihr Selbstwertgefühl leidet.

Wenn Sie nicht nach einem neuen Projekt oder einer Gehaltserhöhung fragen, weil es Ihnen allgemein schwerfällt, um etwas zu bitten, werden Sie sich nicht nur schlechter fühlen, sondern zeigen auch, dass Sie Ihre Karriere nicht im Griff haben.

Vielleicht reden Sie sich sogar ein, dass Ihr Vorgesetzter, wenn er Sie denn wirklich schätzen würde, von allein merken sollte, wie gut Sie Ihre Arbeit machen, und Ihnen neue Projekte und eine Gehaltserhöhung anbieten sollte, ohne dass Sie danach fragen müssten. Traurigerweise gilt in unserer Berufsära: Wenn Sie nicht danach fragen, bekommen Sie es auch nicht. Infolge Ihres mangelnden Durchsetzungsvermögens werden Sie Ihre Fähigkeiten wahrscheinlich weiter anzweifeln und sich noch mehr als machtloses Opfer Ihres Arbeitsgebers sehen.

Stellen Sie sich die folgenden Fragen, um herauszufinden, wie durchsetzungsfähig Sie wirklich sind:

- Können Sie Nein sagen, wenn Sie etwas nicht tun möchten?
- Bitten Sie um Hilfe, wenn Sie diese benötigen, oder fragen Sie nach, wenn Ihnen etwas nicht klar ist?
- Drücken Sie Wut und Ärger angemessen aus?
- Sagen Sie Ihre Meinung, wenn Sie mit anderen nicht übereinstimmen?
- Schauen Sie anderen in die Augen, wenn Sie mit ihnen reden?
- Reden Sie regelmäßig in Besprechungen?
- Reden Sie auf eine allgemein sichere Weise und vermitteln Sie dabei ein echtes Interesse an Ihrem Thema und Vertrauen in Ihre eigene Meinung?

Ihr Durchsetzungsvermögen am Arbeitsplatz stärken

Nur weil Ihnen Ihr fehlendes Durchsetzungsvermögen nicht auffällt, sollten Sie nicht davon ausgehen, dass andere sie nicht bemerken. Nicht durchsetzungsfähiges Verhalten kann Ihre Karriereaussichten zunichtemachen, weil Sie zulassen, dass andere Ihre Fähigkeiten nicht ernst nehmen. Wenn Sie beispielsweise in Besprechungen zulassen, dass Sie ständig unterbrochen werden, kann Ihr Vorgesetzter dieses Verhalten als Spiegel Ihrer Fähigkeiten interpretieren, unabhängig davon, wie kompetent Sie tatsächlich sind. Probieren Sie die folgenden Ratschläge aus, um Ihr Durchsetzungsvermögen zu steigern und gehört zu werden:

- **Machen Sie sich bewusst, dass es um Sie geht.** Verwenden Sie »Ich«-Aussagen, vor allem, wenn Sie negative Gefühle ausdrücken. Ich-Aussagen helfen Ihnen, Ihren Ärger konstruktiv zu fokussieren und Ihre Gefühle klar auszudrücken. Ein Beispiel: »Wenn du (erwähnen Sie das Verhalten der anderen Person), ist das für mich (erwähnen Sie die Auswirkungen dieses Verhaltens auf Ihre eigene Person) und ich fühle mich (beschreiben Sie Ihr Gefühl).« Vermeiden Sie Sätze mit »Du bist ...«.

- ✔ **Entschuldigen Sie sich nicht dafür, dass Sie reden.** Möglicherweise ertappen Sie sich dabei, dass Sie einen Satz wie folgt beginnen: »Entschuldigung, aber ...«. Ihre Kollegen und Ihr Vorgesetzter nehmen das möglicherweise ganz anders wahr: »Entschuldigung, dass ich eine Meinung dazu habe, aber lassen Sie mich diese trotzdem kundtun«, was Ihrer Aussage die Selbstsicherheit nimmt.
- ✔ **Lassen Sie keine unnötigen Unterbrechungen zu.** Denken Sie daran, dass Sie jetzt an der Reihe sind. Halten Sie Ihre Hand hoch und sagen Sie jedem, der Sie unterbricht, ganz freundlich: »Entschuldigung, aber ich war noch nicht fertig.«
- ✔ **Halten Sie Ihre Stimme unten.** Menschen kommunizieren oft unbewusst Machtlosigkeit, indem sie am Ende eines Satzes die Stimme anheben, als würden sie eine Frage stellen statt eine Aussage treffen. Diese Intonation lässt den Redner unsicher und nicht sehr glaubhaft wirken. Heben Sie die Stimme wie hier? Um Ihrer Aussage Kraft zu geben, bemühen Sie sich bewusst, Ihre Stimme am Ende des Satzes zu senken, achten Sie auf eine gleichmäßige Lautstärke und halten Sie Blickkontakt. Üben Sie das zu Hause vor dem Spiegel.
- ✔ **Hören Sie dem zu, der gerade redet.** Lassen Sie andere wissen, dass Sie ihre Reaktion auf Ihre Aussage oder Ihre Meinung gehört haben. Stellen Sie Fragen, um Dinge klarzustellen.
- ✔ **Üben Sie Ich-Aussagen bei Familienmitgliedern oder Freunden.** Fragen Sie Menschen, deren ehrlichen Rückmeldungen Sie vertrauen können. Beginnen Sie mit weniger stressbelasteten Situationen, beispielsweise wenn Sie wollen, dass Ihr Partner nicht den nassen Schwamm im Schrank unter der Spüle aufbewahrt. Lassen Sie sich nicht entmutigen, wenn Sie sich bei Ihren ersten Versuchen nicht durchsetzen können. Betrachten Sie Ihre Übungen stattdessen als Chance, um herauszufinden, wo Sie vom Weg abgekommen sind und wie Sie Ihren Umgang mit der Situation beim nächsten Mal verbessern können.
- ✔ **Hören Sie auf, unterwürfig zu sein.** Vermeiden Sie Verhalten wie übermäßiges Lächeln, zu häufiges Nicken, das Neigen Ihres Kopfes oder das Abwenden Ihrer Augen, wenn jemand Sie ansieht. Sie wirken dann demütig und sanft, und Ihre Meinung wird weder gehört noch geschätzt.
- ✔ **Sagen Sie Nein.** Seien Sie entschieden, wenn Sie Nein sagen. Erklären Sie, warum Sie ablehnen, aber seien Sie nicht zu entschuldigend (weitere Informationen dazu, wie Sie ohne Schuldgefühle Nein sagen können, finden Sie in Kapitel 3).

Mentoren finden

Mentoring kann ein sehr effektives Mittel sein, um sicherzustellen, dass Sie nicht allein sind in Ihren Bemühungen um eine erfüllende Karriere – und wahrt gleichzeitig alle Chancen auf zukünftige Beförderungen. Mentoren sind oft Menschen, die Ihre Situation bereits durchlebt haben. Sie können die beste Waffe in Ihrem Kampf um ein ausgewogenes Berufs- und Privatleben sein. Ein erfahrener Mitarbeiter kennt die Richtlinien und Sonderfälle bei Ihrem Arbeitgeber und kann Beispiele für andere Mitarbeiter nennen, die ein gutes flexibles Arbeitszeitmodell verwirklicht haben.

Ein Mentor ermöglicht Ihnen, vertraulich über problematische Dinge am Arbeitsplatz zu sprechen, und bietet Ihnen Ermutigung, konstruktive Kommentare, Vertrauen und Ratschläge. Ein Mentor stellt Ihnen Kontakte zur Verfügung, die Ihnen in anderen Bereichen helfen können, beispielsweise den richtigen Ansprechpartner in der Personalabteilung, der Sie unterstützen kann. Er kann Ihnen außerdem zeigen, wie Sie Ihre Fähigkeiten verbessern können. Eine Partnerschaft mit einem Mentor bietet Ihnen außerdem wertvolle Unterstützung in Zeiten eines Jobwechsels oder einer organisatorischen Umstrukturierung.

Was ist ein Mentor?

Ein *Mentor* ist normalerweise ein Mitarbeiter mit mehr Erfahrung, der gewillt ist, Zeit damit zu verbringen, einem jüngeren und/oder unerfahrenem Mitarbeiter berufliche und persönliche Fähigkeiten und Erfahrungen zu vermitteln. Eine Mentor-Mitarbeiter-Beziehung am Arbeitsplatz basiert auf Ermutigung, Ratschlägen, gegenseitigem Vertrauen, Respekt und dem Willen auf beiden Seiten, voneinander zu lernen und Erfahrungen auszutauschen.

Für den weniger erfahrenen Mitarbeiter bietet das Mentoring die folgenden Vorteile:

- ✔ Ein reibungsloserer Aufstieg durch Beförderung in Managementposten
- ✔ Ein unterstützendes und vertrauliches Forum, in dem Sie Ihre Erfolge und Enttäuschungen diskutieren können
- ✔ Ein besseres Verständnis für die jeweiligen Rollen im Unternehmen
- ✔ Gesteigertes Selbstvertrauen
- ✔ Erweiterte Fähigkeiten und Kenntnisse
- ✔ Ein besseres Verständnis für die Kultur und ungeschriebenen Regeln des Unternehmens

Einfache Wege, um einen guten Mentor zu finden

Suchen Sie nach jemandem, der Ihnen nicht zu viele Jahre voraus hat, weil diese Person sich daran erinnern kann, was Sie durchmachen. Die folgenden wichtigen Schritte helfen Ihnen, den richtigen Mentor zu finden:

- ✔ **Gute Fragen stellen:** Potenzielle Mentoren sind vor allem an Mitarbeitern interessiert, die Fragen stellen, mit denen sie Ihre Ambitionen und Qualifikationen unter Beweis stellen. Intelligente Fragen zeigen, dass Sie die Erfahrung des Mentors verstehen und beabsichtigen, seine Ratschläge effektiv einzusetzen. Mentoren möchten einen Gewinner betreuen, nicht jemanden, der ständiges Händchenhalten braucht und keine Ziele hat. Stellen Sie Fragen wie »Welche weiteren Fähigkeiten können mir helfen, Projektleiter zu werden?« und »Wie sind Sie vorgegangen, um Ihre Fähigkeiten im Job zu erweitern?«. Vermeiden Sie Fragen wie »Können Sie mir einen Job verschaffen, bei dem ich mit dem Leiter der Finanzabteilung zusammenarbeite?«.

- ✔ **Gut zuhören:** Sie bringen das Gespräch in Gang, und wenn Sie eine Frage gestellt haben, hören Sie zu. Wenn ein Mentor mehr wissen muss, wird er nachfragen. Achten Sie darauf, dass Sie nicht mehr als der Mentor reden, sonst fragt sich der Mentor am Ende, warum Sie überhaupt um Hilfe gebeten haben.
- ✔ **Einen potenziellen Mentor erkennen:** Diese Person kann beliebig alt sein, aber der effektivste Mentor ist jemand, der Ihnen in der Karriere rund fünf Jahre voraus ist. Ein Mentor in dieser Phase weiß, wie Sie von Ihrer Position erfolgreich durch die Unternehmenshierarchie aufsteigen können, weil der Mentor sich noch daran erinnern kann, dort zu sein, wo Sie jetzt sind. Suchen Sie sich jemanden aus, den Sie bewundern und der gute Kommunikationsfähigkeiten besitzt.
- ✔ **Die Augen offen halten:** Möglicherweise reicht ein Mentor nicht aus. Oft brauchen Menschen mehrere Mentoren, weil kein Mentor für immer bleibt und jeder andere Fachkenntnisse zu bieten hat. Peter, ein hoher Regierungsbeamter, erzählt: »Zwei meiner besten Mentoren waren sehr unterschiedlich. Einer half mir, mich an die Unternehmenskultur anzupassen, damit ich andere Führungskräfte treffen und mich mit den zukünftigen Richtungen der Abteilung vertraut machen konnte. Der andere Mentor half mir, konzentriert zu bleiben bei dem Versuch, meinen Beruf und mein Privatleben so zu vereinbaren, dass ich auch für meine Kinder da sein kann.«
- ✔ **Zeigen, dass Sie es ernst meinen:** Sie können zeigen, dass Sie den Rat Ihres Mentors schätzen, indem Sie seine Ratschläge umsetzen, die Ergebnisse vorzeigen und dann die Situation noch einmal durchdenken und diskutieren. Wenn Ihr Mentor Ihnen die Teilnahme an einem bestimmten Projekt vorschlägt, melden Sie sich freiwillig, um daran teilzunehmen. Machen Sie Ihren Job gut und berichten Sie Ihrem Mentor, wie es lief. Fügen Sie hinzu, dass Sie dankbar für den Ratschlag waren, weil Sie eine Menge gelernt und gute Arbeit geleistet haben.

Wenn Sie auf Ihren potenziellen Mentor zugehen, können Sie erklären, dass Studien gezeigt haben, dass Mentorensysteme die folgenden Vorteile bieten:

- ✔ Diskussionen unter Mitarbeitern mit verschiedenen Sichtweisen (und Kenntnissen anderer Aspekte des Unternehmens), die noch nicht zur Unternehmensführung gehören
- ✔ Erweiterung der Kenntnisse in anderen Bereichen des Unternehmens
- ✔ Gelegenheit, über die Karriere und aktuelle Rolle des Mentors nachzudenken
- ✔ Neue Begeisterung für die Rolle des Mentors als erfahrener Mitarbeiter
- ✔ Zufriedenheit aufseiten des Mentors, weil dieser zur Entwicklung anderer Mitarbeiter beiträgt

Ein Unternehmen, das erfahrene und leitende Mitarbeiter ermutigt, als Mentor für andere aufzutreten, profitiert von einer besseren Kommunikation zwischen verschiedenen Teams, Managern mit besseren Personalmanagementfähigkeiten und reduzierten Rekrutierungskosten.

Mit einem furchtbaren Chef klarkommen

Wie Sie wissen, ist ein guter Chef jemand, der ein Unternehmen oder ein Team effektiv leiten kann und in der Lage ist, mit seinen Mitarbeitern zu kommunizieren und diese zu verstehen. Wenn Ihr Chef Sie in geschäftliche Entscheidungen einbezieht, Anerkennung für Ihre harte Arbeit zeigt und mit Belohnungen reagiert, arbeiten Sie gern für ihn. Leider werden Sie nicht immer das Glück haben, auf den perfekten Chef zu treffen. Auch wenn Sie Wege finden, um Ihren Chef herum – oder trotz seiner Anwesenheit – zu arbeiten, haben schlechte Chefs einen enormen Einfluss auf Ihr Berufsleben und damit auch auf Ihre Work-Life-Balance.

Was bringt einen Arbeitnehmer dazu, seinen Job zu behalten?

Eine im Jahr 2004 durchgeführte Umfrage ergab, dass nicht fassbare Vorteile wie flexible Arbeitszeiten, Anerkennung und Respekt ebenso wichtig sind wie eine kompetente Führung, um gute Mitarbeiter an ein Unternehmen zu binden.

Ihr Problem auf eine höhere Ebene bringen

Jeder hat das Recht auf ein stressfreies Berufsleben und eine gerechte Behandlung am Arbeitsplatz. Wenn das bei Ihnen nicht der Fall ist, bleiben Sie zunächst einmal ruhig. Wenn Ihr Chef schlechte Fähigkeiten im Umgang mit Menschen zeigt, nehmen Sie sein Verhalten nicht persönlich. Setzen Sie sich auf eine vernünftige Weise durch. Schreien Sie nicht zurück, aber lassen Sie sich auch nicht still misshandeln. Erklären Sie höflich, dass Sie es nicht schätzen, wenn jemand auf diese Weise mit Ihnen spricht.

Wenn sich die Dinge nicht verbessern, probieren Sie die folgenden Tipps in der angegebenen Reihenfolge aus:

- **Reden Sie mit einem Kollegen, dem Sie vertrauen.** Hat dieser bemerkt, dass Ihr Chef Sie schlecht behandelt, oder bilden Sie sich alles nur ein? Finden Sie heraus, ob und warum Ihr Kollege mit Ihrem Chef zurechtkommt. Was macht der Kollege im Umgang mit dem Chef anders als Sie?
- **Suchen Sie Rat bei Ihrer Personalabteilung.**
- **Bringen Sie den Fall auf eine höhere Ebene.** Wenn das Verhalten Ihres Chefs aggressiv oder beleidigend ist oder wenn alle Versuche, eine vernünftige Beziehung aufzubauen, fehlschlagen, reden Sie mit dem Vorgesetzten Ihres Chefs über die Situation.
- **Wenden Sie sich an Ihren Betriebsrat oder einen Gewerkschaftsvertreter.**
- **Lassen Sie sich von einem erfahrenen Psychologen schulen.** Sie können Fähigkeiten erlernen, die für mehr Sicherheit in Gesprächen mit Ihrem Chef sorgen und Sie belastbarer im Umgang mit Kritik oder dem Nichterreichen von Zielen machen. Einige Psychologen haben sich auf Beziehungen am Arbeitsplatz spezialisiert.

In vielen Gerichtsverhandlungen zu Schadensersatzansprüchen von Arbeitnehmern wurde entschieden, dass eine schwierige Arbeitsbeziehung zwischen Arbeitgeber und Arbeitnehmer eine negative Auswirkung auf die Arbeitsleistung haben und zu physischem und psychischem Stress führen kann. Diese Situation vernichtet oder behindert die Effektivität einer flexiblen Arbeitszeitregelung, die Sie möglicherweise mit diesem oder einem früheren Chef vereinbart haben.

Beispiele für schwieriges Verhalten von Vorgesetzten sind fehlende Kommunikation, der Widerwille, Ideen oder Meinungen von Mitarbeitern in Betracht zu ziehen, verbales Mobbing, altmodische Vorstellungen und Unhöflichkeit. Aber es ist nicht alles verloren. Sie können die Arbeitsbeziehung zu Ihrem Chef verbessern.

Was Sie mit einem schlechten Chef nicht tun sollten

Es mag verlockend sein, sich ebenso schlecht zu verhalten wie Ihr Chef, aber das ist weder professionell, noch bringt es Sie beruflich voran. Achten Sie beim Umgang mit einem schwierigen Chef darauf, die folgenden Verhaltensweisen zu vermeiden:

- ✔ **Interaktionen so weit wie möglich vermeiden.** Wenn Sie versuchen, Ihren Chef in der Kaffeeküche nicht zu beachten, während Besprechungen nicht zu reden und nur per E-Mail zu kommunizieren, wird sich die Beziehung nicht verbessern.
- ✔ **Krankheitstage vermehren.** Arbeitgeber betrachten häufige Abwesenheiten wegen Krankheit als Schwäche und fehlendes Interesse auf Ihrer Seite statt als Ergebnis schlechter Managementpraktiken. Möglicherweise verpassen Sie auf diese Weise wichtige Projekte oder Aufstiegsmöglichkeiten.
- ✔ **Den Posten oder das Unternehmen aufgeben.** Eine Kündigung kann der einfachste Ausweg aus einer unangenehmen Arbeitssituation sein. Aber ich habe entdeckt, dass eine Kündigung manchmal nur den Weg freimacht für eine andere Person, die dann in derselben miserablen Situation endet, in der Sie waren.
- ✔ **Das Verhalten des Vorgesetzten spiegeln.** Das kann Unhöflichkeiten, verbale Beleidigungen oder Hinterhältigkeiten beinhalten. Sie können wie zwei kleine Kinder enden, die sich ständig anschreien und ohne Lösung streiten, was letztendlich den Ärger nur verstärkt und das Verhalten verschlimmert.
- ✔ **Still bleiben und kleinlaut gehorchen.** Dem Vorgesetzten gefällt Ihre Schüchternheit vielleicht, aber Sie selbst brodeln innerlich, grausen sich vor Ihrer Arbeit oder werden gar depressiv.

So können Sie sich entgegenkommen

Wenn Sie und Ihr Vorgesetzter in Punkten uneinig sind, die Ihre flexiblen Vereinbarungen für Ihre Work-Life-Balance, die Arbeitsbelastung, die Art der anstehenden Arbeit oder sogar die Art und Weise der Arbeitsplatzführung betreffen, können verschiedene Methoden eingeführt werden, um die Kommunikation zwischen Ihnen zu ermutigen, beispielsweise:

- ✔ **Auf eine Lösung der Uneinigkeit zielen:** Sie müssen nicht jede Auseinandersetzung gewinnen, die Sie mit Ihrem Chef haben. Stattdessen können Sie Ihren Chef zu einem bestimmten Punkt nach seiner Meinung fragen. Hören Sie wirklich zu, machen Sie sich Notizen, stellen Sie Fragen mit offenem Ausgang und suchen Sie nach positiven Kommentaren.

- **Ruhig und vernünftig bleiben:** Ihr Chef muss in einem bestimmten Punkt nicht derselben Meinung wie Sie sein und wird nicht weiter über einen bestimmten Punkt mit Ihnen reden, wenn Sie die Fassung verlieren.
- **Zustimmen:** Ja, Sie können Ihrem Chef Komplimente für Vorschläge machen, von denen Sie denken, dass sie in Ordnung sind. Sie können immer Gemeinsamkeiten finden – wenn auch noch so kleine –, bei denen Sie sich einig sind. Sagen Sie es Ihrem Chef also, wenn Sie in einer Sache zustimmen.
- **Empfehlen statt fordern:** Formulieren Sie Ihre Ideen als Vorschlag, anstatt darauf zu bestehen, dass die Dinge auf Ihre Weise gemacht werden. Erklären Sie, inwiefern Ihre Ideen für das ganze Unternehmen von Vorteil sind.
- **Recherchieren:** Ihr Chef wird möglicherweise mehr Interesse zeigen, wenn Sie Ihre Ideen gründlich recherchiert haben und sie professionell präsentieren können und dabei sowohl die möglichen Vorteile als auch die Nachteile darstellen.

Welche Rechte haben Sie eigentlich?

Wenn Sie alles in Ihrer Macht Stehende versucht haben, um faire Arbeitszeiten zu entwickeln und weiter um die praktische Umsetzung oder die Unterstützung Ihres Vorgesetzten und Ihrer Kollegen kämpfen, gibt es verschiedene Wege, sich Unterstützung zu holen:

- **Deutscher Gewerkschaftsbund** (`www.dgb.de`): Der Deutsche Gewerkschaftsbund ist der Dachverband der Gewerkschaften, die für einzelne Branchen zuständig sind. Auf der Website des DGB finden Sie verschiedene Informationen zu den Themen Arbeitsrecht und Vereinbarkeit von Beruf und Familie.
- **Bundesministerium für Arbeit und Soziales** (`www.bmas.de`): Auf der Website des BMAS finden Sie aktuelle Informationen zum Arbeitsrecht, darunter auch zu gesetzlichen Regelungen und Empfehlungen für Teilzeitbeschäftigte.
- **Arbeitsrecht** (`www.arbeitsrecht.de`): Auf dieser Website finden Sie eine Fülle an Informationen zu arbeitsrechtlichen Fragen.

Richtlinien für ein optimale Work-Life-Balance festlegen

Eine sehr effektive Methode, um sicherzustellen, dass Ihr eigenes flexibles Arbeitszeitmodell beibehalten wird, besteht darin, Ihre Personalabteilung bei der Entwicklung einer Richtlinie für die bessere Vereinbarkeit von Berufs- und Privatleben zu unterstützen. Möglicherweise werden Sie überrascht sein, wie begeistert Ihr Hilfsangebot angenommen wird. An vielen Arbeitsplätzen kommt die Idee, solche Richtlinien einzuführen, gut an, aber oft weiß keiner, wo man beginnen soll.

Die effektivsten Richtlinien bieten mindestens einige Vorteile für Arbeitnehmer. Durch Gespräche mit Ihren internen Experten (Personalmitarbeiter, Ihr Chef, andere Manager und wichtige Mitarbeiter) und die Suche nach Informationen zur Situation bei anderen Arbeitgebern können Sie Empfehlungen geben, welche flexiblen Optionen Ihrer Meinung nach am besten zu Ihrem Arbeitsplatz passen.

Die Berücksichtigung der folgenden Situationen im Berufs- und Privatleben sind in diesen Richtlinien üblich:

- ✔ Unterstützung für die Karriere
- ✔ Flexible Arbeitszeiten
- ✔ Urlaubsoptionen
- ✔ Persönliche Work-Life-Balance

Flexible Arbeitszeiten

Jeder möchte bei Bedarf auf flexible Arbeitszeiten zurückgreifen können. Außerdem wünschen sich Mitarbeiter, dass sich ihre Vorgesetzten an Richtlinien halten können, um die Anträge von Mitarbeitern gerecht und sofort in Betracht ziehen zu können. Ich habe einen Teil dieser harten Arbeit erledigt und nach Optionen gesucht, die bei vielen Arbeitgebern erprobt werden und sich als machbar erwiesen haben. Ziehen Sie die folgenden Alternativen in Betracht, die vielleicht zu Ihrem Arbeitsplatz passen:

- ✔ **Komprimierte Arbeitswoche:** Eine Vollzeitwoche in vier Tagen arbeiten.
- ✔ **Gleitzeit:** Zu verschiedenen Zeiten kommen und gehen.
- ✔ **Jobsharing:** Zwei Mitarbeiter teilen sich einen Arbeitsplatz.
- ✔ **Teilzeitarbeit:** Weniger als die übliche Arbeitszeit arbeiten.
- ✔ **Telearbeit:** Arbeiten von zu Hause aus auf regelmäßiger oder Bedarfsbasis.
- ✔ **Schulzeitarbeit:** Arbeiten nur während der Schulzeit.

Weitere Informationen zu diesen Optionen finden Sie in Kapitel 8.

Persönliche Work-Life-Balance

Mit Entwicklungsplänen können Manager und Unternehmen Richtlinien für die Vereinbarkeit von Berufs- und Privatleben regelmäßig überprüfen. Bei der vorausschauenden Planung für Zeiten mit hoher Auslastung und saisonal bedingten Einstellungen und der Berücksichtigung der sich ändernden Bedürfnisse von Mitarbeitern (zum Beispiel Mitarbeiter, die von Vollzeit- auf Teilzeitposten wechseln) sind die folgenden Punkte sinnvoll:

- ✔ Ein Ansatz mit Änderungsmöglichkeiten bei Problemen und die Bildung von Managergruppen, damit diese einerseits eine gute Beziehung zu ihren Mitarbeitern aufbauen können, andererseits aber auch geschäftliche und persönliche Bedürfnisse erfüllt werden
- ✔ Individuelle Entwicklungspläne und regelmäßige Beurteilungen
- ✔ Mentoring durch erfahrene Kollegen oder externe Trainer

Zusätzlich zu den üblichen Urlaubs-, Krankheits- und Mutterschutztagen bieten Arbeitgeber zunehmend flexiblere Urlaubsoptionen an, um wertvolle Mitarbeiter anzuziehen und zu halten. Diese Optionen werden ebenfalls in den Richtlinien zur Vereinbarkeit von Berufs- und Privatleben festgehalten. Die folgenden neuen Optionen sind denkbar:

- ✔ **Zusätzlicher erworbener Urlaubsanspruch:** Bei dieser Option nimmt der Mitarbeiter vier Wochen unbezahlten Urlaub und verteilt die Reduzierung des Gehalts auf das ganze Jahr.
- ✔ **Karrierepause oder Sabbatjahr:** Diese Option wird Mitarbeitern angeboten, die eine längere Zeit im Ausland verbringen möchten. Viele Arbeitgeber erkennen den Wert, ihren Mitarbeitern längere Pausen vom Arbeitsplatz zu ermöglichen, insbesondere für Mitarbeiter, die sich dem Ruhestand nähern oder für Reise- und Studienzwecke. Arbeitgeber können beobachten, dass ein längerer unbezahlter Urlaub Mitarbeitern ermöglicht, eine längere Pause einzulegen und voller Elan zurückzukehren, anstatt ein Burn-out-Syndrom zu entwickeln und das Unternehmen ganz zu verlassen.
- ✔ **Elternzeit für Väter:** Frischgebackene Väter benötigen Zeit ohne Arbeit, um sich an die Anforderungen eines Neugeborenen anzupassen. Arbeitgeber müssen Vätern ermöglichen, ohne negative Konsequenzen für die Karriere, die Elternzeit in Anspruch nehmen und möglicherweise danach sogar die Arbeitzeit reduzieren zu können.
- ✔ **Bildungsurlaub:** Viele Jahre lang boten Arbeitgeber problemlos Urlaubstage für Studienzwecke an (insbesondere während der Prüfungszeiten) für Mitarbeiter, die in einem Bereich studierten, der ihrem Beruf direkte Vorteile brachte. Aber heute bieten immer mehr Arbeitgeber auch Studienurlaub für Mitarbeiter an, die in nicht relevanten Bereichen studieren, und nutzen dies als Belohnung für die geleistete Arbeit, ihre Loyalität und ihr Streben nach einer besseren Vereinbarkeit von Berufs- und Privatleben. (In Kapitel 12 finden Sie mehr zu diesem Thema.)

Unterstützung für die Karriere

Wenn Mütter und Arbeitnehmer, die sich dem Rentenalter nähern, ermutigt werden, auf dem Arbeitsmarkt zu bleiben, können Arbeitgeber ihren Beitrag dazu leisten, Betreuungspflichten gegenüber Kindern oder pflegebedürftigen Angehörigen zu unterstützen. Arbeitgeber können ihren Mitarbeitern auf die folgende Weise bei ihren Pflegeverpflichtungen zur Seite stehen:

- ✔ **Informationen zu Kinderbetreuungsangeboten:** Bereitstellung von Informationen zu Krippen, Kindergärten und Tagesmüttern in der Nähe des Arbeitsplatzes oder auf dem Weg vom Wohnort des Mitarbeiters.
- ✔ **Betriebskindergärten und Partnerschaften mit Kinderbetreuungseinrichtungen vor Ort:** Größere Arbeitgeber gehen manchmal Partnerschaften mit Kinderbetreuungseinrichtungen in der Nähe ein, um eine subventionierte Kinderbetreuung oder bevorzugte Plätze für Mitarbeiter des Unternehmens anzubieten. Andere Unternehmen bieten spezielle Betriebskindergärten an, eine Initiative, die auch von der Bundesregierung gefördert wird.
- ✔ **Gehaltsumwandlung:** Einige Arbeitgeber machen dieses Angebot, damit Arbeitnehmer teure Geräte kaufen können, beispielsweise medizinische Geräte für ein Kind oder einen Angehörigen mit Behinderungen.

Experten fragen

Die meisten Arbeitgeber in Unternehmen ab einer gewissen Größe verfügen über einen Personalexperten (oder eine Personalabteilung) und einen Betriebsrat, der die Interessen der Arbeitnehmer vertritt. Diese Mitarbeiter sind dazu da, Ihnen zu helfen. Die meisten größeren Unternehmen haben irgendeine Art von Richtlinie – wie vage und veraltet auch immer –, in der die den Mitarbeitern zur Verfügung stehenden Urlaubsoptionen aufgeführt sind. Darüber hinaus kennen sich Personalexperten und der Betriebsrat mit den gesetzlichen Vorschriften aus, bieten Informationen und Schulungen zum Thema Work-Life-Balance und sind offen für die Überarbeitung und Neufassung von Richtlinien für familienfreundliche Arbeitszeiten.

Hier sind einige Möglichkeiten, wie Arbeitgeber dafür sorgen können, dass sich Mitarbeiter für die neuen Richtlinien zur Vereinbarkeit von Berufs- und Privatleben interessieren, die mit Ihrer Unterstützung von der Personalabteilung verfasst wurden:

- ✔ **Schaffen Sie Gelegenheiten für offene Diskussionen.** Sie können eine spezielle Intranet-Diskussionsgruppe zu Ihrer Richtlinie einrichten und Mitarbeiter bitten, Vorschläge, Lösungsansätze und Fallstudien zu sammeln und zu veröffentlichen. Laden Sie Mitarbeiter ein, ihre Kommentare anonym hinzuzufügen. Die meisten Büronetzwerkpakete bieten diese Möglichkeit.
- ✔ **Schließen Sie die Richtlinien in Schulungen ein.** Stellen Sie sicher, dass Ihre Richtlinie ein zwingender Teil von internen Management- und Trainingskursen und in Einführungskursen für neue Mitarbeiter eingeschlossen wird.
- ✔ **Machen Sie die Richtlinie verfügbar.** Fügen Sie Kopien der neuen Arbeitsplatzrichtlinie zu Einstellungsmaterialien, Handbücher für neue Mitarbeiter und dem Personalbereich des Informationsportals für Mitarbeiter im Intranet hinzu.
- ✔ **Bieten Sie Belohnungen an.** Mitarbeiter und Manager, die gemeinsam daran arbeiten, durch eine sinnvolle Umsetzung der Richtlinie einen zufriedenstellenderen Arbeitsplatz zu schaffen, können mit einer Gehaltserhöhung, einem vom Unternehmen gezahlten Mitarbeiteressen, einem Tag mit Partner/Kind/Hund in der Arbeit, Geschenkgutscheinen und Zeit für die Teilnahme an einem Kurs oder einer Konferenz belohnt werden. Den Ideen sind keine Grenzen gesetzt.
- ✔ **Veröffentlichen Sie Erfolgsgeschichten:** An Arbeitsplätzen mit mehr als 50 Mitarbeitern werden mündlich weitergegebene Geschichten dazu, wie die komprimierte Arbeitswoche von Peter zu einem besseren Kundendienst führte oder warum Melinda bereits um sieben Uhr in der Früh am Schreitisch sitzt, oft nicht von den Mitarbeitern gehört, die ein echtes Interesse daran hätten. Das Veröffentlichen der Richtlinie und Geschichten von Mitarbeiten, die von der Richtlinie profitieren, kann problemlos mittels einer wöchentlichen E-Mail an alle Mitarbeiter oder über eine speziell für die Mitarbeiter eingerichtete Intranet-Seite erfolgen.

Erfolg messen

Immer mit der Ruhe. In diesem Abschnitt geht es nicht um die Erwartung, dass Sie jetzt die gesamte Personalabteilung übernehmen, obwohl Sie in einem ganz anderen Bereich arbeiten. Aber wenn Sie sich mit den Möglichkeiten vertraut machen, mit denen Ihr Vorgesetzter oder der Personalexperte Mitarbeiterleistungen überwachen kann, um festzulegen, wie erfolgreich die Richtlinie für flexible Arbeitszeiten ist, kann das für Sie sehr nützlich sein.

Beachtenswerte Verbesserungen bei der Bindung von Personal sowie die Reduzierung von Rekrutierungs- oder Schulungskosten und dem damit verbundenen Aufwand können Ihnen – und anderen Work-Life-Balance-Gewinnern oder Personalexperten – helfen, die Wichtigkeit Ihrer Richtlinie vor der Unternehmensleitung zu beweisen. Möglicherweise werden Sie sogar gebeten, die Leitung einer Arbeitsgruppe oder eines Komitees zu unterstützen, um die Ergebnisse zu prüfen und Wege auszuarbeiten, die Einführung von flexiblen Arbeitszeiten in Ihrem Unternehmen zu verbessern, die Richtlinie zu veröffentlichen oder weitere Verbesserungen daran in Betracht zu ziehen.

Eine der einfachsten Möglichkeiten zum Entwerfen einer Richtlinie für familienfreundliche Arbeitszeiten besteht darin, die Mitarbeiter zu fragen. Mitarbeiterumfragen lassen sich mit im Internet verfügbaren und leicht anpassbaren Vorlagen schnell entwickeln und können einen guten Einblick liefern, was Mitarbeiter brauchen, um beim Unternehmen zu bleiben und produktiv zu arbeiten.

Eine gängige Methode, mit der Sie bestimmen können, ob Ihre Richtlinie dazu beiträgt, gute Mitarbeiter zu halten und die Mitarbeiterfluktuation zu reduzieren, ist eine Überwachung der Zahlen. Die meisten Unternehmen verfügen über computerbasierte Personalverwaltungssysteme, die Mitarbeiter – unter anderem – nach Alter, Geschlecht, Position im Unternehmen, Voll- oder Teilzeitstatus und Menge der Krankheitstage auflisten können.

Hier einige Fragen, die Sie mithilfe der Mitarbeiterstatistiken beantworten können, um den Erfolg Ihrer Richtlinie zu messen:

- ✔ Kehren Frauen nach Mutterschutz und/oder Elternzeit in das Unternehmen zurück? Wenn nicht, warum nicht? Wenn ja, wie viele arbeiten Vollzeit, wie viele Teilzeit?
- ✔ Wie stehen Mitarbeiterfluktuation, Mutterschutz/Elternzeit, Krankheitstage und Schadensersatzforderungen von Mitarbeitern im Vergleich zu anderen Unternehmen in Ihrer Branche da?
- ✔ Welche Hauptgründe gibt es für Abwesenheiten vom Arbeitsplatz?
- ✔ Welche Hauptursachen gibt es für Arbeitsunfälle (physisch und psychisch)? In welchen Bereichen des Unternehmens kommt es zu den meisten Schadensersatzforderungen? Haben sich die Zahlen für Schadensersatzanforderungen in den letzten Jahren verändert?
- ✔ Wie hoch ist die Zahl der Abwesenheitstage in diesem Jahr im Vergleich zum letzten Jahr?
- ✔ Welche Gründe gibt es für die Mitarbeiterfluktuation? Führt das Unternehmen Gespräche oder Umfragen durch, wenn Mitarbeiter das Unternehmen verlassen?
- ✔ Wie hoch ist die Mitarbeiterfluktuation? Wie hoch war sie vor zwölf Monaten? Wie hoch vor zwei Jahren?

Mitarbeiter können durchaus ein Unternehmen leiten

Kevin kam im letzten Jahr zu einer großen Institution, nachdem er den größten Teil seines Berufslebens in einer auf Führungskräfte spezialisierten Personalvermittlungsfirma verbracht hatte. Nachdem er sich mit den Personalrichtlinien der Institution vertraut gemacht hatte, war er schockiert, als er entdeckte, dass in der mehr als 20-jährigen Geschichte des Unternehmens nie eine Fokusgruppe oder eine Mitarbeiterbefragung durchgeführt worden war. Also sprach Kevin seinen neuen Arbeitgeber an und schlug eine Mitarbeiterumfrage vor, die versprach, die Arbeitspraktiken für den Arbeitgeber, die Mitarbeiter und sich selbst zu verbessern.

»Nach Gründung einer Fokusgruppe mit wichtigen Mitarbeiterrepräsentanten entwarfen wir eine vertrauliche Umfrage, die an fast 2.000 Mitarbeiter verteilt wurde. Wir hatten einen Rücklauf von mehr als 50 Prozent und erhielten eine Menge wertvoller Informationen – nicht nur aus den Antworten zum Ankreuzen, sondern auch in den Kommentarfeldern. Die Mitarbeiter waren erleichtert, dass sie gebeten wurden, Ideen zu unseren Maßnahmen bezüglich der Vereinbarkeit von Berufs- und Privatleben beizutragen, und einige fügten sogar ihre Kontaktinformationen hinzu.«

Kevin kontaktierte die Mitarbeiter und stellte eine Arbeitsgruppe zusammen, der die Verantwortung übergeben wurde, eine Richtlinie für familienfreundliche Arbeitszeiten zu entwickeln und umzusetzen. »Auch einer unserer Geschäftsführer ist in diesem Komitee, um sicherzustellen, dass wir einen Repräsentanten auf der Ebene der Geschäftsführung haben. Zwölf Monate später wurde die Richtlinie eingeführt, und alle Manager müssen sie als einen permanenten Punkt auf die Agenda ihrer monatlich stattfindenden Besprechungen setzen. Die Akzeptanz der Richtlinie war enorm.«

Der private Teil Ihrer Work-Life-Balance

10

In diesem Kapitel

- Das Abendessen zur Kinderzeit machen
- Den Familienurlaub überleben
- Wochenenden genießen
- Sich in der Gemeinde engagieren

Manchmal tappen Sie in die Falle, dass Sie sich zu sehr darauf konzentrieren, Ihren Verpflichtungen im Beruf nachzukommen und genügend Zeit für zu Hause zu haben – nur um dann in sich zusammenzufallen, sobald Sie zur Tür hereinkommen.

In diesem Kapitel zeige ich Ihnen, welche Bereiche Ihres Privatlebens wichtig sind, um eine wirkliche Balance von Berufs- und Privatleben zu erreichen, die zu Ihnen passt. Einfache Aktivitäten wie gemeinsame Mahlzeiten am Tisch können Ihre Familie enger zusammenbringen. Die Unterstützung durch Großeltern und gute Babysitter erleichtert ebenfalls die Last Ihrer Verantwortungen. Ein ausgewogenes Verhältnis zwischen Berufs- und Privatleben wird auch wiederhergestellt, wenn Sie regelmäßig Urlaub machen, und ich werde Ihnen zeigen, wie wichtig Urlaub für Ihre Gesundheit und Ihr Wohlbefinden ist. Kein Job ist so wichtig, dass Sie 365 Tage im Jahr anwesend sein müssen.

Ein weiterer wichtiger Faktor in Ihrem beruflichen und privaten Leben ist die Möglichkeit, einen Beitrag für Ihre Gemeinde zu leisten. Gemeinden brauchen Hilfe, und Sie können Ihre Hilfe anbieten. In diesem Kapitel finden Sie Ideen für freiwillige und ehrenamtliche Tätigkeiten. Dazu zählt auch, Ihren Arbeitgeber um bezahlte Freistellungen zu bitten, damit Sie einige wertvolle Stunden haben, um für ein Gemeindeprojekt etwas an Ihrem Computer zu entwerfen.

Zeit für Ihre Kinder haben

Sie haben in den letzten Jahren sicher schon von dem Konzept der *Qualitätszeit* (wie Sie Ihre Zeit mit Ihren Kindern verbringen im Vergleich zur reinen Menge der Zeit) gehört oder gelesen. Es kann schwierig sein, alle Mitglieder Ihres Haushalts zur selben Zeit am selben Ort zu versammeln. Aber wenn Sie zwischen Arbeit, Schule, Sport und sozialen Verpflichtungen hin und her hetzen und das Gefühl haben, als hätten Sie einen zweiten Job zu erledigen (mit Hausarbeit, Kochen, Tierpflege, Hausaufgabenbetreuung und Schlafenszeitroutinen), ist es kein Wunder, wenn Sie zusammenbrechen, sobald Sie aus dem Büro zu Hause ankommen.

Auf die einfachen Dingen zurückzukommen, wie ein gemeinsames Abendessen, das Einbinden der Großeltern in die Kinderbetreuung und das Ausschalten des Fernsehers, ist eine der Strategien, die Sie ausprobieren können, um freie Momente zu finden, in denen Sie alle nicht mehr herumhetzen und stattdessen wirklich Zeit miteinander verbringen können.

Gesunde Familien

Familien sind nicht mehr nur Vater, Mutter und die Kinder. Heutzutage können Familien viele Varianten annehmen. Wie die Struktur Ihrer Familie auch immer beschaffen sein mag, die Menschen, die dazu gehören, sind der wichtigste Teil Ihres Privatlebens. Sie beeinflussen alles, was Sie tun – auch Ihr Berufsleben. Studien zeigen, dass gesunde Familien Zeit zum Reden und Zuhören finden, Zuneigung und Ermutigung geben, Unterschiede akzeptieren, Aufgaben teilen und Entscheidungen gemeinsam treffen, in Verbindung bleiben und Zeit zum Zusammensein finden.

Zeit zum Reden und Zuhören finden

Mit Ihren Kindern zu reden, ist ebenso wichtig wie Baukredite oder Miete zahlen und sicherzustellen, dass das Haus oder die Wohnung einigermaßen sauber ist. Mit Reden meine ich nicht Meckern, etwas, wobei ich mich selbst viel zu häufig ertappe. Denken Sie daran zurück, wie Sie sich als Kind gefühlt haben. Sie sind wahrscheinlich mit den Menschen die innigste Verbindung eingegangen, die Ihnen zugehört haben. Hören Sie Ihrem Kind zu, ohne seine Sätze voreilig zu beenden oder ihm eine Lektion zu erteilen. Stellen Sie sicher, dass Sie verstanden haben, was Ihr Kind sagt, indem Sie mit anderen Worten wiederholen, was Sie soeben gehört haben. Ermutigen Sie die Fortsetzung des Gesprächs, indem Sie Dinge einwerfen wie »Tatsächlich?« oder »Mhm, und was dann?«. Denken Sie auch hier daran, wie Sie sich fühlen, wenn Sie reden möchten und jemanden haben, der Ihnen zuhört.

Zuneigung, Ermutigung und Anerkennung zeigen

Sie fühlen sich gut, wenn Sie ermutigt und anerkannt werden, und das gilt auch für Ihre Kinder. Sagen Sie Ihrem Kind, was Sie an ihm lieben und mögen, und zeigen Sie Ihre Zuneigung durch Umarmungen, Zuvorkommenheit und Liebenswürdigkeit.

Den meisten Menschen fällt es leichter, zu kritisieren als zu loben, eine Rolle, in die man als Eltern leicht verfällt: »Wie oft habe ich dir schon gesagt, dass ... Oh, Entschuldigung, du hast es ja schon gemacht.« Sicher haben Sie sich auch schon einmal dabei ertappt, wie Sie diesen dummen Kommentar losgelassen haben und dann einen Rückzieher machen mussten. Sie denken darüber nach, was Sie zu Erwachsenen sagen. Denken Sie auch darüber nach, was Sie zu Ihren Kindern sagen, bevor Sie es sagen. Halten Sie ein paar Sekunden ein und denken Sie über positive Formulierungen nach, mit denen Sie über das Verhalten Ihres Kindes, über sein Aussehen, über seine Leistungen in der Schule und so weiter reden können.

Tipps für Familienaktivitäten

Es ist nicht schwer, sich gemeinsam Aktivitäten zu überlegen. Wenn Sie etwas Zeit für Ihre Familie haben, fragen Sie Ihren Partner und Ihre Kinder, wie diese die Zeit am liebsten verbringen würden. Hier einige Anregungen für Aktivitäten, die allen Spaß machen:

- ✔ **Sport treiben:** Sie gehen nicht nur mit gutem Beispiel voran, wenn Ihre Kinder sehen, wie Sie joggen, Tennis spielen oder einen Ball werfen oder kicken, sondern Sie helfen Ihren Kindern auch, eine Liebe zum Sport, zu frischer Luft und zu mehr Zeit für das Familienleben zu entwickeln.
- ✔ **Ein gemeinsames Hobby oder Projekt finden:** Suchen Sie sich eine unterhaltsame Aktivität aus, die Ihren Interessen und denen Ihrer Kinder entspricht, auf die Sie sich freuen und über die Sie später reden können. Einfache Aktivitäten wie Kochen, Malen oder Fischen geben Ihnen die Gelegenheit, eine andere Seite Ihrer Persönlichkeit zu zeigen.
- ✔ **Bei den Hausaufgaben helfen:** Unterstützung bei den Hausaufgaben ist eine tolle Möglichkeit, Ihrem Kind zu zeigen, dass Sie an dem, was es lernt, Interesse haben und bereit sind, Zeit damit zu verbringen, ihm zu helfen (nicht um die Hausaufgaben selbst zu erledigen) und es zu ermutigen.
- ✔ **Spiele spielen:** Schalten Sie Fernseher und Computer aus, und bringen Sie Ihren Kinder Brettspiele bei. Die Spiele, die Sie als Kind gespielt haben, können immer noch viele Stunden mit Lachen, Wettbewerb und Gesprächen sichern.
- ✔ **Familienausflüge planen:** Gehen Sie vor die Tür und packen Sie Ihre Familie und ein Picknick ins Auto. Ein Besuch in einem Park, im Zoo oder am See kann eine Gelegenheit sein, das Leben ohne andere Ablenkungen einfach nur zu genießen. Das zeigt Ihren Kindern, wie sehr Sie die Zeit mit ihnen schätzen.
- ✔ **Zusammen lesen:** Das Vorlesen gilt schon seit Langem als eine der wichtigsten Aktivitäten für eine gemeinsame Zeit. Wenn Sie Ihren Kindern vorlesen, wecken Sie das Interesse an Büchern, Sprache und Lernen und fördern die Aufmerksamkeit Ihrer Kinder. Wenn Ihr Kind noch sehr klein ist, können Sie Fragen zur Geschichte stellen und gemeinsam die Bilder ansehen.
- ✔ **Einen Familienkalender anlegen:** Arbeitszeitplanungen sind zunehmend hektisch, und die Familienzeit kann letztendlich eine geringe Priorität annehmen, wenn Sie Ihre Zeit nicht sorgfältig planen. Bringen Sie einen großen Kalender in der Nähe des Telefons oder am Kühlschrank an und tragen Sie dort alle wichtigen beruflichen und Familientermine ein. Ermutigen Sie die ganze Familie, den Kalender zu benutzen und erst einen Blick darauf zu werfen, bevor weitere Einladungen angenommen werden. Damit bleibt Ihre Familienzeit frei von Unterbrechungen und Absagen.

Unterschiede akzeptieren

Niemand sollte sich in einer Familie als Außenseiter fühlen, unabhängig davon, ob jemand Reality-Shows im Fernsehen, Punk-Bands oder den Gothic-Stil mag. Funktionierende Familien akzeptieren und schätzen die Unterschiede bei jedem Familienmitglied und wissen, dass jeder besonders ist. Diese Wertschätzung ermöglicht jedem einzelnen Familienmitglied, sich glücklich mit seiner Rolle und seinen persönlichen Interessen zu fühlen und auch die Interessen der anderen zu akzeptieren.

Die Arbeit teilen

Zeigen Sie Ihren Kindern, wie bestimmte Aufgaben rund um den Haushalt erledigt werden, damit sie ihren Beitrag zur Familie leisten und den Wert von Hilfeleistungen für andere erleben können. Je jünger das Kind, umso mehr Aufsicht ist von Ihrer Seite erforderlich, aber geben Sie Ihren Kindern auch Gelegenheiten, Aufgaben selbst zu erledigen, und loben Sie sie ausführlich für ihre Bemühungen. Setzen Sie die Macht Ihrer elterlichen Kontrollmöglichkeiten mit Bedacht ein – bevorzugt durch Humor und Ermutigung anstelle von Herabsetzungen und Drohungen. Wenn Sie gemeinsam Arbeiten erledigen, zeigen Sie Ihren Kindern außerdem den Wert von Teamarbeit und beweisen, dass Sie das praktizieren, was Sie predigen. Meine Mutter und ich haben früher immer gemeinsam nach dem Abendessen gespült, und obwohl das durchaus Arbeit war, hatten wir in dieser Zeit einige unserer besten Gespräche.

Ist ein gemeinsames Abendessen das Richtige für Ihre Familie?

Hier sind die Vorteile eines gemeinsamen Abendessens am Familientisch in drei Varianten:

- ✔ Richard erzählt: »Wir essen während der Woche immer am Tisch und beginnen unser Gespräch normalerweise mit der Frage, was das Beste am Tag der anderen war. Selbst unser mürrischer 15-Jähriger bleibt am Tisch sitzen (auch wenn er nur selten selber redet) und isst jeden Krümel, der ihm vorgesetzt wird.«
- ✔ Johannes sagt: »Wann gibt es eine bessere Zeit, um mit deiner Frau und deinen Kindern zu reden und herauszufinden, was im Leben der anderen passiert? Wir essen gesündere, ausgewogene Mahlzeiten, die Kinder sind besser in der Schule, weil sie sich nicht vernachlässigt fühlen, und ich weiß, dass unsere Kinder bessere Tischmanieren als die meisten ihrer Freunde haben.«
- ✔ Barbara erklärt: »In meiner Familie ist nicht nur das gemeinsame Essen am Tisch wichtig. Wir bauen auch gemeinsam Obst und Gemüse an, kaufen den Rest gemeinsam ein und lassen die Kinder helfen. Mit unserem eigenen Gemüsebeet lernen die Kinder etwas über Saisonzeiten für Gemüse und erkennen, wie viel besser Nahrungsmittel schmecken, wenn sie natürlich wachsen können. Sie sind stolz darauf, dass sie ihren Beitrag zu unserer Mahlzeit geleistet haben. Eine weitere gute Folge ist, dass die Kinder Gemüse wie Broccoli, Spinat und Bohnen mögen, weil sie beim Säen, Pflegen und Ernten geholfen haben.«

Kleine Rituale für einen großen Zweck

Die kleinen Familienrituale, die Sie täglich wiederholen, können Ihnen allen ein Gefühl der Sicherheit und Geborgenheit geben. Möglicherweise haben Sie spezielle kleine Rituale für das gemeinsame Frühstück, bei dem jedes Familienmitglied eine bestimmte Rolle übernimmt. So füttert vielleicht die achtjährige Laura den Hund, Papa stellt die Frühstücksflocken auf den Tisch, Mama macht den Kaffee und die fünfjährige Millie öffnet die Vorhänge in der Küche und im Wohnzimmer. Rituale erleichtern den Abschied an Schul- und Arbeitstagen und können Ihnen helfen, sich nach einem Tag im Büro leichter auf Ihr Zuhause einzustellen. Laura erzählt: »Ich finde es toll, wenn Papa mich vom Hort abholt, weil wir dann Hand in Hand nach Hause laufen können und ich ihm von den Dingen erzählen kann, die ich an diesem Tag erlebt habe.«

Am Wochenende gibt es viele Gelegenheiten für spezielle Familienrituale. Bei uns bereitet mein Mann am Sonntag das Frühstück mithilfe unserer Tochter vor. Wir nehmen uns alle drei Zeit, um noch im Schlafanzug auf der Küchenbank sitzend und plaudernd das Frühstück zu genießen.

Vergessen Sie das Abendessen vor dem Fernseher

Laut einer Studie ist die gute Nachricht, dass die meisten Familien oder Haushalte abends gemeinsam essen. Die etwas weniger gute Nachricht ist, dass in rund 50 Prozent der Haushalte dabei der Fernseher läuft und das Essen nicht am Tisch stattfindet. Wenn der Großteil Ihrer Zeit von Arbeit belegt wird, kann es als einfachste Alternative scheinen, sich mit einem Teller vor den Fernseher zu setzen.

Diese Gewohnheit macht einigen Ernährungswissenschaftlern Sorge, die glauben, dass das Einschalten des Fernsehers automatisch dazu führt, dass Sie sich nach Snacks sehnen, die normalerweise nicht gerade gesund sind, und weiteressen, auch wenn Sie nicht mehr hungrig sind. Außerdem besteht ein Abendessen vor dem Fernseher oft aus Fertigmahlzeiten, die Sie von unterwegs mitnehmen (die viel geschmähten Zeitsparer). Durch die Konzentration auf den Bildschirm wird die Aufmerksamkeit für Details, wie das Ergänzen der Mahlzeit mit etwas Gemüse, Salat oder Obst, oft vergessen.

Abgesehen von den Sorgen der Ernährungswissenschaftler wird eine gemeinsame Familienzeit – am Tisch und ohne Fernseher – als bestes Mittel betrachtet, um nicht nur bessere Essgewohnheiten zu fördern und zu ermutigen, sondern auch als wichtige Zeit des Tages genutzt zu werden, in der die Familie zur selben Zeit am selben Ort ist. (Einzelheiten zu fröhlichen Mahlzeiten finden Sie in Kapitel 3.)

Ihrem Baby gerecht werden

Unabhängig davon, ob Sie Ihr erstes oder Ihr fünftes Kind bekommen haben, kann die Rückkehr in den Beruf nach dem Mutterschutz oder der Elternzeit ein harter Test für Ihre Kräfte und Ihre Bemühungen für eine bessere Vereinbarkeit von Berufs- und Privatleben sein. Wenn Sie in den ersten Monaten oder Jahren nach der Geburt Ihres Kindes in den Beruf zurückkehren, können Sie sich und Ihrem Kind mit ein paar einfachen Veränderungen das Leben erleichtern.

Allerdings müssen Sie sich mit der Tatsache abfinden, dass es immer Schwierigkeiten geben wird. Beruf und Kinderbetreuung sind große Veränderungen in dem Leben, das Sie bisher gekannt haben, außerdem wird es immer Problemsituationen wie Krankheit und Unfälle geben. Sie müssen bereit sein, so gut wie möglich mit diesen Situationen umzugehen, wenn Sie im Büro sind.

Es ist wichtig, flexible Arbeitszeiten mit Ihrem Vorgesetzten zu vereinbaren. Erklären Sie, dass Sie unerwartete Schwierigkeiten durch Optionen wie Gleitzeit abdecken werden müssen. Wenn Sie später anfangen können, haben Sie die Möglichkeit, etwas länger bei Ihrem Kind zu bleiben, wenn Sie es mit dem neuen Babysitter oder der Kinderkrippe vertraut machen.

Die passende Kinderbetreuung aussuchen

Die Auswahl einer Kinderbetreuung für Ihr Kind kann ganz reibungslos verlaufen. Berücksichtigen Sie dabei die folgenden wichtigen Schritte:

- **Wählen Sie die Art von Kinderbetreuung aus, die Ihr Kind braucht.** Welche Persönlichkeit und welches Temperament hat Ihr Kind? Wenn es sensibel und zurückhaltend ist, ist eine Einzelbetreuung oder eine Betreuung in einer kleinen Gruppe bei einer Tagesmutter am besten. Wenn Ihr Kind kontaktfreudig und lebhaft ist, bietet eine größere Gruppe wie in der Krippe oder im Kindergarten viele Möglichkeiten für soziale Begegnungen und Lernschritte – insbesondere für Zwei- bis Dreijährige.
- **Informieren Sie sich rechtzeitig über Ihre Kinderbetreuungsmöglichkeiten.** Besuchen Sie verschiedene Einrichtungen und lassen Sie die Umgebung und die Menschen auf Sie wirken, um ein Gefühl dafür zu bekommen, ob sie zu Ihnen und Ihrem Kind passen. Wenn Sie sich Krippen ansehen, fragen Sie nach Wartelisten und den erforderlichen Anmeldeunterlagen. Bitten Sie Ihre Freunde um Empfehlungen.
- **Entwickeln Sie zuverlässige Gewohnheiten.** Führen Sie spezielle Rituale ein, wenn Sie Ihr Kind am Morgen in die Betreuung bringen und es am Nachmittag dort wieder abholen. Versuchen Sie, mindestens zehn Minuten gemeinsam zu verbringen, wenn Sie nach Hause kommen, um die Bindung zwischen Ihnen durch Kuscheln und Spielen wiederherzustellen, bevor Sie mit der Vorbereitung des Abendessens beginnen.
- **Zeigen Sie Interesse an der Kinderbetreuung Ihres Kindes.** Reden Sie mit der Betreuerin Ihres Kindes, bevor Sie zurück in die Arbeit gehen, damit die Betreuerin spezielle Vorlieben oder Abneigungen Ihres Kinds kennt. Bauen Sie eine gute Beziehung zur Betreuerin Ihres Kindes auf, damit Sie offen über alle Probleme und Erfolge reden können, die während der Betreuungszeit vorkommen.
- **Stellen Sie alle erforderlichen Informationen bereit.** Bei einem kleinen Baby sollten Sie sicherstellen, dass die Betreuung weitestgehend dem ähnelt, was das Baby von zu Hause kennt. Lassen Sie die Betreuerin wissen, was Ihr Baby gern isst, wie es am liebsten gehalten werden möchte, was Sie sagen, um es zu beruhigen, welche Lieder es am liebsten hört und welche seine Lieblingsspielzeuge sind.
- **Reden Sie über die Kinderbetreuung.** Sie können Kleinkinder und ältere Kinder auf die Änderung vorbereiten, indem Sie nicht nur über die Kinderbetreuung reden, sondern mit

ihnen Krippe oder Kindergarten spielen. Nehmen Sie Stofftiere, um Ihrem Kind zu zeigen, was in der Betreuungseinrichtung passiert. Betonen Sie, dass Sie am Ende der Betreuungszeit wieder zusammen sein und in das vertraute und sichere Zuhause zurückkehren werden.

- ✔ **Besuchen Sie die Kinderbetreuungseinrichtung.** Besuchen Sie die Einrichtung, für die Sie sich entschieden haben, so oft Sie können, bevor Sie an den Arbeitsplatz zurückkehren. Regelmäßige Besuche sind eine effektive Methode, Ihr Kind an die Umstellung zu gewöhnen. Sie können die ersten Male dabeibleiben und dann Ihre Abwesenheit nach und nach verlängern. Selbst wenn Ihr Kind traurig ist, sollten Sie ihm immer sagen, wenn Sie gehen, damit es das Vertrauen gewinnt, dass Sie sich nicht einfach hinausschleichen.

Trotz all Ihrer gut geplanten Vorbereitungen für die Rückkehr in den Beruf werden Sie viele widersprüchliche Gefühle erleben. Obwohl Sie sich wahrscheinlich darauf freuen, sich wieder mit Erwachsenen zu unterhalten, mehr Geld zu haben oder Ihre Karriere fortzuführen, machen Sie sich vielleicht auch Sorgen über die Sicherheit Ihres Kindes oder darüber, dass Sie jetzt die enge Bindung mit Ihrem Kind verlieren oder die Entwicklungsphasen des Kindes verpassen könnten. Diese Gefühle sind verständlich bei Eltern, die nach Monaten oder Jahren der Kinderbetreuung in den Beruf zurückkehren.

Aber mit einer guten Planung werden Sie außerhalb Ihrer Arbeitszeiten so viel Zeit wie möglich für Ihr Kind haben. Wenn Ihr Kind am Abend unruhig wird und nicht ohne Sie einschlafen kann, machen Sie daraus eine Zeit, in der Sie sich beide ausruhen. Lassen Sie sich nicht von unerledigten Hausarbeiten stressen – diese können immer noch erledigt werden, wenn Sie sich daran gewöhnt haben, Beruf und Kinderbetreuung zu vereinbaren.

Tolle Großeltern

Ihre Eltern – die Großeltern Ihrer Kinder – können eine sehr wichtige Rolle im Leben Ihrer Kinder spielen und Ihnen helfen, Beruf und Privatleben zu vereinbaren. Wenn Sie sich eine Großmutter vorstellen, denken Sie vielleicht an eine strickende grauhaarige alte Dame mit Brille. Heutzutage sind viele Großeltern im Herzen jung geblieben, sie sind fit und werden wahrscheinlich noch viele Jahre ein aktives Leben führen. Großeltern genießen oft die Zeit, die sie mit ihren Enkelkindern verbringen und die sie aus Berufsgründen vielleicht nicht mit Ihnen verbringen konnten. Außerdem können Großeltern Ihnen eine sehr willkommene Unterstützung bei der Betreuung und Erziehung Ihrer Kinder bieten.

Die Rollen und Verantwortlichkeiten Ihrer Eltern gegenüber Ihren Kindern müssen nicht wie Ihre in Stein gemeißelt sein. Reden Sie mit Ihren Eltern darüber, was Sie von ihnen erwarten. Dabei können Sie die folgenden Dinge ansprechen:

- ✔ Fragen Sie Ihre Eltern, wie sehr sie sich am Leben ihrer Enkelkinder beteiligen möchten. Das kann zu Diskussionen darüber führen, an welcher Art von Babysitting sie Interesse haben. Gehen Sie allerdings nicht davon aus, dass Ihre Eltern ein Ersatz für bezahlte Kinderbetreuung sind. Sie haben ihren Anteil an der Kindererziehung bereits geleistet und möchten sich vielleicht nur gelegentlich um Ihre Kinder kümmern. Großeltern haben ein eigenes soziales Leben, engagieren sich vielleicht in Vereinen und machen Urlaub, und Sie müssen sich darauf einstellen, dass geplante Babysitting-Termine vielleicht umdisponiert oder abgesagt werden.

- Sprechen Sie über passende Zeiten für Anrufe und die Zeiten, zu denen nicht angerufen werden sollte (zum Beispiel zu Essens- oder Badezeiten).
- Hören Sie den Ansichten Ihrer Eltern zum Thema Kindererziehung gut zu. Wenn sich die Regeln geändert haben – und das ist in jeder Generation der Fall –, erklären Sie Ihre Vorstellungen und hören Sie sich die Vorstellungen Ihrer Eltern an. Großeltern verhalten sich vielleicht mit den Kindern nicht genau so, wie Sie es tun, aber sie meinen es gut, deshalb sollten Sie ihre etwas anderen Umgangsweisen akzeptieren.
- Sie müssen Ihren Eltern die Möglichkeit geben, Ihnen zu sagen, wenn ihnen die Kinderbetreuung zu viel wird und sie Zeit für sich benötigen. Es kann sehr ermüdend sein, mehr als ein Kind gleichzeitig zu betreuen. Wir müssen alle manchmal Nein sagen können, ohne das Gefühl zu haben, dass die Welt untergeht.

Kinderrangelei für die grauhaarige Generation

Sie können Ihren Eltern die Betreuung Ihrer Kinder wesentlich vereinfachen, wenn Sie die folgenden Dinge bereitstellen:

- **Unterstützung bei der Kindersicherung:** Das Haus Ihrer Eltern ist möglicherweise nicht mehr sicher für neugierige Kleinkinder. Wenn Ihre Kinder sehr jung sind, sollten Sie noch einmal prüfen, ob auch alle Lieblingsstücke Ihrer Eltern (wie Vasen, Figürchen aus Porzellan und Topfpflanzen) sowie giftige Substanzen wie Medizin und Reinigungsmittel außer Reichweite sind.
- **Bücher:** Kinder mögen Geschichten. Zusätzlich zu Ihren eigenen Lieblingsbüchern aus der Kindheit können Sie einen sich immer wieder ändernden und günstigen Vorrat an Kinderbüchern bei Ihren Eltern aufbewahren, die Sie auf Flohmärkten, in Secondhandläden oder beim Ausverkauf im Buchladen finden. Geschichten müssen auch nicht gedruckt sein. Ermutigen Sie Ihre Eltern, Ihren Kindern Geschichten aus den guten alten Tagen zu erzählen.
- **Eigene Regeln bei den Großeltern zulassen:** Großeltern dürfen ihre Enkelkinder verwöhnen – das ist ihre Aufgabe! Möglicherweise sind sie in anderen Bereichen strenger, zum Beispiel bei der Zeit, die für Fernsehen, Computer und DVDs erlaubt wird.
- **Einladungen zu den Aktivitäten Ihrer Kinder:** Schulkonzerte, Großelterntage, Sportveranstaltungen und so weiter sind ideale Aktivitäten für Großeltern. Wenn Sie Ihren Eltern zeigen, dass Sie ihre Beteiligung auch in anderen Bereichen als nur beim Babysitten schätzen, vermittelt das Ihren Kindern gleichzeitig, dass ihre Großeltern stolz auf sie sind.
- **Andere Spielzeuge und Spiele als zu Hause:** Sie können nachsehen, ob Ihre Eltern immer noch die alten Brettspiele, Spielzeuge und Bücher im Haus haben, die Sie als Kind mochten. Oder vielleicht sogar etwas Spielzeug, mit dem sie selbst gespielt haben, als sie Kinder waren.

Glückliche Urlaubstage verbringen

Wenn ich jedes Mal, wenn ich »Oh nein, ich kann jetzt nicht freinehmen, ich habe viel zu viel zu tun« gesagt oder gedacht habe oder andere dies hab sagen hören, einen Euro bekommen hätte, wäre ich nicht nur reich, sondern hoffentlich auch in einem entspannenden Luxusurlaub.

Tatsächlich sind diese Art von Aussagen wie der sprichwörtliche Zaunpfahl, der vor Ihren Augen winkt und versucht, Ihre Aufmerksamkeit zu erhaschen. Die Balance zwischen Berufs- und Privatleben ruft nach Ihnen. Springen Sie über Ihren Schatten und das Gefühl der eigenen Bedeutsamkeit. Niemand ist unersetzlich, und Ihr Arbeitsplatz wird auch ohne Sie überleben. Falls Sie einer dieser Menschen sind, denken Sie daran, dass Sie es sich selbst, Ihrer Familie und Ihren Arbeitskollegen schulden, eine ordentliche Pause einzulegen und Ihre Batterien wieder aufzuladen. Wenn Sie keine Pause machen, werden Sie möglicherweise nicht nur physische, psychische und emotionale Schäden davontragen, sondern auch die anderen um Sie herum unter Ihren unrealistischen Erwartungen und Ihrer rapide sinkenden Arbeitsqualität leiden lassen. Ganz zu schweigen davon, wie Ihre Familie mit Ihrer wachsenden Erschöpfung und Ihrer Launenhaftigkeit umgehen wird, wenn Sie sich schließlich am Abend nach Hause schleppen.

Los, raus mit Ihnen!

Forscher sagen, dass ein guter Urlaub Vorteile bietet, die lange über die Zeit, die Sie nicht am Arbeitsplatz verbringen, hinausreichen. Arbeitnehmer, die Urlaub machen, tendieren außerdem dazu, neue Gewohnheiten zu entwickeln und sich daran zu halten, zum Beispiel Sport und eine Ernährungsumstellung. Und ein Urlaub kann auch dazu beitragen, Ihre Beziehungen zu Ihrer Familie und Ihren Freunden wieder zu vertiefen.

Hier einige Tipps für einen erholsamen Urlaub:

- ✔ **Springen Sie über Ihren Schatten.** Den Tatsachen ins Gesicht zu sehen, ist Ihre größte Herausforderung. Es ist arrogant, sich selbst einzureden, dass Ihr Arbeitsplatz nicht ohne Sie zurechtkommt. Sie schulden es Ihrer Gesundheit und Ihren Lieben, eine Pause zu machen. Und noch wichtiger ist, dass Sie eine Pause verdient haben.
- ✔ **Lassen Sie Ihre Arbeitsspielzeuge im Büro.** Keine E-Mail, kein Notebook, kein Handy im Urlaub; vielen Dank. Wenn Sie den Kontakt zum Büro aufrechterhalten – oder heimlich Telearbeit leisten –, erhöht sich nur Ihre Anspannung, weil Sie ständig Ihre E-Mails nach schlechten Nachrichten oder Komplikationen durchforsten.
- ✔ **Hören Sie auf Ihren Körper.** Achten Sie auf die Warnsignale Ihres Körpers. Müdigkeit, Einschlafschwierigkeiten und nächtliches Aufwachen, Nervosität, geringe Konzentrationsspanne, Nacken-, Kopf- oder Rückenschmerzen sind körperliche Signale, die Ihnen mitteilen, dass Sie eine Pause brauchen.

- **Schwelgen Sie in Erinnerungen.** Denken Sie im Hinblick auf einen idealen Urlaub an den besten Urlaub, den Sie je gemacht haben. Was war so gut daran? Was war erholsam? Wie können Sie einen Urlaub planen, um diese Erfahrung noch einmal zu erleben? Das Schwelgen in Erinnerungen wird dazu führen, dass Sie noch einmal einen solchen Urlaub wie Ihren besten Urlaub haben möchten.

Die Ferien überleben

Jedes Mal, wenn Ferien bevorstehen, werden unsere Kinder ganz aufgeregt vor Freude und Erwartung. Eltern reagieren dagegen ganz anders. Der Versuch, die fünf oder sechs Wochen Urlaub, die einem normalen Arbeitnehmer zustehen, auf die 13 Wochen Ferienzeit unserer Kinder auszuweiten, ist mathematisch unmöglich.

Wenn Sie nicht in allen Ferien Urlaub nehmen können, kann es weiteren Stress für Sie bedeuten, all die Ferienbetreuungsangebote durchzusehen. Sie wenden sich an Freunde, um sich mit der Betreuung an bestimmten Tagen abzuwechseln; Sie kämpfen mit dem Ex-Partner darum, wo die Kinder ihre Zeit verbringen; Sie stehen finanziell unter Druck und können nicht viel Geld für teure Unterhaltungsangebote ausgeben, um die Kinder vor Langeweile zu schützen – kein Wunder, dass die Ferien jedes Mal für Sie zu Stresssituationen werden.

Sie dürfen ruhig zugeben, dass die Ferien harte Arbeit für Sie bedeuten. Sie stehen mit diesem Dilemma nicht allein da und brauchen kein schlechtes Gewissen zu haben, weil Sie nicht die gesamten Ferien Ihres Kindes zu Hause sein und Ihr Kind rund um die Uhr unterhalten können. Und Sie brauchen sich auch nicht als drittklassige Eltern zu fühlen, wenn Sie nicht in der Lage sind, zwei Wochen im Disneyland oder kostspielige Tage beim Einkaufen oder in Vergnügungsparks zu verbringen.

Günstiger Spaß für Kinder

Nicht jedes Ereignis in den Ferien muss Sie ein Vermögen kosten. Hier sind einige Aktivitäten, die Sie in Betracht ziehen können, wenn Sie sowohl Ihre Kinder glücklich machen als auch Ihre Finanzen im Auge behalten wollen:

- **Besuchen Sie Kunstgalerien und Museen.** Diese Einrichtungen bieten oft Kindertage oder spezielle Ausstellungen. Die Besuche wecken nicht nur das kreative oder wissenschaftliche Interesse Ihrer Kinder, sondern lassen Sie auch gemeinsam etwas lernen.
- **Informieren Sie sich über lokale Veranstaltungen.** Ihre regionale Zeitung, Werbeblätter, die Stadtverwaltung und Touristenbüros bieten Informationen darüber, was in Ihrer Gegend los ist.
- **Lassen Sie die Kinder ein Spiel entwerfen, das Sie am nächsten Tag spielen können.** Liefern Sie den Kinder Ideen, um das Spiel einfach zu halten, beispielsweise Papierflugzeuge, mit denen sie ein Wettfliegen veranstalten, Mobiles, die sie basteln und draußen aufhängen, selbst gebastelte Kegel und Häuschen, die sie aus leeren Kartons basteln. Es ist erstaunlich, was man mit Toilettenrollen und Klebeband alles erschaffen kann.

- ✔ **Halten Sie die Dinge einfach.** Wenn das Wetter gut ist, gehen Sie in das nächste Freibad zum Schwimmen. Wenn es sonnig, aber nicht zu heiß ist, planen Sie etwas Einfaches wie ein Picknick oder ein Fußballspiel. Sie können einen Spielplatz in der Nähe besuchen oder in Ihrem Garten oder Hof spielen.
- ✔ **Erstellen Sie eine Liste der Lieblingsspiele, die Sie als Kind gespielt haben.** Alte Lieblingsspiele wie mit Kreide auf einer Tafel malen, Himmel und Hölle, Murmelspiele, Gummitwist, Seilspringen, selbst gemachte Knete oder Kochen kosten nicht viel, und Ihren Kindern wird es gefallen zu sehen, was Sie gern getan haben, als Sie klein waren.
- ✔ **Bleiben Sie einfach zu Hause.** Sie können die Fantasie und Selbstständigkeit Ihrer Kinder fördern, wenn Sie sie im Garten oder in ihren Zimmern spielen lassen.
- ✔ **Besuchen Sie die Bücherei am Ort:** Kinder finden hier nicht nur Bücher, DVDs und Computerspiele, die sie ausleihen und zu Hause spielen können, sondern viele Büchereien bieten auch spezielle Ferienveranstaltungen wie Vorlesenachmittage oder Kunst- und Werkkurse. Vielleicht finden Sie Bücher mit Vorschlägen, was Sie an verregneten Tagen mit Ihren Kindern tun können. Es gibt einige wirklich gute Bücher mit allen möglichen kreativen Ideen, für die Sie oft nicht mehr als ein paar einfache Dinge brauchen, die Sie bereits im Haushalt haben.

Hier einige Tipps, die Ihnen helfen können, die Ferien nicht nur zu überleben, sondern auch zu genießen, egal ob Sie zu Hause, unterwegs im Urlaub oder in der Arbeit sind:

- ✔ **Langeweile ist nicht unbedingt schlecht:** Lassen Sie ruhig zu, dass Ihre Kinder sich langweilen. Wenn sie sich beschweren, können Sie sie ruhig dasselbe sagen, was Sie von Ihren Eltern gehört haben: »Dann lass dir etwas einfallen, was du tun kannst.« Kinder müssen ihre Vorstellungskraft entfachen und Gelegenheiten haben, sich selbst eine Beschäftigung auszudenken. Und Sie haben dann die Möglichkeit, ein Buch zu lesen oder im Garten zu arbeiten, während Ihre Kinder beschäftigt sind.
- ✔ **Hobbys und Interessen fördern:** Informieren Sie sich darüber, welche Feriensommerkurse oder Ferienveranstaltungen in Ihrer Gegend angeboten werden. Die meisten Büchereien, Gemeindezentren, die Stadtverwaltung und Sportvereine bieten Aktivitäten an, die darauf zielen, den Kindern neue Aktivitäten vorzustellen.
- ✔ **Die ganze Familie über Aktivitäten entscheiden lassen:** Ob es darum geht, bei einem Ausflug an den See zu entscheiden, in welchem Restaurant Sie essen oder in welchem Park Sie picknicken werden, Kinder wollen mitentscheiden. Sie werden feststellen, dass unter den Vorschlägen, an den Nordpol zu fahren oder sich den Bauch mit irgendeinem Fastfood vollzuschlagen, durchaus einige brauchbare Anregungen sein werden: Abenteuerspielplatz, Großeltern besuchen, kochen und so weiter.
- ✔ **Faulenzen:** Wie Sie brauchen Kinder etwas unverplante Zeit, in der sie herumhängen und fernsehen, Computer spielen oder Musik hören können. Schließlich haben sie Ferien und müssen sich ebenfalls erholen und ihre Batterien wieder aufladen.

- **Informationen und Regeln hinterlassen:** Wenn Sie Ihre älteren Kinder allein zu Hause lassen müssen, während Sie arbeiten gehen, geben Sie ihnen klare Anweisungen (schriftlich und eindeutig), was sie tun sollen, wenn es zu einem Problem kommt. Hinterlassen Sie eine Liste mit Telefonnummern der Leute, die sie anrufen oder aufsuchen können, falls Sie nicht erreichbar sind.
- **Planen Sie voraus und benutzen Sie Ihren Kalender:** Informieren Sie sich vorab, welche Kinderbetreuungsmöglichkeiten in Ihrer Gegend angeboten werden, und fragen Sie nach, ob andere Eltern daran interessiert sind, einige Tage einzuplanen, an denen Sie sich mit der Kinderbetreuung abwechseln können. Noch besser: Wenn Sie einige Tage freinehmen, sich an einigen Tagen mit anderen Eltern abwechseln und irgendeine Art von Ferienbetreuung buchen können, stellen Sie möglicherweise fest, dass die Ferien mit Ihrer sorgfältigen Planung unter Kontrolle sind.
- **Denken Sie daran, dass es auch Ihre Ferien sind, auch wenn Sie arbeiten müssen:** Wenn Ihre Kinder von einem Freund, Ihren Eltern oder in einer strukturierten und sicheren Ferienbetreuung betreut werden, entspannen Sie sich – es sind zum Teil auch Ihre Ferien. Sie brauchen sich nicht schuldig zu fühlen, weil Sie die Kinder für den Tag weggeben und Sie allein zu Hause bleiben oder wenn Sie sich einen Babysitter holen, damit Sie an einem Abend mit Ihrem Partner ausgehen können. Kinder brauchen auch mal eine Pause von Ihnen und einen Tapetenwechsel.
- **Führen Sie in der letzten Woche der Ferien wieder Ihre gewohnten Routinen ein:** Ihre Kinder haben sich in den Ferien daran gewöhnt, später ins Bett zu gehen und länger zu schlafen. Aber Sie sollten sie auf normale Schlafenszeiten umstellen, bevor die Schule wieder losgeht. Auf diese Weise wird das Aufstehen am frühen Morgen kein schwerer Kampf, wenn sie wieder in die Schule müssen.

Mit Kindern reisen

Mein Bruder bezeichnet das Reisen mit Kindern als »lohnend, aber nicht erholsam«. Allerdings können Sie mit ein wenig Planung verhindern, dass Ihre Kinder allzu sehr quengeln, wenn Sie immer noch viele, viele Kilometer bis zu Ihrem lang ersehnten Urlaubsziel vor sich haben.

Wenn Ihre Kinder alt genug sind, bitten Sie um ihre Hilfe und Ideen für das Reiseziel, damit auch sie sich darauf freuen können. Komplizierte Reiseziele können viel Zeit im Auto oder Flugzeug bedeuten. Volle Reiseziele oder zu viele Besuche von Attraktionen, die eher für Erwachsene interessant sind, wie Museen, können für Kinder langweilig und für Eltern anstrengend sein. Wenn Sie Ihre Reise so einfach wie möglich halten, reduzieren Sie die Anzahl potenzieller Probleme, weil Kinder nur sehr kurze Aufmerksamkeitsspannen haben und sehr schnell ermüden.

Wie Sie während eines Familienurlaubs Ihre eigenen Bedürfnisse berücksichtigen

Sie haben die wichtigsten Aufgaben im Büro erledigt und genügend E-Mails, Notizen und Informationen hinterlassen, damit das Büro auch während Ihrer Abwesenheit reibungslos läuft. Das Haus ist sicher verschlossen, und Sie sind bereit, mit Ihrer Familie in Ihr Auto zu steigen und loszufahren. Aber Sie haben eine wichtige Sache vergessen: Was haben Sie eigentlich von diesem Urlaub? Hier einige Antworten auf diese Frage:

- ✔ **Leerer Kalender:** Möglicherweise möchten Sie alles sehen und tun, was Sie können, um das meiste aus Ihrem Urlaubsort, Ihrer Unterkunft, den möglichen Aktivitäten und dem Geld, das Sie für den Urlaub bezahlt haben, herauszuholen. Stopp! Bleiben Sie ganz ruhig. Wie ein unter zu viel Koffein stehender Verrückter herumzurennen ist der beste Weg, um sicherzustellen, dass Sie sich nach dem Urlaub genauso ausgebrannt fühlen werden wie vorher. Der Abenteuerparcours, die Bootstour und das Rieseneinkaufszentrum werden auch ohne Sie zurechtkommen, wenn Sie lieber vor Ort bleiben und ein Buch lesen möchten.
- ✔ **Vertretbares Urlaubsbudget:** Denken Sie daran, dass Impulseinkäufe jeden entspannenden Effekt Ihres Urlaubs zunichtemachen, wenn Sie nach dem Urlaub vor einer saftigen Kreditkartenrechnung stehen.
- ✔ **Flexible und realistische Erwartungen:** Gehen Sie davon aus, dass Teile Ihres Urlaubs besser laufen werden, als Sie erwartet haben, während andere Teile nicht so wunderbar sein werden, wie Sie es sich erträumt haben. Das ist normal. Atmen Sie tief durch, stellen Sie sicher, dass alle, die an diesem Urlaub beteilig sind, da sind, und entspannen Sie sich dann.
- ✔ **Sich selbst verwöhnen wollen:** Es ist wundervoll, Zeiten einzuplanen, in denen Sie überhaupt nichts tun. Nehmen Sie sich jeden Tag ein paar Stunden, um innezuhalten, die Zeitung zu lesen, die Füße hochzulegen oder wie ein dreijähriges Kind einen Mittagsschlaf zu machen.

Die folgenden Tipps können einen Familienurlaub einfacher machen:

- ✔ Bitten Sie Ihre Reiseagentur um Vorschläge.
- ✔ Geben Sie älteren Kindern Ihren oder einen eigenen Fotoapparat, damit sie selbst Fotos machen können. Ermutigen Sie Ihre Kinder, jeden Abend einen Tagebucheintrag zu schreiben, um ihre Urlaubsabenteuer festzuhalten.
- ✔ Mieten Sie sperrige Babyutensilien wie Kinderwagen, Babybett und Hochstuhl, wenn Sie am Urlaubsort ankommen, anstatt alles selber mitzunehmen.
- ✔ Nutzen Sie von Zeit zu Zeit Miniclub- oder Babysitting-Angebote im Hotel, um etwas Zeit allein verbringen zu können.

- Wählen Sie die passende Unterkunft aus, beispielsweise Appartements mit Selbstversorgung und separaten Schlafzimmern, Frühstücksangebote oder Hauszelte mit Betten.
- Wenn Sie mit älteren Kindern Touristen- oder historische Attraktionen besuchen, versuchen Sie, spezielle Erwachsenen- und Kinderzeiten auszuhandeln, beispielsweise indem Sie am Vormittag etwas tun, was die Erwachsenen tun möchten, und dafür am Nachmittag etwas Kinderfreundliches unternehmen (was auch eine gute Zeit zum Entspannen und eine Gelegenheit ist, spazieren zu gehen oder am Pool zu sitzen).

Das Weihnachtschaos überstehen

Wenn es Ihnen wie mir geht, kann sich Weihnachten eher weniger nach Feiern und Wohlwollen gegenüber Ihren Mitmenschen, sondern vielmehr nach hohen Rechnungen, endlosen Einkaufstouren, Kämpfen um Parkplätze und Ausgebranntsein anfühlen. Da Weihnachten auch mit zwei Wochen Ferien zusammenfällt, haben Sie den zusätzlichen Druck, die Ferien Ihrer Kinder zu planen und im Büro verschiedene Aufgaben zu bewältigen, bevor es zu Weihnachten und für Neujahr geschlossen wird. Deshalb fühlen Sie sich bis zum Heiligabend möglicherweise etwas erschöpft und fragen sich vielleicht, wann Sie jemals wieder Zeit für sich finden sollen.

Verzweifeln Sie nicht. Mit etwas Planung und Organisation können Sie Weihnachten überleben und sogar die vielen schönen Seiten der festlichen Zeit genießen:

- **Delegieren Sie die Weihnachtspflichten.** Ich gebe zu, dass ich geglaubt habe, dass das Einkaufen, Kochen, Putzen, Unterhalten der Gäste, Beantworten von Einladungen, Schreiben von Weihnachtskarten und so weiter nur meine Pflichten sind. Das ist aber nicht so.

  Bitten Sie Ihre Familie um Hilfe und planen Sie eine Besprechung ein, in der Sie die Aufgaben delegieren, die dem jeweiligen Alter und den Fähigkeiten entsprechen (mein Mann kocht wie ein Küchenchef, mir gefällt es, das Haus zu dekorieren und danach die Spülmaschine einzuräumen). Bitten Sie Gäste, die Sie zu Weihnachtsfeiern einladen, etwas zum Essen mitzubringen, und lassen Sie Ihre kreativen Kinder die Weihnachtsgeschenke einpacken. Kinder finden es toll, das Weihnachtsfest mit zu organisieren und lernen so zu schätzen, wie viel Arbeit – und Spaß – die Weihnachtsvorbereitungen sein können.
- **Vereinfachen Sie Ihre Aufgaben.** Kaufen Sie Geschenke während der Mittagspausen im Internet, und trinken Sie Kaffee mit einem Freund, den Sie am Wochenende nicht treffen können. Verzeihen Sie sich selbst, dass Sie den Nachtisch im Supermarkt kaufen, und bereiten Sie Hühnerbrust zu, anstatt Stunden damit zu verbringen, die Pute in den Ofen zu quetschen. Schmücken Sie nach einem gemeinsamen Abendessen zusammen den Baum, und entscheiden Sie gemeinsam, welche Neuigkeiten und Fotos Sie in Ihre per E-Mail an entfernte Verwandte und Freunde gesendeten Weihnachtswünsche einfügen.
- **Finden Sie etwas Zeit für sich.** Das Einplanen von Auszeiten für Sie selbst ist eins der besten Geschenke, das Sie allen anderen machen können, damit Sie nicht zu einem hektischen Weihnachtsmonster mit tiefen Ringen unter den Augen werden. Wenn alle anderen um die letzte gerade angesagte Spielkonsole in limitierter Auflage kämpfen, gehen Sie schwimmen oder ins Kino.

- ✔ **Sparen Sie Papier und Porto.** Anstatt sich dazu zu zwingen, 100 Weihnachtskarten an Verwandte und Freunde in aller Welt zu schreiben, spenden Sie das Geld, das Sie dafür ausgeben würden, lieber an eine wohltätige Organisation und verschicken Sie Ihre Weihnachtswünsche in einer E-Mail, in der Sie erklären, was Sie getan haben. Verwenden Sie Ihre persönliche E-Mail, um Ihren Freunden alles Gute zu Weihnachten und zum neuen Jahr zu wünschen. Vielleicht rufen Sie hier sogar einen neuen Trend ins Leben, sodass sich auch die anderen nicht mehr verpflichtet fühlen, Karten zu verschicken, die sich auf Kaminsimsen oder Regalen ansammeln und jedes Mal herunterfallen, wenn jemand die Tür öffnet.

- ✔ **Bringen Sie sich in Stimmung, indem Sie zu Hause bleiben.** Stellen Sie sicher, dass Sie in der Woche vor Weihnachten mindestens zwei Abende zu Hause haben, an denen Sie sich mit Ihren Freunden und Lieben entspannen können. Bereiten Sie ein Lieblingsessen der Familie am Abend vor, leihen Sie sich einige DVDs aus oder organisieren Sie einen Spieleabend – das sind einfache Ideen, um etwas Zeit miteinander zu verbringen.

- ✔ **Nutzen Sie Ihren Kalender für Entscheidungen.** Sie haben vier Einladungen für denselben Abend, aber Sie haben nicht wirklich die Wahl, sich für eine Einladung zu entscheiden. Sie sollten nicht den Fehler machen zu glauben, dass Sie bei allen vier Veranstaltungen anwesend sein können. Gehen Sie zu Hause wie im Büro vor – legen Sie Prioritäten für die Veranstaltungen fest, die Ihnen am wichtigsten sind, und stellen Sie aber auch sicher, dass Sie genug Zeit haben, um Ihre Weihnachtsvorbereitungen zu erledigen und einfach eine Pause zu machen. Sagen Sie Nein. Viele Leute haben über Weihnachten zu viele Verpflichtungen und würden tatsächlich nur zu gerne Ihren Vorschlag annehmen, stattdessen im Januar oder Februar zusammenzukommen.

Für die Wochenenden arbeiten

Ihre Wochenenden sind heilig. Während der ganzen Arbeitswoche träumen Sie davon, wie viel Spaß Sie am Wochenende haben werden. Aber oft sind Wochenenden schließlich mit ebenso viel Druck und Stress verbunden wie die Woche und hinterlassen bei Ihnen das Gefühl, noch gereizter, müder und der Arbeit überdrüssig zu sein.

Pläne für das Wochenende zu machen, kann Ihnen helfen, das zu erreichen, was Sie tun wollen, ohne sich von Pflichten ablenken zu lassen. Schreiben Sie Ihre Pläne am Montagabend auf und planen Sie während der Woche Zeit für größere Aufgaben ein, beispielsweise einen großen Teil der Wäsche für Mittwochabend und das Bestellen von Lebensmitteln im Internet am Donnerstag während der Mittagspause. Das bedeutet, dass Sie am Samstagvormittag weder das Einkaufen noch die Wäsche im Hinterkopf haben, wenn Sie zwischen Sportveranstaltungen und Geburtstagsfeiern hin und her fahren. Probieren Sie die folgenden weiteren nützlichen Tipps aus, um Ihre Wochenenden zu genießen:

- ✔ **Frische Luft atmen:** Das ist wunderbar, auch wenn möglicherweise das Wetter nicht mitspielt. Wenn das Wetter gut ist, gehen Sie spazieren, joggen Sie, gehen Sie zum Wandern, besuchen Sie einen Park oder machen Sie eine Fahrradtour mit Ihren Kindern. Etwas ganz Einfaches wie frische Luft schnappen und Bewegung kann viel zu Ihrer Erholung beitragen.

- **Ein neues Hobby finden:** Wenn Sie sich auf ein neues Hobby einlassen, vermeiden Sie vielleicht eher, am Wochenende in eine Routine aus Hausarbeiten und anderen Aufgaben zu verfallen. Ihr Hobby kann sogar eine Belohnung sein, auf die Sie sich freuen, sei es mit Ihrer Familie, in einem Verein oder ganz allein als Teil Ihrer geplanten Auszeit.
- **Die eher nervtötenden Aufgaben angehen:** Ich weiß, dass es am Wochenende um Spaß und Erholung gehen sollte, aber Wochenenden eignen sich auch hervorragend, um kleine Dinge zu erledigen, die Sie schon seit Langem nerven. Einfache Wartungsarbeiten wie das Ölen quietschender Türen, das Entsorgen Ihrer Altkleider oder das Aussortieren Ihres recycelbaren Mülls kann viel dazu beitragen, den visuellen Stressfaktor zu reduzieren, der entsteht, wenn diese Dinge unerledigt bleiben. Selbst wenn Sie sich an einem Abend hinsetzen und sich durch Ihre unbezahlten Rechnungen, die Steuererklärung und so weiter arbeiten, nimmt das eine Last von Ihren Schultern, und Sie haben das Gefühl, als hätten Sie etwas Lohnendes erreicht in Ihren zwei freien Tagen.
- **Aus dem alten Trott ausbrechen:** Wenn Sie viel zu tun haben, stellen Sie schnell fest, dass Sie jedes Wochenende dieselben alten Dinge tun. Wenn Sie in einen solchen Trott geraten, geht die Idee der Erholung und Entspannung schnell verloren. Tatsächlich können die zwei wertvollen Tage am Wochenende wesentlich freier gestaltet werden als die Wochentage. Versuchen Sie, einen oder mehrere Freunde zum Essen einzuladen (selbst wenn Sie nur etwas zum Essen liefern lassen), oder gehen Sie los und besuchen Sie einen Ort, an dem Sie noch nie waren und den Sie schon immer besuchen wollten (für mich ist das der Winzer am Ort). Die Wäsche und der ungemähte Rasen können bis zum nächsten Sonntag warten.
- **Mit Freunden treffen:** Sie verbringen einen großen Teil Ihrer Zeit in der Woche am Telefon, und auch wenn Sie gerne Zeit mit Ihren Freunden verbringen, kann der Gedanke, schon wieder zum Telefon zu greifen und zu versuchen, ein Treffen zu vereinbaren, ein Graus sein. Nun, machen Sie sich die Mühe. Dabei ist es egal, ob Sie sich am Samstag nach dem Fußballspiel Ihres Kindes zum Kaffee treffen oder gleich ein großes Essen veranstalten wollen. Alternativ können Sie am Sonntag früher aufstehen und zum Wandern gehen oder sich direkt nach der Arbeit am Freitag einen Film im Kino ansehen. Was auch immer Sie tun, Sie werden eine Menge Spaß an solchen Treffen mit Ihren Freunden haben.

Einen Beitrag für die Gemeinschaft leisten

Eine äußerst befriedigende Art, für ein ausgewogenes Berufs- und Privatleben außerhalb Ihrer eigenen vier Wände zu sorgen, besteht darin, Ihre Stärken, Fähigkeiten und Erfahrungen für Schulen, wohltätige Organisationen oder Projekte in Ihrer Gemeinde zur Verfügung zu stellen. Sie können auf verschiedene Weise von einer ehrenamtlichen Tätigkeit profitieren, beispielsweise indem Sie weniger glückliche Menschen ein wenig an Ihrem Glück teilhaben lassen, aktiv bleiben, neue Freunde finden, mit anderen Menschen zusammen sind und ein klareres Bild von Ihrer Rolle und Ihrem Wert in Ihrer Gemeinde gewinnen. Das hört sich nicht so schlecht an, oder?

Ehrenamtliche Arbeit ist unbezahlt, und manchmal müssen Sie vielleicht Ausgaben wie Reisekosten, Mahlzeiten oder Bürobedarf aus der eigenen Tasche zahlen. Ein Ehrenamt sollte weder erzwungen werden noch sollte es Ihnen ein Gefühl der Verpflichtung geben oder bezahlte Kräfte ersetzen (oder deren Arbeitsplatz bedrohen). Werfen Sie einen Blick in Ihre regionale Zeitung oder fragen Sie bei Ihrer Gemeindeverwaltung nach, was Sie tun könnten.

Freiwilligendienste ohne Kinder

Der *Arbeitskreis Helfen und Lernen in Übersee* bietet Informationen für Menschen, die Interesse daran haben, sich für mehrere Monate ehrenamtlich im Ausland zu engagieren. Auf der Website des Arbeitskreises (`www.oneworld-jobs.org`) werden die verschiedenen Arten des Freiwilligendienstes und die entsprechenden Organisationen vorgestellt und Dienste vermittelt.

Anfänglich richteten sich die Angebote für Freiwilligendienste hauptsächlich an junge Menschen, die beispielsweise ein soziales Jahr im Ausland verbringen möchten. Zunehmend werden aber auch Initiativen für generationsübergreifende Freiwilligendienste ins Leben gerufen, beispielsweise die Initiative Freiwilligendienste aller Generationen der Bundesregierung.

Beispiele für Organisationen, die Ihre Hilfe brauchen

Die Liste von wohltätigen Organisationen, die Ihre Hilfe brauchen können, ist unendlich lang, deshalb hier eine kleine Auswahl an Websites, auf denen Sie weiterführende Informationen finden:

- ✔ **Wegweiser Bürgergesellschaft** (`www.buergergesellschaft.de`): Der Wegweiser Bürgergesellschaft bietet umfassende Informationen zum bürgerschaftlichen Engagement und zur Bürgerbeteiligung. Sie finden hier eine Fülle an bürgerschaftlichen Initiativen und Projekten, bei denen Sie mitarbeiten können.
- ✔ **Freiwilligendienste aller Generationen** (`www.freiwilligendienste-aller-generationen.de`): Die sogenannten Leuchtturmprojekte der Bundesregierung wurden in verschiedenen Regionen eingerichtet. Auf der Website erfahren Sie, bei welcher Organisation in Ihrer Nähe Sie sich engagieren können.
- ✔ **Initiative Zivilengagement** (`www.initiative-zivilengagement.de`): Eine weitere Initiative der Bundesregierung, auf deren Website Sie zahlreiche Tipps zum bürgerlichen Engagement finden.
- ✔ **Ehrenamtsportal** (`www.ehrenamtsportal.de`): Im Ehrenamtsportal finden Sie Informationen zu Möglichkeiten für eine ehrenamtliche Tätigkeit in verschiedenen Bereichen und Regionen.
- ✔ **Ehrenamts- und Freiwilligenportal der Caritas** (`www.caritas-ehrenamt.de`): Die Caritas bietet umfassende Informationen, eine Börse mit ehrenamtlichen Tätigkeiten sowie Fallbeispiele von engagierten Menschen.

Soziales Engagement in Unternehmen

Da Wohltätigkeitsorganisationen immer weniger finanzielle Unterstützung von Regierungen erhalten, füllt der Wirtschaftssektor diese Lücke zunehmend durch Programme für soziales Engagement in Unternehmen. Unternehmen geben jährlich in Deutschland schätzungsweise rund zwei Milliarden Euro für Sponsoring aus und spenden circa 350 bis 400 Millionen Euro für gemeinnützige Zwecke. Sponsoring ist vor allem im Sport, zum Teil aber auch in der Kultur und in anderen Bereichen zu einem wichtigen Finanzierungsinstrument geworden.

Die Unternehmen sind nicht dumm: Sie profitieren von einem positiven öffentlichen Image, wenn sie sich für gesellschaftliche Initiativen engagieren, was wiederum zu erweiterten Geschäftsnetzwerken, einer Annäherung zwischen großen Unternehmen und der lokalen Verwaltung und besseren Rekrutierungsmöglichkeiten führt.

Auch Sie können von diesem sozialen Engagement im Unternehmen profitieren. Wenn Sie an einem gesellschaftlich relevanten Projekt teilnehmen, werden Sie eine wesentlich positivere Form der Kommunikation und Interaktion am Arbeitsplatz erleben, wenn Sie und Ihre Arbeitskollegen die Gelegenheit haben, mit Mitarbeitern aus verschiedenen Ebenen an unterschiedlichen Standorten zu arbeiten. Ganz zu schweigen davon, dass Sie zumindest einen Teil Ihrer Schuldgefühle beruhigen können, die sich darum drehen, dass Sie als berufstätige Eltern nichts für die Gemeinschaft tun können. Sie sehen: Alle profitieren!

Finden Sie heraus, ob Ihr Arbeitgeber sich sozial engagiert oder seinen Mitarbeitern ermöglicht, ein Gemeindeprojekt zu nominieren, an dem sich das Unternehmen beteiligen kann. Falls nicht, suchen Sie nach Fallstudien von Unternehmen ähnlicher Größe, die sich sozial engagieren. Machen Sie Ihrem Arbeitgeber die Vorteile klar, die sich aus dem sozialen Engagement ergeben. Auf der Website der Bürgergesellschaft (`www.buergergesellschaft.de`) finden Sie im Bereich »Unternehmen und Engagement« Informationen, wie sich Unternehmen sozial engagieren können.

Neue Tricks erlernen

Eine wachsende Zahl berufstätiger Eltern versucht, ganz im Geheimen etwas zum Kindergarten oder der Schule ihrer Kinder beizutragen. Mütter und Väter nehmen Kleidung zum Wechseln mit und nutzen die Mitarbeitertoiletten, Business-Lounges an Flughäfen oder sogar ihr Auto, um sich darauf vorzubereiten, eine Sportmannschaft zu trainieren oder an Aktivitäten nach der Schule teilzunehmen. Ich habe schon berufliche Anrufe auf meinem Handy angenommen, während ich mit meiner Tochter einen Spendenstand für die Schule organisierte. Ein Vater meint, dass die eher legeren Kleidungsstandards in der heutigen Geschäftswelt es ihm leichter machen, T-Shirt und Freizeithose (mit Sportsocken) zu tragen, um die Zeit zu sparen, die er zum Umziehen in Fußballkleidung brauchen würde.

Radkleidung setzt neue Standards für Besprechungen

Die gute Nachricht ist, dass es Eltern heute leichter fällt, zusätzliche Aufgaben wie beispielsweise ein Ehrenamt in der Gemeinde, auch am Arbeitsplatz öffentlich zu machen.

Georg, Mitarbeiter der Personalabteilung in einer großen Regierungsabteilung, hat eine automatische E-Mail-Benachrichtigung und ein großes Schild an seiner Bürotür, um die anderen wissen zu lassen, dass er am Dienstag das Büro um 15 Uhr verlässt, um die Fußballmannschaft seines Sohnes zu trainieren. »Ich bin schon ein paar Mal in meiner Radkleidung in dringende Besprechungen gegangen, bereit, zur Schule hinüberzuradeln. Das ist für mein Team das Zeichen, die Besprechung kurz zu halten und schnell Entscheidungen zu treffen.«

Ehrenamt und Beruf kombinieren

Wenn Kinder älter werden, nehmen außerschulische Aktivitäten einen größeren Raum ein, und Sie können unter den enormen Druck geraten, Ihre Zeit und Energie für diese Aktivitäten bereitstellen zu müssen. Zeitmanagement kann nicht nur für berufliche Arbeitslasten erforderlich sein. Sie müssen die außerschulischen Anforderungen Ihrer Kinder in Bezug auf Fahrten, Training, Spendenveranstaltungen und Wettbewerbsorganisation in Ihren Terminplan hineinquetschen. Um die Schuldgefühle zu mindern, dass sie für das Training nach der Schule nicht zur Verfügung stehen, schleichen einige Eltern stattdessen während der Arbeitszeit in den Kopierraum, um ihre ehrenamtlichen Pflichten zu erfüllen, indem sie beispielsweise Spielpläne, Broschüren oder Poster kopieren oder die Mittagspause damit verbringen, E-Mails an Vereinsmitglieder zu versenden.

Zwar kann das Verwenden von Büromaterial und -technologie einfacher scheinen, aber es kann auch zu Schwierigkeiten zwischen Ihnen und Ihren Kollegen führen oder, noch schlimmer, Ihren Chef verärgern, wenn Sie dabei erwischt werden, dass Sie Ihre sozialen Verpflichtungen über ihre beruflichen Verantwortlichkeiten stellen. Probieren Sie die folgenden Strategien aus, um Ihre zwei Rollen zu kombinieren:

- ✔ Wenn Termine für die Zusammenkunft von Schulkomitees von 11 Uhr vormittags auf 18 Uhr oder 20 Uhr verlegt werden, können berufstätige Eltern direkt nach der Arbeit daran teilnehmen, was ihre Beteiligung fördert. Alternativ ist es für einige Komitees einfacher, sich zum Frühstück zu treffen, bevor der Arbeitstag beginnt.
- ✔ Clevere Schulen bieten vermehrt Möglichkeiten für ehrenamtliche Tätigkeiten, was bedeutet, dass Sie sich auch beteiligen können, wenn Sie lange Arbeitszeiten haben. Beispiele für diese neuen Projekte sind zweistündige Aufgaben am Wochenende, zum Beispiel das Einbinden von Büchereibüchern, das Sammeln von Recyclingmaterial für Kunstprojekte der Kinder und das Ansäen von Pflanzen für den Schulgarten. Hunderte weitere Ideen sind denkbar, und Sie können eine Internet- oder E-Mail-Umfrage starten, um weitere Vorschläge für ehrenamtliche Ideen von interessierten Eltern und Erziehern zu sammeln.

- Es ist wichtig, dass Sie Ihren Chef informieren, weil die meisten Arbeitgeber durchaus tolerieren, dass ihre Mitarbeiter gelegentlich etwas für den privaten Gebrauch kopieren oder faxen – aber nur in Maßen. Stellen Sie sicher, dass Sie mit Ihrem Chef über Ihre ehrenamtliche Tätigkeit reden und erledigen Sie Ihre außerberuflichen Arbeiten nur in ruhigen Zeiten, falls Ihr Chef überhaupt zustimmt. Versuchen Sie, eine halbe Stunde früher ins Büro zu kommen, um die Spielergebnisse vom Wochenende per E-Mail zu versenden, oder erstellen Sie Ihre Kopien während der Mittagspause.
- Wenn Sie die Zeit, die Sie für ehrenamtliche Tätigkeiten aufwenden, während der Arbeitszeit wieder aufholen müssen, können Sie möglicherweise eine Vereinbarung treffen, Arbeit mit nach Hause zu nehmen und am Abend zu erledigen.
- An Elternabenden oder Elternstammtischen können berufstätige Eltern mit anderen Eltern zusammentreffen und mehr darüber erfahren, welche Komitees oder Arbeitsgruppen Freiwillige brauchen.

Ein feiner Cabernet und die IT-Arbeit ist erledigt

Bei einem Käse- und Weinabend, der zwecks Spendensammlung in der Schule ihrer Tochter veranstaltet wurde, fand Naomi einen Vater mit eigenem IT-Unternehmen. Nachdem sich die zwei bei einem feinen Cabernet kennengelernt hatten, bot Peter an, die Fotos des Sportfestes an der Schule auf DVD zu brennen, die zum Ende des Schuljahres verkauft werden sollte. Mittlerweile hilft Peter auch bei der Website-Gestaltung und der Formatierung der Schulzeitung aus, was er problemlos während der Arbeitszeit erledigen kann und was in der Schule sehr geschätzt wird.

Teil V

Das größere Ganze – langfristig das bekommen, was Sie wollen

Glenn Lumsden

»Es tut mir leid, dass ich die Band auseinanderreiße, aber ganz tief in mir wollte ich schon immer Versicherungsvertreter werden.«

In diesem Teil ...

Für einen beruflichen Wechsel brauchen Sie einen aktuellen – und kurzen – Lebenslauf, ein perfektes Anschreiben, die Fähigkeit, bei Bewerbungsgesprächen einen guten Eindruck zu hinterlassen, und das Know-how einer erfolgreichen sozialen Vernetzung.

In diesem Teil werfen wir einen Blick auf die erforderlichen Qualifikationen für Weiterbildungsmaßnahmen, ein Studium an der Universität, ein Studium mit Unterstützung von Ihrem Arbeitgeber, ein Teilzeitstudium oder einen Kurs im Bereich der Erwachsenenbildung am Abend, der Ihnen einfach nur Spaß macht.

Neue Fähigkeiten und Qualifikationen können zu einem vollständigen beruflichen Wechsel führen. In diesem Teil zeige ich Ihnen verschiedene Wege für einen Berufswechsel, darunter den Wechsel des Postens in Ihrem derzeitigen Unternehmen, den Wechsel in ein anderes Unternehmen, das Übernehmen eines Franchise-Unternehmens, das Arbeiten von zu Hause aus, das Gründen eines eigenen kleinen Unternehmens und die Inanspruchnahme einer Auszeit von der bezahlten Arbeit.

11 Ihr Netz weiter spannen

In diesem Kapitel

- Einen neuen Job finden
- Einen überzeugenden Lebenslauf und ein perfektes Anschreiben verfassen
- Bewerbungsgespräche überstehen

Möglicherweise haben Sie das Gefühl, dass Sie an Ihrem derzeitigen Arbeitsplatz alles erreicht haben, was Sie erreichen können, und sehen keine zukünftigen Entwicklungschancen, wenn Sie bei Ihrem derzeitigen Arbeitgeber bleiben würden. Und es gibt aufregendere Jobaussichten da draußen. Glauben Sie mir!

In diesem Kapitel zeige ich Ihnen, wie Sie Ihre Liste wertvoller Kontakte und Unterstützungssysteme durch Networking ausbauen. Ja, ich weiß, dieses Wort ruft furchtbare Erinnerungen an die Achtzigerjahre hervor, als schultergepolsterte Karrieresüchtige ohne jede Rücksicht auf andere die Karriereleiter nach oben kletterten, aber heutzutage gibt es wesentlich effizientere Mittel, um Ihre berufliche Situation zu verbessern.

Die erste Phase auf der Jagd nach einem neuen Posten ist das Schreiben oder Aktualisieren Ihres Lebenslaufs, den Sie einfach und präzise halten sollten. Das kann schwieriger sein, als Sie glauben, deshalb finden Sie im Anschluss einige Tipps, wie Sie die Kunst der Einfachheit erreichen und gleichzeitig Ihre Fähigkeiten hervorheben können. Auch das Formulieren eines überzeugenden Anschreibens wird in diesem Kapitel abgedeckt sowie wichtige Tipps und Tricks zum Überstehen von Bewerbungsgesprächen, in denen Sie auch sicherstellen können, dass Ihr potenzieller Arbeitgeber Strategien für die Vereinbarkeit von Berufs- und Privatleben für seine Mitarbeiter anbietet und fördert.

Posten und Arbeitgeber wechseln

Wenn Sie an Ihrem derzeitigen Arbeitsplatz unglücklich sind oder das Gefühl haben, bei Ihrem jetzigen Arbeitgeber keine Entwicklungschancen für Ihre Karriere zu haben, stellen Sie sich die folgende Frage: Wird ein Wechsel in einen neuen Job Ihre Unzufriedenheit ändern und Ihnen ein ausgewogeneres Verhältnis zwischen Berufs- und Privatleben ermöglichen?

Personalvermittler haben festgestellt, dass mehr Bewerber als früher elektronische Bewerbungsverfahren verwenden, eine Bequemlichkeit, die einigen zufolge dazu führt, dass Mitarbeiter eher abspringen als ihre Probleme im aktuellen Job zu lösen. Das sind auch die Menschen, die eher nicht über die Konsequenzen eines Jobwechsels nachdenken oder darüber, ob der neue Posten wirklich besser ist als der, den sie verlassen wollen.

Highlife in München

Sophie, eine IT-Expertin, gibt zu, dass ein höheres Einkommen und ein Posten mit mehr Prestige bei einem großen oder bekannten Unternehmen Einfluss darauf hat, ob sie sich von Stellenangeboten in ihrer Branche angezogen fühlt. Der Einfluss dieser Aspekte ist sogar so groß, dass sie den eigentlichen Grund für die Suche nach einem neuen Job vergisst: Ihre Karrierewünsche zu verwirklichen.

»Es ist nicht das erste Mal, dass ich mich in einem Posten wiederfinde, der genauso schlimm ist wie der, den ich hinter mir gelassen habe. Das Gehalt ist höher, aber die hohen Lebenshaltungskosten in München machen diesen Vorteil zunichte, und ich arbeite viel länger als in meinem früheren Job.«

Zuhören und hinsehen, bevor Sie den Sprung wagen

Nehmen Sie sich, bevor Sie sich für diesen neuen, prestigeträchtigen und besser wirkenden Job bewerben, die Zeit, um die negativen Aspekte Ihres derzeitigen Jobs aufzuschreiben. Abgesehen vom Gehalt, den Zusammenstößen mit Ihrem Chef oder der Tatsache, dass Sie von einer hohen Arbeitslast erschöpft sind – tragen Sie Ihren Teil zu einer guten Kommunikation bei? Ist Ihrem Arbeitgeber die Existenz von familienfreundlichen Beschäftigungs- und Arbeitszeitmodellen und deren Bedeutung für die Bindung guter Mitarbeiter bewusst? Wenn ja, redet Ihr Arbeitgeber einfach nur schlau daher, setzt familienfreundliche Modelle aber nicht in die Praxis um? Wenn Sie die Nachteile Ihres derzeitigen Jobs aufgelistet haben, schreiben Sie die Faktoren auf, die Sie dazu verleiten könnten, den Posten zu verlassen. Vergessen Sie nicht, die Initiativen für eine bessere Vereinbarkeit von Berufs- und Privatleben einzuschließen, die Ihnen das Gefühl geben können, motivierter und geschätzter zu sein und ein Leben zu führen, das mehr als Ihren Beruf umfasst. Setzen Sie diese beeinflussenden Faktoren ganz oben auf Ihre Liste.

Die Vereinbarkeit von Berufs- und Privatleben – und die Möglichkeit, entsprechende Maßnahmen des Arbeitgebers in ein flexibles Arbeitszeitmodell umzusetzen, das Ihren Lebensumständen entgegenkommt – hat großen Einfluss darauf, ob Sie einen Job genießen oder verabscheuen werden. Ihre Motivation, Loyalität und Energie werden direkt beeinflusst, wenn Sie sich von Ihrem Arbeitgeber nicht ausreichend geschätzt fühlen, um ein flexibles Arbeitszeitmodell auszuhandeln und in die Praxis umzusetzen. Wenn das Ihre Situation ist, wird Ihre zukünftige berufliche Karriere wahrscheinlich nicht bei diesem Arbeitgeber stattfinden.

Durch Networking zum Erfolg

Der Begriff *Networking* stammt aus den Achtzigerjahren und gibt manchen Menschen das Gefühl, benutzt und manipuliert zu werden. Sie möchten nicht aus heiterem Himmel von jemandem angerufen und zum Kaffee eingeladen werden, der etwas über die Möglichkeiten in Ihrer Branche hören will. Möglicherweise halten Sie auch nicht viel von der Idee, loszugehen und Ihre Fähigkeiten auf dem Stellenmarkt anzupreisen.

Die Vereinbarkeit von Berufs- und Privatleben bei der Jobsuche berücksichtigen

Zwar bieten die Stellenmarktseiten in Zeitungen und entsprechende Websites nützliche Informationen zu Bewerbungstechniken wie das Schreiben Ihres Lebenslaufs und Anschreibens oder das richtige Verhalten in Bewerbungsgesprächen, aber nur wenige Informationen dazu, wie Sie tatsächlich einen Job finden, der eine bessere Vereinbarkeit von Berufs- und Privatleben ermöglicht.

Und was gibt es für Sie da draußen?

Sie können natürlich erwartungsvoll durch den Stellenmarkt in der Zeitung am Wochenende blättern, aber Sie sollten Ihre Suche nicht nur auf die Zeitung beschränken. Stellenmärkte im Internet veröffentlichen nicht nur freie Stellen, sondern ermöglichen Ihnen auch, Ihren Lebenslauf einzustellen und sofort per E-Mail an die Anbieter relevanter Stellen zu senden, je nach Branche, Stellenbeschreibung, Standort und Position, die Sie zuvor angegeben haben. Sehen Sie sich einmal die folgenden beliebten Websites an:

- ✔ **Monster** (`www.monster.de`): Eine der bekanntesten Stellenbörsen in Deutschland mit zahlreichen Stellenangeboten in verschiedensten Branchen. Sie finden außerdem Tipps zum Verfassen von Lebenslauf und Anschreiben, Bewerbungsgesprächen und so weiter.
- ✔ **StepStone** (`www.stepstone.de`): Europas Jobbörse für Fach- und Führungskräfte bietet Stellenangebote von Firmen verschiedenster Branchen in Deutschland, Österreich und der Schweiz an. Bewerbungen können gleich online übermittelt werden.
- ✔ **Stellenmarkt** (`www.stellenmarkt.de`): Auch hier finden Sie unzählige Stellenangebote aus verschiedenen Branchen.
- ✔ **Stellenbörse der FAZ** (`fazjob.net`): Hier finden Sie die Stellenbörse der Frankfurter Allgemeinen Zeitung mit überregionalen Stellenangeboten für Führungskräfte, Spezialisten und Fachkräfte.

Wie sehr Ihnen das Networking auch missfallen mag, Studien zeigen, dass nur ein Drittel aller offenen Stellen in den Stellenanzeigen von Zeitungen oder im Internet veröffentlicht wird. Zwei Drittel aller Stellen werden durch Mundpropaganda vergeben. In der Realität geht es beim Networking nicht so sehr um die Stellensuche, sondern darum, eine berufliche Beziehung zu Menschen zu pflegen, die im beruflichen Bereich dieselben Interessen haben wie Sie. Wenn Sie entscheiden, sich von Ihrem derzeitigen Arbeitgeber zu trennen und sich eine neue Stelle zu suchen, können Ihre Kontakte Ihnen helfen.

Networking kann jederzeit und überall stattfinden – wenn Sie bei einer Schulung neben jemandem sitzen, wenn Sie im Bus nach Hause fahren oder wenn Sie in einem sozialen Kontext unterwegs sind. Sie wissen nie, wann und mit wem Sie eine wichtige Unterhaltung in Gang bringen können. Außerhalb der Arbeitszeiten kann die ideale Zeit sein, um einige wichtige Fragen zum Thema Vereinbarkeit von Berufs- und Privatleben unterzubringen und Ihre neue Bekanntschaft zu fragen, wie sie genug freie Zeit für andere Aktivitäten findet.

Weitersagen

Möglicherweise haben Sie, ohne es zu realisieren, viele wichtige Verbindungen unter den Menschen in Ihrem Leben – entweder durch Ihren Beruf, Ihren Standort, eine verwandte Branche, Ihre Familie oder Ihre Nachbarschaft. Eine einfache, aber effektive Weise für Ihre ersten Networking-Schritte – und um die Augen für eine neue berufliche Gelegenheit offen zu halten – besteht darin, allen, die Sie kennen (und denen Sie vertrauen) davon zu erzählen, was Sie suchen. Die Nachricht verbreitet sich, und Ihre Freunde werden Sie wissen lassen, wenn sie von einem Posten hören, den Sie sich vielleicht näher anschauen sollten.

Visitenkarten verteilen

Halten Sie Ihren Lebenslauf auf dem aktuellen Stand, und halten Sie immer Visitenkarten mit Ihren aktuellen Kontaktdaten bereit. Fassen Sie nach, indem Sie eine kurze E-Mail versenden, in der Sie Ihren Kontakten mitteilen, wie sehr Sie sich gefreut haben, sie zu treffen oder ihnen zufällig über den Weg zu laufen, und hängen Sie Ihren Lebenslauf an die Mail an. Diese Vorgehensweise ist höflich und macht es wahrscheinlicher, dass eher Sie diesen Leuten im Gedächtnis bleiben als die 300 anderen, deren Visitenkarten sich in der obersten Schublade ansammeln.

Fragen stellen und den Antworten wirklich zuhören

Geplauder kann stressig und anstrengend sein. Aber wenn Sie Ihren Kontakten Fragen zu ihrem Hintergrund und den Gründen, warum sie bei einem bestimmten Unternehmen gelandet sind, stellen, können Sie einige wertvolle Informationen über das Unternehmen in Erfahrung bringen. Außerdem tragen solche Fragen dazu bei, eine interessante Beziehung zu einem Kontakt aufzubauen (und wenn Sie ihren Antworten zuhören, haben Sie einige Momente, um Ihre Gedanken zu sammeln). Fragen Sie Ihre Kontakte, wie sie es schaffen, bei ihrem Unternehmen ein ausgewogenes Verhältnis zwischen Berufs- und Privatleben zu verwirklichen. Auf diese Weise erhalten Sie einen sehr persönlichen Einblick in die Maßnahmen zur Vereinbarkeit von Berufs- und Privatleben bei dem Unternehmen, da Sie etwas von der tatsächlichen Situation der Person hören.

Vermittlung einer zukünftigen Beschäftigung

Christine erinnert sich: »Ich habe mich in einem Mediationskurs mit einer Spitzenpersonalmanagerin unterhalten, und wir begannen, über die Freuden zu reden, die das Leben mit Kleinkind mit sich bringt, und die Hektik der Kinderbetreuung. Wir tauschten Visitenkarten aus, und ich dachte nicht mehr an die Begegnung, bis sie mich anrief und mich fragte, ob ich daran interessiert sei, mich für eine Stelle in ihrer Abteilung zu bewerben.«

Beziehungen zu Kunden aufbauen

Sie müssen nicht das Selbstvertrauen eines Donald Trump haben, um von erfolgreichem Networking profitieren zu können. Jan, ein Vertriebsleiter für Fotokopiergeräte (und Karate-Sensei) betrachtet sich nicht als üblicher Vertriebler, weil er sich eher zu den introvertierten Menschen zählt. Trotzdem ist Jan erfolgreich in seinem Job, weil er Beziehungen zu seinen Kunden aufbauen kann, anstatt ihnen nur unzählige Produkte zu verkaufen. »Ich sage ganz einfach die Wahrheit. Ich höre zu, was meine Kunden wollen, und ich versuche, ihnen zu helfen. Sie vertrauen mir.«

Freiwillig helfen

Nehmen Sie, wann immer möglich, freiwillig Aufgaben an, die es Ihnen ermöglichen, einen Einblick zu erhalten und Beziehungen aufzubauen, indem Sie Ihre Fähigkeiten unter Beweis stellen. Wenn Sie gut mit Geld umgehen können, stellen Sie sich als Schatzmeister für den Fußballverein Ihres Sohnes oder für eine wohltätige Organisation, die Ihnen am Herzen liegt, zur Verfügung. Wenn Sie ein gut organisierter Mensch sind, helfen Sie mit Büroarbeiten bei einer geschäftigen, aber finanzschwachen Gemeindegruppe aus. Freiwilligenarbeit kann dazu führen, dass Sie von anderen bemerkt werden, ohne dass Sie aktive auf der Networking-Schiene fahren müssen.

Ich bin immer wieder überrascht, wie klein die Welt ist. Der Geschäftsführer eines privaten Krankenhauses, mit dem ich geschäftlich zu tun hatte, stand bei einem Gemeindefest plötzlich am Stand neben meinem. Wir unterhielten uns, und ich stellte fest, dass die Beziehung zwischen uns in späteren beruflichen Situationen wesentlich freundlicher war. Gleiches kann passieren, wenn Sie bezahlte temporäre Arbeiten annehmen. Eine frühere Kollegin von mir, die Networking wie die Pest mied, nahm beispielsweise eine Versetzung in eine andere Abteilung ihrer Regierungsbehörde für sechs Monate an. Während dieser Zeit traf sie viele verschiedene Repräsentanten von Gemeindegruppen – von denen einer ihr einen Posten als Finanzleiterin der Gruppe anbot. Weitere Informationen zu Ehrenamt und Freiwilligenarbeit finden Sie in Kapitel 10.

Dranbleiben

Networking kann harte Arbeit sein. Im besten Fall schaffen Sie Kontakte, die Ihnen langfristig nützen. Lassen Sie sich also nicht entmutigen, wenn Sie nicht sofort mit Einladungen und Jobangeboten überschüttet werden. Es dauert möglicherweise einige Zeit, bis das richtige Angebot kommt. Sie sollten aber sicherstellen, dass Sie die erste Person sind, an die sich ein Geschäftsführer, ein Personaldienstleister oder ein interessanter Sprecher bei einem Seminar erinnert, wenn diese versuchen, einen freien Posten in ihrem Unternehmen zu besetzen. In der Zwischenzeit können Sie sich auf neue Möglichkeiten und Orte für Ihre Networking-Aktionen konzentrieren.

Das Telefon zähmen

Der Gedanke, spontan bei potenziellen Kontakten und Arbeitgebern anzurufen, kann eher beängstigend sein. Hier einige Tipps, die Ihnen helfen sollen, es trotzdem zu tun:

- ✔ **Stellen Sie einen Plan auf und halten Sie sich daran.** Setzen Sie Ziele und gehen Sie mit der nötigen Disziplin vor, um diese zu erreichen. Planen Sie beispielsweise einen Anruf pro Tag ein. Sie können das Unternehmen, das Sie interessiert, während der Mittagspause anrufen. Fragen Sie nach dem Namen und dem Titel des Personalleiters, damit Sie wissen, wen Sie in Ihrem Bewerbungsschreiben ansprechen sollen. Verfassen Sie dann Ihren Lebenslauf neu, um die wichtigsten Fähigkeiten und Qualifikationen hervorzuheben, die für den Personalleiter am interessantesten sind. Stellen Sie sicher, dass Sie ein gutes Anschreiben verfassen, in dem Sie erklären, warum Sie das Unternehmen kontaktieren und was Sie ihm zu bieten haben.
- ✔ **Planen Sie, was Sie sagen werden, wenn Sie anrufen.** Schreiben Sie vor Ihrem Anruf einige Punkte auf, die Ihnen helfen, sich an die wichtigsten Themen zu erinnern, über die Sie reden sollten. Stellen Sie sicher, dass Sie mit der richtigen Person sprechen. Setzen Sie nicht zu einer großen Rede an, nur um dann hören zu müssen: »Moment, ich stelle Sie gern zur Personalabteilung durch«. Wenn Sie zur richtigen Person durchgestellt wurden, sehen Sie sich Ihre Stichpunkte an, um sicherzustellen, dass Sie alle wichtigen Punkte ansprechen.
- ✔ **Achten Sie auf die Zeit, in der Sie für gewöhnlich die beste Leistung erzielen.** Ich bin definitiv ein Morgenmensch und bringe schwierige Telefonate gern früh am Tag hinter mich. Aber wenn Sie wissen, dass Sie am Nachmittag mehr Energie und Mut haben, warten Sie mit Ihrem Anruf und konzentrieren Sie sich am Vormittag auf etwas anderes.
- ✔ **Übung macht den Meister.** Wenn Sie nicht gern mit Unbekannten reden, versuchen Sie, mit Ihrem Partner oder einem vertrauten Freund zu üben. Fragen Sie nach ihren Interessen, nach ihrem Beruf und ihrem Hintergrund, und erklären Sie dann Ihre eigene Geschichte. Wenn Sie solche Situationen in einer Art Rollenspiel üben, gewinnen Sie Selbstvertrauen und wissen, was Sie in realen Situationen sagen können.

Ihre Interessen herauspicken

Viele Menschen verspüren leichte Panik bei dem Gedanken, Fremde anrufen oder bei Konferenzen oder anderen Branchenveranstaltungen ansprechen zu müssen. Sie können diese Panik in den Griff bekommen, indem Sie sich auf einen Aspekt im beruflichen Bereich der anderen Person konzentrieren, der Sie wirklich interessiert. Es ist immer leichter, ein Gespräch mit einer Person zu beginnen oder aufrechtzuerhalten, wenn Sie leidenschaftlich an einem Thema interessiert sind. Ein Gespräch über etwas, was Ihre Leidenschaft erweckt, mit jemandem, der Ihre Leidenschaft teilt, ist der Grund, aus dem Sie diese Person ansprechen.

Mein Freund Tom stimmt dem zu: »Ich bin ziemlich schüchtern, aber wenn ich beruflich unterwegs bin und jemanden sehe, der in einer Position oder einem Bereich arbeitet, der mich interessiert, bin ich immer bereit, zu dieser Person hinzugehen und mich vorzustellen. Meistens stelle ich fest, dass die andere Person geschmeichelt ist, dass ich sie erkannt habe oder mit ihr reden möchte.«

Was Sie nicht tun sollten – eine Liste

Wie alles, was sich im Leben lohnt, kann auch das Networking zu weit getrieben werden. Das Ergebnis ist, dass Sie alle Brücken abbrechen und jede zukünftige Chance zerstören, dass sich jemand an Sie erinnert oder Ihnen hilft. Vermeiden Sie die folgenden typischen Stolperfallen:

- ✔ **Unermüdlich statt erfahrungsrelevant bewerben:** Ich bin sicher, Sie kennen jemanden, der sich für jede mögliche Stelle in einem Unternehmen bewirbt, in dem er unbedingt arbeiten möchte. Diese unnötige Bombardierung eines Arbeitsgebers für Stellen, die nicht immer Ihren Kenntnissen und Erfahrungen entsprechen, kann dazu führen, dass die Bewerbung automatisch in den Papierkorb geworfen und als Zeitverschwendung betrachtet wird. Diese Jobjäger vermitteln Verzweiflung statt Qualifikation.
- ✔ **Als uneingeladener Gast auftreten:** Eifrige Jobsucher gehen mit ihren Networking-Bemühungen und ihrem sicheren Auftreten manchmal zu weit, indem sie im Empfangsbereich des Wunschunternehmens oder eines Personalvermittlers auftauchen und nach dem Personalchef verlangen. Mit dieser Aktion werden Sie nicht punkten können, denn sie ist arrogant und unhöflich. Machen Sie einen Termin für einen passenden Moment aus.
- ✔ **Zu persönlich werden:** Aussagen wie »Ich habe vor drei Monaten geheiratet und bin gerade von einer fantastischen Reise quer durch die USA zurückgekehrt. Hätten Sie vielleicht gerade eine Stelle frei?« sind schlechte Meldungen. Achten Sie bei E-Mails und Anschreiben auf Professionalität und lassen Sie alle unnötigen persönlichen Informationen weg, die Sie unreif erscheinen lassen, so als könnten Sie nicht zum Punkt kommen.
- ✔ **Chefschelte:** Niemand möchte hören, dass ein Bewerber schlecht über seinen früheren Vorgesetzten spricht. Das lässt darauf schließen, dass dieselbe Illoyalität gegenüber dem neuen Arbeitgeber vorkommen könnte. Selbst wenn Ihre Kritik berechtigt ist, sollten Sie nie jemanden beschuldigen und beleidigen, der nicht anwesend ist, um sich verteidigen zu können. Denken Sie daran, wie klein die Welt ist – möglicherweise ist Ihr früherer verhasster Chef der Schwager des Geschäftsführers, von dem Sie sich eine Einstellung erhoffen.
- ✔ **Unwahrheiten erzählen:** Sie sollten das Networking oder das Interesse an einem neuen Job lieber gleich sein lassen, wenn Sie nicht ehrlich von Ihren bisherigen Erfahrungen berichten können. Wenn Sie andeuten, dass Ihr derzeitiger Job möglicherweise in absehbarer Zeit zu einem Ende kommen könnte, obwohl Sie schon

gekündigt sind und Däumchen drehend zu Hause sitzen, sind Sie nicht ehrlich. Ein unehrlicher Bewerber präsentiert sich nicht als vertrauenswürdiger Mitarbeiter.

- ✔ **Über die Schwierigkeit der Vereinbarkeit von Berufs- und Privatleben jammern:** Ja, ich weiß, dass das der Grund ist, warum Sie auf das Networking setzen und auf der Suche nach einem neuen Job sind, aber denken Sie daran, dass Jammern Ihnen nicht viel mehr einbringt als höfliche Sympathie und den Wunsch, sich möglichst schnell von Ihnen zu entfernen, um mit jemand Interessanterem zu sprechen. Anstatt zu jammern, versuchen Sie besser, das Thema einer neuen Stelle allgemeiner anzugehen. Fragen Sie: »Glauben Sie, dass heute mehr Leute mit flexiblen Arbeitszeiten arbeiten, indem sie beispielsweise noch von zu Hause aus arbeiten, wenn die Kinder im Bett sind, oder früh anfangen, damit sie ihre Kinder von der Schule abholen können?«

Produktive Partys

Bürofeiern und andere soziale Ereignisse anlässlich von Festtagen sind nicht nur ein Anlass für kostenloses Essen und das Tragen dummer Krawatten. Partys können hervorragende Gelegenheit für das Networking sein. Außerdem können Sie bei solchen Partys oft beobachten, wie Initiativen für die Vereinbarkeit von Berufs- und Privatleben bei einem Arbeitgeber ins Spiel kommen. Achten Sie darauf, dass Sie bei Ihren Networking-Versuchen bei Weihnachtsfeiern viel informeller vorgehen, weil die anderen hier einfach nur Spaß haben wollen.

Wenn Sie als treuer Kunde oder als Gast einer anderen Person auf der Party sind, erwarten Sie nicht zu viel. Achten Sie auf leichte Unterhaltungen im Plauderton. Die Frage »Können wir einen Termin für den Januar vereinbaren?« ist in Ordnung – Sie zeigen Ihr Interesse, ohne zu große Forderungen zu stellen, wenn der andere nur Spaß haben will.

Beachten Sie auch die folgenden Tipps für das Networking bei Feiern:

- ✔ **Angemessen kleiden.** Mit dem Networking verfolgen Sie das Ziel, Ihre Karriere voranzubringen, nicht sie zu ersticken. Ich bin kein modischer Mensch, aber mein Ratschlag lautet immer, sich seinem Alter gemäß zu kleiden und nicht zu sehr aufzufallen. Tragen Sie also weder das Spaghettiträgerkleid mit tiefem Ausschnitt noch Ihre Surfershorts, die zwei Generationen cooler sind als Sie. Sie möchten sich als ansprechbar und professionell präsentieren. Als Faustregel lässt sich sagen, dass Sie sich für ein Abendessen etwas festlicher als in Ihrer normalen Arbeitskleidung kleiden sollten, und für einen Grillabend oder ein Mittagessen ordentliche Freizeitkleidung genau richtig ist.
- ✔ **Auf den »Kümmern-Faktor« achten.** Halten Sie Ihre Augen und Ohren offen, um zu sehen, wie die Mitarbeiter während des Fests behandelt werden. Wenn Sie bei einer Veranstaltung mit viel Unterhaltung und Alkohol sind und es eher später werden wird, sehen Sie sich an, was der Arbeitgeber seinen Mitarbeitern zu bieten hat. Gibt es Taxigutscheine, damit die Mitarbeiter sicher nach Hause kommen? Gibt es speziell ausgesuchte Fahrer, die sich vorher freiwillig gemeldet haben, die Verantwortung zu übernehmen, alle sicher nach Hause zu bringen? Findet die Veranstaltung zu einer Zeit statt, die für alle Mitarbeiter

machbar ist (einschließlich der Mitarbeiter mit jungen Familien)? Selbst die Weihnachtsgeschenke, zum Beispiel Geschenkkörbe oder Mitarbeiterpreise, können Ihnen Aufschluss darüber geben, ob sich das Unternehmen auch noch nach 17 Uhr um seine Mitarbeiter kümmert.

- ✔ **Nicht zu viel trinken.** Trinken Sie im Laufe des Abends nicht mehr als zwei alkoholische Getränke. Alkohol kann Sie locker machen, aber nicht in professionellem Sinn. Wenn Sie betrunken sind, besteht das Risiko, dass andere Sie als Partylöwen sehen statt als einen produktiven Mitarbeiter. Denken Sie auch daran, dass bei Betriebsfesten auch Ihre potenziellen Vorgesetzten das Treiben beobachten.

- ✔ **Unter Leute kommen.** Verbringen Sie nicht die gesamte Party an der Bar – Sie sind hier nicht in einer Schülerdisco. Versuchen Sie außerdem, nicht nur mit Leuten zusammen zu sein, die Sie schon kennen. Wichtige Kontakte werden kaum zu Ihrer vertrauten kleinen Gruppe stoßen, und wenn Sie sich nicht unter die Leute mischen, schließen Sie eventuell andere Leute aus, die Ihnen Möglichkeiten bieten könnten, die Sie nicht entdecken werden, wenn Sie sich nicht vorstellen und eine Unterhaltung in Gang bringen. Wenn Sie zurzeit arbeitslos sind, lassen Sie sich nicht aus lauter Scham davon abhalten, Betriebsfeiern zu besuchen und Ihre Netze auszuwerfen. Wenn andere fragen, was Sie tun, sagen Sie einfach, dass Sie im neuen Jahr neue Karrierepläne schmieden werden.

Referenzen bei Laune halten

Sie sollten Ihre Referenzen schon aus Höflichkeit kontaktieren und sie wissen lassen, dass Sie sich für einen neuen Job bewerben, insbesondere wenn Sie schon zum Bewerbungsgespräch eingeladen wurden. Einige Referenzen, denen diese Höflichkeit nicht gezeigt wird, sind möglicherweise verärgert und klingen irritiert, wenn sie plötzlich einen Anruf von Ihrem potenziellen Arbeitgeber erhalten. Dieser Anruf gibt Ihnen die Möglichkeit, Ihre Referenz kurz von dem Job zu erzählen, für den Sie sich bewerben, und die Person daran zu erinnern, wer Sie sind und was Sie erreicht haben, als Sie in dem Unternehmen tätig waren.

Was auch immer Sie tun, listen Sie auf keinen Fall eine Reihe von Referenzen in der Hoffnung auf, dass alle noch am selben Platz arbeiten – und sich gern an Sie erinnern. Möglicherweise hat die angegebene Person seit Jahren nicht von Ihnen gehört, deshalb sollten Sie sie rechtzeitig auf den neuesten Stand ihrer beruflichen Situation bringen. Gleichzeitig können Sie mit dem Anruf überprüfen, ob die Telefonnummer und E-Mail-Adresse der Person noch aktuell ist, bevor Sie diese an den potenziellen Arbeitgeber weitergeben.

Viele Personalvermittler rufen nicht gern Handynummern an, weil sie nicht überprüfen können, wer die Person am anderen Ende ist. Geben Sie die Nummer der Unternehmenszentrale an, damit der Personalvermittler den Namen und die Position der von Ihnen angegebenen Referenz überprüfen kann, bevor er durchgestellt wird.

Erfolg versprechende Lebensläufe

Curriculum vitae (CV) und Lebenslauf sind dasselbe – eine Übersicht über ihre Ausbildung und Ihren beruflichen Werdegang, die Sie bei einer Bewerbung bereitstellen müssen. Wenn Sie eine Weile keinen Lebenslauf geschrieben haben, kann diese Aufgabe zunächst etwas beängstigend sein, aber lassen Sie sich davon nicht abschrecken.

Einen aussagekräftigen Lebenslauf schreiben

Personalexperten und Personalvermittler möchten sich weder durch 25 Seiten kämpfen müssen, in denen Sie Ihre Erfolge in der Grundschule auflisten, noch sich durch pinkfarbene Symbolschriftarten in winziger Größe arbeiten müssen. Ein zweiseitiger Lebenslauf ist in Ordnung, wenn Sie erst seit ein paar Jahren beruflich tätig sind. Für alle mit mehr Erfahrung sind drei bis fünf Seiten der ideale Umfang für einen Lebenslauf.

Layout

Halten Sie das Layout Ihres Lebenslaufs einfach – ganz einfach. Ich finde, dass Times New Roman (12 pt) und Arial (11 pt) die am einfachsten zu lesenden Schriftarten sind – insbesondere für einen Arbeitgeber, der Berge von Berichten und Bewerbungen durchzusehen hat. Eine fette Formatierung für Überschriften ist alles, was Sie brauchen, um Details hervorzuheben – alle anderen Verschnörkelungen lassen Ihren Lebenslauf überfrachtet aussehen.

Wenn ein Lebenslauf zu gut ist, um wahr zu sein

Ich kann nicht oft genug betonen, wie wichtig Ehrlichkeit in einem Lebenslauf ist. Ein Abteilungsleiter und ich haben einmal versucht, einen Projektmanager mit Spezialkenntnissen in statistischer Analyse und dem Verfassen von Projektberichten zu finden. Nachdem wir an einem von einem Personalvermittler durchgeführten Gruppenauswahlprozess teilgenommen hatten, luden wir fünf Bewerber zum Bewerbungsgespräch ein. Jochens Favorit war die 23-jährige Ramona, denn ihm gefielen ihr Selbstvertrauen und ihr bisheriger beruflicher Werdegang. Die angegebenen Referenzen gaben glänzende Berichte ihrer Fähigkeiten ab. Und doch störte mich irgendetwas. Ich hatte eine Ahnung, dass sie ihre Fähigkeiten und Erfahrungen übertrieben hatte, wenn man bedachte, wie jung sie war.

Wie der Zufall so spielte, kannten Jochen und ich jemanden in Ramonas Unternehmen namens Johannes, der nicht in der Liste ihrer Referenzen aufgeführt war. Als wir ihn kontaktierten, um ihn zu fragen, was er von ihren Erfolgen wusste, war die Antwort ausgesprochen negativ. Laut Johannes war Ramona impulsiv, unreif und hielt sich nicht an Anweisungen. Sie suchte ständig nach Aufmerksamkeit, und die Personalabteilung des Unternehmens entdeckte später, dass sie das letzte Jahr ihres Studiums gar nicht abgeschlossen hatte. »Wir sind froh, wenn sie geht. Darum sind die Leute, die sie als Referenzen angegeben hat, so begeistert.«, erklärte Johannes. Jochen und ich lernten daraus, alles in einem Lebenslauf zu überprüfen, das zu gut zu sein scheint, um wahr zu sein.

Ungewöhnliche Schriftarten können außerdem vom Inhalt Ihres Lebenslaufs ablenken. Vermeiden Sie Tabellenformate, weil diese schnell überfüllt wirken und nur schwer zu lesen sind. Arbeiten Sie stattdessen besser mit Tabulatoren, um Jobbezeichnungen von den entsprechenden Daten und Aufgabenbereichen zu trennen.

Kontaktangaben

Geben Sie oben auf der ersten Seite Ihres Lebenslaufs Ihren vollen Namen, Ihre Adresse, Ihre Festnetz- und Handynummer und Ihre E-Mail-Adresse an. Setzen Sie außerdem Ihren Namen, Ihre Handynummer und Ihre E-Mail-Adresse als Kopf- oder Fußzeile auf jede Seite des Lebenslaufs, falls die Seiten einmal durcheinandergeraten. Geben Sie niemals eine E-Mail-Adresse an, die Sie mit anderen gemeinsam verwenden, oder eine, die sich in Online-Chats lustig, bei der Jobsuche aber nicht sehr professionell liest. Am besten ist eine E-Mail-Adresse, die Ihren Namen oder eine abkürzte Version Ihres Namens beinhaltet.

Um mit der Zeit zu gehen, müssen Sie weder Ihren Familienstand noch Ihr Geburtsdatum in Ihrem Lebenslauf angeben. Beides ist irrelevant für Ihre Fähigkeiten und Qualifikationen für den Posten, für den Sie sich bewerben, und könnte dazu führen, dass ein Personalverantwortlicher Ihre Bewerbung aufgrund von Vorurteilen ablehnt.

Stärken

Listen Sie Ihre Hauptstärken als Stichpunkte auf, damit Ihr Lebenslauf einfacher von Personalverantwortlichen durchgesehen werden kann. Halten Sie diese Punkte kurz, aber prägnant. »Hervorragende Kommunikationsfähigkeiten« oder »starkes Teammitglied« sind sinnlos, weil diese Beschreibungen zu vage sind. Schreiben Sie stattdessen etwas wie »Hervorragende schriftliche und mündliche Kommunikationsfähigkeiten, die durch weiterbildende Studien und Führungspositionen in der Vertriebsabteilung erzielt wurden« oder »Produktives Mitglied des Teams, das die Ausschreibung der Stadt Hintertupfingen für den Bau des neuen Polizeireviers gewonnen hat«. Anders gesagt sollten Sie dem Personalverantwortlichen Informationen bereitstellen, die Ihre Stärken beispielhaft darstellen und verständlich machen.

Beruflicher Werdegang

Listen Sie Ihren beruflichen Werdegang von der letzten bis zur ersten Stelle auf.

Folgen Sie dabei für jeden Posten der folgenden Struktur:

- **Jobbezeichnung, Arbeitgeber, Daten:** Was Sie wann für wen gemacht haben.
- **Beschreibung des Arbeitgebers:** Fügen Sie eine solche Beschreibung nur ein, wenn Sie für ein Unternehmen gearbeitet haben, das nicht allgemein bekannt ist. Für global tätige Unternehmen wie Siemens, Coca-Cola, Microsoft und IBM ist eine solche Beschreibung nicht erforderlich. Falls Sie für ein eher unbekanntes Unternehmen arbeiten, dessen Name keinen Hinweis auf die Branche gibt, verwenden Sie eine Beschreibung.

- **Verantwortlichkeiten:** Einige machen den Fehler zu glauben, dass es besser ist, möglichst viele Verantwortlichkeiten aufzulisten. Aber Sie sollten nur die wichtigen Dinge aufführen, in denen Sie für Erfolge verantwortlich waren. Listen Sie nicht jede einzelne Aufgabe auf, die Sie durchgeführt haben. Ich habe Lebensläufe gesehen, in denen Bewerber schrieben: »Teilnahme an monatlichen Vertriebsbesprechungen«. Welche Qualifikationen sind für diese Aufgabe erforderlich? Schreiben Sie stattdessen beispielsweise: »Leitung der monatlichen Vertriebsbesprechungen«, weil das eine echte Verantwortung ist.
- **Erfolge:** Anhand Ihrer Erfolge zeigen Sie Ihre Initiative, Kreativität und Fähigkeit, für Ergebnisse hart zu arbeiten. Außerdem geben Ihre Erfolge dem Unternehmen einen Hinweis, welche zusätzlichen Vorteile Ihre Einstellung im Vergleich zu einer anderen Person hätte. Für die Zwecke Ihres Lebenslaufs werden *Leistungen* als die Aufgaben definiert, die Sie im Beruf (oder einer weiter gefassten Gemeinschaft) übernommen haben, ohne darum gebeten worden zu sein. Zu den Beispielen zählen Mitarbeiterauszeichnungen, Anerkennung in der Gemeinschaft oder spezielle Projekte oder Vorschläge, die Sie entwickelt und die zu vermehrten Aufträgen oder Einsparungen geführt haben.

Das Auflisten Ihrer Erfolge in Ihrem Lebenslauf gibt Ihnen auch die Möglichkeit, Ihr Interesse und Ihre Teilnahme an Initiativen für eine bessere Vereinbarkeit von Berufs- und Privatleben auszudrücken. Wenn Sie beispielsweise den Vorsitz eines Leitungskreises innehatten, der damit beauftragt war, eine Jobsharing-Richtlinie an Ihrem früheren Arbeitsplatz auszuarbeiten und umzusetzen, nehmen Sie das in Ihre Liste auf. Das Erreichen eines festgelegten Ziels oder Plans, für das Sie bezahlt werden, ist kein Erfolg. Damit Sie eine Ihrer Leistungen als Erfolg in Ihre Liste aufnehmen können, muss diese Leistung über ein festgelegtes Ziel hinausgehen, auf einer höheren Ebene als das erwartete Ziel abgeschlossen worden sein oder eine unerwartete Auswirkung auf das Unternehmen gehabt haben (Sie sollten dann Belege liefern). Ein Beispiel: »Ich habe die drei separaten Buchhaltungssysteme der Abteilung miteinander verbunden, wodurch 250.000 Euro an IT-Systemkosten eingespart werden konnten.«

- **Schul- und Ausbildung:** Beginnen Sie mit Ihrer höchsten Qualifikation. Zu diesem Bereich zählen Universität, Berufsausbildung, Branchenschulungen, interne Schulungen und alle andere berufsrelevanten Weiterbildungsmaßnahmen. Sie können hier auch alle Kurse oder Seminare zu familienfreundlichen Arbeitszeiten aufführen, beispielsweise »Änderungsmanagement«, »Personalführungsprinzipien für Manager und Supervisor«, »Mitarbeiter motivieren« und so weiter. Wenn Sie nicht gerade erst in den letzten fünf Jahren von der Schule abgegangen sind, müssen Sie Ihre Schulbildung nicht in Ihrem Lebenslauf angeben.
- **Mitgliedschaften in Berufsverbänden:** Erwähnen Sie nur die Mitgliedschaften, die für Ihre Karriere relevant sind, und alle Posten, die Sie in Verbänden innehaben (oder hatten). Sie können außerdem besondere Komitees oder

Veranstaltungen aufführen, an denen Sie teilgenommen haben (wie »Auszeichnung als familienfreundlichstes Unternehmen im Jahr 2007«).

- ✔ **Hobbys und Interessen:** Diese Angaben sind nicht unbedingt erforderlich, und Sie sollten besser vorsichtig sein, wenn Ihre Lieblingsbeschäftigung in der Freizeit Nacktbaden oder die Teilnahme an Castings für Reality-Shows im Fernsehen ist. Lassen Sie diesen Abschnitt ganz weg, wenn Sie sich für eine Position in einer konservativen Branche oder bei einer Wohltätigkeitsorganisation bewerben.
- ✔ **Referenzen:** Als Faustregel gilt, dass Sie Referenzen am Ende Ihres Lebenslaufs einfügen. Sie sollten neben dem Namen, der Position und dem Unternehmen der betreffenden Referenz auch Kontaktinformationen oder den Hinweis »Kontaktdaten auf Anfrage verfügbar« hinzufügen. Wenn Sie angerufen werden, um die Kontaktinformationen für Ihre Referenz bereitzustellen, ist das ein Hinweis, dass Sie in den engeren Kreis der möglichen Bewerber aufgenommen wurden. Sie können dann Ihre Referenzen kontaktieren, um mit ihnen darüber zu reden, wie diese Sie und Ihre Arbeit beschreiben werden. Weitere Informationen zum Verfassen eines Lebenslaufs finden Sie in *Erfolgreich bewerben für Dummies* von Andrea Schimbeno (ebenfalls bei Wiley-VCH erschienen).

Das perfekte Anschreiben

In Ihrer Hast, Ihre Bewerbung loszuschicken, um Ihren Traumjob zu bekommen, tippen Sie schnell ein Anschreiben zusammen und heften es als erste Seite an Ihren Lebenslauf. Möglicherweise werden Sie feststellen, dass der Personalvermittler sich nicht einmal die Mühe macht, umzublättern und Ihre Details anzusehen. Überprüfen Sie Ihr Anschreiben auf Rechtschreib- und Tippfehler und stellen Sie sicher, dass Sie speziell auf den angebotenen Posten eingehen und den Namen und Titel des Personalverantwortlichen richtig schreiben. Kein Arbeitgeber erhält gern einen formelhaften Brief, aus dem klar hervorgeht, dass er an hundert weitere Unternehmen verschickt wurde, weil Sie damit den Eindruck erwecken, sich nicht einmal die Mühe gemacht zu haben, Ihre Bewerbung auf die Anforderungen des Arbeitgebers zuzuschneiden.

Als frühere Lehrerin mit umfassenden Erfahrungen in mehr als genug Bewerbungsrunden, kann ich Ihnen garantieren, dass das Anschreiben äußerst wichtig ist. Bei einem Einstellungsprojekt erhielt ich 60 Bewerbungsbriefe für einen administrativen Posten und las nur 15 der beiliegenden Lebensläufe. Trotz der Zeitungsanzeige, in der mein Name und meine Position angegeben waren, waren mehrere Briefe an »Sehr geehrte Damen und Herren« oder »An die zuständige Abteilung« adressiert. Diejenigen, die nicht intelligent genug waren, die Anzeige korrekt zu lesen, konnten nicht punkten.

Von den 15 Bewerbungen, die ich in die nähere Auswahl nahm, gingen nur fünf Anschreiben speziell darauf ein, inwiefern die Bewerber die Auswahlkriterien erfüllten, obwohl in der Anzeige klar angegeben war, dass Bewerber in der Bewerbung auf jeden der Punkte eingehen sollten. Zu meinem Glück fanden wir unter den fünf Bewerbern Tracey, die seitdem in sehr wenigen Jahren die Karriereleiter in dem Unternehmen hochgeklettert ist.

Verfassen Sie ein überzeugendes Anschreiben, indem Sie auf die folgenden Punkte achten:

- **Vermitteln Sie Leidenschaft.** Ein gestelztes, klischeehaftes Anschreiben lässt Ihren Lebenslauf wahrscheinlich auf den Stapel der Absagen wandern. Teilen Sie dem potenziellen Arbeitgeber mit, warum Sie dieses Jobangebot begeistert, was Sie für den Posten zu bieten haben und wie die Arbeit für dieses Unternehmen Sie motivieren wird. Welcher Personalverantwortliche möchte nicht hören, dass sein Unternehmen als aufregender und attraktiver Arbeitgeber beschrieben wird?
- **Zwei Augenpaare sehen mehr als eins.** Bitten Sie einen erfahrenen Kollegen oder Freund, Ihr Anschreiben noch einmal auf Rechtschreib- oder Tippfehler, Lücken und mögliche Verbesserungen zu überprüfen. Sie werden erstaunt sein, welche Fehler andere in Ihrer Bewerbung finden, die Sie übersehen, weil Sie sie selbst geschrieben haben.
- **Beziehen Sie sich auf den Posten, für den Sie sich bewerben.** Erklären Sie, warum Sie die beste Person für die Stelle sind. Schreiben Sie beispielsweise: »Ich betrachte diesen Posten als die ideale Gelegenheit, meine Fähigkeiten im Projektmanagement und als technischer Autor auszubauen.«
- **Binden Sie einen Vorschlag in Ihr Anschreiben ein.** Zeigen Sie beispielsweise, dass Sie möglicherweise sogar in der Lage wären, den Arbeitsplatz zu verbessern. Sie können einen potenziellen Arbeitgeber leicht beeindrucken, indem Sie zeigen, dass Sie genug über das Unternehmen und den Posten wissen, dass Sie Möglichkeiten zur Verbesserung sehen. Ein Beispiel: »Da Sie zu den führenden Anbietern von Staubsaugern für den Bauchnabel zählen, sehe ich weitere Möglichkeiten für den Ausbau Ihrer Geschäfte durch das Sponsern von relevanten Websites wie ...«
- **Nehmen Sie sich Zeit.** Wenn Sie sicherstellen möchten, auf jeden in der Stellenanzeige erwähnten Aspekt des Postens einzugehen und darzustellen, warum Sie der beste Bewerber für die Stelle sind, brauchen Sie Zeit. Es kann einige Stunden und viele neue Entwürfe brauchen, bis Sie Recherchen zum Unternehmen und zum angebotenen Posten durchgeführt und den perfekten Lebenslauf geschrieben haben. Das Anschreiben ist Ihre Chance, dem Arbeitgeber mehr über Ihre Person mitzuteilen als das, was in Ihrem Lebenslauf aufgelistet ist, und gleichzeitig Ihre Kommunikationsfähigkeiten unter Beweis zu stellen.

Ehrlichkeit währt am längsten

»Ach, jeder lügt in seinem Lebenslauf« ist eine Aussage, die Sie vielleicht schon ab und zu gehört haben. Ich kann Lügen in Lebensläufen nicht akzeptieren, weil Ihre Leistung im Job schnell zeigen wird, ob Sie über die behaupteten Qualifikationen verfügen. Falls nicht, wird der Arbeitgeber das schnell feststellen.

Viele Bewerber machen den Fehler, ihr Privatleben zu verstecken. Erwähnen Sie Ihren Partner, Ihre Kinder oder Ihre Hobbys mit ein oder zwei Aussagen in Ihrer Bewerbung. Die meisten Arbeitgeber sind daran interessiert, Sie besser kennenzulernen – Ihre Interessen, Ihre Studien, Ihre Motivationen und das Leben, das Sie außerhalb Ihres Berufs führen, machen Sie zu einer abgerundeten Person. Wenn Sie bei einem Arbeitgeber den Eindruck hinterlassen, dass Sie kinderloser Single sind, der nur für seinen Beruf lebt, könnte Ihnen eine Menge Ärger bevorstehen.

Ernten, was Sie säen

Richard fand auf die harte Tour heraus, dass Arbeitgeber nicht immer völlige Hingabe wünschen. »Ich war Ende zwanzig und kinderlos und so darauf erpicht, den Job zu bekommen, dass ich ständig davon redete, wie hart ich arbeiten kann. Ich beschrieb, dass ich die Schwäche hätte, lange zu arbeiten, bis eine Arbeit perfekt abgeschlossen ist, und dass meine bisherigen Arbeitgeber immer lange Arbeitszeiten verlangt hätten. Ich bekam den Job und klar erwarteten sie von mir, 60 Stunden und mehr pro Woche zu arbeiten.«

Damit Sie nicht in die Falle tappen, Ihre Erfolge zu übertreiben, bitten Sie Ihren Partner, einen Freund oder jemand, mit dem Sie zusammengearbeitet haben, des Teufels Advokat zu spielen. Geben Sie diesen Leuten freie Hand, die Angaben in Ihrem Anschreiben, in denen Sie erklären, warum Sie die beste Person für den Job sind, anzuzweifeln. Bitten Sie sie, Ihnen weitere Fragen zu Ihren Leistungen zu stellen, und zu sehen, ob Sie sie schlüssig beantworten können.

Die Referenzen, die Sie in Ihrer Bewerbung anführen, *müssen* in der Lage sein, Ihre Angaben zu bestätigen. Möglicherweise kommen Sie damit durch, Ihren besten Freund im Callcenter zu bitten, Ihren Chef zu spielen, aber Sie gehen immer das Risiko ein, dass der Personalverantwortliche jemand anderen kennt, der dort arbeitet. Versenden Sie stattdessen Ihren Lebenslauf und Ihr Anschreiben per E-Mail an Ihre Referenzen und geben Sie ihnen einige Hinweise, welche wichtigen Qualifikationen und Fähigkeiten Sie in Ihrem Bewerbungsgespräch betonen möchten. Schließen Sie Ihr Schreiben an die Referenz mit den Worten: »Hier sind die Einzelheiten, die ich im Bewerbungsgespräch angeben möchte. Ich hoffe, dass Sie diese Punkte unterstützen werden.«

Geben Sie nur Fähigkeiten, erreichte Ziele und Erfolge an, die Sie beweisen können. Tatsächlich können Sie ein Zeichen der Integrität setzen, wenn Sie ehrlich sind und zugeben, dass Sie in einem bestimmten Bereich noch keine Kenntnisse oder Erfahrungen haben. Lassen Sie einer solchen Aussage gleich eine gewünschte Eigenschaft folgen, zum Beispiel: »Nein, ich habe keine Erfahrungen mit diesem Buchhaltungspaket, aber ich habe mich selbst mit MYOB vertraut gemacht und innerhalb von nur einem Monat ein firmeninternes Schulungshandbuch entwickelt, mit dem ich 30 andere Teammitglieder in der Verwendung dieses Programms für Kleinunternehmen geschult habe.«

Denken Sie an die Zeit zurück, als Sie Ihrem Onkel eine Zigarette geklaut, sie hinter dem Schulgebäude angezündet und gegenüber Ihrer Mutter alles geleugnet haben. Sie *werden* immer erwischt.

Auch am Chef vorbei gute Referenzen finden

Gute Referenzen zu finden, kann eine große Herausforderung sein. Möglicherweise sind Sie in Ihrem aktuellen Posten unglücklich, haben mit wachsender Frustration versucht, familienfreundliche Arbeitszeiten durchzusetzen, oder haben keine gute Arbeitsbeziehung zu Ihrem Chef. Oder Sie haben etwas voreilig gekündigt, wurden gefeuert oder möchten Ihre Jobsuche vor Ihrem derzeitigen Chef und Ihren Arbeitskollegen verheimlichen.

Was auch immer der Grund ist, wenn Sie einen guten Lebenslauf mit einem soliden beruflichen Werdegang haben, werden Sie passende Referenzen finden können, die Ihnen helfen. In einer perfekten Welt organisieren Sie Ihre Referenzen bereits, bevor Sie sich auf die Suche nach einer neuen Stelle machen oder bevor Sie Ihren derzeitigen Job kündigen, aber die Welt ist nicht perfekt, deshalb müssen Sie das für Sie beste Timing erst herausfinden.

Sie sollten Ihre Referenzen nicht nur wissen lassen, dass Sie möglicherweise einen Anruf von einem potenziellen Arbeitgeber erhalten werden, sondern auch prüfen, wann Ihre Referenzen möglicherweise auf Geschäftsreise oder im Urlaub sind. Referenzen, von denen Sie wissen, dass sie nicht erreichbar sind, sollten Sie nicht in Ihrer Bewerbung anführen, oder einen Hinweis hinzufügen, dass diese Referenz im Urlaub ist und nur unter einer Mobilfunknummer erreicht werden kann (was natürlich nur mit Zustimmung Ihrer Referenz erfolgen sollte). Wenn ein potenzieller Arbeitgeber jemanden anruft, der nicht erreichbar ist, wirken Sie unorganisiert. Darüber hinaus wird der potenzielle Arbeitgeber möglicherweise verärgert sein, weil Sie seine Zeit verschwenden, und Ihre Bewerbung ganz unten im Stapel verschwinden lassen.

Vergessen Sie nicht, Ihre Referenzen über die Rolle zu informieren, über die sie Informationen weitergeben sollten, aber versuchen Sie niemals, einer Referenz vorzugeben, was sie sagen soll. Erzählen Sie Ihren Referenzen, was Sie jetzt tun, was Sie seit Ihrem letzten Kontakt getan haben und wie Ihre Pläne aussehen. Geben Sie ihnen Einzelheiten zu dem Job, für den Sie sich bewerben, und inwiefern Ihre berufliche Erfahrung mit der betreffenden Referenz relevant für den neuen Job ist.

Hier einige Tipps, wie Sie großartige Referenzen für Ihre Bewerbung finden können:

- ✔ **Fragen Sie einen Kollegen, ob Sie ihn als Referenz angeben können.** Mit *Kollege* meine ich nicht Peter aus der IT-Abteilung, der ein witziger Kompagnon während der Mittagspause ist, sondern jemand, der Ihre Arbeit kennt und weiß, was Sie zum Team beitragen.

Als Natalie Probleme mit ihrem Chef bekam und begann, die Stellenanzeigen im Internet durchzusehen, sprach sie mit Julia, einer Managerin, die im selben Strategiekomitee bei einer kürzlich erfolgten Umstrukturierungsmaßnahme gesessen hatte. »Julia hatte meine Recherchen und schriftlichen Berichte gesehen und miterlebt, wie ich mit anderen im Team zusammenarbeite. Sie konnte auch von meiner Fähigkeit berichten, Ideen in Besprechungen beizutragen und Aufgaben mit minimaler Supervision abzuschließen.«

- ✔ **Fragen Sie Ihren früheren Chef, ob Sie ihn als Referenz angeben können.** Einen früheren Chef als Referenz angeben zu können, ist ein nicht zu unterschätzender Vorteil. Neue

Arbeitgeber bevorzugen alte Arbeitgeber als Referenzen, weil sie dann jemandem auf derselben Ebene Fragen zu Ihrer Arbeit stellen können.

Als Hartmut seinen Posten als Ministerialreferent kündigte, weil er ausgebrannt war und nicht die Unterstützung erhielt, die er von seiner Vorgesetzten benötigte, fühlte er sich nicht wohl bei dem Gedanken, sie zu fragen, ob er sie als Referenz angeben könne. Stattdessen bat er einen früheren Chef, sich als Referenz zur Verfügung zu stellen, und fand einen Job in einer größeren, auf Öffentlichkeitsarbeit fokussierten Behörde. Harmuts Beispiel zeigt, wie wichtig es ist, mit früheren Chefs und Abteilungsleitern in Kontakt zu bleiben. Wenn Sie das tun, können Sie diese Leute bei einer Jobsuche über Ihre Situation auf dem Laufenden halten und sie fragen, ob Sie sie als Referenz angeben dürfen.

✔ **Fragen Sie Kunden, ob Sie sie als Referenz angeben können.** Sie können ruhig kreativ an die Auswahl Ihrer Referenzen herangehen, indem Sie weiter in Ihr Netzwerk hineingehen und geschätzte Kunden, mit denen Sie in der Vergangenheit zusammengearbeitet haben, fragen, ob Sie sie als Referenz angeben können. Diese Referenzen können einen anderen Blickwinkel als Arbeitgeber bereitstellen und bieten eine Gelegenheit, Ihrem potenziellen neuen Arbeitgeber Ihre Erfolge zu vermitteln. Wenn Sie einen Kunden vorweisen können, der Aufträge im Wert von mehr als einer Million pro Jahr bei Ihrem früheren Unternehmen erteilt hat oder wenn Sie ein seit Langem bestehendes Problem zur Zufriedenheit des Kunden gelöst haben, wird dieser Kunde eine großartige Referenz für Sie sein.

Überzeugende Bewerbungsgespräche

Ihr Anschreiben und Ihr Lebenslauf haben Ihnen eine Einladung zu einem Bewerbungsgespräch gesichert. Unabhängig davon, ob dies Ihr erstes Bewerbungsgespräch seit Jahren ist oder Sie regelmäßig an Bewerbungsgesprächen teilnehmen, wird Sie der Gedanke daran etwas nervös machen. Eine gute Vorbereitung zahlt sich immer aus.

Ihre Hausaufgaben machen

Die meisten Gesprächspartner und Manager fragen Sie, was Sie über das Unternehmen wissen, bei dem Sie sich bewerben. Viele Bewerber fallen beim Bewerbungsgespräch durch, weil sie sich nicht die Mühe gemacht haben, etwas über das Unternehmen in Erfahrung zu bringen. Um einen Schritt voraus zu sein, probieren Sie die folgenden Tipps aus:

✔ **Jahresberichte analysieren:** Wenn der neueste Jahresbericht noch nicht über die Website des Unternehmens zu haben ist, rufen Sie den potenziellen Arbeitgeber direkt an und bitten Sie um ein Exemplar. Der Arbeitgeber wird von Ihrer Art der Vorbereitung beeindruckt sein, und der Bericht selbst kann eine wunderbare Informationsquelle zu Mitarbeitern, Finanzen, speziellen Projekten und wichtigen Leistungszielen sein.

✔ **Den Personalvermittler fragen:** Wenn die Einstellung über eine Personalvermittlung erfolgt, fragen Sie den Personalvermittler, ob der Arbeitgeber flexible Arbeitszeiten anbietet und ob der Arbeitgeber bereit sein wird, flexible Arbeitszeitmodelle auszuhandeln. Der Personalvermittler ist die Verbindungsstelle zwischen Ihnen und dem Arbeitgeber und kann Ihnen sagen, ob Ihre Fragen zur Vereinbarkeit von Berufs- und Privatleben als Pluspunkt (»Ja, das Unternehmen unterstützt familienfreundliche Arbeitszeitmodelle und braucht einen erfahrenen Mitarbeiter, um weitere umzusetzen.«) oder als Minuspunkt (»Nein, die Anzeige ist explizit für einen Vollzeitposten ausgeschrieben, bei dem auch Überstunden anfallen werden.«) aufgefasst werden.

- **Andere Meinungen einholen:** Wenn Sie jemanden kennen, der für das Unternehmen arbeitet – wenn auch in einer komplett anderen Abteilung –, erkundigen Sie sich bei dieser Person nach dem Unternehmen als Arbeitgeber. Welche Unterstützung bietet das Unternehmen wirklich für familienfreundliche Arbeitszeiten? Hat Ihr Bekannter flexible Arbeitszeiten? Welche Vorteile bieten diese flexiblen Arbeitszeiten? Auf welche möglichen Arbeitsplatzprobleme sollte man sich im Unternehmen einstellen?
- **Die Website besuchen:** Auf der Website des Unternehmens werden alle Informationen bereitgestellt, die das Unternehmen der Öffentlichkeit preisgeben will. Hier finden Sie spezielle Dokumente, darunter eine Selbstdarstellung des Unternehmens, Pressemitteilungen, Berichte und Veröffentlichungen sowie einen Bereich mit Stellenangeboten.

Einen Probelauf machen

Ihre Gesprächstechnik mit einem Freund oder Familienmitglied zu üben, ist eine sehr nützliche Methode, damit Ihre Antworten präzise und wohlüberlegt werden. Ihr Gesprächspartner kann Ihnen sagen, wenn Sie zu schnell durch Ihre Antworten hasten oder der Inhalt Ihrer Antworten zu vage oder schwer zu verstehen ist. Bitten Sie Ihren Übungspartner, immer wieder mit Ihnen zu üben, bis Sie schließlich das Gefühl haben, dass Ihre Antworten flüssig sind und Ihr Selbstvertrauen steigt.

Beispiele liefern

Bewerbungsgesprächspartner setzen oft eine Fragetechnik ein, die als *verhaltensbezogenes Interview* bezeichnet wird. Bei diesen Fragen sollen Sie ein Beispiel aus Ihrer beruflichen oder persönlichen Erfahrung bereitstellen, mit dem Sie den potenziellen Arbeitgeber überzeugen, dass Ihre bisherige Leistung ein gutes Zeichen für Ihre Leistung im neuen Job ist. Diese Art von Fragen fangen normalerweise wie folgt an: »Können Sie mir eine Zeit nennen, als Sie ...?« oder »Geben Sie mir ein Beispiel für ...« und/oder »Können Sie beschreiben, wie Sie XY angehen würden?«.

Namen nennen

Wenn Sie daran denken, fragen Sie den Personalvermittler, bevor er auflegt, nach einer Liste der Namen und Positionen aller Personen, die beim Bewerbungsgespräch anwesend sein werden. Wenn Sie vor lauter Begeisterung, dass Sie tatsächlich zu einem Bewerbungsgespräch eingeladen werden, nicht daran denken, rufen Sie den Personalberater an, oder bitten Sie darum, zur Personalabteilung durchgestellt zu werden. Diese Details zu kennen und Ihre Gesprächspartner mit Namen ansprechen zu können, schont Ihre Nerven und kann Ihre Gesprächspartner beeindrucken. Sie können Ihre Antworten persönlicher gestalten, indem Sie sagen: »Nun, Herr Maier, ich glaube, wir sollten zuerst ...« und das Gespräch mit »Vielen Dank, dass Sie sich die Zeit genommen haben, Frau Müller.« beenden.

Gut fühlen

Machen Sie an dem Morgen vor dem Gesprächstermin einen Spaziergang oder Sport, den Sie besonders gern mögen. Das natürliche Hochgefühl nach einer sportlichen Verausgabung regt Ihren Kreislauf an und verbessert Ihre Fähigkeit, tief durchzuatmen und zu entspannen. Wenn Sie zum Gesprächstermin gehen, halten Sie sich gerade, wenn Sie das Gebäude betreten, und lächeln Sie. Sie haben schließlich nichts zu verlieren!

Wenn Sie lächeln, wird die Empfangsmitarbeiterin zurücklächeln und vielleicht sogar ein Gespräch mit Ihnen beginnen (ich habe auf diese Weise schon eine Menge Informationen erhalten). Sie werden sich dann im eigentlichen Gespräch ziemlich gut fühlen. Wenn Ihr Magen immer noch unangenehm flau ist, denken Sie daran, dass es vollkommen normal und in Ordnung ist, nervös zu sein. Besser, Sie sind nervös und konzentriert als zu selbstsicher und arrogant.

Gut aussehen

Achten Sie sehr sorgfältig auf Ihr Erscheinungsbild. Wenn Sie nicht möchten, dass Ihre Kollegen etwas davon mitbekommen, dass Sie zu einem Bewerbungsgespräch gehen, ziehen Sie sich schon in den Tagen vor dem Gespräch etwas schicker an, um dem unvermeidbaren Kommentar »Toll siehst du aus – gehst du zu einem Bewerbungsgespräch?« aus dem Weg zu gehen, der zwar oft als Kompliment gemeint ist, aber nur mit einer gewissen peinlichen Berührtheit abgewiesen werden kann, wenn das tatsächlich der Fall ist. Sorgen Sie dafür, dass Ihre Kleidung sauber, gebügelt und ohne sichtbare lose Fäden oder Makel ist. Selbst wenn Sie sich für einen Posten bei einem hippen Unternehmen bewerben, sollten Sie alles vermeiden, was zu laut »Ich bin auch cool« schreit, wie bunte Krawatten, stark gemusterte Kleidung oder zu viel Schmuck und Make-up.

Achten Sie auch auf Ihre Hände und Fingernägel. Sie sollten sauber sein und keinesfalls abblätternden Nagellack zeigen (am besten nehmen Sie gar keinen Nagellack). Achten Sie außerdem darauf, dass Sie sich nicht ständig die Haare aus dem Gesicht streichen müssen. Und wenn ich schon dabei bin: Vermeiden Sie unbedingt ein zu starkes Aftershave oder Parfüm, zu auffälligen Schmuck oder eine unordentliche Frisur, die Sie dazu zwingt, ständig Ihren Kopf in den Nacken zu werfen, um den Pony aus Ihren Augen zu bekommen. So, damit habe ich alles angesprochen, was ich so richtig gar nicht mag!

Das Bewerbungsgespräch mit Bravour bestehen

Wenn Sie die Ge- und Verbote des Verhaltens bei Bewerbungsgesprächen kennen, werden Sie das Bewerbungsgespräch als Gewinner statt als Verlierer überleben. Hier einige praktische Tipps:

- ✔ **Machen Sie Ihre Hausaufgaben.** Bereiten Sie ein paar Fragen vor, falls Sie gebeten werden, Ihre Gesprächspartner zu befragen. Formulieren Sie diese Fragen so, dass sie Ihr Interesse am Unternehmen ausdrücken, und fügen Sie eine Frage hinzu, wer Ihr direkter Vorgesetzter sein wird und wie Ihr neues Team strukturiert ist. Das ist auch der richtige Zeitpunkt, um Fragen zum Thema Vereinbarkeit von Berufs- und Privatleben zu stellen – finden Sie heraus, welche Richtlinien das Unternehmen bereits eingeführt hat und welche Beschäftigungs- und Arbeitszeitmodelle bereits von Mitarbeitern genutzt werden.

Ihre Stärken verkaufen und Ihre Schwächen umwandeln

Die Aufforderung »Erzählen Sie mir von Ihren Stärken und Schwächen« in einem Bewerbungsgespräch ist gefürchtet, aber Sie können sich darauf vorbereiten. Eine Freundin von mir hat kurz aufgelacht und geantwortet: »Sie erwarten nicht wirklich von mir, dass ich Ihnen etwas über meine Schwächen erzähle?« Sie ist mit Ihrer schnellen Retourkutsche davongekommen und hat den Job erhalten, aber eine solche Situation kann bei Ihnen für Schweißausbrüche sorgen und etwas offenbaren, das möglicherweise der Grund ist, Ihnen den Job nicht anzubieten.

Professionelle Personalvermittler verwenden diese Aufforderung, um zu sehen, ob der Bewerber seine Grenzen kennt und weiß, in welchen Bereichen er seine berufliche Leistung noch verbessern kann. Außerdem möchten Personalvermittler herausfinden, in welchen Bereichen Sie Ihrer Meinung nach am besten sind. Nach dem Gespräch überprüft er dann bei Ihren Referenzen, ob Sie tatsächlich die Fähigkeiten besitzen, die Sie im Gespräch angegeben haben.

Wenn Sie über Ihre Schwächen sprechen, sollten Sie unbedingt intelligent reagieren. Tatsächlich sollten Sie die »Schwächen« erwähnen, die eigentlich Ihre Stärken sind. Sie können die Aufforderung beispielsweise wie folgt beantworten: »Ich würde gerne lernen, ... zu tun«, um zu zeigen, dass Sie großes Interesse daran haben, Ihre Kenntnisse auszubauen.

Eine noch größere Wirkung können Sie erzielen, wenn Sie einen Vorsatz in Ihre Aussage einfügen. Beginnen Sie mit »Ich würde gerne lernen, wie man den Vorsitz bei einer Aktionärsversammlung führt«, und fügen Sie dann hinzu, *was* Sie bereits getan haben, um diese Fähigkeit zu erlernen, indem Sie beispielsweise sagen: »... und ich habe mich freiwillig gemeldet, die Aufgabe zu übernehmen, wenn mein Vorgesetzter im nächsten Monat im Urlaub ist«. Wenn Sie sich Sorgen machen, dass Sie nicht in der Lage sind, Ihre Schwächen und Vorsätze offenzulegen, bitten Sie einen vertrauten Kollegen oder ein Familienmitglied, Ihnen zu helfen (sie werden diese seltene Gelegenheit gern nutzen!).

- ✔ **Unterbrechen Sie Ihre Gesprächspartner nicht.** Hören Sie aufmerksam zu, und fragen Sie mit Ihren eigenen Worten zurück, wenn Sie das Gefühl haben, dass Sie etwas missverstanden haben (diese Strategie bringt Ihnen außerdem einige Sekunden zum Nachdenken).
- ✔ **Sagen Sie nichts Negatives über Ihren derzeitigen oder frühere Arbeitgeber.** Konzentrieren Sie sich stattdessen auf die Erfahrungen, die Sie dort gesammelt haben.
- ✔ **Halten Sie irgendetwas in den Händen.** Wenn Sie in Bewerbungsgesprächen besonders nervös sind, hilft es Ihnen vielleicht, etwas in der Hand zu halten. Wenn ich wegen eines Bewerbungsgesprächs nervös bin oder Angst habe, dass ich vergessen könnte, über meine größten Leistungen zu reden, nehme ich mein eigenes Exemplar meines Lebenslaufs (in einer Mappe) mit, um es als kleine Erinnerung zu verwenden. Das wird nicht als Blackout gesehen, sondern ist ein deutliches Mittel, um Ihrem potenziellen Arbeitgeber zu zeigen, dass es Ihnen wichtig ist, ihn auf alle Ihre Erfahrungen und Erfolge aufmerksam zu machen. Um ehrlich zu sein, nehme ich die Mappe vor allem mit, damit meine zitternden Hände etwas zum Festhalten haben und ruhiger sind.

- ✔ **Antworten Sie präzise und relativ kurz.** Ihr Gesprächspartner wird nachfragen, wenn er weitere Informationen von Ihnen braucht. Aber vermeiden Sie unbedingt, nur mit Ja oder Nein zu antworten.
- ✔ **Halten Sie Blickkontakt.** Wenn mehrere Personen beim Bewerbungsgespräch anwesend sind, sprechen Sie mit allen, selbst wenn Sie sich selbst sagen müssen: »Schau Frau Maier an, lächle, beantworte ihre Frage, und schau dann Herrn Müller an, als würdest du ihn zur nächsten Frage auffordern«. Wenn Sie den Blickkontakt vermeiden, wirken Sie, als hätten Sie kein Vertrauen in Ihre eigenen Fähigkeiten oder als wären Sie unehrlich.
- ✔ **Sprechen Sie im ersten Gespräch niemals das Gehalt an.** Dieses delikate Thema wird vom Arbeitgeber dann angesprochen, wenn Ihnen der Job angeboten wird. Zu diesem Zeitpunkt haben Sie die Gelegenheit zum Verhandeln. Sie müssen das Gehaltspaket nicht sofort annehmen. Jedes Gehaltspaket muss sorgfältig geprüft und durchdacht werden, bitten Sie also höflich darum, die Unterlagen mitnehmen zu können, um die Einzelheiten zu prüfen.

Nach flexiblen Arbeitszeiten fragen

Die Frage, die direkt nach der heiß ersehnten Aussage »Wir möchten Ihnen die Stelle gerne anbieten« kommt, ist eine, mit der viele nur schlecht zurechtkommen. Diese Frage lautet: »Was erwarten Sie von Ihrem neuen Posten?«

Jetzt müssen Sie sich sagen: Carpe diem – nutze den Tag! Das ist der Zeitpunkt, an dem Sie Ihre Vorstellungen zu flexiblen Arbeitszeiten, die Ihnen eine bessere Vereinbarkeit von Berufs- und Privatleben ermöglichen, auf den Tisch legen. Legen Sie klar und schlüssig dar, dass Sie an den besten Arbeitsbedingungen interessiert sind, die die höchste Produktivität sichern, aber auch ideale persönliche und familiäre Bedingungen ermöglichen.

Eine kürzlich durchgeführte Umfrage hat ergeben, dass 88 Prozent aller Arbeitnehmer, die in Beziehungen oder mit Familie leben, glauben, dass ihr persönliches Leben in Aufruhr ist, weil der Versuch, Berufs- und Privatleben zu vereinbaren, viel Stress verursacht. Die Arbeitszeitvorstellungen, die ganz oben auf den Wunschlisten dieser Arbeitnehmer stehen, sind flexible Arbeitszeiten, die Möglichkeit, auf Teilzeitarbeit umzuschwenken, und ein Arbeitgeber, der sie unterstützt. Diese Wünsche sollten für einen klugen Arbeitgeber keine Überraschung sein.

Die University of South Australia hat eine Liste der Arbeitsbedingungen zusammengestellt, die Arbeitgeber und neue Mitarbeiter bei ihren Verhandlungen unterstützen soll. Die Liste enthält die folgenden Bedingungen:

- ✔ Kinderbetreuungsangebote vor Ort oder am Arbeitplatz
- ✔ Praktischer Einsatz von Beschäftigungs- und Arbeitszeitmodellen, die ein ausgewogenes Verhältnis von Berufs- und Familienleben erleichtern, darunter familienfreundliche Arbeitszeiten
- ✔ Verfügbarkeit von professionellen Schulungs- und Weiterbildungsangeboten
- ✔ Verfügbarkeit von Studienhilfen (finanzielle Unterstützung und/oder zusätzliche Freistellungen)

- Einrichtung flexibler Beschäftigungsoptionen wie Teilzeit, komprimierte Arbeitszeiten, Gleitzeit, Erwerb von zusätzlichem Jahresurlaub (weitere Informationen zu diesen Optionen finden Sie in Kapitel 8)
- Flexibilität, bei Bedarf von zu Hause aus arbeiten zu können
- Bereitstellung eines Notebooks, eines Handys und eines Internetzugangs für zu Hause
- Anerkennung früherer Tätigkeiten mit der Möglichkeit, Ihren mit den Jahren bei einem früheren Arbeitgeber angesammelten Urlaubsanspruch zum neuen Arbeitgeber zu übertragen

Ihre Gehaltsvorstellungen festlegen

Die andere Frage, die direkt nach der heiß ersehnten Aussage »Wir möchten Ihnen die Stelle anbieten« kommt, ist ebenso kompliziert. Sie müssen auf eine ruhige Weise Sicherheit zeigen und taktvoll bleiben, wenn Sie gefragt werden: »Wie sind Ihre Gehaltsvorstellungen für diesen Posten?«

In dieser Phase hat der Arbeitgeber Sie bereits ausgewählt. Er möchte Sie für den Posten, und Sie möchten verhandeln. Ein bisschen. Übertreiben Sie nicht, und stellen Sie keine Forderungen, die nicht erfüllt werden können. Sagen Sie nicht: »Ich gehe, wenn ich nicht 200.000 Euro und einen BMW voller Schokolade bekomme.« Niemand ist unersetzlich.

Wenn Sie für einen Job ausgewählt werden, sollten Sie keine Angst haben, nach einem Gehalt zu fragen, das angemessen ist. Wenn Sie entsprechende Recherchen zu marktüblichen Gehältern durchgeführt haben, sind Sie in einer guten Verhandlungsposition.

Informieren Sie sich vor einem Bewerbungsgespräch über die in Ihrer Branche üblichen Gehälter. Diese Informationen finden Sie in den Gehaltspiegeln für unterschiedliche Branchen, die in der Presse oder im Internet veröffentlicht werden (für die IT-Branche veröffentlicht beispielsweise der Heise-Verlag einmal jährlich unter `www.heise.de` einen Gehaltsspiegel für IT-Mitarbeiter).

Nutzen Sie darüber hinaus die Gelegenheit, über das reine Gehalt hinwegzudenken, und sprechen Sie darüber, welche anderen Optionen angeboten werden. Hier einige Möglichkeiten:

- Administrative Unterstützung für den Posten
- Geschäftsreisen in der Businessclass mit der entsprechenden Klubmitgliedschaft (zum Beispiel für das Meilenprogramm)
- Parkplatz (wichtig bei Arbeitsplätzen in der Innenstadt)
- Ausgaben für Konferenzen
- Übernahme der Umzugskosten durch den Arbeitgeber
- Bürogröße und -standort
- Leistungsboni (nicht nur ab einer bestimmter Leistung, sondern in einer garantierten Mindesthöhe)

- ✔ Regelmäßige Überprüfung von Gehalt und Arbeitsbedingungen (mit einer garantierten Mindestgehaltserhöhung)
- ✔ Alterszulagen und Gehaltsumwandlung

Was Sie verlangen, liegt bei Ihnen. Versuchen Sie, die Reaktion des Arbeitgebers auf Ihre Vorstellungen vorauszuahnen. Üben Sie Ihre Gehaltsforderung im Voraus, bleiben Sie ruhig und bereiten Sie sich darauf vor, bei einigen Forderungen ein Nein zu hören, aber hoffentlich nicht bei allen. Alles, wonach Sie nicht fragen, werden Sie auch nicht bekommen!

Auch wenn sich das schwierig anhört, wenn Sie den Kürzeren ziehen, haben Sie jedes Recht der Welt, nach den Gründen zu fragen. Nicht in einem jammernden oder feindseligen Ton, sondern so, dass Sie eine Rückmeldung bekommen und erfahren, was Sie bei der nächsten Bewerbung besser machen können und welche Stärken der Gesprächspartner gesehen hat. Wenn Sie zu nervös für ein Telefonat sind, rufen Sie die Empfangsmitarbeiterin des Unternehmens an und bitten Sie um die E-Mail-Adresse Ihres Gesprächspartners. Schreiben Sie eine kurze E-Mail, in der Sie um eine ehrliche Rückmeldung bitten. Beispiele: »Können Sie mir mitteilen, in welchen Bereichen ich mich verbessern muss?« oder »Hat mein Auftreten im Bewerbungsgespräch dazu geführt, dass Sie mir den Posten nicht gegeben haben?« oder »Habe ich nicht genug Begeisterung für den Posten gezeigt oder meine Fähigkeiten nicht genug herausgestellt?«.

Studieren für den Erfolg

12

In diesem Kapitel

- Berufliche und außerberufliche Weiterbildungsmöglichkeiten
- Nebenberuflich studieren
- Zum eigenen Vergnügen lernen

Der Begriff *lebenslanges Lernen* ist ein Schlüsselbegriff der modernen Bildungs- und Wirtschaftslandschaft und bezieht sich auf die Notwendigkeit, Ihre Fähigkeiten regelmäßig einer Prüfung zu unterziehen und an Kursen und Schulungen teilzunehmen, um Ihre Kenntnisse auf dem neuesten Stand zu halten. Sie können es sich nicht mehr leisten, zu Beginn Ihres Berufslebens eine Ausbildung abzuschließen und davon auszugehen, dass dieser kleine Lernaufwand für den Rest Ihrer Arbeitstage reichen wird. Die rapiden Veränderungen bei Technologien, Kommunikationsmitteln, globalen Marketing- und Branchenmethoden sowie Jobbeschreibungen machen es unentbehrlich, dass Sie Ihre Fähigkeiten und Ihre Kapazität immer wieder neu bewerten müssen, um eine gute Leistung im Beruf zu erbringen. Wenn Sie eine erfüllende Karriere anstreben – oder auch nur Ihren Beruf genießen möchten, ohne ständig das Gefühl zu haben unterzugehen –, sollten Sie über Weiterbildungsmaßnahmen nachdenken, um Ihre Fähigkeiten aufzufrischen und Ihre Kenntnisse zu aktualisieren.

Weiterbildung bedeutet nicht, dass Sie an die Universität gehen und jahrelang intensiv studieren müssen. Stattdessen nehmen immer mehr Arbeitnehmer an kurzen Kursen teil, die einen allgemeinen Überblick über den Bereich geben, an dem sie interessiert sind. So können sie mit Änderungen im Berufsleben und im Technologiebereich auf dem Laufenden bleiben. Dieses Kapitel zeigt Ihnen, welche Art von Weiterbildungsmaßnahmen zur Verfügung stehen und wie Sie Angebote finden, die zu Ihnen, Ihrer Arbeitsplanung und Ihren Interessen passen.

Dieses Kapitel zeigt Ihnen außerdem, dass Erwachsenenbildung auch ein wichtiger und wertvoller Teil Ihres Privatlebens sein kann. Nicht alle Weiterbildungsmaßnahmen müssen zu Beförderungen oder Karrieresprüngen führen – viele Weiterbildungsangebote betreffen Hobbys, die Sie in Ihrer Freizeit genießen können.

Weiterbildung für neue Möglichkeiten

Die Vorstellung, ein ganzes Leben bis zur Rente auf ein und demselben Posten zu verbringen, ist schon lange überholt. Experten sind sich einig, dass Arbeitnehmer, die nach den Sechzigerjahren geboren wurden, rund fünf Mal einen Berufswechsel vollführen.

Ein Berufswechsel muss nicht immer mit einem Aufstieg verbunden sein. Wenn ein geringeres Gehalt kein Hindernis ist, entscheiden sich viele Arbeitnehmer für eine berufliche Vereinfachung, um den Stress und die Arbeitsbelastung in ihrem Leben zu verringern. Andere Menschen wechseln mehrmals den Arbeitgeber, um mehr über einen bestimmten Bereich zu lernen oder für ein Unternehmen oder Team zu arbeiten, das sie besonders interessiert. Ein beruflicher Wechsel kann auch bei demselben Arbeitgeber stattfinden, indem Sie beispielsweise in eine andere Abteilung oder zu einem anderen Posten wechseln.

Möglicherweise wird es in Ihrem Leben Phasen geben, in denen Sie gern die Karriereleiter hochklettern oder einen anderen beruflichen Weg einschlagen würden, nur um festzustellen, dass Ihnen eine bestimmte Ausbildung oder Weiterbildung fehlt. Für einige Menschen kann diese Erkenntnis eher entmutigend sein, insbesondere in den folgenden Fällen:

- ✔ Sie haben kein Abitur.
- ✔ Sie haben keinen Universitätsabschluss oder eine andere spezialisierte Ausbildung.
- ✔ Sie sind technologisch nicht auf dem neuesten Stand.
- ✔ Sie haben sich auf Ihrem beruflichen Weg nicht gut beraten lassen.
- ✔ Sie haben keine mehrjährige Ausbildung abgeschlossen.

Lassen Sie sich nicht entmutigen – es gibt im wahrsten Sinne des Wortes Tausende von Möglichkeiten, fehlende Qualifikationen nachzuholen. Die angebotenen Aus- und Weiterbildungskurse sind darauf ausgelegt, eingerostete, widerspenstige und zögernde Erwachsene dazu zu bringen, entweder zum ersten Mal oder zum ersten Mal seit laaaanger Zeit zu lernen.

Sind Sie bereit, sich weiterzubilden?

Wenn Sie entscheiden, ob Sie bereit sind, neue Fähigkeiten und Qualifikationen in Ihrem Fachbereich zu erwerben oder einen beruflichen Wechsel anstreben möchten, der neue Qualifikationen erfordert, sollten Sie sich die folgenden Fragen stellen:

- ✔ Sind Sie geduldig und organisiert? Denken Sie daran, dass Weiterbildungs- oder Umschulungsmaßnahmen ein halbes bis drei Jahre oder bei einem Teilzeitstudium sogar länger dauern können. Wenn Sie der Gedanke an eine derart lange Maßnahme eher abschreckt, können Sie kürzere Weiterbildungs- oder Einführungskurse in Betracht ziehen.
- ✔ Können Sie damit umgehen, möglicherweise wieder von ganz unten zu starten? Wäre es ein Problem für Sie, nach der Weiterbildungsmaßnahme karrieretechnisch wieder von vorn zu beginnen?
- ✔ Unterstützt Ihr Arbeitgeber Weiterbildungsmaßnahmen für Mitarbeiter? Sind beispielsweise Freistellungen für Lernphasen oder Prüfungen, finanzielle Unterstützung für Kurmaterialien und Bücher oder Möglichkeiten zum Lernen während der Arbeit gegeben?
- ✔ Versuchen Sie so viel wie nur irgendwie möglich über Ihre angestrebte Zusatzqualifikation oder Umschulungsmaßnahme herauszufinden, beispielsweise über Personalvermittler, die sich auf den gewünschten Bereich spezialisiert haben, das Internet und über andere Personen, die bereits in der Branche tätig sind.

- ✔ Wie flexibel können Sie für Ihre Weiterbildungsmaßnahmen sein? Sind Kurse in Ihrem Bereich in Teilzeit oder als Fernstudium verfügbar? Haben Sie die Zeit und die Freiheit, abends und am Wochenende zu lernen, wenn Sie während der Arbeitszeit nicht lernen können?
- ✔ Wie oft denken Sie über die Aufgaben in Ihrem aktuellen und früheren Posten nach, die Sie besonders mögen oder verabscheuen? Sind Sie kundenorientiert oder arbeiten Sie lieber an einem bestimmten Projekt ohne Kundenkontakt? Recherchieren und schreiben Sie gern oder würden Sie lieber draußen beim Verkaufen sein?
- ✔ Wozu sind Sie bereit, um Ihren Fuß in die Tür Ihrer bevorzugten Branche zu bekommen? Ein (natürlich un- oder nur spärlich bezahltes) Praktikum kann Ihnen wertvolle Kontakte vermitteln und wichtig für Ihren Lebenslauf sein. Eine solche Erfahrung kann Ihnen auch aufschlussreiche Erkenntnisse bringen, was der Beruf bedeutet, bevor Sie Ihren derzeitigen Job kündigen oder sich für eine Weiterbildungs- oder Umschulungsmaßnahme verpflichten.
- ✔ Welche Berufe würden Ihnen gefallen? Die Bundesagentur für Arbeit bietet im Internet eine Berufsdatenbank (`berufenet.arbeitsagentur.de`), in der Sie Informationen zu allen möglichen Berufen finden, die Sie sich vorstellen können. Neben einer Tätigkeitsbeschreibung finden Sie dort auch Informationen zum Ausbildungsweg.
- ✔ Welche flexiblen Arbeitsbedingungen können Sie beibehalten oder aushandeln, wenn Sie sich für eine Weiterbildungs- oder Umschulungsmaßnahme entscheiden? Dazu zählen beispielsweise Gleitzeitvereinbarungen, damit Sie früher nach Hause gehen können, um Kurse zu besuchen, die Möglichkeiten, Drucker oder Kopierer für Hausaufgaben zu nutzen, das Aushandeln einer Gehaltserhöhung oder die Vereinbarung über zusätzliche Freistellungen für Prüfungen.

Erwachsenenbildung ist ein vielfältiger Bereich, in den zum einen beruflich orientierte Maßnahmen fallen, sei es in Form von Seminaren, in denen Sie Zusatzqualifikationen für Ihren derzeitigen beruflichen Bereich erhalten, oder in Form von Aus- und Weiterbildungsangeboten für ein berufliches Umsatteln.

Erwachsenenbildung umfasst aber auch den Bereich der allgemeinen Weiterbildung. Vielleicht möchten Sie eine neue Sprache erlernen, ein Hobby vertiefen oder Ihre kreativen Möglichkeiten weiterentwickeln. Aber auch von diesen können Sie beruflich profitieren.

Berufliche Weiterbildung

Berufliche Weiterbildungsmaßnahmen können wichtige Qualifikationen in Ihrem beruflichen Bereich vermitteln, die Sie für einen möglichen Aufstieg benötigen. Dazu zählen beispielsweise Seminare zu neuen Technologien, Teamführung, Zeitmanagement, Kommunikation, Verkaufstechniken und vieles mehr.

Wenn Sie sich entschlossen haben, an einer beruflichen Weiterbildungsmaßnahme teilzunehmen, sollten Sie die in den folgenden Abschnitten beschriebenen Punkte beachten, Informationen bei Anbietern von Weiterbildungskursen oder bei Ihrer Arbeitsagentur einholen, die Auskünfte vergleichen und schließlich Ihre Entscheidung treffen.

Kosten für die Weiterbildung

Die Kostenfrage spielt bei der Entscheidung für eine Weiterbildung eine große Rolle. Sie sollten sich nach Förder- und Finanzierungsmöglichkeiten, Kostenzusammensetzung und Zahlungsbedingungen erkundigen, beispielsweise ob Sie die Kursgebühr auf einmal zahlen müssen oder ob eine Zahlung in monatlichen Raten möglich ist.

Von den Arbeitsagenturen gefördert wird eine Weiterbildung nur bei gemeldeter oder drohender Arbeitslosigkeit. Entsprechende Schulungen oder Seminare können ganz oder teilweise finanziert werden und müssen nach den Qualitätskriterien der Arbeitsagenturen zertifiziert und zugelassen sein.

Wenn Ihr Ziel ein beruflicher Aufstieg ist und Sie eine entsprechende Weiterbildung ausgewählt haben, können Sie prüfen, ob Sie eine Förderung nach dem neuen Programm »Meister-BAföG« der Bundesregierung erhalten können. Sollte Ihr Weiterbildungskurs nicht vollständig oder gar nicht gefördert werden, können Sie sich nach weiteren Finanzierungsmöglichkeiten erkundigen. So bezuschussen beispielsweise einige Arbeitgeber Weiterbildungsmaßnahmen für ihre Mitarbeiter. Oder vielleicht bietet Ihr Bundesland spezielle Programme für die Weiterbildungsförderung. Kosten, die Sie für die berufliche Weiterbildung selbst tragen müssen, sei es für die komplette Weiterbildungsmaßnahme oder zusätzlich zu einer Förderung, können Sie in der Regel von der Steuer absetzen.

Denken Sie daran, dass außer den Lehrgangskosten oder Studiengebühren auch Nebenkosten für Lehrmaterial, Prüfungen, Berufskleidung, Fahrt-/Übernachtungskosten, Kinderbetreuungskosten und so weiter anfallen können. Diese sollten Sie bei einem Vergleich zwischen verschiedenen Angeboten berücksichtigen. Informieren Sie sich auch über die vertraglichen Zahlungsbedingungen – bei längerfristigen Weiterbildungskursen ist eine monatliche oder vierteljährliche Zahlungsweise vorteilhaft.

Die folgenden Fragen sollten Sie sich anhand von Informationsmaterial selbst beantworten oder Weiterbildungsanbietern stellen:

- Wird Ihre Teilnahme an der Weiterbildungsmaßnahme möglicherweise durch die Arbeitsagenturen gefördert?
- Welche anderen Förder- oder Finanzierungsmöglichkeiten könnten infrage kommen?
- Entsprechen Ihre persönlichen Voraussetzungen den Förderbedingungen?
- Wie hoch sind die Lehrgangsgebühren?
- Welche Nebenkosten entstehen, zum Beispiel Anmeldegebühren, Lehrgangs- oder Studienmaterial, Prüfungen, Berufskleidung, Fahrt- und Übernachtungskosten, Kosten für die Kinderbetreuung?
- Wie müssen Sie die Kosten begleichen?

In den meisten Fällen gibt es gesetzliche Regelungen zu Bildungsurlaub oder Bildungsfreistellungen. Sie geben Arbeitnehmern die Möglichkeit, sich für eine bestimmte Zeit von ihrer Berufstätigkeit freistellen zu lassen, um an Weiterbildungsmaßnahmen teilzunehmen. Erkundigen Sie sich bei Ihrer Personalabteilung und/oder Ihrem Betriebsrat, welche Maßnahmen in Ihrer Branche vorgesehen sind.

Qualität der Weiterbildungsmaßnahme

Es gibt unzählige öffentliche und private Weiterbildungsanbieter mit vielfältigen Angeboten. Auf den ersten Blick lassen sich Qualitätsunterschiede oft kaum erkennen. Darum lohnt es sich, genauer hinzuschauen. Lassen Sie sich von einer ansprechenden Präsentation im Internet oder in Informationsmaterialien nicht voreilig blenden, sondern gehen Sie die Sache ruhig mit einer gewissen Skepsis an, schließlich geht es um Ihre berufliche Zukunft und in der Regel auch um einen erheblichen finanziellen Aufwand.

Hinweise auf die Qualität eines Weiterbildungsanbieters liefern beispielsweise Angaben zur Ausbildung und Qualifikation des Lehrpersonals, zur Ausstattung der Seminar- oder Übungsräume oder auch Dokumentationen zur Arbeit des Anbieters. Die technische Ausstattung muss auf dem neuesten Stand sein und den Teilnehmern ausreichende Möglichkeiten zum Üben geben.

Das Weiterbildungspersonal vermittelt nicht nur Wissen und Kenntnisse, sondern sollte die Teilnehmer auch persönlich begleiten. Deshalb sollten Lehrkräfte nicht nur fachlich, sondern auch pädagogisch geschult sein, um den Erfolg der Weiterbildungsmaßnahme zu sichern.

Viele Weiterbildungseinrichtungen bieten neben einem Internetauftritt und Broschüren auch Informationsveranstaltungen wie einen Tag der offenen Tür, an dem Sie sich über das Angebot und die Lehrkräfte informieren können.

Auf Initiative des Bundesministeriums für Bildung und Forschung testet die Stiftung Warentest seit dem Jahr 2002 Angebote zur beruflichen Weiterbildung. Weitere Informationen hierzu finden Sie im Internet unter `www.weiterbildungstests.de`.

Abschluss der Weiterbildungsmaßnahme

Zeugnisse und Zertifikate sind für Bewerbungen wichtig. Der Abschluss einer Weiterbildung sollte deshalb durch ein aussagefähiges Zertifikat oder Zeugnis bescheinigt werden. Sie sollten dabei beachten, dass das Niveau von Zertifikaten sehr unterschiedlich sein kann. Es reicht von einer Teilnahmebestätigung des Anbieters bis zu einer hierzulande oder sogar im Ausland anerkannten Prüfung mit entsprechendem Abschlusszeugnis.

Je nach beruflichen Plänen kann außerdem wichtig sein, ob der Abschluss eine Zugangsberechtigung zum Beispiel für eine Fachhochschule oder die Universität bietet oder für weiterführende Weiterbildungsmaßnahmen angerechnet werden kann. Informationen über die Art der Abschlüsse erhalten Sie im Informationsmaterial des Anbieters oder auch bei den Industrie- und Handelskammern.

Stellen Sie in Bezug auf den Abschluss der ausgewählten Weiterbildungsmaßnahme die folgenden Fragen:

- Berechtigt der Abschluss der Weiterbildung dazu, eine anerkannte Berufsbezeichnung zu tragen?
- Verfügen Sie über die Voraussetzungen, um zur Prüfung zugelassen zu werden?
- Sind Prüfungen in schriftlicher, mündlicher und gegebenenfalls praktischer Form vor besonderen Prüfungsausschüssen vorgesehen?
- Wird die Bescheinigung über die Teilnahme an einem Weiterbildungskurs als Qualifikationsnachweis von Ihrem oder einem anderen Arbeitgeber anerkannt?

Welche Art von Abschluss Sie anstreben sollten, hängt von Ihren Zielen ab. Eine aufstiegsorientierte berufliche Weiterbildungsmaßnahme oder eine Umschulung wird in der Regel mit einer Prüfung bei der zuständigen Stelle wie den Industrie- und Handelskammern abgeschlossen, berufsbezogene Studiengänge mit einer Prüfung an der jeweiligen Hochschule. Diese Prüfungen berechtigen Sie, eine anerkannte Berufsbezeichnung zu führen.

Ziele der Weiterbildungsmaßnahme

Die Teilnahme an einer Weiterbildungsmaßnahme muss nicht unbedingt einen großen Karrieresprung oder ein berufliches Umsatteln bedeuten. Aber der erfolgreiche Abschluss eines Weiterbildungskurses sollte dazu beitragen, Ihre Chancen im Beruf und auf dem Arbeitsmarkt zu verbessern oder Ihren beruflichen Wiedereinstieg zu erleichtern. Der Abschluss einer Weiterbildung kann auch bei einer geplanten Existenzgründung sinnvoll sein, zum Beispiel für die Erstellung eines überzeugenden Businessplans oder um Ihre Kommunikations- und Führungskompetenzen auszubauen.

Eine gute Weiterbildungsmaßnahme gewährleistet, dass Sie jetzige und zukünftige berufliche Anforderungen besser erfüllen können. Achten Sie deshalb darauf, dass die Inhalte der Kurse und die möglichen Abschlüsse an Ihrer speziellen beruflichen Situation, den Anforderungen Ihres Arbeitsgebers oder zukünftigen beruflichen Vorstellungen ausgerichtet sind. Stellen Sie sich die folgenden Fragen, um zu prüfen, ob die Seminare oder Schulungen, die Sie ins Auge gefasst haben, Sie Ihren beruflichen Zielen näherbringen:

- Welcher Beruf oder welche Tätigkeiten und Aufgaben kommen für Sie nach Abschluss der Maßnahme infrage?
- Können Sie das, was Sie lernen, in Ihrer beruflichen Tätigkeit und an einem bestimmten Arbeitsplatz verwerten?
- Auf welche Stellenangebote können Sie sich nach Abschluss der Maßnahme bewerben?
- Erschließt Ihnen der Abschluss neue oder zusätzliche Arbeitsbereiche?
- Verbessert der Abschluss Ihre Aufstiegschancen bei Ihrem jetzigen Arbeitgeber?

- Wird sich der Abschluss auf Ihr Gehalt auswirken?
- Können Sie mit dem angestrebten Abschluss die Tätigkeit ausüben, die Ihnen vorschwebt?

Arbeit und Vergnügen sichern den Erfolg

Ein befreundeter Personalvermittler erzählt: »Einen Bewerber nach außerberuflichen Kursen und seinen Hobbys zu befragen, ist eine gute Möglichkeit, während eines Gesprächs die Nerven ein wenig zu beruhigen und etwas über die Motivation des Bewerbers zu erfahren.«

Ein Arbeitskollege von mir zieht gern Parallelen zwischen seinem Hobby als Fotograf und seiner Arbeit als Ingenieur: »Beides erfordert Konzentration und ein genaues Auge für Details. Und beides bietet die Gelegenheit, neue Fähigkeiten zu entdecken, wenn man geduldig ist und weiß, wonach man sucht.«

Hier sind einige Informationsquellen zum Thema berufliche Weiterbildung im Internet:

- **Bundesministerium für Bildung und Forschung** (`www.bmbf.de`): Auf der Website des Bundesministeriums für Bildung und Forschung finden Sie zahlreiche Informationen zu den verschiedenen Weiter- und Erwachsenenbildungsinitiativen der Bundesregierung wie Bildungsprämie, Meister-BAFÖG, lernende Regionen und so weiter.
- **Bundesinstitut für Berufsbildung** (`www.bibb.de`): Das Bundesinstitut für Berufsbildung bietet zahlreiche Informationen zu den Themen Berufsausbildung und Weiterbildung.
- **Weiterbildungsportal der Industrie- und Handelskammern** (`www.wis.ihk.de`): Hier finden Sie Informationen zu Seminaren, IHK-Prüfungen, Weiterbildungsprofilen, eine Trainerübersicht und allgemeine Weiterbildungsinformationen.
- **InfoWeb Weiterbildung** (`www.iwwb.de`): Die in Zusammenarbeit mit dem Deutschen Bildungsserver entstandene Datenbank durchsucht mehr als eine Million Weiterbildungsmöglichkeiten und bietet darüber hinaus Links zu zahlreichen anderen Informationen rund um das Thema Weiterbildung.
- **KursNET der Bundesagentur für Arbeit** (`www.kursnet.arbeitsagentur.de`): Die Aus- und Weiterbildungsdatenbank der Bundesagentur für Arbeit lässt sich nach Kursen durchsuchen und bietet allgemeine Informationen zu verschiedenen Weiterbildungsthemen.

Wieder (oder erstmals) an die Uni

Für Berufstätige, die ihre Qualifikationen durch ein Hochschulstudium erweitern möchten, bieten sich vor allem Fernstudiengänge an, insbesondere wenn sie Vollzeit in ihrem Beruf arbeiten. Denn kaum einem Arbeitnehmer wird es möglich sein, regelmäßig am Vor- oder Nachmittag Vorlesungen zu besuchen.

Fernstudium bedeutet, dass Sie Ihre Lernunterlagen von der Universität oder Fachhochschule erhalten und eigenständig durcharbeiten. Oft bieten die Universitäten oder Fachhochschulen Unterstützung in Form von Internet-Lernplattformen, Betreuung durch Mentoren, Studienzentren in größeren Städten oder Beratung per Telefon. Neben diesem Selbststudium verlangen die meisten Institute die Teilnahme an Präsenzveranstaltungen, die aber meist an Wochenenden oder in Blöcken von einer oder zwei Wochen stattfinden, sodass auch Vollzeitbeschäftigte die Möglichkeit haben, daran teilzunehmen.

Von der Sozialarbeit zu Jura – ein Berufs- und Lebenswechsel

Direkt nach dem Abitur schloss Mark, der heute 35 Jahre alt ist, ein Studium als Sozialpädagoge ab und arbeitete als Sozialarbeiter in einer Einrichtung für lernbehinderte Erwachsene. In den ersten Jahren arbeitete Mark in Tagesschichten, in denen er aktiv mit Einzelfällen zu tun hatte, aber nach der Geburt seines ersten Kindes stieg er auf Nachtschichten um, in denen er als Pfleger tätig war. Diese passivere Rolle ermöglichte ihm, in der Einrichtung zu schlafen, aber trotzdem für die Bewohner auf Abruf da zu sein. »In den meisten Nächten kann ich lernen und schlafen, und da ich kleine Kinder habe, fallen mir die gelegentlichen Unterbrechungen nicht schwer.«

Die Umstellung auf die Nachtschichten bedeutete, dass Marks Partnerin Julia ihr Studium der Kommunikationswissenschaften abschließen konnte. »Die Umstellung auf Nachtschichten hieß ein geringeres Einkommen für uns, aber Julie hat einen Posten als Bibliothekarin gefunden, und wir bekommen Kinderbetreuung und Beruf ganz gut unter einen Hut und planen unsere Wochenenden gemeinsam.«

Als Julia anfing zu arbeiten, entschied sich Mark, das zu studieren, was ihn schon mit sechzehn Jahren interessiert hatte – Jura. Mark begann ein Fernstudium, um keine Zeit für Fahrten von und zur Uni oder Leerzeiten zwischen Vorlesungen zu vergeuden. »Die Vorlesungen werden aufgenommen und können aus dem Internet heruntergeladen werden. Auf diese Weise kann man Dinge, die man vielleicht nicht sofort verstanden hat, beliebig oft wiederholen. Die Lehrveranstaltungen finden live im Internet statt. Die Studenten melden sich auf einer speziellen Website an, wobei die Namen aller Studenten aufgezeichnet werden. Wir haben ein Mikrofon oder können Antworten auf die Fragen des Dozenten eintippen. Jeder kann die Antworten der anderen hören oder lesen, außerdem wird der Name des Antwortenden angezeigt, sodass der Dozent weiß, wer mitmacht. Mark hat bis jetzt jede Prüfung bestanden und freut sich darauf, als Jurist zu arbeiten. »Ich hoffe, dass mir mein relativ reifes Alter und meine bisherigen Erfahrungen Vorteile bringen werden.«

Fernstudiengänge gibt es sowohl als Erststudiengänge für alle, die noch keinen Universitätsabschluss haben oder einen weiteren Abschluss in einem anderen Bereich erhalten möchten, als auch als Weiterbildungsstudien für diejenigen, die bereits ein Hochschulstudium abgeschlossen haben und sich in ihrem Bereich weiter universitär bilden möchten.

In Deutschland gibt es Fernstudienangebote von staatlichen und privaten Hochschulen. Einen ersten Überblick über die verschiedenen Angebote finden Sie auf der Website der Zentralstelle für Fernstudien an Fachhochschulen (`www.zfh.de`). Hier finden Sie zum einen alle Fernstudiengänge staatlicher und privater Hochschulen, aber auch allgemeine Informationen zum Thema Fernstudium.

Nicht nur Universitätsabschlüsse lassen sich per Fernstudium erwerben, sondern auch viele andere Bildungs- und Weiterbildungsziele. So bieten viele Institute auch Sprach-, Management-, Kommunikations-, Verkaufs- und andere Kurse im Fernstudium an. Einen Überblick über die verschiedenen Fernstudienangebote auch im außeruniversitären Bereich finden Sie bei der Staatlichen Zentralstelle für Fernunterricht (`www.zfu.de`).

Für sich selbst lernen

Erwachsenenbildung ist nicht nur auf den beruflichen Bereich beschränkt. Viele Menschen besuchen Kurse im Bereich der Erwachsenenbildung aus reinem Vergnügen, sei es um eine neue Sprache zu lernen (was sich allerdings auch positiv auf den Beruf auswirken kann) oder um ein Hobby zu vertiefen oder neu zu entdecken.

Erwachsenenbildung kann Spaß machen

Es gibt zahlreiche Kurse im Bereich Erwachsenenbildung, die Sie einfach nur genießen können. Nicht alle Weiterbildungsmaßnahmen zielen darauf ab, beruflich voranzukommen oder umzusatteln. Sie können auch einen Kurs ausprobieren, der Sie auf der persönlichen Ebene anspricht. Hunderte von Kursen sind im Angebot, von denen einige nicht mehr als zwei Stunden dauern, andere über mehrere Jahre laufen. Die Liste ist endlos – Yoga, Fotografie, internationales Kochen, kreatives Schreiben, Journalismus, Meditation, Heimwerken und so weiter und so weiter.

Ein wichtiger Aspekt für ein ausgewogenes Verhältnis zwischen Berufs- und Privatleben ist ein Hobby, das Sie wirklich interessiert. Wenn Sie einen Kurs zu einem Thema belegen, das Sie interessiert, können Sie verschiedene Möglichkeiten kennenlernen, um Ihr Hobby zu genießen. Der frühere Finanzberater Martin stimmt zu: »Ich habe vor einigen Jahren einen Holzverarbeitungskurs für Anfänger besucht und mittlerweile verbringe ich meine Freizeit damit, Möbel herzustellen. Der Kurs hat mir eine ganz neue Welt eröffnet. Ich kann Stunden mit meinem Hobby verbringen und so gut von meinem eigentlichen Beruf abschalten. Mittlerweile klopfen Besucher immer zuerst am Scheunentor, wenn sie mich Hause besuchen.«

Federführend sind hier die Volkshochschulen, die in vielen Städten vertreten sind. Angeboten werden hier Sprachen, Musik, Kunst, Sport, Kochen, Literatur und vieles, vieles mehr. Informationen zum Angebot der Volkshochschulen finden Sie beim Deutschen Volkshochschul-Verband (dvv.vhs-bildungsnetz.de).

Die 180-Grad-Wendung: Beruflich umsatteln

13

In diesem Kapitel

- Neue berufliche Wege einschlagen
- Ein eigenes Kleinunternehmen gründen

Die Definition von Wahnsinn ist, immer wieder das Gleiche zu tun und andere Ergebnisse zu erwarten.

Albert Einstein

Albert Einstein hat nicht nur Atome gespalten, sondern auch erkannt, wie wichtig Veränderung ist. In Ihrem Fall bedeutet das: Wenn Sie immerzu verärgert und frustriert sind, weil Ihre Bemühungen zur Verbesserung Ihrer derzeitigen beruflichen Situation keine Ergebnisse zeigen, ist es nie zu spät, eine andere Laufbahn einzuschlagen oder eine neue Möglichkeit des Geldverdienens in Betracht zu ziehen.

In diesem Kapitel werfen wir einen Blick in die Welt der Kleinunternehmen, die von freiberuflichen Tätigkeiten zu Hause bis hin zur Übernahme eines Franchise-Unternehmens oder der Gründung eines eigenen Unternehmens reichen. Sie finden hier einige Tipps, wie Sie Ihren Sprung in das Unbekannte vorbereiten können.

Außerdem erzähle ich Ihnen Erfolgsgeschichten von gewöhnlichen Menschen, die sich ihren Ängsten vor dem Unbekannten (ohne garantiertes Einkommen) gestellt haben und jetzt Karrieren verfolgen, die nichts mehr mit dem zu tun haben, was sie nach der Schule oder Universität angefangen haben. Mit guter Recherche, ausreichender Planung und Inanspruchnahme aller verfügbaren Hilfen können auch Sie diese Option in Betracht ziehen.

Veränderung mit offenen Armen begrüßen

Sind Sie bereit, die erforderlichen Änderungen an Ihrer beruflichen Situation anzugehen, um Berufs- und Privatleben nachhaltig zu vereinbaren? Ein beruflicher Wechsel kann unglaublich lohnend sein und Sie dazu bringen, aus dem Bett zu springen, sobald der Wecker klingelt. Aber ein beruflicher Wechsel birgt auch gewisse Risiken.

Bevor Sie irgendetwas tun, müssen Sie herausfinden, zu wie vielen Änderungen an Ihrer Lebensweise Sie bereit sind – insbesondere was Ihre Finanzen betrifft. Wird ein neuer Beruf, der Ihrer erträumten Lebensweise entspricht, Ihnen genug Geld zum Leben einbringen? Wird der Beruf Ihrer Träume Ihnen langfristig genug Herausforderungen bieten? Sind Sie bereit, lange Arbeitszeiten in Kauf zu nehmen? Können Sie von Anfang an flexible Arbeitsbedingungen aushandeln? Wie weit können Sie gehen? Unterstützen Ihr Partner und Ihre Kinder Ihren Wunsch, beruflich umzusatteln und etwas Neues auszuprobieren? Ein Partner, der plötzlich einen Teil des Zuhauses als Büro in Beschlag nimmt, kann auch eine Belastung sein. Deshalb sollten Sie Ihre Pläne unbedingt zuerst mit Ihrem Partner besprechen.

Noch einmal bei null anfangen

Der Wunsch, Ihre berufliche Situation und Ihre Lebensweise vollkommen umzustellen, weil der Freund eines Freundes der Cousine Ihres Nachbarn einen Job gefunden hat, mit dem er einen Haufen Geld verdient, ist nicht der richtige Grund, um Veränderungen anzustreben. Ein beruflicher Wechsel sollte nur aus triftigen Gründen in Betracht gezogen werden. Ist Geld der größte Antrieb für Ihren Wunsch nach Veränderung, unabhängig von der Position, den Arbeitszeiten oder der Entfernung, die Sie zwischen sich und Ihre Lieben bringen müssen? Ich dachte mir schon, dass das nicht der Fall ist. Denn wenn es zutreffen würde, würden Sie dieses Buch zum Thema Work-Life-Balance und die bestmögliche Lebensweise nicht lesen.

Einen Weg zur Küche schlagen

Nach mehr als 20 Jahren im Polizeidienst trägt Bernd eine andere Mütze – dieses Mal eine bauschige weiße.

Bernd wollte eigentlich eine Ausbildung als Koch beginnen, aber er stammt aus einer Polizistenfamilie. »Wie mein Vater Polizist zu werden war das, was ich damals wollte.« Zwei Jahrzehnte später war der Wunsch, Polizist zu sein, nicht mehr so stark. »Die öffentliche Meinung von der Polizei und die Polizeiführung haben sich verändert. Ich habe gesehen, wie einer meiner besten Freunde wegen Stress freigestellt wurde, und beschloss zu gehen, bevor mir dasselbe passiert.«

In seiner Freizeit verschlang Bernd Fernsehsendungen und Bücher über das Kochen. Er informierte sich über die Möglichkeiten, sich auch im fortgeschrittenen Erwachsenenalter zum Koch ausbilden zu lassen, während er noch bei der Polizei war. »Ich war geschieden, ging auf die 40 zu und war unglücklich in meinem Beruf.«

Nach Abschluss der Ausbildung arbeitet Bernd jetzt als Koch in Queensland und liebt die kreative Freiheit. »Es ist harte körperliche Arbeit, bei der man ständig steht. Aber es nicht so stressig wie die Arbeit als Polizist, denn meine Arbeit wird geschätzt und ich treffe Menschen, die mit meinen Kochkünsten zufrieden sind.«

Berufsberater und Personalvermittler meinen, dass Menschen mit dem Wunsch nach einem vollständigen beruflichen Wechsel oft etwas kurzsichtig sind, was ihre Ziele betrifft. Versuchen Sie beispielsweise, die folgenden Fragen ehrlich zu beantworten: Denken Sie über diese umfassende Veränderung nach, weil Sie Ihren Chef nicht mögen? Wenn das Problem mit Ihrem Chef gelöst werden könnte, würden Sie dann zufrieden sein und in Ihrem aktuellen Job bleiben wollen? Wenn das der Fall ist, sollten Sie vielleicht lieber Urlaub nehmen oder sich für eine Schulung anmelden (beispielsweise für einen einwöchigen Kurs, der außerhalb des Unternehmens stattfindet). Diese Strategien bieten Ihnen die nötige Pause, um Ihren derzeitigen Job und Ihre Karrierepläne klarer zu beurteilen. Wenn Sie die Ursache für Ihre Ruhelosigkeit und den Wunsch nach Veränderung herausfinden, wird Ihnen die Entscheidung für eine berufliche Neuorientierung wesentlich leichter fallen.

Wie erkennen Sie, wann es sinnvoll ist, beruflich umzusatteln?

Wie entscheiden Sie also, ob die Zeit für eine drastische Veränderung in Ihrem Leben reif ist? Stellen Sie sich die folgenden Fragen (und beantworten Sie sie so ehrlich wie möglich):

- ✔ Sind Sie der Partner, Elternteil und Freund, der Sie gerne sein möchten?
- ✔ Nehmen Sie sich die Zeit, die Sie brauchen, um Ihre Gemeinde zu unterstützen und Ihren Interessen nachzugehen?
- ✔ Haben Sie genug Zeit für Dinge, die Ihnen Spaß machen?
- ✔ Freuen Sie sich auf die Arbeitswoche?
- ✔ Mögen Sie, was Sie tun?
- ✔ Fordert Ihr Beruf Sie geistig noch heraus?
- ✔ Gibt es etwas anderes, was Sie lieber tun würden?

Ihre Antworten können in Ihrem Kopf ein Bild davon formen, wie Ihre ideale Karriere oder Geschäftsunternehmung aussehen könnte. Damit Sie Ihren neuen beruflichen Weg visualisieren können, gehen Sie für einen Moment zurück zu den Bastelstunden Ihrer Kindheit. Holen Sie sich einen Stapel Zeitschriften und schneiden Sie alle Bilder aus, die Ihnen in Bezug auf ideale Jobs, Familie, Zuhause, Hobbys und so weiter gefallen. Das mag etwas komisch sein, aber eine solche Visualisierung kann Ihnen helfen klarzustellen, wonach Sie im Leben und im Beruf wirklich suchen. Wenn Ihr »Kunstwerk« abgeschlossen ist, treten Sie zurück und schauen Sie es sich an – wie nah kommt Ihr reales Leben dem Leben, das Ihnen attraktiv erscheint?

Sie sind immer noch unsicher? In Kapitel 5 finden Sie Tipps zu Brainstorming, Visualisierung und Checklisten, mit deren Hilfe Sie Ihre Situation besser bewerten können.

Ziehen Sie auch die folgenden Strategien in Betracht, bevor Sie den Sprung wagen:

- ✔ Bewerten Sie Ihre Fähigkeiten und Erfahrungen, um zu sehen, ob Sie Ihre Vorteile in Ihrem neuen Beruf nutzen und möglichst effektiv einsetzen können. Sehen Sie sich Ihre Schreib- und Kommunikationsfähigkeiten, Recherchefähigkeiten, Verkaufstechniken und Ihren beruflichen Hintergrund an – Finanzen, Wissenschaft, Technik, Bildung, öffentlicher Dienst und so weiter.
- ✔ Wählen Sie einen Job aus, der einen Bezug zu Ihrer jetzigen Karriere hat, beispielsweise im selben Unternehmen oder derselben Abteilung. Oder nutzen Sie Ihre Stärken, beispielsweise im Lehrbereich, und übertragen Sie diese Fähigkeiten auf das Schulen von Erwachsenen an Ihrem Arbeitsplatz.
- ✔ Ziehen Sie einen Wechsel zu einem großen Unternehmen in Betracht, das über die Ressourcen verfügt, Ihnen strukturierte interne Schulungen und Beschäftigungsmöglichkeiten in verschiedenen Teams und Abteilungen anzubieten.

- Überdenken Sie Ihre finanziellen Möglichkeiten. Viele Berufswechsler nehmen Jobs am unteren Ende der Leiter an und arbeiten sich durch Erfahrung, interne Stellenvergabe und Beförderungen langsam nach oben. Stellen Sie sicher, dass Sie gemeinsam mit Ihrem Partner besprechen, welche Aspekte Ihrer Lebensweise eingeschränkt werden müssen, damit Sie den Sprung wagen können. Und lassen Sie sich von einem Finanzexperten beraten.
- Investieren Sie in Schulungen, die Sie noch benötigen. Schulungen können Ihnen neue Fähigkeiten und Qualifikationen vermitteln, aber auch bei der Entscheidung helfen, ob Sie die richtige Wahl getroffen haben. Weitere Informationen zu Studien- und Weiterbildungsmöglichkeiten für Ihre Karriere und für eine ausgewogenere Balance zwischen Berufs- und Privatleben finden Sie in Kapitel 12.
- Informieren Sie sich über Ihre Berufswahl, indem Sie sich ansehen, was der Posten beinhaltet (wichtige Verantwortungsbereiche und Aufgaben) und welche Möglichkeiten der Markt bietet, bevor Sie Ihren derzeitigen Job kündigen.
- Reden Sie mit jemandem, der bereits in Ihrem beruflichen Wunschbereich arbeitet. Wie hat diese Person es in den Bereich geschafft? Über welche Erfahrungen und Qualifikationen verfügt sie? Warum bleibt sie an ihrem Arbeitsplatz? Was gefällt ihr an dem Posten? Welche Aspekte des Jobs würde sie gern ändern?

Gleicher Beruf, anderer Arbeitgeber

Alexander mochte seine Arbeit als Personalleiter, fand aber das Betriebsklima und die niedrige Arbeitsmoral in seiner alten Abteilung sehr frustrierend. Er wollte die Branche wechseln, aber nicht die Position, die er innehatte und in der gern arbeitete. Daher bewarb er sich für eine Position auf derselben Ebene in einer anderen Regierungsabteilung – und bekam den Posten. »Einige meiner Freunde fragten sich, warum ich mir die Mühe machte, für dasselbe Gehalt den Arbeitgeber zu wechseln. Aber für mich ist der Beitrag, den ich in meinem neuen Job für die Allgemeinheit leiste, viel lohnender.« Er hat außerdem festgestellt, dass sich die Balance zwischen Berufs- und Privatleben verbessert hat, was sich an seiner besseren Laune nach der Arbeit zeigt. »Anstatt auf dem Sofa zu versinken und sofort den Fernseher einzuschalten, machen meine Frau und ich jetzt vor dem Abendessen immer einen Spaziergang.«

Eine berufliche Veränderung bedeutet nicht immer, dass Sie Ihre bisher erworbenen Fähigkeiten komplett außer Acht lassen müssen. So bedeuten beispielsweise nicht alle beruflichen Veränderungen, dass Sie Ihren gesamten Hintergrund im Finanzbereich vergessen und die Fähigkeiten eines Konditoreimeisters erlernen müssen. Es bieten sich viele Gelegenheiten, Ihre Fähigkeiten in einem anderen beruflichen Bereich aufblühen zu lassen – möglicherweise direkt vor Ihren Augen.

Neuer Job, gleicher Arbeitgeber

Wenn Sie für ein großes Unternehmen arbeiten, haben Sie möglicherweise das Glück, einen anderen Posten zu erhalten, ohne den Arbeitgeber oder Ihren Standort wechseln oder an zusätzlichen Weiterbildungsmaßnahmen oder Schulungen teilnehmen zu müssen. Daniela wusste, dass sie von ihrem Posten als administrative Leiterin in der Personalabteilung in den Lehrberuf wechseln wollte. Aber anstatt ihren Arbeitgeber zu verlassen und ein Lehramtsstudium zu beginnen, konnte sie (mit Unterstützung ihres Arbeitgebers) in Teilzeit studieren und dann den Posten als firmeninterne Trainerin für die Regierungsabteilung übernehmen, in der sie arbeitete.

»Meine jetzigen Fähigkeiten werden geschätzt, ich behalte meinen Urlaubsanspruch als Langzeitbeschäftigte und kann jetzt die Bezeichnung ›Professioneller Trainer‹ in meinen Lebenslauf einfügen. Das hat meine Begeisterung für meinen Job erneuert, und ich genieße es wirklich, vor meinen alten Teamleitern zu stehen und ihnen Tipps zum Zeitmanagement zu geben.«

Daniela findet es außerdem toll, dass sie gelegentlich von zu Hause aus arbeiten kann. »Da mein Job eine Menge Vorbereitung und Kursunterlagen erfordert, kann ich entscheiden, wann es besser ist, zu Hause zu arbeiten, um Unterbrechungen zu verringern und mich auf meine Kursmaterialien zu konzentrieren. Ich schaffe an diesen Tagen viel mehr, weil ich nicht jeweils 45 Minuten mit dem Zug unterwegs bin und nur fünf Minuten zur Schule der Kinder unterwegs bin.«

Eine berufliche Änderung kann Ihre Energie steigern

Die meisten Berufs- und Personalberater meinen, dass eine berufliche Veränderung zwar eine Menge Recherche und Planung erfordert, das Ergebnis aber jede Mühe wert sein kann.

Michael stimmt den Experten zu. Der 41-jährige Reisebüroangestellte arbeitete die ersten 15 Jahre seines Berufslebens als Bauingenieur. »Das habe ich studiert, und es schien hinsichtlich Karriereaussichten und Gehalt gut zu passen.« Irgendwann wurde sein Interesse an Reisen größer als das an Bauprojekten und nach einigen gründlichen Recherchen und Vorbereitungen verließ er seinen sicheren Job, um eine Karriere im Reisebereich zu verfolgen. »Bevor ich ging, wusste ich, dass mich der Job nicht mehr interessiert.« Michael gibt zu, dass das Herunterfahren auf ein wesentlich niedrigeres Gehalt im Reisebereich einiges von ihm und seiner Familie verlangte – vor allem finanziell. »Aber ich bin jetzt viel motivierter bei der Arbeit, und meine zwei Jungs können sehen, wie viel glücklicher ich bin. Meine Arbeitszeiten haben sich nicht wesentlich reduziert, aber meine Energie und meine Bereitschaft, zu Hause etwas mehr ›praktische Arbeit‹ zu leisten, haben sich gesteigert. Ich wünschte, ich wäre diesen Schritt schon früher gegangen.«

Negatives akzeptieren und in Positives verwandeln

Nicht jeder, der eine berufliche Veränderung in Gang bringt oder darüber nachdenkt, macht das freiwillig. Gerade in Krisenzeiten bauen Unternehmen Personal ab und lagern Arbeiten (insbesondere im Fertigungsbereich) an günstigere Standorte aus. Trotz des wachsenden Bewusstseins für die Fähigkeiten älterer Arbeitnehmer und die Notwendigkeit, diese so lange wie möglich an das Unternehmen zu binden, sind einige Arbeitgeber einfach kurzsichtig.

Nicht nur Schulabgänger können eine Berufsberatung gebrauchen – auch Sie und ich und jeder von uns. Möglicherweise haben Sie das Gefühl, dass Sie in Ihrem derzeitigen Beruf arbeiten, weil Ihre Familie das von Ihnen erwartet hat oder Sie zufällig in den Bereich hineingerutscht sind. Möglicherweise wissen Sie gar nicht, wie Sie Ihre Fähigkeiten und Erfahrungen bewerten können. Deshalb kann ein Gespräch über Ihre beruflichen Talente mit einem professionellen Berater zu einer beruflichen Neuorientierung führen, die wesentlich bereichernder als Ihr derzeitiger Job ist. Auf den folgenden Websites finden Sie weitere Informationen zum Thema:

- ✔ **Bundesagentur für Arbeit** (`www.arbeitsagentur.de`): Auf der Website der Bundesagentur für Arbeit finden Sie Informationen rund um das Berufsleben sowie Anlaufstellen für Ihre Berufsberatung.
- ✔ **Berufsberatungsregister des Deutschen Verbandes für Bildungs- und Berufsberater** (`www.bbregister.de`): Hier finden Sie Adressen von privaten Bildungs- und Berufsberatern in ganz Deutschland.

Betriebsbedingte Kündigung – und dann?

Im Alter von 54 Jahren wurde Mario nach 32 Jahren in einem Unternehmen betriebsbedingt gekündigt. »Das war eine sehr demütigende Erfahrung. Ich war länger Abteilungsleiter gewesen, als der Personalassistent auf der Welt war, und ich war versucht, mich in meinem Ärger zu suhlen.« Stattdessen entschied er sich, die Situation positiv zu sehen. »Die Abfindung war großzügig genug, um mit meiner Frau und meinen Kinder auf eine große Reise zu gehen, bei der mir klar wurde, dass ich kein Wochenendpapa mehr sein wollte.« Seine Frau arbeitete halbtags, die Kinder waren noch in der Schule, und Mario beschloss, beruflich eine Wendung um 180 Grad zu machen.

Mario vereinbarte ein Gespräch mit einem Berufsberater, das sehr ergiebig war. Seine Fähigkeiten und Erfahrungen waren nicht mehr analysiert worden, seit er vor 30 Jahren die Universität verlassen hatte. »Der Berater und ich hatten einige ausführliche Gespräche, und ich nahm an einigen Intelligenztests teil, in denen mein Wissen im Zahlen-, Sprach- und Abstraktionsbereich getestet wurden.« Die Ergebnisse führten ihn zum Lehramt am Gymnasium. Mario holte das Staatsexamen an der Universität nach und fand anschließend einen Posten als Physik- und Mathelehrer an einem Gymnasium. »Es ist richtig harte Arbeit, aber auf eine gute Weise. Ich habe dieselben Ferien wie meine Kinder und bin schon am Nachmittag zu Hause. Der Job hat mir eine völlig neue Sichtweise auf das Leben gegeben, und das Unterrichten von Jugendlichen bedeutet, dass ich heute meinen eigenen Kindern viel näher bin.

Meditation im Sabbatjahr

Johannes hat einen Hochschulabschluss in Informatik. An der Universität und in seinen ersten Berufsjahren hat er außerdem an Meditationskursen teilgenommen. In seinem vierten Berufsjahr beantragte Johannes ein Sabbatjahr und erhielt die Genehmigung von seinem Arbeitgeber. Er nutzte seine Ersparnisse für eine Reise durch Indien, Pakistan und Nepal, um mehr von der Welt zu sehen und anspruchsvollere Meditationstechniken zu entdecken.

Einige Jahre später nahm Johannes ein weiteres Sabbatjahr, um sich für ein Jahr ganz auf die Meditation zu konzentrieren, bevor er wieder in seinen IT-Beruf zurückkehrte. Seiner Meinung nach haben die Pausen vom Beruf dazu geführt, dass er erholt und mit neuem Interesse an der Computertechnologie zurückgekehrt ist. »Ich weiß, dass ich die Freiheit zum Reisen habe und anderen Interessen nachgehen kann. Denn schließlich definiert nicht nur mein Beruf, wer ich bin.«

Sabbatjahr

Ein Sabbatjahr ist eine gute Möglichkeit, sich etwas Zeit zum Ausprobieren einer neuen beruflichen Richtung zu geben oder Aspekte Ihres persönlichen Lebens und Ihre Interessen neu zu strukturieren. Ein Sabbatjahr bedeutet eine längere Unterbrechung Ihres bezahlten Arbeitsverhältnisses, um andere, persönlichere Ziele zu verfolgen. Ein Sabbatjahr wird normalerweise als unbezahlter Urlaub in Anspruch genommen und zunehmend als Bonus für Mitarbeiter angeboten, die seit einer bestimmten Anzahl von Jahren bei einem Arbeitgeber beschäftigt sind. Ein Sabbatjahr heißt, dass am Ende der freien Zeit Ihr sicherer Job auf Sie wartet. Für die Zeit eines Sabbatjahrs müssen von Seiten des Arbeitnehmers in jedem Falle Fragen der finanziellen Absicherung und Fragen rund um die Themen Versicherungen und Kündigungsschutz geklärt werden. Hier sind einige typische Gründe für ein Sabbatjahr:

- ✔ Kinderbetreuung
- ✔ Reisen oder bezahlte Arbeit im Ausland
- ✔ Recherche, private Studien oder das Schreiben eines Buches
- ✔ Freiwilligendienst oder Ehrenamt

Einige Arbeitgeber wie Universitäten oder Forschungsinstitute bieten Sabbatjahre als Bonus für Mitarbeiter an, die seit mehreren Jahren in der Institution arbeiten. Anderen Arbeitgebern wird erst bewusst, dass ihre Mitarbeiter auch einmal eine Auszeit für sich brauchen, um anderen Interessen nachzugehen oder andere Berufe und Karrierepfade auszuprobieren, wenn diese nach einem Sabbatjahr fragen. Experten glauben, dass Freizeit für Mitarbeiter ebenso wichtig ist wie eine Gehaltserhöhung – Mitarbeiter, die das Gefühl haben, aufgrund fehlender Zeit keine Möglichkeit zu haben, eine andere Arbeit auszuprobieren, entscheiden letzten Endes oft, das Unternehmen zu verlassen, oder gehen mit weniger Effektivität und Begeisterung an ihre Arbeit.

Unbezahlter Urlaub

Falls in Ihrem Unternehmen ein Sabbatjahr nicht explizit angeboten wird, finden Sie möglicherweise etwas Ähnliches unter einem anderen Namen – unbezahlter Urlaub. Die meisten Arbeitgeber bieten Ihren Mitarbeitern Optionen für unbezahlten Urlaub, wenn keine andere Form der Freistellung verfügbar ist.

Unbezahlter Urlaub kann zum Beispiel aus den folgenden Gründen in Anspruch genommen werden:

- ✔ Begleitung Ihres Partners bei einer längeren Freistellung oder einer Personalüberlassung (für einen Posten im Ausland, einen befristeten Vertrag in einer anderen Stadt oder für längere Reisen)
- ✔ Erweiterter Erholungsurlaub nach einer Krankheit
- ✔ Erledigung persönlicher Angelegenheiten (Erbangelegenheiten oder Betreuung von Angehörigen bei Krankheit, Unfall oder Todesfall)
- ✔ Übernahme einer befristeten Beschäftigung bei einem anderen Unternehmen, die im Interesse des Arbeitgebers ist und Ihnen zusätzliche Kenntnisse und Erfahrungen vermittelt
- ✔ Reisen aus persönlichen Gründen
- ✔ Arbeiten für ein bestimmtes Projekt bei einem anderen Arbeitgeber oder einer Regierungsbehörde in Partnerschaft mit Ihrem Arbeitgeber
- ✔ Weiterbildungsmaßnahmen wie Studium oder Forschungsprojekte

Unbezahlter Urlaub kann unterschiedlich lang sein und wird je nach Fall gewährt oder abgelehnt. Fragen Sie in Ihrer Personalabteilung nach, welche Regelungen für unbezahlten Urlaub in Ihrem Unternehmen vorhanden sind.

Den Schritt in die Selbstständigkeit wagen

Wenn Sie einen beruflichen Wechsel erwägen und nicht mehr für andere arbeiten möchten, sollten Sie über den Schritt in die Selbstständigkeit nachdenken. Nehmen Sie das Wort »selbstständig« nicht zu wörtlich. Viele Stellen bieten Unterstützung bei rechtlichen, organisatorischen und gesetzlichen Fragen, ganz zu schweigen von den praktischen Dingen wie einem Businessplan, Werbung, Produktentwicklung und zusätzliche Schulungen, die Sie benötigen. Außerdem können Sie unterstützende Netzwerke gründen, um sich mit Menschen in einer ähnlichen Situation zu treffen und mit diesen Geschichten und Ratschläge auszutauschen.

Weiter ein Gehalt beziehen, aber von zu Hause aus arbeiten

Unter bestimmten Bedingungen können Arbeitnehmer Vereinbarungen treffen, um für begrenzte Zeiträume oder je nach Bedarf von zu Hause aus zu arbeiten. Diese Praktik bezeichne ich als *Telearbeit*, um sie leichter von Selbstständigen zu unterscheiden, die freiberuflich oder für ihr eigenes Unternehmen von zu Hause aus arbeiten. Zwar bedeutet das technisch betrachtet immer noch, dass Sie für jemand anderen arbeiten, weil Sie ein Gehalt beziehen, aber Sie genießen das Vertrauen, Ihre Arbeit in Eigeninitiative planen zu können, um sie termingerecht und in guter Qualität abzuliefern.

Moderne Arbeitgeber bieten ihren Mitarbeitern die Möglichkeit, in Telearbeit von zu Hause aus zu arbeiten, wobei die Realisierung einer solchen Möglichkeit je nach Einzelfall entschieden wird. (Weitere Informationen zu flexiblen Beschäftigungsmodellen wie Telearbeit finden Sie in Kapitel 8.)

Ihr Arbeitgeber wird Ihren Vorschlag für einen Telearbeitsplatz möglicherweise anhand der folgenden Überlegungen beurteilen:

- ✔ Ob Sie Methoden für die Überwachung der Qualität Ihrer Arbeit einrichten können.
- ✔ Wie sich Ihr Telearbeitsplatz auf die anderen Mitglieder Ihres Teams auswirken kann.
- ✔ Die Gründe, warum Sie von zu Hause aus arbeiten möchten (zum Beispiel um die Zeit für die Fahrt zum Arbeitsplatz zu sparen, wegen der größeren Nähe zur Schule und zum Kindergarten Ihrer Kinder), und wie Sie Aufgaben in Stoßzeiten erledigen werden (zum Beispiel Berichte zum Monatsende, Jahresberichte oder Finanzanalysen).
- ✔ Die Art der Arbeit, die Sie zu Hause erledigen können, zum Beispiel das Schreiben von Berichten oder Richtlinien, die Analyse von Daten oder die Bearbeitung von Projekten, für die nicht viele persönliche Kontakte zu Ihren Kollegen erforderlich sind.
- ✔ Die Art und Weise, in der Ihr Vorgesetzter mit Ihnen kommunizieren, Arbeiten an Sie delegieren und über Ihre Fortschritte auf dem Laufenden bleiben kann.
- ✔ Welche Ausrüstung Sie benötigen (möglicherweise muss Ihr Heimbüro überprüft werden, um sicherzustellen, dass es den ergonomischen Standards entspricht und alle beruflichen Gesundheits- und Sicherheitsvorschriften erfüllt sind).
- ✔ Wie Ihr Heimbüro eingerichtet ist.

Das Arbeiten von zu Hause aus kann die Balance zwischen Ihrem Berufs- und Privatleben deutlich verbessern. Diese Art des Arbeitens wird nicht nur Ihre Motivation und Zufriedenheit steigern (weil Sie wissen, dass Ihr Arbeitgeber Ihren Fähigkeiten vertraut), sondern Ihnen auch mehr Zeit für die Familie bieten, was wiederum Ihren Partner freuen wird (siehe Abbildung 13.1).

Auch wenn Sie Ihre Tür schließen und ein Schild mit der Aufschrift »Ich arbeite« an die Tür hängen müssen, können Sie trotzdem mehr Zeit mit Ihrer Familie verbringen. Wenn ich zu Hause arbeite, verbringe ich zwar nicht den ganzen Tag mit meiner Tochter, aber ich kann die drei Straßen bis zur Schule laufen, um sie abzuholen, Hand in Hand mit ihr nach Hause schlendern und zu Hause gemeinsam mit ihr eine Tasse heißen Kakao trinken. Sie hat es gern, wenn ich zu Hause bin, und ich mag es, ihrem aufgeregten Geschnatter zuzuhören. Alles in allem nimmt mir das nicht mehr als eine halbe Stunde Arbeitszeit – ebenso viel Zeit, wie ich über den Tag verteilt mit Gesprächen mit meinen Kollegen im Büro verbringe.

Abbildung 13.1: Sprechen Sie immer zuerst mit Ihrem Partner!

Ein Franchise-Unternehmen gründen

Manchen Menschen gefällt die Idee, ihr eigener Chef zu sein und ein Geschäft zu führen. Eine Möglichkeit hierfür besteht in der Übernahme eines Franchise-Unternehmens.

Das Franchising ist eine Geschäftsbeziehung, in der ein Franchise-Geber (der Besitzer des Unternehmens, das die Dienstleistung oder das Produkt bereitstellt) unabhängigen Menschen (Ihnen, dem Franchise-Nehmer) das Recht erteilt, seine Waren oder Dienstleistungen zu verkaufen und dabei einen festgelegten Zeitraum lang den Namen des Unternehmens zu verwenden. Das Franchise-Unternehmen bietet Ihnen außerdem Schulungen, Betriebsstandards, Marketingpläne und Marken, Systeme für die Auftrags- und Unternehmensverwaltung (das heißt Finanz- und Kalenderverwaltung) sowie Beziehungen und Werbung an.

In den letzten zehn Jahren sind die in Deutschland verbreiteten Franchise-Systeme von 600 auf über 900 angestiegen. Die Möglichkeiten reichen von Friseurdiensten zu Hause über Büroausstattung bis hin zu Lieferdiensten für das Abendessen und das Anbringen von Fernsehantennen. Franchise-Experten empfehlen, ein Franchise-Unternehmen auszuwählen, das sowohl Ihren Vorstellungen von einem ausgewogenen Verhältnis zwischen Berufs- und Familienleben als auch Ihren Fähigkeiten und Interessen entspricht. Ein Franchise-Unternehmen im Bereich Hundepflege ist beispielsweise sinnlos, wenn Sie allergisch gegen Hundehaare sind.

Das von Ihnen ausgewählte Franchise-Unternehmen sollte Ihrer derzeitigen oder angestrebten Lebensweise entsprechen. Reden Sie mit Ihrem Partner und Ihrer Familie über Ihre Möglichkeiten, denn die Gründung eines Unternehmens wird sich auch auf sie auswirken. Vergessen Sie nicht, die finanzielle Seite, den Standort (das »Gebiet«, in dem Sie Ihre Franchise-Dienste anbieten dürfen) und die Wahrscheinlichkeit von Einkommens- und Arbeitssteigerungen zu berücksichtigen.

Franchising kann ein Gewinn für beide Seiten sein, weil der Franchise-Geber seine Marktpräsenz und die Bekanntheit der Marke ohne zu viele Ausgaben erweitern kann und der Franchise-Nehmer als Gründer eines Kleinunternehmens mit einem gut eingeführten Markennamen einsteigen kann, meist jedoch profitiert nur der Franchise-Geber von dem Geschäft.

Wie bei allen Unternehmensgründungen oder Änderungen an Ihrer finanziellen Situation sollten Sie sich gründlich über die Branche informieren und sich von einem professionellen Finanz- und Rechtsberater beraten lassen (weitere Informationen hierzu finden Sie im Abschnitt »Wichtige Links für Unternehmensgründer« weiter hinten in diesem Kapitel).

Wenn Franchising das Richtige für Sie ist, können Sie gleich anfangen, sich über die vielen verschiedenen Möglichkeiten zu informieren. Hier einige Websites für Ihre ersten Schritte:

- ✔ **Deutscher Franchise-Verband, DFV** (`www.franchiseverband.com`): Der Deutsche Franchise-Verband e. V. (DFV) wurde 1978 als zentraler Repräsentant der deutschen Franchise-Wirtschaft gegründet. In der Hauptsache versteht sich der DFV als Verband für Franchise-Geber und Franchise-Nehmer, profitiert jedoch gleichzeitig vom Know-how der als Experten angeschlossenen Rechtsanwälte und Unternehmensberater für den Franchise-Bereich. Auf der Website des Verbands finden Sie zahlreiche Informationen zum Thema Franchising.
- ✔ **Deutscher Franchise Nehmer Verband, DFNV** (`www.dfnv.de`): Der DFNV ist die Interessensvertretung für Franchise-Nehmer in Deutschland. Auf der Website des Verbands finden Sie unzählige Informationen zu allen möglichen Fragen rund um das Franchising.
- ✔ **Franchise-Portal** (`www.franchiseportal.de`): Auf dieser Website finden Sie sowohl Informationen zum Thema Franchising als auch konkrete Franchise-Angebote, die nach verschiedenen Branchen geordnet sind.

Ein Unternehmen von Zuhause aus führen

Sie sind es also leid, das Haus zu verlassen, um den Bus zu erwischen, oder sich auf einem langen Arbeitsweg durch den Stau zu quälen. Sie können nicht mehr hören, was Sie wann tun sollen, und Ihr Chef macht Ihnen das Leben zur Hölle. Vielleicht ist ein Unternehmen, das Sie von Zuhause aus führen, die richtige Lösung für Sie. Heimbasierte Unternehmen sind – wie der Name schon sagt – Kleinunternehmen, die der Gründer von seinem Zuhause aus führt (normalerweise in einem leer stehenden Zimmer oder einem Heimbüro). Diese Unternehmen sind sehr klein und haben für gewöhnlich höchstens einen oder zwei Mitarbeiter, die oft direkte Familienangehörige sind. Häufig werden sie auch als Ein-Mann-Unternehmen bezeichnet. Der Unternehmenssitz zu Hause bedeutet, dass das Unternehmen weder ein »Schaufenster« noch einen Parkplatz oder ein Reklameschild hat.

Vorteile der Selbstständigkeit

Frauen und Männer, die den Sprung in die heimbasierte Selbstständigkeit gewagt haben, profitieren unter anderem von den folgenden Vorteilen:

- Engere Beziehungen zur lokalen Gemeinschaft durch Dienstleistungs-, Einkaufs- oder Geschäftsbeziehungen
- Kosteneinsparungen durch die Vermeidung einer Anmietung von Geschäftsräumen
- Kosteneinsparungen für die Fahrten ins Büro
- Einfachere Verfügbarkeit, um kranke Kinder oder andere Pflegebedürftige zu betreuen
- Freiheit, Kinder oder pflegebedürftige Angehörige während des Arbeitens oder der normalen Arbeitszeit zu betreuen
- Mehr Flexibilität durch die Entscheidungsmöglichkeit, welche Art von Arbeit und wie viel Arbeit angenommen wird

Was tun Menschen, die zu Hause arbeiten?

Menschen, die zu Hause arbeiten, tun so ziemlich alles, was Sie sich nur vorstellen können. Mit einigen Mausklicks und Eingaben in Suchmaschinen landen Sie auf Websites von heimbasierten Unternehmen, die Partys organisieren, Make-up, Parfum, Finanzberatung, Versicherungen oder Mitgliedschaften im Fitnessstudio verkaufen oder Sekretariatsdienste, Dateneingabe, Umfragen oder Abholdienste anbieten.

Das Interessanteste daran ist vielleicht, dass diese genialen Heimunternehmer ihre eigenen Geschäftsideen und Wege entwickelt haben, um ihre Dienste an den Mann zu bringen. Die Ideen und Erfindungen, die sich verkaufen lassen, sind nahezu grenzenlos – Kleidung und Schmuck für Haustiere, Bademode, private Detektivdienste, Süßigkeiten für Diabetiker, Schreibbedarf, Webdesign und Websitepflege, Gesundheitsberatung, Korrekturlesen und Überarbeitung von Texten, freiberuflicher Journalismus, Buchhaltung und so weiter und so weiter.

Was können Sie tun?

Die Liste der Möglichkeiten für heimbasierte Unternehmensideen ließe sich beliebig fortsetzen. Hier sind einige Ideen, die Sie anregen können, über die Art von Arbeit nachzudenken, die Sie von zu Hause aus tun könnten:

- **Ideen aus dem Internet:** Werfen Sie einen Blick in das führende Portal für Geschäftsideen (`www.internetidee.de`), in dem Sie viele Anregungen finden, die Sie vielleicht auf eigene Ideen bringen.
- **Vertragsarbeit:** Viele ehemalige Angestellte verkaufen ihre Zeit und Fachkenntnisse als Vertragsarbeiter. Auch mit Vertragsarbeit können Sie die Menge der Arbeit steuern, die Sie übernehmen möchten.

- **Ihre Fähigkeiten und Erfahrungen herausstreichen:** In welchem Bereich sind Sie besonders gut? Wofür haben Sie in Ihrer Arbeit die meisten Komplimente bekommen? Wovon haben Sie beruflich schon immer geträumt? Was macht Sie in Ihrem derzeitigen Posten wahnsinnig, weil Sie wissen, dass Sie es besser könnten, wenn man Sie nur lassen würde? Welche Dienstleistung können Sie bereitstellen, die günstiger, schneller, besser oder kreativer als das ist, was zurzeit angeboten wird?
- **Inkubatoren nutzen:** Inkubatoren (Brutkästen) nennt man Unternehmen, die Unternehmensgründern Kontakte und Kapitalgeber vermitteln, mit Know-how und Personal aushelfen und Büroräume samt Computer, Telefon, Faxgerät und Kopierer zur Verfügung stellen. Im Gegenzug erhalten die Inkubatoren Firmenanteile an dem neu gegründeten Unternehmen.
- **Ansehen, was andere erreicht haben:** Der Deutsche Gründerpreis ist die bedeutendste Auszeichnung für herausragende Unternehmer in Deutschland. Er wird für vorbildhafte Leistungen bei der Entwicklung von innovativen und tragfähigen Geschäftsideen und beim Aufbau neuer Unternehmen verliehen. Der Deutsche Gründerpreis wird jährlich in den Kategorien Schüler, StartUp, Aufsteiger und Lebenswerk vergeben. Auf der Website der Initiative (`www.deutscher-gruenderpreis.de`) finden Sie auch die Geschichten der Menschen, die den Preis bisher gewinnen konnten.

Ihre Kenntnisse verkaufen

Sie können Ihren Lebensunterhalt auch auf eine Weise verdienen, die nichts damit zu tun hat, ein Produkt zu verkaufen, von dem Sie nicht überzeugt sind, oder etwas zu entwickeln, das toller ist als die Erfindung der Bratkartoffel. Unternehmen in den Bereichen Forschung, IT, Finanzen, Buchhaltung und Schreiben können Geschäftschancen – und Kontakte – bereitstellen, die nicht im Büro in der Stadt stattfinden müssen.

Wichtige Links für Unternehmensgründer

Wenn Sie daran denken, sich selbstständig zu machen, aber keine Ahnung haben, wo Sie anfangen sollen, steht Ihnen eine Menge Hilfe im Internet zur Verfügung. Sehen Sie sich einmal die folgenden Websites an:

- **Beratung:** Bei den folgenden Institutionen finden Sie Informationen zu Existenzgründungen, Fördermöglichkeiten und Beratungsangeboten:
  - Bundesministerium für Wirtschaft und Technologie (`www.bmwi-wegweiser.de`)
  - Bundesverband Deutscher Unternehmensberater (`www.bdu.de`)
  - Gründercoaching Deutschland (`www.gruender-coaching-deutschland.de`)
- **Brancheninformationen:** Wenn Sie sich über die verschiedenen Branchen informieren möchten, besuchen Sie einmal die folgenden Websites:
  - Institut für Handelsforschung an der Universität Köln (`www.ifhkoeln.de`)
  - Genios Wirtschaftsdatenbanken (`www.genios.de`)
  - Zentralverband des deutschen Handwerks (`www.zdh.de`)

- **Förderprogramme/Finanzierung:** Informationen rund um Fördermöglichkeiten und Finanzierung finden Sie auf den folgenden Websites:
  - Förderdatenbank des Bundes des Ministeriums für Wirtschaft und Technologie (`www.foerderdatenbank.de`)
  - KfW-Bankengruppe (`www.kfw.de`)
  - Verband deutscher Bürgschaftsbanken (`www.vdb-info.de`)
- **Kapitalbeteiligungen:** Informationen zu Unternehmen, die sich an Unternehmensgründungen beteiligen, finden Sie auf den folgenden Websites:
  - Bundesverband Deutscher Kapitalbeteiligungsgesellschaften (`www.bvk-ev.de`)
  - BusinessAngels Netzwerk Deutschland (`www.business-angels.de`)

Einen virtuellen Assistenten suchen

Was ist, wenn Ihnen die Idee, zu Hause zu arbeiten, gefällt, Sie sich aber Gedanken darüber machen, dass Sie vielleicht weder die eine tolle und rentable Idee noch den Willen haben werden, rund um die Uhr zu arbeiten? Das noch relativ neue Konzept der virtuellen Assistenten ist vielleicht eine Alternative, die Sie sich näher ansehen sollten. Nein, virtuelle Assistenten leben nicht in Ihrem Computer. Es sind Menschen aus Fleisch und Blut, die wie Sie nach einer Arbeit suchen. Virtuelle Assistenten sind freiberuflich Tätige, die kleinen und mittelständischen Unternehmen Verwaltungs- und Sekretariatsdienste zur Verfügung stellen. Diese Assistenten bieten ihre Dienste oft auf Stunden- oder Vertrags-/Projektbasis an und arbeiten von zu Hause aus.

Virtuelle Assistenten sind ideal für kleinere Unternehmen, die weder die Arbeitsmenge noch das Geld für einen Vollzeitmitarbeiter haben und nur in Stoßzeiten Unterstützung brauchen. Virtuelle Assistenten arbeiten außerdem in ihren eigenen Büros, nutzen ihre eigene Ausrüstung und kommen selbst für ihr Kranken- oder Urlaubsgeld auf.

Die Finanzierung sichern

Der Sprung in die Selbstständigkeit wird einige Gründungskosten verursachen, die von einem relativ geringen Betrag bis zur Höhe der Kosten für ein Auto reichen können, je nachdem, welche Ausrüstung und Werbung Sie brauchen. Wenn Sie weder eine große Erbschaft gemacht noch im Lotto gewonnen haben, sollten Sie sich von einem Finanzberater beraten lassen, der auf Unternehmensgründungen und Steuern spezialisiert ist.

Für die Zwischenzeit hier einige Finanzierungsmöglichkeiten, auf die Sie vielleicht zurückgreifen können:

- **Geschäftskredit von einer Bank:** Vorausgesetzt, dass Sie sich die Raten komfortabel leisten können und finanziell gut beraten wurden, besteht der Vorteil eines Bankkredits darin, dass die Bank Ihnen keine Vorschriften machen wird, wie Sie Ihr Unternehmen zu führen haben. Noch wichtiger: Der Geldgeber erwirbt in diesem Fall keine Anteile an den Gewinnen, die Sie machen. Aber Sie müssen den Kredit und die Zinsen bis zur vereinbarten Zeit zurückzahlen. Ihr Steuerberater kann Ihnen zeigen, wie Sie die Zinsen als Geschäftskosten absetzen können.

- **Hilfe von Familienangehörigen oder Freunden:** Wenn Sie jemanden haben, der Ihnen nahesteht und bereit ist, Ihnen Geld für Ihre Unternehmensgründung zu leihen, werden Sie wahrscheinlich weniger Zinsen als bei einer Bank zahlen müssen. Außerdem können Sie möglicherweise niedrigere Rückzahlraten über eine längere Zeit vereinbaren, als es bei einer Bank möglich wäre.
- **Private Investoren einladen:** Sie können Geld für Ihre Unternehmensgründung sammeln, indem Sie vertrauenswürdige Familienangehörige oder Freunde bitten, einen Anteil an Ihrem Unternehmen zu erwerben. Am besten sind Investoren, die sich bereits in der Unternehmenswelt bewährt haben und die Ihnen gute Ratschläge und Unterstützung bieten können. Wenn Sie diesen Weg wählen, müssen Sie sich darauf gefasst machen, dass Sie die Interessen Ihrer Investoren berücksichtigen und diese über die Fortschritte Ihres Unternehmens auf dem Laufenden halten müssen.

Eine kaum sichtbare virtuelle Assistentin

Viktoria war früher als Rechtanwaltssekretärin tätig, bevor sie ihren Arbeitgeber gleich drei Mal verließ, um Kinder zu bekommen. Sie arbeitet jetzt als virtuelle Assistentin, damit sie von neun bis drei Uhr nachmittags arbeiten kann, solange ihre Kinder in der Schule sind. Viktoria hat ihre Kunden durch Anzeigen in der Zeitung und Verteilen von Flugblättern bei den kleinen Unternehmen in ihrer Gegend gefunden. »Ich glaube, dass einige Unternehmen eher hier und da als ständig administrative Unterstützung benötigen.«

Viktoria tippt aufgenommene Notizen ab, erstellt und aktualisiert Tabellenkalkulationen, bearbeitet Dokumente und stellt große Listen für Werbebriefe für ihre Kunden zusammen. »Die meisten Kunden sind nur fünf Minuten von mir entfernt, also kann ich meine Arbeit abholen oder bringen lassen. Mit einem anderen Kunden am anderen Ende Stadt kommunizieren ich per E-Mail.«

Teil VI

Umbruchmaßnahmen

Glenn Lumsden

»Früher habe ich in einem Büro gearbeitet, damit ich Essen auf den Tisch stellen konnte. Eines Tages wurde mir dann klar, dass ich das Essen auch einfach anbauen könnte.«

In diesem Teil ...

Viele Menschen erzielen ein ausgewogenes Verhältnis zwischen Berufs- und Privatleben, indem sie ihre Lebensweise grundlegend ändern – sie wechseln den Beruf, ihr soziales Umfeld und sogar den Wohnort. In diesem Teil erkläre ich Ihnen, was Downshifting ist und wie es auf ganz verschiedene Weise umgesetzt werden kann.

Wir werden uns in diesem Teil auch einem kompletten Umbruch des Lebens widmen – der extremen Entscheidung, Beruf und bisherige Lebensweise aufzugeben und an einen anderen, meist einfacheren Ort zu ziehen. Ich werde Ihnen zeigen, welche Planungen für einen solchen Schritt wichtig sind, und Ihnen einige reale Menschen vorstellen, die diesen Sprung gewagt haben.

Ihren Horizont erweitern

14

In diesem Kapitel

- Downshifting – eine Definition
- Downshifting in der Stadt

Downshifting lässt sich am einfachsten mit »einen Gang herunterfahren« übersetzen; es beschreibt die Vereinfachung des Lebens durch eine Reduzierung der beruflichen Anforderungen. Das wiederum bringt Ihnen mehr Zeit für Ihre Familie, Ihre Freizeit und Ihre persönliche Erfüllung. Immer mehr Menschen denken über Möglichkeiten nach, Teile ihres Lebens zu vereinfachen, um mehr Ausgewogenheit zwischen Berufs- und Privatleben zu erreichen und das Leben mehr zu genießen.

Stetig steigende Kosten für den Lebensunterhalt, die Kultur langer Arbeitszeiten und wenig Freizeit führen dazu, dass viele ihre Arbeitweise, ihr Einkaufsverhalten, die Größe und den Standort ihrer Häuser oder Wohnungen ändern und mehr Wert auf die Zeit mit der Familie legen.

Dieses Kapitel liefert Ihnen einige interessante Informationen über unsere Lebensweise. Außerdem zeige ich Ihnen einige sehr leicht umsetzbare Downshifting-Techniken, die auch eingefleischte Stadtmenschen ausprobieren können.

In diesem Kapitel setze ich Downshifting nicht mit einem Umzug gleich. Sie müssen nicht unbedingt aufs Land ziehen oder beruflich komplett umsatteln, um Ihr Leben zu vereinfachen. Die Menschen, von denen ich in diesem Kapitel erzähle, haben Entscheidungen getroffen, die ihr persönliches Glück und Wohlbefinden über Geld und Sozialstatus stellen.

Die Entscheidung, Ihr Leben zu vereinfachen

Der Begriff Downshifting ist mittlerweise auch in Deutschland in aller Munde. Ursprünglich wurde er von dem amerikanischen Forscher John Drake geprägt, der Downshifting als »die freiwillige Umstellung auf weniger stressige Arbeitsbedingungen und das Streben nach mehr Genuss im Leben« beschrieb.

Seitdem umfasst der Begriff aber wesentlich mehr als nur Änderungen Ihrer Arbeitslast. Die amerikanische Forscherin Juliet Schor definiert Downshifting als »die Abkehr von übermäßigem Konsum, mehr Freizeit und Ausgewogenheit, ein langsameres Leben, mehr Zeit mit den Kindern, eine bedeutungsvollere Arbeit und ein tägliches Leben in Einklang mit den tiefsten Werten«. Diese zweite, breiter gefasste Definition verwende ich in diesem Kapitel.

Downshifter können in verschiedene Unterkategorien eingeteilt werden, die von den Menschen reichen, die als Selbstversorger zurück in die Natur gehen und ihr eigenes Gemüse anbauen, bis hin zu denen, die in der Stadt leben und etwas mehr von ihrem nicht beruflichen

Leben haben möchten. Trotz der unterschiedlichen Ziele sind sich alle einig, dass weniger Konsum und ein größerer Beitrag zur Gemeinschaft der richtige Weg ist, um das Leben zu genießen. Ob Sie Ihr Leben komplett umstellen oder nur neue Gewohnheiten entwickeln möchten, die Ihnen mehr Ruhe verschaffen – in jedem Fall kann Downshifting auch für Sie das Richtige sein.

Downshifting ist nicht dasselbe wie Aussteigen oder ein kompletter Umbruch. Aussteiger gehen das Downshifting wesentlich drastischer an. Diese Menschen lassen oft ihre Karriere und ihr Leben in der Stadt hinter sich, um aufs Land oder ins Ausland zu ziehen und ein einfacheres Leben zu führen. Ein Umzug aus der Stadt kann die Lebenshaltungskosten deutlich senken, weil nicht an jeder Ecke Supermärkte und andere Geschäfte stehen, in denen Sie Ihr Geld ausgeben können. (Mehr zum Thema Stadtflucht und drastische Umbruchmaßnahmen finden Sie in Kapitel 15.)

Gründe für das Downshifting

Downshifter suchen nach mehr Ausgewogenheit und Erfüllung im Leben. Die häufigsten Gründe für das Downshifting sind der Wunsch, mehr Zeit mit dem Partner und der Familie zu verbringen, weniger materielle Besitztümer anzusammeln und nicht mehr das Gefühl zu haben, mit den Müllers mithalten zu müssen. Studien hierzulande und in anderen Ländern zeigen, dass die meisten Menschen dann Änderungen in ihrem Leben vornehmen, wenn sie lange Zeit darüber nachgedacht haben, welche Dinge ihnen am wichtigsten sind. Andere ändern ihr Leben nach einem unerwarteten Ereignis wie einer schweren Krankheit, einem Todesfall oder einer Trennung.

Als Gründe für das Downshifting werden vor allem die folgenden angegeben:

- **Mehr Ausgewogenheit im Leben erreichen.** Die meisten Downshifter erklären, dass sie den Stress nicht mehr wollen, der durch das Jonglieren von widersprüchlichen Anforderungen entsteht. Der Meinung, dass das Downshiften von anderen in der Gesellschaft als egoistisch angesehen werden könnte, widersprechen sie vehement. Sie glauben, dass lange Arbeitszeiten und fehlende Zeit für Kinder deutlich egoistischer sind.
- **Berufliche und persönliche Werte in Einklang bringen.** Viele Downshifter nennen Druck vom Arbeitgeber, extremes Gewinnstreben und das Verschwenden eines großen Teils ihrer Zeit und Energie für eine Arbeit, an die sich nicht glauben, als Hauptgründe für das Anstreben von Veränderungen. Einige Downshifter hatten gut bezahlte Posten in Kanzleien, Banken und Unternehmen und entschieden sich im Rahmen ihrer Downshifting-Strategie, im gemeinnützigen oder öffentlichen Sektor zu arbeiten.
- **Verbesserte Gesundheit.** Verschiedene Erkrankungen (zum Beispiel Schlaflosigkeit, Verdauungsstörungen, hoher Blutdruck, Depression) aufgrund von Stress über einen längeren Zeitraum oder eine plötzliche »Angst« können der endgültige und unleugbare Auslöser für Änderungen im Leben sein.

- ✔ **Mehr Erfüllung suchen und finden.** Dieser Grund ist direkt mit den ersten zwei Gründen für das Downshifting verbunden. Downshifter möchten, dass ihr Familienleben, ihr Beruf und ihr soziales Leben ihr eigenes Wertesystem widerspiegelt und ergänzt. Diese Einsicht kommt normalerweise nicht über Nacht, sondern ist etwas, das sich mit den Erfahrungen der Jahre entwickelt.

Downshifting ist keine Verschlechterung

Manche Menschen glauben, dass »Downshifting« etwas mit Verschlechterung zu tun hat, weil »down« eher negative Assoziationen weckt. Die Entscheidung, das Leben zu vereinfachen, erfordert eine Menge Mut und Vorbereitung, denn sie widerspricht der landläufigen Meinung in unserer Gesellschaft, dass Wohlstand und Konsum gleich Erfolg und Macht sind.

Reden Sie mit Menschen, die ihr Leben vereinfacht haben, und Sie werden feststellen, dass sich ihr Leben durch das Downshifting nicht verschlechtert hat. Vielleicht haben sie ein niedrigeres Gehalt und ihr großes, tolles Haus gegen ein »schlechteres«, sprich kleineres und weniger kostspieliges eingetauscht. Vielleicht sind sie auch von der Stadt aufs Land gezogen, aber die meisten Menschen, die diesen Schritt getan haben, werden Ihnen sagen, dass sie ihre Lebensweise um einiges verbessern konnten. Und das ist ihnen wichtig.

Gut ohne viel zurechtkommen

Wie geht es den Downshiftern also nach den heiß ersehnten Änderungen in ihrem Leben? Reden Sie mit Downshiftern, die Sie kennen, oder chatten Sie mit Menschen im Internet, und Sie werden einige sehr realistische Meinungen zu hören bekommen. Ein weitverbreiteter Ratschlag ist, dass Sie eine drastische Änderung in Ihrem Leben erst dann verwirklichen sollten, wenn Sie gut darauf vorbereitet und bereit dafür sind.

Daniela, eine Freundin von mir, die ihren Posten als Analystin aufgegeben hat, um mit ihrem Partner ein Bauernhaus zu renovieren und Vertragsarbeiten von zu Hause aus zu übernehmen, erzählte mir: »Ich habe Hunderte von Euros für das richtige Geschäftsoutfit ausgegeben – ohne Schuhe, Ledertaschen und Designer-Sonnenbrille. Jetzt liebe ich es, in Secondhandläden oder auf Flohmärkten herumzustöbern, und gebe wesentlich weniger Geld für einfachere, sportlichere Kleidung aus. Ich möchte nie wieder einen Geschäftsanzug tragen.«

Die Entscheidung, das Leben zu vereinfachen, kann sich auch auf Freundschaften auswirken. Marie hat das erlebt: »Ich habe festgestellt, dass ich fast keine Gemeinsamkeiten mehr mit meinen alten Arbeitskollegen habe, obwohl ich zwölf Jahre fast täglich mit ihnen zusammen war. Ich wollte mich nicht mehr zu Tode arbeiten, nur um mir ein großes Haus leisten zu können, so wie sie es tun.«

Stefan erzählt: »Einige meiner Freunde haben mich sehr unterstützt, andere sagten ziemlich nutzlose Dinge wie ›du musst verrückt sein‹ und ›das wirst du bedauern‹. Rückblickend glaube ich, dass sie ein bisschen beleidigt waren, dass wir nicht das gleiche Leben wie sie leben wollten. Ich habe definitiv herausgefunden, wer meine wahren Freunde sind.«

Clive Hamilton schreibt die fehlende Unterstützung durch Freunde und Familie dem *Syndrom des verschobenen Glücks* zu, und ich bin ganz seiner Meinung. Er definiert diesen Begriff als die weitverbreitete Neigung von Menschen, in stressigen Jobs und privaten Situationen zu verharren, weil sie sich sagen, dass sie irgendwann die Chance auf ein glücklicheres Leben haben werden. Das Syndrom des verschobenen Glücks trifft nicht nur auf Arbeiter über 50 zu, die sich Sorgen über ihre Rente machen. Jeder Mensch, der sich unzufrieden und überarbeitet fühlt, aber dennoch an seinem Arbeitsplatz bleibt, leidet unter diesem Syndrom.

Vergessen Sie die Kinder nicht!

Wenn es um die Vereinbarkeit von Berufs- und Privatleben geht, müssen auch die Bedürfnisse der Kinder berücksichtigt werden. Wie oft haben Sie sich beschwert – oder andere Eltern jammern hören –, dass Sie zu viel Zeit im Auto verbringen, um Ihre Kinder zu ihren diversen Aktivitäten zu chauffieren? Denken Sie an Sport, Musikstunden, Schwimmkurse, Theaterkurse, Turnen und so weiter und die Kinder, die unbedingt Judo ausprobieren wollen, weil ihr bester Freund im Judoverein ist.

Vor einigen Jahren war eine Kollegin von mir in Tränen aufgelöst, weil sie sich Sorgen machte, dass ihre zehnjährige Tochter schlecht in der Schule sei. Als ich mir das Programm der jungen Anna ansah, wurde sehr schnell klar, warum sie in der Schule nicht so gut mitkam. Sie war erschöpft. Montags ging sie zum Turnen, dienstags in die Mittagsbetreuung und dann zum Ballett, mittwochs in die Mittagsbetreuung und dann nach dem Abendessen zum Karate, donnerstags zum Violinenunterricht und am Samstagvormittag zum Tennis. Dem Himmel sei Dank für Freitag!

Und neben der Schule und den Hobbys haben viele Kinder ein reges soziales Leben. Sie laden Freunde zum Spielen ein, gehen zu Geburtstagsfeiern, treffen sich zum Essen, gehen ins Kino und so weiter.

Wo und wann geben wir unseren Kindern etwas Auszeit? Mit Auszeit meine ich nicht etwa Strafen für Fehlverhalten, sondern Raum, damit sie nachdenken, lesen, über Interessen reden, spielen, in den Tag träumen und einfach das tun können, was immer sie tun möchten. Wie wäre es, einem Kind die Gelegenheit zu geben, einfach nur mit seiner Familie zu »sein«, ohne zur nächsten Aktivität hetzen zu müssen?

Meine eigene Theorie dazu lautet wie folgt: Kinder brauchen mehr Schlaf als Erwachsene (bis zu 12 von 24 Stunden). Und Kinder brauchen weniger organisierte Aktivitäten, damit sie sich erholen, Spaß haben und Zeit mit ihrer Familie zu Hause verbringen können.

Ein anderer Aspekt des Downshiftings ist, dass sich Ihr sozialer Status verändern kann. Wenn Erfolg daran gemessen wird, welches Auto Sie fahren, wie groß und in welcher Gegend Ihr Haus ist, welche Kleidung Sie tragen, wie Sie Urlaub machen und welche Schulen Ihre Kinder besuchen, dann werden Sie als Downshifter nicht zu den erfolgreichen Menschen gehören. Downshifter vermeiden es, ihre Zufriedenheit an diesen Symbolen des Erfolgs zu messen.

Franz berichtet: »Ich war vollkommen darin gefangen, auf die richtige Schule gegangen zu sein und ein tolles Auto, ein Loft in der Innenstadt und angesagte Kleidung zu haben. Dann merkte ich, dass ich danach strebte, andere zu beeindrucken. Jetzt bin ich glücklich, dass ich ein aktiver Vater bin, der gern bei Schulprojekten aushilft, und wieder an der Uni studiere. Wir haben nicht viel Geld, aber wir kommen mit weniger zurecht und legen mehr Wert auf das, was wir uns kaufen können.«

Meine Freundin Pia erzählte mir, dass ihre Freunde (einschließlich mir) überrascht waren, wie sie und ihre Familie ohne Mikrowelle zurechtkommen können. Ich gebe zu, dass ich auf ähnliche Weise reagiert habe, als eine fünfköpfige Familie in der Schule meiner Tochter entschied, kein Auto zu besitzen oder zu verwenden. Vielleicht verspüren Freunde und Kollegen tatsächlich eine neidische Bewunderung für diejenigen, die sich entscheiden, nicht so viel zu arbeiten, um Häuser abzubezahlen, in denen sie nur selten entspannen können.

Intelligentes Vereinfachen für Stadtmenschen

Auch wenn Sie Ihre Freunde beneiden, weil sie sich für ein einfacheres Leben entschieden haben, und Sie ihre entspannte Lebensweise und ihre wachsende Zufriedenheit beobachten können, sollten Sie nicht davon ausgehen, dass jeder auf diese Weise sein Glück findet. Wenn Sie Ihren Beruf mögen und er Ihnen ausreichend Herausforderung bietet, würde es Ihnen dann wirklich gefallen, in einem einfacheren Posten in einer Kleinstadt auf dem Land tätig zu sein? Wenn Sie an den Stadtrand ziehen, wie würden Sie dann mit dem täglichen langen Weg zur Arbeit zurechtkommen? Wäre Ihr Partner in der Lage, dort einen guten Job zu finden? Würden Ihre Kinder damit zurechtkommen, die Schule zu wechseln und Freundschaften zu verlieren? Würden Sie das Zuhause vermissen, das Sie verlassen würden?

Die meisten Downshifter ziehen nicht aufs Land, um eigenes Gemüse anzubauen oder Ketten aus Kieselsteinen zu verkaufen, deshalb möchte ich dem Downshifting ohne drastische Veränderung an einem anderen Standort eine etwas positivere Bezeichnung geben: intelligentes Vereinfachen. Die vier einfachsten Methoden hierfür sind:

- ✔ Berufliche Veränderung
- ✔ Wechseln in einen schlechter bezahlten Job
- ✔ Reduzierung der Arbeitszeiten
- ✔ Aufgeben des Angestelltenverhältnisses

Wenn Sie in Ihrem Job und an Ihrem Wohnort bleiben möchten, müssen Sie Ihr Leben trotzdem nicht unbedingt wie bisher weiterleben. Sie können viele Wege finden, um auf eine wesentlich undramatischere Weise mehr Erfüllung und Sinn im Leben zu finden. Möglichkeiten zum Ändern Ihrer Arbeitszeiten und Durchsetzen flexiblerer Arbeitsbedingungen finden Sie in den Kapiteln 8 und 9. Tipps, wie Sie auf Ihre Gesundheit achten, sich besser organisieren und Ihr Wohlbefinden steigern können, finden Sie in Kapitel 4.

Tolle Tipps für Stadtmenschen, die ihr Leben vereinfachen möchten

Wahrscheinlich lesen Sie diesen Abschnitt, weil Sie herausfinden möchten, wie Sie mehr Ausgewogenheit in Ihr Berufs- und Privatleben bringen können, ohne gleich Ihre Karriere oder Ihre bisherige Lebensweise über Bord zu werfen. Die Abkehr von der allzu gegenwärtigen Kultur langer Arbeitszeiten, hoher Mieten oder Immobilienkredite und übermäßigem Konsum kann eine geradezu unüberwindbare Herausforderung sein. Aber es gibt viele Wege, um gegen diesen Druck in Ihrem Leben vorzugehen. Und dafür sind nicht mehr als ein paar kleine Änderungen erforderlich.

Langen Arbeitszeiten den Rücken kehren

Es ist leicht, in die Falle langer Arbeitszeiten zu geraten. Möglicherweise fangen Sie an, jeden Tag ein bisschen mehr zu arbeiten, um Ihrem Chef zu zeigen, dass Sie eine Beförderung verdienen oder ein zeitaufwendiges Projekt rechtzeitig abschließen können. Das Problem ist, dass diese langen Arbeitszeiten schließlich irgendwann zur Gewohnheit und von Ihnen erwartet werden.

Ein befreundeter Anwalt sagte einmal zu mir: »Ich versuche mir immer wieder zu sagen, dass mein hohes Gehalt die 20 Überstunden rechtfertigt, die von mir erwartet werden. Aber wenn ich anfange, meinen Stundenlohn auszurechnen, wirkt dieses Argument längst nicht so überzeugend.« Das ist die Lösung: Stellen Sie fest, wie viele Stunden Sie arbeiten, teilen Sie Ihr Gehalt durch die Stunden und sehen Sie sich dann an, wie hoch Ihr Stundenlohn ist. Möchten Sie wirklich für diesen Lohn arbeiten? Rechnen Sie dann aus, wie viel Geld Sie verdienen müssen, um glücklich statt wohlhabend zu sein, und vergleichen Sie die Zahlen, um Ihre Prioritäten festzulegen.

Der nächste Schritt besteht darin, Ihre beruflichen Werte anzusehen. Ist die Qualität Ihrer Arbeit ebenso hoch, wenn Sie lange arbeiten, oder ist sie besser, wenn Sie weniger arbeiten und sich zwischendurch erholen? Könnten Sie etwas Unterstützung gebrauchen, um Ihre Zeit und Ihren Arbeitsplatz besser zu organisieren, damit Sie mehr Zeit zum Arbeiten gewinnen? (Falls ja, finden Sie in Kapitel 6 Tipps für ein effizientes Zeitmanagement.)

Medizinische Studien zeigen, dass es nicht möglich ist, über lange Zeit Überstunden zu machen, ohne dass die Produktivität leidet. Menschen mit normalen Arbeitszeiten, die genügend Zeit zum Erholen und Entspannen haben, sind produktiver und wacher und können umsetzbare Lösungen für herausfordernde Probleme finden. Sprechen Sie mit Ihrem Arbeitgeber darüber, dass Sie nur die Stunden arbeiten möchten, für die Sie bezahlt werden, handeln Sie einen freien Freitagnachmittag oder einen zusätzlichen freien Tag als Ausgleich für Ihre Überstunden aus oder reden Sie über die Möglichkeit, in Teilzeit zu arbeiten, falls Sie das möchten.

Denken Sie auch daran, dass Sie Ihren stressigen Job nicht aufgeben müssen, um mehr Ausgewogenheit in Ihrem Leben zu erreichen. Viele engagierte und begeisterte Freiberufler, Unternehmenseigner oder Leute, die von zu Hause aus arbeiten, haben lange Arbeitstage, weil sie das lieben, was sie tun, und davon überzeugt sind, dass ihre Arbeit etwas bewirkt.

Dem Trott entkommen

Menschen, die ihr Leben vereinfachen, genießen die zusätzliche Zeit in ihrem Leben, um sich zu erholen oder einfach nur ruhig dazusitzen und zu »sein«. Sie können diese Art der inneren Gelassenheit auf verschiedene Weise erreichen:

- ✔ **Meditation:** Versuchen Sie, einen Meditationskurs zu besuchen, oder kaufen Sie eine CD und meditieren Sie allein. Das ultimative Ziel ist, die Gedanken und Ideen, die Sie beschäftigen, beiseiteschieben zu können und, wenn auch nur für einige Minuten, Ihre Muskeln zu entspannen, sich auf das Atmen zu konzentrieren und zu »fühlen« statt zu denken. Sie können besser schlafen und die Zeit der Meditation als wichtige Entspannungs- und Erholungszeit genießen.
- ✔ **Draußen im Garten sitzen:** Achten Sie darauf, welche Pflanzen wachsen oder ein wenig Pflege benötigen, hören Sie den Vögeln beim Singen zu, beobachten Sie den schlafenden Hund oder die sich sonnende Katze, sehen Sie sich an, welche Farbe der Himmel hat. Diese erholsamen Aktivitäten klingen vielleicht kitschig – bis Sie es ausprobiert haben. Ich trinke jetzt meinen Morgenkaffee draußen, egal wie das Wetter ist. Das hat mein Bewusstsein für die Jahreszeiten gesteigert, außerdem finde ich es jetzt toll, dass so viele Vögel in meiner Nachbarschaft sind. Wenn Sie keinen eigenen Garten haben, gehen Sie in den nächsten Park.
- ✔ **Spazieren gehen:** Gehen Sie morgens vor der Arbeit, in Ihrer Mittagspause oder vor dem Abendessen spazieren. Wenn Sie einen Hund haben, ist dieser der beste Grund, jeden Tag mindestens eine halbe Stunde zu laufen. So sichern Sie sich nicht nur frische Luft und Bewegung, sondern machen auch ein anderes Lebewesen glücklich. Meine Hündin Josie kennt jetzt so ziemlich jeden anderen Hund in unserer Nachbarschaft.
- ✔ **Neue Erfahrungen sammeln:** Sie können unzählige Aktivitäten ausprobieren, manche direkt vor Ihrer Tür. Versuchen Sie, ein Gemüsebeet anzulegen, pflanzen Sie Bäume für eine umweltbewusste Vereinigung, tragen Sie Flugblätter für einen guten Zweck aus, lesen Sie im Garten, schreiben Sie im Garten, gehen Sie schwimmen, joggen und Rad fahren oder trainieren Sie eine Jugendmannschaft in Ihrem Lieblingssport.

Soziale Stressfaktoren abbauen

Früher saß ich jedes Jahr zu Weihnachten nach einem langen Arbeitstag am Tisch und schrieb fleißig bis zu 100 Weihnachtskarten an jede einzelne Person in meinem Adressbuch. Es war egal, ob ich jemanden seit Jahren nicht gesehen oder jemanden noch nie besucht hatte, auch diese Leute erhielten einen hastig geschriebenen Satz auf einer nicht besonders hübschen, massenproduzierten Weihnachtskarte, damit ich mir selbst versichern konnte, dass ich ein beliebter Mensch bin.

Mein Freund Jan sagte zu mir: »Du solltest bei deinen Freunden einen Frühjahrsputz machen.« Aber hört sich das nicht hart an? Tatsächlich wollte er mir damit sagen, dass es in Ordnung ist, sich ernsthaft Gedanken darüber zu machen, welche Freundschaften man weiter pflegen möchte. Das heißt, dass Sie den Wert einer Freundschaft in Bezug auf Unterstützung, Spaß und Gespräche messen und entscheiden, wessen Gesellschaft Sie wirklich genießen. Ein weiteres positives Merkmal einer guten Freundschaft ist, dass jede Person, die Sie als einen

Freund betrachten, mindestens eine Eigenschaft hat, die Sie respektieren, beneiden und schätzen. Allein diese Eigenschaften können Quellen der Inspiration für Ihr eigenes Leben sein.

Wenn Sie in Ihrem Adressbuch Menschen finden, die Sie Energie kosten und Sie im Stich lassen, streichen Sie sie. Am einfachsten geht das, indem Sie sich ein neues Adressbuch kaufen und nur die Namen Ihrer wahren Freunde darin eintragen. Lassen Sie alle anderen einfach weg. Einige Downshifter stellen fest, dass Freundschaften leiden, wenn sie ihr berufliches und privates Leben ändern. Wie auch immer das Ergebnis ist, in Ihrem kleinen schwarzen Büchlein sollten nur noch die Menschen stehen, die Ihnen wirklich wichtig sind.

Machen Sie sich immer wieder bewusst, dass es in Ordnung ist, Nein zu sagen. Viele Menschen haben in ihrer Erziehung gelernt, jederzeit helfen, höflich sein und zu jeder Aufgabe oder Bitte Ja sagen zu müssen. Einige dieser Menschen werden zu regelrechten Jasagern und fühlen sich zunehmend verärgert und erschöpft in dem Versuch, es allen recht zu machen. Versuchen Sie, manchmal »Nein danke« zu sagen. Erklären Sie, dass Sie keine Zeit oder schon etwas vor haben oder das jetzt im Moment einfach nicht machen möchten.

Meine Freunde Elke und Jochen lehnen jede Einladung an Wochentagen ab. »Mit drei Kindern im Grundschulalter reicht es uns, das zu tun, was wir tun müssen. Keiner von uns möchte nach dem Abendessen noch etwas unternehmen. Stattdessen sind wir am Wochenende viel unterwegs mit Sport, Geburtstagsfeiern, Freunden, sozialen Verpflichtungen und so weiter. Die Abende unter der Woche sind deshalb die einzigen Zeiten, zu denen wir zusammensitzen, ein Glas Wein trinken und entspannen können, wenn die Kinder im Bett sind.«

Am gemeinschaftlichen Leben teilhaben

Viele Menschen vereinfachen ihr Leben, um in einer enger gewachsenen Gemeinde zu leben und ein Teil dieser Gemeinde zu sein. Sie müssen nicht einmal umziehen, um das zu erreichen, denn schließlich leben Sie schon in einer Gemeinde. Vielleicht waren Sie bisher zu beschäftigt, um das zu bemerken und sich in Ihrer Gemeinde einzubringen. Halten Sie Ihre Augen offen und achten Sie auf die vielen schwarzen Bretter in Supermärkten, Büchereien und Cafés. Lesen Sie das kostenlose Anzeigenblatt Ihrer Gegend und informieren Sie sich über Veranstaltungen in Ihrer Nachbarschaft, anstatt die Zeitung ungelesen in den Papiermüll zu werfen. Als ich mich zum letzten Mal aktiv informiert habe, gab es in meiner Gegend 25 verschiedene Nachbarschaftsgruppen, die neue Mitglieder suchten. Sportvereine nehmen immer gerne neue Mitglieder auf, und wenn das nur für gesellige Aktivitäten wie Tennismatches abends unter der Woche ist. Lesegruppen sind eine mit wachsender Begeisterung angenommene Abwechslung für Menschen, die einen Vollzeitjob haben und ihren intellektuellen und sozialen Horizont gern bei einer guten Tasse Kaffee in guter Gesellschaft erweitern.

Weitere Informationen dazu, wie Sie sich mehr in Ihrer Gemeinde einbringen oder eine ehrenamtliche Tätigkeit in Ihrer Nachbarschaft übernehmen können, finden Sie in Kapitel 10.

Downshifting für sich selbst entdecken

Eines der Downshifting-Ziele ist das Vereinfachen Ihres Lebens. Das gibt Ihnen Zeit, um innezuhalten und darüber nachzudenken, welche Aktivitäten Ihnen gefallen würden. Einige Aktivitäten beinhalten gute Taten für andere, andere verschönern vielleicht einfach nur Ihr Leben. Hier einige einfache Vorschläge:

- ✔ **Sammeln Sie Müll.** Nehmen Sie jedes Mal, wenn Sie auf einen erholsamen Spaziergang gehen, eine alte Plastiktüte mit, und heben Sie den Müll auf, der Ihnen auf dem Weg begegnet. Ihr Schulhof, die Straßen Ihrer Nachbarschaft, Ihr Park oder Ihr Hof werden mit ein bisschen Mühe viel besser aussehen.
- ✔ **Nehmen Sie sich einen Tag frei, an dem Sie nur Spaß haben und keine Arbeiten erledigen.** Nehmen Sie sich frei und verbringen Sie den freien Tag mit Ihrem Partner. Machen Sie ein Picknick, gehen Sie spazieren, sehen Sie sich einen Film an oder setzen Sie sich einfach nur auf ein Gespräch zusammen (über alles außer Ihren Beruf). Oder verbringen Sie den Tag mit sich selbst; nehmen Sie ein gutes Buch oder eine Zeitschrift zur Hand, machen Sie ein Nickerchen, gehen Sie wandern oder besuchen Sie einen Verwandten im Altersheim.
- ✔ **Denken Sie beim Einkaufen an andere statt an Kommerz.** Kaufen Sie bei wohltätigen Organisationen wie Oxfam oder Unicef ein und spenden Sie das, was Sie normalerweise bei den Leuten ausgeben, die sowieso schon alles haben. Kaufen Sie Fairtrade-Produkte und sorgen Sie dafür, dass Sie mit Ihrem Einkauf Menschen helfen, die Lebensgrundlagen wie Unterkunft, Pflanzgut, Medikamente gegen Malaria, Vieh und Reis brauchen, um besser leben zu können.
- ✔ **Kaufen Sie Großmengen, die Sie mit anderen teilen.** Meine Freundin Pip gehört zu einer Gemüse- und Lebensmittelkooperative der ländlichen Gemeinde, in der sie lebt. Sie und ihre Nachbarn bestellen Großmengen und teilen die Lebensmittel dann in die Mengen ein, die die einzelnen Haushalte brauchen. Sie können so etwas auch in der Stadt organisieren.
- ✔ **Beseitigen Sie Ihr Chaos.** Geben Sie nicht mehr benötigte Kleidung, Geschirr, Spielzeug oder Bücher an eine wohltätige Organisation weiter.
- ✔ **Kompostieren Sie Ihre Küchenabfälle.** Anstatt Ihren Küchenmüll in den Mülleimer zu werfen und zu noch höheren Müllbergen beizutragen, bringen Sie ihn hinaus und legen Sie einen Komposthaufen an. Meine Mutter bezeichnet Kompost als »schwarzes Gold« für den Garten.
- ✔ **Streichen Sie einige Dinge von Ihrer Einkaufsliste.** Auf welche drei Dinge können Sie in dieser Woche verzichten? Das neue Computerspiel, das angesagte Kleid, das Sie sowieso nicht anziehen werden, oder die superfette Fertigmahlzeit? Wenn Sie auf einige nicht unbedingt benötigte Dinge verzichten, sparen Sie nicht nur Geld, sondern vermeiden auch unnötigen Konsum und Müll.
- ✔ **Setzen Sie auf Recycling.** Die meisten Gemeinden stellen Mülltonnen für Bio-, Papier- und Restmüll auf. Aber Sie können noch einen Schritt weitergehen: Sammeln Sie Glas, Kunststoffe und Alumüll und bringen Sie das Ganze regelmäßig zu den Sammelstellen in Ihrer Gemeinde.

- **Gehen Sie mit grünem Beispiel voran und sparen Sie Wasser.** Erkundigen Sie sich, ob Sie einen Regenwassertank in Ihrem Garten installieren können. Kaufen Sie kein Wasser in Flaschen, sondern trinken Sie Wasser aus dem Wasserhahn.
- **Nutzen Sie lokale Angebote.** Beauftragen Sie Freiberufler und Unternehmen vor Ort mit den Aufgaben, die Sie von jemand anderem erledigen lassen möchten.
- **Nehmen Sie sich Zeit für sich.** Suchen Sie sich ein Hobby, melden Sie sich für einen Kurs an, zum Beispiel Malen, Kochen, Sprachen, Schnitzen, Weinverkostungen, Segeln – was auch immer Ihnen Spaß macht und für Erholung sorgt.
- **Pflanzen Sie Gemüse, Obst und Kräuter an.** Auch wenn Sie keinen großen Garten oder Ihnen wie mir der grüne Daumen fehlt, können Sie einen Apfelbaum im Garten pflanzen oder ein paar Kräutertöpfe auf dem Balkon aufstellen.

  Außerdem können Sie dann Ihr »schwarzes Gold« benutzen, um die Chance zu erhöhen, dass Ihre Pflanzen wachsen und gedeihen.
- **Sparen Sie Zeit, indem Sie Ihren Weg zur Arbeit mit Ihrem Bewegungsprogramm verbinden.** Versuchen Sie, mit dem Fahrrad zur Arbeit zu fahren oder die Strecke zu Fuß zu laufen. Lassen Sie Ihr Auto zu Hause und nehmen Sie öffentliche Verkehrsmittel. Steigen Sie zwei Stationen früher aus und gehen Sie den Rest des Weges zu Fuß. Und versuchen Sie, die Treppen statt den Aufzug zu nehmen, um noch mehr Fett zu verbrennen.
- **Werden Sie Pate für ein Kind in Not.** Einige renommierte Wohltätigkeitsorganisationen bieten Patenschaften für Kinder an. Sie zahlen jeden Monat einen bestimmten Betrag, der direkt an die Gemeinde weitergeleitet wird, in der das Kind lebt, sodass jeder davon profitiert. Die meisten Organisationen bieten Ihnen auch die Möglichkeit, Ihrem Patenkind zu schreiben und sich über seine Fortschritte zu informieren.
- **Schalten Sie den Fernseher aus.** Ruhen Sie sich aus, lesen Sie, spielen Sie ein Brettspiel mit Ihrer Familie oder setzen Sie sich einfach mit Ihren Lieben hin und unterhalten Sie sich.
- **Besuchen Sie die deutsche Website von »We are what we do«** (`www.wearewhatwedo.de`). Auf dieser Website finden Sie 50 Wege, um die Welt ein kleines bisschen zu verbessern – denn wir sind, was wir tun.
- **Arbeiten Sie ehrenamtlich für ein Projekt in Ihrer Region.** Auf der Website des Bundesnetzwerks Bürgerschaftliches Engagement (`www.freiwillig.de`) finden Sie Informationen zu Möglichkeiten für ehrenamtliche Tätigkeiten. Selbst eine Stunde Ihrer Zeit pro Woche kann schon viel bewirken.

Dozentin und Abenteuerin

Die Kontrolle über Ihr Leben zu übernehmen bedeutet, dass Sie entscheiden, was, wann und wie Sie etwas in Ihrem Leben tun, und die Entscheidung nicht Ihren Kollegen, Ihrer Familie, Ihren Freunden oder anderen überlassen, die an dem Leben beteiligt sein möchten, das Ihnen gehört.

Websites zum Thema »einfaches Leben«, die Sie inspirieren können

Wenn Sie Ihr Leben ändern möchten, werden Ihnen möglicherweise die folgenden Websites gefallen, die Sie bei Ihren Schritten in ein einfacheres Leben unterstützen. Anstatt endlos um Ihre verrückten beruflichen und häuslichen Verpflichtungen zu kreisen, werden Sie Zeit haben, sich hinzusetzen und über einige neue Ideen nachzudenken.

- ✔ **Simple-Living-Bewegung** (`www.simpleliving.de`): Hier finden Sie viele Denkanstöße für ein einfacheres Leben und können sich für eine Diskussionsgruppe im Internet anmelden.
- ✔ **Zeit zu leben** (`www.zeitzuleben.de`): Auf dieser Website finden Sie Informationen rund um die Vereinfachung des Lebens, Vorlagen für Zeitpläne, Buchtipps und vieles mehr.
- ✔ **Simplify** (`www.simplify.de`): Hier finden Sie zahlreiche Tipps zum Vereinfachen Ihres Lebens in verschiedensten Bereichen.
- ✔ **Easy leben** (`www.easy-leben.de`): Die Website bietet inspirierende Artikel zu verschiedenen Themen wie Wohnen, Gärtnern, Essen, Spielen und mehr.
- ✔ **Utopia** (`www.utopia.de`): Utopia hat sich das Ziel gesetzt, die Welt durch strategischen Konsum zu ändern. Sie finden hier viele Tipps für ein nachhaltiges Leben.

Downshifting im Beruf

Wenn Sie einen Vollzeitjob haben, können Sie Ihren derzeitigen Posten, Ihre Kollegen und Ihren Arbeitgeber in Ihre Downshifting-Aktionen einbeziehen. Das soll nicht heißen, dass jeder nur noch vier Stunden pro Tag arbeiten und in der einstündigen Mittagspause eine vom Unternehmen gesponserte Massage bekommen sollte.

Hier sind einige einfache Schritte, die Sie unternehmen können, um mehr Entspannung und Produktivität am Arbeitsplatz zu fördern und dafür zu sorgen, dass Sie und Ihre Kollegen die Zeit am Arbeitsplatz genießen und stolz auf die Umgebung sind:

- ✔ Legen Sie eine Richtlinie für die beidseitige Nutzung von Fotokopier- und Druckerpapier fest und verwenden Sie die Rückseite von gebrauchtem Papier für das Faxgerät.
- ✔ Organisieren Sie wöchentlich oder zweiwöchentlich stattfindende Teammittagessen, indem Sie die Zeit in den Kalendern aller Teammitglieder buchen. Sie müssen nicht in ein Restaurant gehen. Setzen Sie sich einfach mit Ihren Sandwiches in einen Park oder bringen Sie abwechselnd etwas zum Essen mit, das alle teilen können.
- ✔ Fragen Sie einen Massageanbieter vor Ort, ob er während der Mittagspause an Ihrem Arbeitsplatz Massagen für 15 Minuten, eine halbe Stunde oder eine Stunde anbieten kann.
- ✔ Vermeiden Sie das Ausdrucken von Daten, die Sie auf einem Datenträger speichern, per E-Mail versenden oder im Internet lesen können.

- Legen Sie ökologische Richtlinien fest und finden Sie heraus, ob jemand an Ihrem Arbeitsplatz Erfahrungen mit wassersparenden Wasserhähnen, umweltfreundlichen Heizungen und Recyclingmaßnahmen hat (sowohl praktisch als auch theoretisch).
- Ermutigen Sie Ihre Wartungs- und Büroausstattungsanbieter, nicht benötigte Bürogeräte und Möbel an Schulen am Ort oder Wohltätigkeitsorganisationen zu spenden.
- Besorgen Sie einen Obstkorb und füllen Sie ihn am Anfang der Woche gemeinsam mit Ihren Kollegen. Organisieren Sie morgens eine zehnminütige Pause mit Kaffee oder Tee und Obst, um Pausen und gesunde Ernährung zu fördern – wie in Kindergartentagen.
- Beauftragen Sie Meditations- und Yogalehrer am Ort, zur Mittagszeit Kurse an Ihrem Arbeitsplatz anzubieten.
- Richten Sie in einem nicht benutzten Büroraum oder Besprechungsbereich einen Fitnessraum mit Fahrrädern, Laufbändern und Gewichten (mit Gesundheits- und Sicherheitsanleitungen) ein oder organisieren Sie einen Lauftreff für die Mittagspause.

Fragen, um Klarheit zu schaffen

Die Idee des Downshiftings interessiert Sie möglicherweise aus ganz verschiedenen Gründen – Sie wollen Ihre Arbeitslast reduzieren, weniger Stress haben, mehr Zeit mit Ihrer Familie und Ihrem Partner verbringen, Ihre Gesundheit verbessern, Älteren beistehen, Ihre Hobbys genießen und so weiter. Möglicherweise fragen Sie sich auch immer öfter, wo Ihr Platz in der Welt ist und warum Sie so hart in einem Beruf arbeiten, der Ihnen keinen Spaß macht. Oder Sie nähern sich dem Rentenalter und wünschen sich eine neue Lebensweise nach dem Berufsleben. In jedem Fall ist es wichtig zu verstehen, warum Sie Ihr Leben verlangsamen und vereinfachen möchten.

Downshifting erfordert eine Menge Planung und Mut. Sie möchten schließlich einiges an der Art und Weise ändern, wie Sie arbeiten, leben und sich in die Gemeinschaft einbringen. Stellen Sie sich die folgenden Fragen, wenn Sie über die Möglichkeiten zum Vereinfachen Ihres Lebens nachdenken:

- Haben Sie ein soziales Netzwerk mit Menschen, die ebenfalls am Downshifting interessiert sind, oder besteht die Möglichkeit, neue Freundschaften mit solchen Menschen zu schließen?
- Möchten Sie einen neuen Arbeitgeber oder Beruf ausprobieren oder möchten Sie nur von einem Posten wegkommen, der Ihnen nicht mehr gefällt?
- Wie haben Sie Ihre finanzielle Zukunft und Ihre Rente geplant?
- Ist jetzt der richtige Zeitpunkt zum Vereinfachen Ihres Lebens?
- Was sind die wichtigsten Werte in Ihrem Leben?
- Wovon hätten Sie gern mehr in Ihrem Leben?
- Was möchten Sie Ihrem Partner und Ihren Kindern geben?
- Wie ist Ihre derzeitige finanzielle Situation?

- ✔ Welche Teile Ihres Lebens möchten Sie gern loslassen?
- ✔ Welche Besitztümer möchten Sie in Ihrem Leben behalten?
- ✔ Warum möchten Sie Ihr Leben vereinfachen?

Wenn Sie über das Downshifting nachdenken, weil Sie unzufrieden mit Ihrem Berufs- und Ihrem Familienleben sind, stellen Sie sicher, dass Sie das Downshifting nicht als Mittel benutzen, um einer schwierigen Situation zu entkommen. Konflikte am Arbeitsplatz oder Probleme in der Partnerschaft sollten zuerst gelöst werden, bevor Sie das Downshifting angehen. (In Kapitel 10 finden Sie Tipps für mehr Privatleben in Ihrer Work-Life-Balance, und Kapitel 5 bietet Informationen zu einer erfüllenden Partnerschaft.)

Wenn Downshifting das Richtige für Sie ist, denken Sie über die folgenden wichtigen Schritte nach, bevor Sie die Änderungen in Ihrem Leben in Angriff nehmen:

- ✔ **Familie:** Sie sollten von Anfang an mit Ihrem Partner und Ihren Kindern über Ihre Downshifting-Absichten reden. Sind sie ebenso begeistert von den Änderungen Ihrer Lebensweise wie Sie? Welche Ideen und Ratschläge können sie beitragen? Welche Bedenken haben sie? Wie sieht es mit Schulen, Hobbys, Sport und Gesundheitsversorgung aus, wenn Sie vorhaben, umzuziehen?
- ✔ **Hab und Gut:** Bedeutet Downshifting, dass Sie Gerümpel und Dinge, die Sie nicht mehr brauchen, loswerden? Bedeutet es, dass Sie in ein kleineres Zuhause umziehen? Welche Dinge werden Sie behalten, welche an Wohltätigkeitsorganisationen verschenken, welche verkaufen?
- ✔ **Planung:** Nachdem Sie und Ihre Familie entschieden haben, welche Änderungen Sie für Ihre Downshifting-Vorhaben durchführen möchten, stellen Sie eine realistische Planung und einen Zeitrahmen auf. Möglicherweise stellen Sie fest, dass Sie immer noch Ihr altes Leben (stressiger Job, Stadtleben, keine externen Interessen und so weiter) leben, während Sie Ihr neues Leben planen. Es kann einige Monate dauern, bis alles Erforderliche erledigt ist, insbesondere wenn Sie ein Eigenheim verkaufen und ein anderes erwerben müssen. Sie sollten sich in dieser Zeit unbedingt viele praktische Informationen und Ratschläge zu Umzug, Unternehmensgründung, Studium oder Reisen einholen. Seien Sie nicht zu streng mit sich selbst und mit dem, was Sie in einer stressigen Zeit der Veränderung erreichen können. Und denken Sie daran, dass Änderungen für alle Beteiligten auch Unsicherheit bedeuten können.
- ✔ **Recherchen:** Haben Sie ausgerechnet, was Sie brauchen, um den beruflichen Wechsel, ein Studium, eine Unternehmensgründung oder den Wechsel auf einen Teilzeitposten zu finanzieren? Haben Sie mit Menschen gesprochen, die Bereiche ihres Lebens bereits vereinfacht haben, um herauszufinden, was für diese funktioniert hat und was nicht? Ist Ihnen bewusst, welche Kompromisse Sie möglicherweise eingehen müssen – beispielsweise wegen eines reduzierten Einkommens, fehlenden Kollegen, die Sie unterstützen können, eines geringeren gesellschaftlichen Status oder weil Sie ein soziales Netzwerk und Freundschaften wieder ganz von vorn aufbauen müssen.
- ✔ **Testläufe:** Versuchen Sie, erst Ihren Zeh ins Wasser zu tauchen, bevor Sie ins Wasser springen. Vielleicht können Sie berufliche Erfahrungen in anderen Bereichen sammeln,

um zu sehen, ob ein berufliches Umsatteln das Richtige für Sie ist. Suchen Sie sich einen guten Finanzexperten, der Sie berät, wie Sie mit einem kleineren Budget leben und für Änderungen, die Sie möglicherweise nicht voraussehen, sparen und vorbereitet sein können. Denken Sie über ein Sabbatjahr nach, um Ihre neue Lebensweise auszuprobieren, bevor Sie Ihr Leben komplett umstellen. Besuchen Sie Freunde, die Hühner halten, Gemüse anbauen und sich in ihrer Gemeinde engagieren, um eine Vorstellung davon zu bekommen, was Ihnen wirklich gefällt und worauf Sie verzichten können.

- **Beruf:** Wird Ihr Partner die Möglichkeit haben, im selben Bereich zu arbeiten oder einen anderen Job zu finden, der ihn zufriedenstellt? Oder erwarten Sie von Ihrem Partner, dass er eine größere finanzielle und familiäre Last trägt?

Die Flucht aus der Stadt

15

In diesem Kapitel

- Warum viele hart arbeitende Menschen die Städte verlassen
- Ihre Umzugspläne in die Tat umsetzen

Das Leben in den Städten wird zunehmend anstrengend, teuer und gefährlich. Steigende Immobilien- und Mietpreise bedeuten, dass der Erwerb oder das Mieten eines schönen Hauses mit großem Garten für die Familie für viele unerschwinglich wird, vor allem, wenn Ihr Arbeitsplatz, gute Schulen, Geschäfte, Freizeit- und Sportmöglichkeiten in der Nähe liegen sollen.

Stadtflüchtlinge sind Menschen, die entscheiden, den Verkehr, lange Arbeitszeiten, hohe Kosten, Luftverschmutzung und die fehlende Zeit für Familie und Gemeinde hinter sich zu lassen und stattdessen mehr Kontrolle über die Art und Weise zu erlangen, wie sie leben möchten. Ein Umzug in ländliche Gegenden hilft diesen Menschen, mehr Ausgewogenheit in ihr Berufs- und Privatleben zu bringen und selbst zu entscheiden, wie sie leben möchten – an welchem Ort, wie viel sie für ihren Lebensunterhalt ausgeben, welche Luft sie atmen, wie viel Zeit sie für ihre Familie und Freizeitaktivitäten haben und so weiter. Diese Menschen wünschen sich ein einfacheres und langsameres Leben.

Die Entscheidung gegen die Stadt

Stadtflucht heißt, dass sich Einzelpersonen, Paare und Familien gegen ein Leben in der Stadt oder in einem Vorort entscheiden, um ein besseres Leben auf dem Land zu führen.

Umzug für ein Eigenheim

Mit 39 arbeitete Johannes viele Überstunden für ein internationales Ingenieurbüro in Hamburg, als ihm klar wurde, dass er es sich nicht leisten könnte, ein Haus in dem Vorort zu kaufen, in dem er mit seiner Familie zur Miete wohnt. »Ich wollte mein Leben nicht als Mieter verbringen, deshalb zogen wir in eine Gemeinde an der Küste, wo ich Arbeit bei einem landwirtschaftlichen Unternehmen fand.« Im Gegensatz zu den Downshiftern, die über 40 oder 50 sind, gehören Johannes und seine junge Familie zu einer Gruppe von Menschen, die aus der Stadt ziehen, um sich auf dem Land ein eigenes Haus leisten zu können.

Der Drang nach einem Leben auf dem Land ist kein Trend, der nur gut situierte Rentner und Babyboomer mit den erforderlichen Mitteln betrifft, um ein Ferien- oder Zweithaus zu kaufen. Auch Angestellte in den Dreißigern und Vierzigern ziehen um und streben eine andere Lebensweise an.

Forscher und Demografen haben verschiedene Arten von Stadtflüchtlingen ausgemacht. Zu welcher Gruppe gehören Sie?

- **Hobbyliebhaber:** Diese Gruppe macht den Schritt, um Hobbys und Interessen besser nachgehen zu können – manchmal um damit ihren Lebensunterhalt zu verdienen, manchmal aus reinen Freizeitgründen. Zu dieser Gruppe gehören auch die Öko-Stadtflüchtlinge, die es sich leisten können, umweltfreundliche Bauernhöfe oder Häuser zu bauen, um etwas gegen den Klimawandel zu tun. Sie wollen ihren ökologischen Fußabdruck verkleinern und den Gebrauch von materiellen Besitztümern einschränken.
- **Lifestylefanatiker:** Diese Menschen sind meistens um die dreißig oder älter und legen Wert auf gewisse Annehmlichkeiten wie gute Schulen, Sport- und Freizeitmöglichkeiten, Cafés, Naturkostprodukte, lokale Erzeugnisse und Märkte sowie ein sicheres Gehalt oder die Chance, ein kleines Unternehmen aufzubauen. Lifestylefanatiker möchten Teil einer kleineren Gemeinde sein und sich sicherer und gesünder fühlen als in der Stadt.
- **Immobilienkäufer:** Die günstigeren Preise für Immobilien und die damit verbundene Verbesserung der Balance zwischen Berufs- und Privatleben zieht diese Menschen auf das Land. Sie suchen Arbeit in regionalen Unternehmen und setzen sich das Ziel, ihre Lebenshaltungskosten zu reduzieren und zu sparen. In dieser Kategorie finden sich Menschen aller Altersgruppen, ebenso junge Uniabsolventen, die einen Arbeitsplatz in eher abgelegenen Gegenden annehmen, weil das Gehaltspaket und die Arbeitsbedingungen attraktiv sind. Einige dieser Stadtflüchtlinge kehren später wieder in die Stadt zurück, wenn sie die Vorteile einer günstigeren Lebensweise genossen haben und ein Haus besitzen.
- **Rentner:** Zu dieser Gruppe gehören jetzt auch die ersten Babyboomer, die nach dem Zweiten Weltkrieg geboren wurden und nach der Pensionierung auf das Land oder sogar ins Ausland ziehen. Diese Generation möchte ihre berufliche Tätigkeit oft nicht komplett aufgeben, viele ziehen aber Teilzeitstellen oder Telearbeit in Betracht, während sie gleichzeitig eine entspanntere Lebensweise genießen.

Die Suche nach dem Himmel auf Erden

Wenn Sie die Balance zwischen Berufs- und Privatleben durch einen Umzug aufs Land verbessern möchten, ist die Entscheidung, wo Sie leben werden, zweifelsohne die größte Herausforderung. Stadtflüchtlinge, die es aus eigener Erfahrung wissen müssen, empfehlen, sich mit Partner und Kindern hinzusetzen und eine Liste der wichtigsten Aspekte für eine bessere Lebensweise zu erstellen.

Hängen Sie Ihr Herz nicht nur an einen Ort oder eine Gegend, den beziehungsweise die Sie vor ein paar Jahren bei einem entspannenden Aufenthalt kennengelernt haben. Machen Sie Ihre Hausaufgaben. Ihr Traumort bietet möglicherweise nicht die beruflichen Möglichkeiten und Einrichtungen, die Sie brauchen, wenn Sie ständig dort leben. Machen Sie sich auf Kompromisse gefasst – auch in verschlafenen Orten können Immobilien mit Blick auf den See, die Berge oder den Wald teuer sein. Sie können in ein Haus außerhalb des Ortes ziehen, in dem Sie alle Vorteile des ruhigen Landlebens genießen und sich die Raten für den Immobilienkredit leisten können.

Nehmen Sie Ihre Liste mit möglichen Orten und erkundigen Sie sich nach Immobilien, um ein Gefühl dafür zu bekommen, was zu welchen Preisen möglich wäre. Werfen Sie auch einen Blick auf Mietobjekte, damit Sie sich nicht dazu gedrängt fühlen, ein Haus zu kaufen, bevor Sie das Leben an dem Ort ausprobiert haben.

Urlaub als Hausaufgabe

Sie haben mit Ihrem Auto eine Probefahrt gemacht, bevor Sie es gekauft haben, warum also nicht dasselbe bei Ihrem Wunschwohnort tun? Vielleicht haben Sie einige Orte in die engere Auswahl gezogen, weil Sie dort im Urlaub waren. Oder Sie haben im Internet einige ideale Gegenden gefunden. Wie auch immer – versuchen Sie, etwas Zeit an diesen Orten zu verbringen und dabei zu überlegen, wie es wäre, ganz dort zu leben. Das ist nicht die schlechteste Hausaufgabe, oder?

Stellen Sie sicher, dass Sie die Orte Ihrer Wahl zu verschiedenen Jahreszeiten besuchen. Sie werden vielleicht überrascht sein, wie anders ein hübscher Ort sein kann, in dem sich bei Bilderbuchwetter im Sommer viele Menschen in Cafés und Restaurants tummeln, wenn es regnet oder eisig kalt ist und alle in ihren Häusern sitzen.

Ihre Bedürfnisse festlegen

Während Sie Ihre Hausaufgaben zu einem möglichen Wohnort machen, erkundigen Sie sich nach Einkaufsmöglichkeiten, Dienstleistungen, Freizeitangeboten und Immobilienpreisen. Die Wahrscheinlichkeit ist groß, dass die Lebensweise und die Angebote sich sehr von Ihrer derzeitigen Umgebung unterscheiden (sonst würden Sie ja nicht umziehen wollen). Denken Sie darüber nach, auf welche Annehmlichkeiten der Stadt Sie verzichten können, welche Einrichtungen Sie brauchen, damit Sie sich wohlfühlen, und wie Sie sich an andere Unterschiede in der Lebensweise anpassen können. Mögliche Fragen reichen von »Kann ich mir um Mitternacht noch eine Pizza liefern lassen?« über »Wo kaufen die Ortsansässigen ihre Kleidung?« bis hin zu wichtigeren Dingen, die sich auf die von Ihnen angestrebte Ausgewogenheit zwischen Berufs- und Privatleben auswirken können. Ziehen Sie die folgenden Fragen in Betracht:

- ✔ Leben genügend Menschen an dem Ort, die Ihrer Altersgruppe angehören und wie Sie Kinder (oder keine Kinder haben) haben?
- ✔ Mögen Sie gutes Essen? Bietet der Ort genug Lebensmittel- und Delikatessengeschäfte, damit Ihnen Ihr Leben weiterhin gut schmeckt?
- ✔ Sind Sie und Ihre Familie sportlich? Falls ja, können Sie Ihre Lieblingssportarten auch am neuen Wohnort ausüben? Oder welche Sportarten stehen zur Auswahl, die Sie gern ausprobieren würden?
- ✔ Sind Sie zufrieden mit dem Bildungsangebot für Ihre Kinder am Ort?
- ✔ Können Sie damit zurechtkommen, wegen beschränkter Öffnungszeiten nur zu bestimmten Tageszeiten einkaufen gehen zu können? Und wie werden Sie damit umgehen, bestimmte Lebensmittel möglicherweise gar nicht zu bekommen?

- Können Sie zupacken und Arbeiten am Haus und im Garten selbst übernehmen?
- Verlassen Sie sich oft auf Fertiggerichte, die Sie nach der Arbeit mitnehmen oder liefern lassen? Wenn die einzige Möglichkeit dafür auf dem Land ein Imbiss ist, der um 18 Uhr schließt, wird das ein Problem für Ihre Familie sein?
- Wie weit außerhalb eines Ortes können Sie leben, wenn Sie die Fahrzeit zur Schule und zum Arbeitsplatz bedenken?
- Wie wichtig ist es Ihnen, die neuesten Filme zu sehen, die angesagtesten Restaurants auszuprobieren oder ins Theater oder zu Konzerten zu gehen? Können Sie regelmäßig genug in die Stadt fahren, um Ihren Hunger nach Kunst, Kultur und Komfort zu stillen?
- Wie wichtig ist Ihnen das Einkaufen in Kaufhäusern und Einkaufszentren? Werden Sie damit zurechtkommen, nur einige Male im Jahr in der Stadt einkaufen zu können oder Ihren Bedarf über das Internet zu decken?

Ihre finanzielle Situation absichern

Die Erfahrungen anderer Stadtflüchtlinge, »Anleitungen« für das Leben auf dem Land und Unternehmen, die von der Flexibilität profitieren (wie heimbasierte Unternehmen), behaupten, dass ein Umzug von der Stadt auf das Land Ihnen Geld sparen kann. Der größte Batzen in Ihrem derzeitigen Budget – Ihre Miete oder die Raten für Ihr Eigenheim – ist der Teil, bei dem Sie die größten Ersparnisse erreichen können. Es gibt viele Geschichten von Familien, die ihre kleine Wohnung in der Stadt verkauft haben und für den Erlös ein großes Haus mit großem Garten auf dem Land kaufen konnten.

Seien Sie vorsichtig bei Immobilienangeboten. Einige Eigenheime auf dem Land werden als »supergünstig« angeboten, weil Stadtflüchtlinge, die an die Preise in der Stadt gewöhnt sind, meinen, dass ein Haus ein Schnäppchen ist, obwohl es im Vergleich zu den marktüblichen Preisen in der Gegend tatsächlich sehr teuer ist. Denken Sie auch daran, dass Ihre Immobilie, falls Sie – der Himmel bewahre! – wieder in die Stadt zurückkehren wollen, zu einem Preis verkauft wird, für den Sie in der Stadt kaum etwas finden werden. Möglicherweise müssen Sie dann Geld leihen, um etwas zu kaufen, oder wieder Miete zahlen.

Wenn Sie immer noch entschlossen sind, der Stadt den Rücken zu kehren, sind Geld und Gehalt Ihre größten (und vielleicht kompliziertesten) Hürden. Ein Umzug mit gleichzeitigem Immobilienerwerb kann viele versteckte Kosten beinhalten, darunter Grunderwerbssteuer, Gemeindeabgaben, Umzugskosten, Renovierungskosten (sowohl für das alte als auch das neue Zuhause), Fahrkosten (wenn Sie regelmäßig in die Stadt zurückkehren müssen) und zukünftige Kosten für die Bildung Ihrer Kinder, falls diese für das Gymnasium und die weitere Ausbildung in die Stadt zurückkehren müssen.

Lassen Sie sich unbedingt von einem erfahrenen Finanzexperten beraten, wenn Sie Ihren Umzug planen. Die erste Frage, die ein intelligenter Berater stellen sollte, lautet: »Wovon werden Sie leben, wenn Sie an Ihrem neuen Wohnort ankommen, aber noch keinen Arbeitsplatz gefunden oder Unternehmen etabliert haben?«

Ein professionell vorbereiteter Finanzierungsplan garantiert, dass Ihnen bewusst ist, wie viel Geld Sie brauchen, um komfortabel leben zu können, welche Art von Immobilie Sie kaufen oder abbezahlen und auf welche Luxusgüter Sie verzichten können. Wenn Sie dagegen auf den Ruhestand zugehen und keine bezahlte Beschäftigung mehr suchen, brauchen Sie eine finanzielle Beratung, um das Beste aus Ihrer Rente und Ihren Ersparnissen herauszuholen.

Vereinbaren Sie ein Gespräch mit einem Berater in Ihrer Bank oder einem privaten Finanzberater. Beratungsmöglichkeiten rund um Ihre Rente finden Sie auf der Website der Deutschen Rentenversicherung im Internet unter `www.deutsche-rentenversicherung.de`.

Berufstätige Stadtflüchtlinge

Wenn der Umzug aufs Land für Sie und Ihre Familie möglich sein soll, müssen Sie vor dem Umzug zunächst überlegen, wie Sie Ihr Geld verdienen werden, sei es an irgendeiner Art von Arbeitsplatz oder mit einem eigenen Unternehmen. Sie müssen herausfinden, an welchen Orten Sie das Einkommen erwirtschaften können, das Sie brauchen. Denn ein Umzug in ein wunderschönes Dorf auf einem Berggipfel ist sinnlos, wenn die gesamte Bevölkerung des Dorfs unter der Woche in die Stadt fahren muss, um dort zu arbeiten.

Erstellen Sie eine Liste Ihres beruflichen Werdegangs, in die Sie bestimmte berufliche Fähigkeiten und Lebenserfahrungen aufnehmen, und vergleichen Sie diese dann mit den verfügbaren Jobs an dem Ort, an dem Sie die nächste Zeit Ihres Lebens verbringen möchten. Überlegen Sie genau, ob Sie für andere arbeiten und regelmäßig ein Gehalt beziehen oder ob Sie ein eigenes Unternehmen gründen oder übernehmen möchten. Informationen zur Stellensuche finden Sie in Kapitel 11.

Wenn Sie eine feste Beschäftigung bevorzugen, aber hoch spezialisierte Kenntnisse haben, die in einem kleinen Ort wahrscheinlich nicht gebraucht werden, können Sie einen Telearbeitsplatz in Betracht ziehen – und von zu Hause aus arbeiten (in Kapitel 13 finden Sie weitere Informationen zum Umgang mit Kunden, die nicht vor Ort sind). Wenn Sie zu Kompromissen bereit sind, können Sie alternativ einen Posten in einem größeren Unternehmen in der Gegend finden, aber weiter draußen in einer kleineren Gemeinde leben. Die Fahrt zu Ihrem Arbeitsplatz mag dann zwar etwas weiter sein, aber auf dem Land ist der Verkehr nicht annähernd so schlimm wie in der Stadt. Eine Entfernung von 30 Kilometern kann auf dem Land eine 20-minütige Fahrt bedeuten, weil Sie weder durch Ampeln noch durch die Parkplatzsuche aufgehalten werden.

Wenn Sie Interesse an einer festen Arbeitsstelle haben und nicht unbedingt darauf erpicht sind, im Bereich Ihrer Spezialisierung zu arbeiten (in Kapitel 14 finden Sie weitere Informationen zum Thema Downshifting), halten Sie wie folgt Ihre Augen und Ohren offen:

- ✔ Nehmen Sie sich die Gelben Seiten und suchen Sie nach Unternehmen in der Gegend. Gibt es alle Dienstleistungen, die am Ort erforderlich sind? Braucht ein Unternehmen zusätzliche Dienstleistungen wie spezielle IT-Services, Texten, Vertrieb und so weiter?
- ✔ Lesen Sie die lokalen Zeitungen, um nach offenen Stellen auf dem Stellenmarkt zu suchen. Unternehmen am Ort schalten Anzeigen oft eher in lokalen Zeitungen statt im Internet oder in überregionalen Zeitungen. Linda fand ihren Posten, indem sie die lokale Zeitung der Gegend abonnierte, in der sie leben wollte, und diese jede Woche durchfors-

tete, obwohl sie noch in Melbourne war. »Es dauerte nicht lange, bis ein Posten als Büroleiterin angeboten wurde, und dieser wurde nur in der lokalen Zeitung veröffentlicht. Ich bekam den Job.«

- ✔ Ihr berufliches oder soziales Netzwerk kann helfen, denn vielleicht gibt es jemanden, der jemanden in der Gegend kennt und als Referenz für Sie auftreten kann. Außerdem können Sie selbst etwas Networking betreiben, indem Sie einen Vorstellungsbrief an ein führendes Unternehmen in der Gegend schreiben, in dem Sie sich und Ihre Fähigkeiten vorstellen. (In Kapitel 11 finden Sie Tipps für solche Schreiben.)
- ✔ Besuchen Sie die lokale Gemeindeverwaltung, um weitere Verbindungen zu schaffen. Lokale Gemeindeverwaltungen haben oft Angestellte für die wirtschaftliche Entwicklung, die Ihnen Auskunft über die führenden Branchen und Unternehmen und deren Bedürfnisse geben können. Und fragen Sie auch nach Einzelheiten zur zuständigen Handelskammer, damit Sie ebenso andere Möglichkeiten in Betracht ziehen können.
- ✔ Laufen Sie im Ort herum und stellen Sie sich in Geschäften und so weiter vor. Oft gefällt den Menschen auf dem Land eine solche Ungezwungenheit. Besuchen Sie außerdem die für die Gegend zuständige Arbeitsagentur, um sich über offene Stellen zu informieren.

Selbstständig machen

Wenn Sie glauben, dass ein eigenes Unternehmen das ist, was Sie gern tun würden, stellen Sie sicher, dass Sie sich über die wirtschaftliche Situation an dem Ort Ihrer Wahl informieren. Viele attraktive Orte setzen vor allem auf den Tourismus, und in diesem Fall wäre eine Gerberei oder Schweißerei vielleicht keine sinnvolle Option. Wenn Sie ein Unternehmen gründen möchten, das touristenorientiert ist oder Dienstleistungen für die Unternehmen bietet, die sich auf Tourismus konzentrieren, werden Sie vielleicht mehr Erfolg haben.

Die Tourismusindustrie kann saisonabhängig oder sehr geschäftig an den Wochenenden und ruhig unter der Woche sein. Wenn Sie daran denken, ein Unternehmen zu gründen, überlegen Sie, ob Sie der freundliche Typ sind, der gerne andere bedient und ein Café oder eine kleine Pension betreiben könnte. Oder gefällt es Ihnen besser, hinter den Kulissen zu bleiben und sich um die Finanzen zu kümmern? Bevor Sie irgendetwas in Gang bringen, sollten Sie unbedingt Ihre Hausaufgaben machen. Eine Unternehmensgründung kann riskant sein. Lassen Sie sich von einem Experten beraten, bevor Sie den Sprung wagen.

Über folgende Aspekte sollten Sie gründlich nachdenken, bevor Sie den großen Sprung in die Selbstständigkeit machen:

- ✔ **Rechnen Sie immer Zusatzkosten wie Transportkosten ein.** Die Lieferung der Waren und Dienstleistungen, die Sie bereitstellen möchten, kann möglicherweise länger dauern und durch lange Wege teurer sein. Hilfen bei Computerproblemen können möglicherweise nur schwer oder gar nicht zu bekommen sein, deshalb sollten Sie auch die zusätzliche Zeit bedenken, falls Sie Geräte einschicken müssen. Vielleicht sollten Sie Kurse zu Wartungsarbeiten an Geräten belegen, damit Sie nicht negativ durch Ausfälle und Verzögerungen aufgrund von Reparaturen beeinträchtigt werden.

- ✔ **Denken Sie immer wieder an die Gründe für Ihren Umzug.** Wenn Sie den langen Arbeitszeiten und dem Stress Ihres Berufs in der Stadt entkommen wollten, mag das Führen eines kleinen Unternehmens nicht das Richtige für Sie sein. Viele Kleinunternehmer arbeiten extrem hart, um ihre Kundenbasis aufzubauen und ein Einkommen und laufende Aufträge zu sichern.
- ✔ **Machen Sie sich klar, was Sie wirklich brauchen.** Worauf können Sie lokal zugreifen? Was verkauft sich am besten? Was sind die Spezialitäten der Region? Eine Freundin von mir arbeitete während des Sommers in einem Café am Meer, das Unmengen von Rindersteaks zu hohen Kosten liefern ließ. Aber die Kunden wollten am Meer Fisch und Meeresfrüchte – und kein Rindfleisch.
- ✔ **Denken Sie darüber nach, welches Einkommen Sie realistisch erzielen können, wenn das Hauptgeschäft vor allem am Wochenende stattfindet.** Reicht das Einkommen, um Ihren Lebensunterhalt zu sichern? Berücksichtigen Sie auch Ihre Arbeitszeit. Können Sie am Wochenende arbeiten, wenn Ihre Kinder Zeit mit Ihnen verbringen möchten?
- ✔ **Richten Sie ein Unterstützungssystem ein.** Kann Ihr Partner bezahlte Arbeit finden, um den Haushalt am Laufen zu halten, während Sie Ihr Geschäft in Gang bringen? Oder arbeiten Sie zusammen, um Kosten für Mitarbeiter zu sparen? Haben Sie einen Notfallplan, um Ihr Unternehmen zu verkaufen und in die bezahlte Arbeit zurückzukehren, falls Ihr Geschäft nicht läuft?
- ✔ **Sprechen Sie mit Ortsansässigen, die ein eigenes Unternehmen haben, um Tipps und Ratschläge zu bekommen.** Gehen Sie nicht das Risiko einer Distanzierung ein, indem Sie ein konkurrierendes Geschäft aufbauen. Erklären Sie, dass es Ihrer Meinung nach eine Marktlücke für Ihre Idee gibt. Finden Sie heraus, wie andere Unternehmer angefangen haben, wie sie ihr Unternehmen aufgebaut haben und welche Aspekte Sie bedenken sollten.

Ein Nest bauen

Nicht alle Häuser auf dem Land sind günstig. Sie sind nicht der einzige Mensch, der über eine Stadtflucht nachdenkt, und was immer Ihnen an einem bestimmten Ort gefällt, wird auch vielen anderen Stadtflüchtlingen gefallen. Das soll nicht hart klingen oder Sie von Ihren Plänen abhalten. Stattdessen soll dieser Ratschlag Sie ermutigen, Ihre finanzielle Situation zu überdenken und sich sehr sorgfältig zu überlegen, wie hoch Ihr Budget für den Kauf eines Hauses oder eines Grundstücks ist. Auch wenn es in Ihrer Immobilienauswahl einige Schnäppchen geben wird, werden Ihnen sicher auch einige sehr teure Immobilien begegnen. Aber wenn Sie bereit sind, nicht unbedingt unter Millionären leben zu müssen, werden Sie vielleicht feststellen, dass Sie noch etwas Geld übrig haben, wenn Sie Ihr altes Zuhause verkauft und sich etwas auf dem Land gekauft haben.

Welche Art von Haus schwebt Ihnen vor? Beantworten Sie die folgenden Fragen:

- ✔ Möchten Sie ein größeres Haus mit mehr Zimmern und mehr Komfort, als Sie sich in der Stadt leisten können?
- ✔ Möchten Sie ein renovierungsbedürftiges Haus, das Sie nach der Arbeit nach Ihren Vorstellungen herrichten können?

- Sind Sie bereit, nur noch mit dem Auto unterwegs zu sein (öffentliche Verkehrsmittel sind auf dem Land oft nur sehr begrenzt verfügbar)?
- Möchten Sie ein Haus in einer ruhigen Straße, in einem Vorort oder mitten auf dem Land mit nichts als Grün herum?
- Möchten Sie die Hauptgeschäfte zu Fuß erreichen können?
- Möchten Sie einen Garten, in dem Sie selber Obst und Gemüse anbauen, Eier von eigenen Hühnern genießen und andere Haustiere halten können?
- Löst der Gedanke an ein großes Haus bei Ihnen eher Unbehagen aus, weil Sie den Wartungsaufwand und den Heizölverbrauch scheuen?

Wie bei allen großen Entscheidungen sollten Sie eine Liste der Dinge aufstellen, die Sie in Ihrem neuen Heim haben möchten, und die Gründe gleich dazu aufführen. Möchten Sie Ihr Leben vereinfachen und weniger besitzen, aber dafür mehr Erfahrungen machen und eine bessere Ausgeglichenheit zwischen Berufs- und Privatleben genießen? Möchten Sie sich ein besseres Haus und eine bessere Lebensweise leisten können und dafür hart in Ihrem eigenen Unternehmen arbeiten oder viel sparen?

Wenn Sie gerade in der Phase sind, in der Sie abends am Notebook Ihre Hausaufgaben machen, werfen Sie einen Blick auf die folgenden Websites:

- **Immobilienscout** (`www.immobilienscout24.de`): Hier finden Sie Immobilien in ganz Deutschland, aber auch im Ausland. Die Website bietet außerdem eine Fülle an Informationen zu Finanzierung, Umzug, Um- und Ausbau und vielem mehr.
- **Immowelt** (`www.immowelt.de`): Auch hier finden Sie zahlreiche Immobilienangebote aus ganz Deutschland.

Immobilienpreise im Auge behalten

Machen Sie Ihre Hausaufgaben in zwei Phasen: Achten Sie erstens auf kürzlich erfolgte Eigenheimverkäufe in Ihrer jetzigen Gegend, um eine Vorstellung davon zu haben, wie hoch Ihr Budget ist, wenn Sie Ihr derzeitiges Zuhause verkauft haben. Halten Sie zweitens Ihre Augen und Ohren offen, um sich über die Preise für Immobilien in der von Ihnen bevorzugten Gegend zu informieren.

Viele Banken und Finanzinstitute haben Darlehensrechner auf ihren Websites, mit deren Hilfe Sie schätzen können, wie hoch ein Kredit sein kann, damit Sie die Raten trotzdem komfortabel zurückzahlen können. Aus meinen Erfahrungen während meiner Zeit als Direktionsassistentin in einer Bank, als die Zinsen noch extrem hoch waren, kann ich Ihnen nur empfehlen, weniger Geld zu leihen als Sie meinen, zurückzahlen zu können. Denn damit haben Sie etwas Spielraum für unvorhergesehene Änderungen wie den Verlust oder eine Reduzierung des Einkommens aufgrund von Kündigung, Unternehmensgründung, Mutterschaft oder Zinssteigerungen.

Die Suche entspannen und für eine Weile zur Miete wohnen

Viele Experten raten, im Ort Ihrer Wahl zuerst etwas zu mieten, bevor Sie das Risiko eingehen, Ihr Zuhause zu verkaufen und sich in neue Schulden zu stürzen. Diese Erfahrung liefert Ihnen eine bessere Vorstellung von Immobilienpreisen und nimmt die Eile, sich für das erstbeste Haus zu entscheiden, das zum Verkauf steht. Wenn Sie erst mieten, können Sie wählerisch sein.

Müssen Sie wirklich umziehen?

Manchmal können die Frustrationen rund um Ihren Arbeitsplatz, die langen Fahrzeiten und das Gefühl, nicht genug Zeit mit Ihrer Familie zu verbringen, einfach zu viel werden. Das ist möglicherweise der Punkt, an dem Sie entscheiden, dass ein Umzug aufs Land die einzige Möglichkeit ist, mehr Ausgewogenheit in Ihr Leben zu bringen. Der Umzug an einen neuen Ort ist eine große Entscheidung, und es gibt einfachere Wege, um positive Veränderungen in Gang zu bringen.

Auch wenn Sie sich bereits zu einem Umzug entschlossen haben und schon Informationen sammeln, um den besten Ort zu finden, halten Sie noch einmal ein und denken Sie über die Gründe für Ihren Umzug nach. Beantworten Sie die folgenden Fragen, bevor Sie Ihre endgültige Entscheidung treffen:

- ✔ Kann sich Ihr Leben auch verbessern, wenn Sie einfach Ihr aktuelles Zuhause aufgeben und in ein passenderes Haus in einem anderen Teil der Stadt ziehen?
- ✔ Können Sie Ihre Arbeitszeiten in Ihrem derzeitigen Posten reduzieren oder sich nach einem flexibleren Posten bei einem anderen Arbeitgeber in der Stadt umsehen?
- ✔ Wie sehr nutzen Sie die Unterstützung und Gesellschaft Ihrer Familie und Freunde?

  Nicht alle Menschen, die aus der Stadt flüchten, genießen die Erfahrung des Umzugs, insbesondere wenn sie die Veränderung nicht ausreichend geplant und vorher keine weniger drastischen Veränderungen in ihrem Leben ausprobiert haben.

Die Schulsituation beurteilen

Die schulische Bildung Ihrer Kinder ist ein wichtiger Teil Ihrer Lebensplanung. Wenn Sie einen Umzug aufs Land planen, sollten Sie auch die schulischen Gegebenheiten vor Ort in Betracht ziehen. In der Regel wird die Grundschule kein Problem darstellen, da jede Gemeinde zumindest über eine Grundschule in der Nähe verfügt.

Anders sieht es möglicherweise mit weiterführenden Schulen aus. Wenn Ihre Kinder auf das Gymnasium gehen, müssen sie vielleicht weite Anfahrtswege in Kauf nehmen und dann gerät die Balance von Schul- und Privatleben für Ihre Kinder aus dem Lot. Sprechen Sie mit Eltern vor Ort, um sich über die Schulsituation zu informieren. Ein solches Gespräch kann auch eine Gelegenheit sein, neue Bekanntschaften zu machen.

Gesundheitsfragen

Wenn Sie oder ein Mitglied Ihrer Familie ein gesundheitliches Problem hat oder unter einer Erkrankung leidet, die eine medizinische Betreuung durch einen Spezialisten oder schnellen Zugriff auf eine bestimmte Behandlung erfordert, müssen Sie auch das bei der Auswahl Ihres Ziels auf dem Land berücksichtigen. Wenn nur ein Allgemeinarzt an Ihrem zukünftigen Wohnort praktiziert und das nächste Krankenhaus oder der nächste Spezialist weit entfernt ist, wird sich Ihr Leben möglicherweise nicht unbedingt vereinfachen.

Neue Freunde finden

Die meisten Umzüge aufs Land bedeuten, dass Sie Ihre Familie und Freunde verlassen. Natürlich werden Sie sie vermissen, selbst wenn Sie versprechen, mit regelmäßigen E-Mails, Anrufen und SMS-Nachrichten in Kontakt zu bleiben. Ihrer Familie und Ihren Freunden wird Ihr Umzug ebenfalls schwerfallen, insbesondere denjenigen, die daran gewöhnt sind, Sie in ihrer Nähe zu haben. Sie müssen eine Menge Dinge in Betracht ziehen. Denken Sie an die Zeit, die Ihre Kinder nicht mehr mit ihren Großeltern verbringen können, wenn Sie wegziehen. Werden Sie genügend Platz in Ihrem einfacheren Haus haben, damit Ihre Freunde und Familie Sie besuchen können? Sie sollten auch überlegen, wie oft Sie in die Stadt zurückkommen können, um die Menschen zu besuchen, die Ihnen viel bedeuten.

Die meisten Menschen, die aus der Stadt wegziehen, stellen fest, dass die Besuche von Freunden und Familienangehörigen seltener werden, wenn sie mehr als zwei Stunden vom alten Wohnort entfernt sind.

Verständlicherweise leiden Freundschaften, wenn sie nicht gepflegt werden, und Sie müssen darauf gefasst sein, das als eine natürliche Folge Ihrer Stadtflucht in Kauf zu nehmen. Einige Freundschaften werden überleben, weil sie sehr eng sind, aber nicht jeder kann damit umgehen, Gespräche für geplante Anrufe aufzuheben oder die Neuigkeiten vieler Monate in einigen Zeilen einer E-Mail unterzubringen.

Möglicherweise werden Sie feststellen, dass Sie Ihre Freunde öfter besuchen als umgekehrt. Und wenn Sie alte Freunde besuchen, erwarten diese vielleicht, dass Sie sich an das alte Leben anpassen, anstatt von Ihrem neuen Leben zu erzählen. Versuchen Sie, diese Reaktion zu akzeptieren und zu verstehen. Wenn Sie ein besseres Leben an einen ruhigeren Ort suchen, werden einige Freunde vielleicht glauben, dass Sie sie nicht mehr mögen, weil sie bleiben, wo sie sind.

Die Stadt zu verlassen, kann bei Ihnen oder einer anderen Person in Ihrer Familie zu Heimweh führen, obwohl Sie die Entscheidung für den Umzug gemeinsam getroffen haben. Wenn der Verlust von Freundschaften zu sehr schmerzt, kämpfen Sie nicht dagegen an. Wenn Sie das Gefühl haben, dass Sie Hilfe brauchen, wenden Sie sich an eine Organisation wie die Telefonseelsorge. Die Menschen in solchen Organisationen haben ein verständnisvolles Ohr und einige Ratschläge, wie Sie stark bleiben und die Herausforderungen bei der Eingewöhnung in Ihr neues Leben meistern können.

Neue Freunde finden

Erinnern Sie sich noch daran, wie Ihre Mutter Sie an der Schulter gepackt, in die Mitte einiger Kinder geschoben hat, die Sie nicht kannten, und etwas sehr Peinliches wie »Schaut, hier ist (fügen Sie Ihren Namen ein). Er/Sie möchte sich gern mit euch anfreunden.« gesagt hat? Selbst als Erwachsener kann es beängstigend sein, neue Freundschaften zu schließen. Aber neue Freundschaften sind ein wichtiger Bestandteil Ihrer Stadtflucht-Strategie, der gerne übersehen wird. Ein soziales Netz ist überlebenswichtig, deshalb sollten Sie sich um neue Freundschaften bemühen. Denn erst dann werden Sie sich wirklich niederlassen und sich als Teil Ihrer neuen Gemeinschaft fühlen.

Das heißt nicht, dass Sie Ihre alten Freunden und sozialen Netze vergessen müssen. Aber neue Freunde in Ihrer Gegend verschönern Ihr Leben und helfen Ihnen, das Beste aus Ihren Bemühungen für ein besseres Leben zu machen. Der Lehrer Robert erzählt: »Erst als ich mich mit ein paar anderen Lehrern anfreundete, kam mein soziales Leben in Gang. Sie luden mich ein, in ihren Volleyball- und Fußballmannschaften mitzumachen, was dazu führte, dass ich noch mehr Leute kennenlernte und mein Interesse am Golfen und Campen entdeckte, wodurch ich schließlich meine spätere Frau kennenlernte.«

Der Arbeitsplatz ist oft der erste Ort, an dem Sie neue Freunde kennenlernen, besonders in kleineren Orten, in denen ein reger Kontakt nicht davon beeinflusst wird, auf welcher Seite der Stadt Sie leben oder wie Ihre Postleitzahl lautet. Das Leben in einer Kleinstadt bedeutet, dass Sie bei Sportveranstaltungen, beim Einkaufen oder bei Gemeindefesten auf Ihre Kollegen treffen werden. Nicht berufstätige Partner sollten sich bei der Gemeindeverwaltung nach Eltern- und Hobbygruppen erkundigen.

Michael schloss gerade sein Fernstudium ab, als er mit seiner Frau Marie aufs Land zog, wo Marie eine Stelle als Stadtplanerin fand. »Ich fühlte mich etwas komisch als Vollzeitvater in einer kleinen Stadt. Aber dann traf ich andere Menschen auf dem Spielplatz und im Kindergarten. Und wen auch immer ich traf, alle schienen Marie wegen ihres Berufs entweder persönlich oder über den Partner oder ein Familienmitglied zu kennen. In einer kleinen Stadt können viele Freundschaften geschlossen werden.«

In der Gemeinde helfen

Einer der Gründe für einen Umzug aufs Land ist der Wunsch, sich mehr in die Gemeinschaft einzubringen. Das Leben in der großen Stadt hat seinen Reiz für all diejenigen verloren, die in toten Vorstädten wohnen, in denen die Straßen tagsüber wie ausgestorben sind, weil Doppelverdiener bei der Arbeit sind und leere Häuser hinterlassen. Andere Menschen stellen fest, dass die Anforderungen und langen Arbeitszeiten im Beruf dazu führen, dass die knapp bemessene Freizeit mit Arbeiten am Haus oder dem Versuch, sich zu erholen, verbracht wird.

Menschen, die aus der Stadt aufs Land flüchten, wollen auch ihrem Leben in der Karrieretretmühle entkommen, das alles andere ausschließt.

Besuchen Sie vor dem Umzug an Ihren neuen Wohnort einige Sportveranstaltungen vor Ort, um sich vorzustellen und herauszufinden, welche Fähigkeiten, Erfahrungen und Ausrüstung Sie brauchen, um mitzumachen. Sonja erzählt: »Ich hatte nie zuvor in meinem Leben Basketball gespielt und keine Ahnung, wie das ging, aber ich lernte es mit 25 und mochte es sofort. Auf dem Land muss man keine Sportskanone sein, um mitzuspielen. Man kann einfach mitmachen. Auf dem Land ist Sport *die* Möglichkeit, Menschen zu treffen und Spaß zu haben.«

Johannes lernte einige neue Freunde in einer Wander- und Vogelbeobachtungsgruppe kennen, und er und seine Frau Pauline nehmen auch an sozialen Veranstaltungen in der Kirchengemeinde teil. Pauline besuchte die lokale Theatergruppe und bot ihre Fähigkeiten als Kostümdesignerin an. »Es war eine tolle Möglichkeit, Menschen mit denselben Interessen kennenzulernen, und die anderen schätzen meine Näh- und Gestaltungsfähigkeiten.« Tatsächlich schätzen die anderen Paulines Fähigkeiten so sehr, dass sie jetzt die Kostüme für jede Produktion entwirft und manchmal auch überredet werden kann, auf die Bühne zu kommen und im Chor mitzusingen.

Einen Beitrag leisten

Gemeinden auf dem Land fördern das Zusammengehörigkeitsgefühl durch Freiwilligendienste. Sich freiwillig zu melden, im Elternbeirat der Schule mitzuarbeiten oder Veranstaltungen zu organisieren, Mahlzeiten an ältere Gemeindemitglieder zu liefern oder ein Naturschutzgebiet neu zu bepflanzen, ist eine großartige Gelegenheit, neue Menschen kennenzulernen und etwas zu bewirken.

Freiwilligendienste bieten auch die einmalige Chance, Ihre Fähigkeiten für berufliche Zwecke zu erweitern. Ute erzählt: »Ich habe früher als Krankenschwester gearbeitet, aber die Arbeit im Spendenkomitee an der Schule meines Sohnes und die ehrenamtliche Tätigkeit im Altersheim hier am Ort haben dazu geführt, dass ich einen Posten in der Gemeindeverwaltung bekommen habe. Mein Chef sagte mir, dass er von meiner Organisations- und Kommunikationsfähigkeit und meinen öffentlichen Reden beeindruckt gewesen sei, und das sind alles Fähigkeiten, die ich durch meine freiwilligen Dienste in der Gemeinde gewonnen habe.«

Informationen zu Freiwilligendiensten an Ihrem neuen Wohnort bekommen Sie bei der Gemeindeverwaltung oder an der Schule beziehungsweise im Kindergarten Ihrer Kinder. Lassen Sie Ihre Gesprächspartner wissen, welche Fähigkeiten und wie viel Zeit Sie zu bieten haben. Oder suchen Sie auf der Website der Bürgergesellschaft (`www.buergergesellschaft.de`) nach ehrenamtlichen Tätigkeiten, die in Ihrer Region angeboten werden.

Susanne hat ein Ehrenamt gefunden und liest jetzt blinden Menschen vor. »Ich hatte einen Vollzeitjob, wollte aber trotzdem etwas tun und gleichzeitig mehr Menschen kennenlernen«, erzählt sie. »Ich wurde von einer Gemeindegruppe angesprochen, die nach Leuten suchte, die interessante Berichte für blinde Menschen in einem Altersheim erstellen und auf Band aufnehmen würden. Dabei konnte ich meiner Kreativität freien Lauf lassen, denn die Berichte sollten positiv, fröhlich und humorvoll sein. Ich habe als rasender Reporter Interviews mit Arbeitskollegen, anderen lokalen Größen und Menschen mit interessanten Hobbys geführt. Das Ehrenamt ist etwas, das ich abends nach meiner Arbeit tun kann. Ich habe auch einige meiner ›Zuhörer‹ getroffen und besuche sie jetzt regelmäßig.«

Eine Checkliste für Ihren Umzug aufstellen

Wenn Sie planen, aus der Stadt oder einem Vorort zu flüchten, sollten Sie über die Auswirkungen nachdenken, die diese Veränderung auf Sie haben wird. Empfehlenswert ist eine Checkliste, in der Sie zusammenstellen, was Sie an Ihrem neuen Wohnort tun möchten, welche Orte infrage kommen und wie Sie die Ausgewogenheit zwischen Berufs- und Privatleben erreichen möchten, von der Sie träumen. Hier sind einige wichtige Strategien, die Sie ganz oben auf Ihre Checkliste stellen sollten:

- ✔ **Gehen Sie keine hohen finanziellen Risiken ein.** Widerstehen Sie der Versuchung, Ihr neues Zuhause, Ihre Besitztümer oder Ihr Unternehmen zu vergrößern, wenn Sie nach dem Verkauf Ihres Wohneigentums in der Stadt etwas Geld übrig haben. Es ist immer vernünftiger, den Überschuss zu sparen oder anzulegen, falls es schwieriger als gedacht wird, eine Arbeit zu finden oder Ihr Unternehmen in Gang zu bringen. Denken Sie auch daran, dass die meisten Stadtflüchtlinge mit einem niedrigeren Gehalt zurechtkommen und erst lernen müssen, bescheidener zu leben. Lassen Sie sich von einem Finanzexperten beraten.
- ✔ **Machen Sie Ihre Hausaufgaben.** Es sollte Ihnen bewusst sein, dass dieser Schritt extrem wichtig ist. Ihre Hausaufgaben sollten die Entscheidung beinhalten, welche Orte Ihnen gefallen (und warum sie Ihnen gefallen), welche beruflichen Möglichkeiten vorhanden sind, ob Sie jemanden kennen, der auch in diese Gegend gezogen ist und Ihnen die Vor- und Nachteile erklären kann, und ob Ihnen der Ort zu jeder Jahreszeit gefallen wird.
- ✔ **Denken Sie an die anderen Familienmitglieder.** Stellen Sie sicher, dass die Veränderung auch der Traum Ihres Partners ist. Achten Sie darauf, dass Ihr Partner und Ihre Kinder ebenso bereit und begeistert wie Sie sind. Reden Sie regelmäßig über die Gründe für den Umzug und über die Ziele, die Sie alle erreichen möchten.
- ✔ **Hinterfragen Sie Ihre Motive.** Denken Sie sorgfältig darüber nach, welche Aspekte Ihres Berufs-, Familien- und Gemeindelebens Ihnen wichtig sind und für welche anderen beruflichen Möglichkeiten und Lebensweisen Sie bereit sind.
- ✔ **Erweitern Sie Ihre Möglichkeiten.** Hängen Sie Ihr Herz nicht so stark an einen einzigen Ort oder eine Region, dass Sie alles andere ausschließen. Vergleichen Sie stattdessen eine Reihe von Regionen anhand verschiedener Aspekte wie der Fahrzeit in die nächste Stadt, der wirtschaftlichen Lage und der Verfügbarkeit von Schulen, Freizeitangeboten, Ärzten, Einkaufsmöglichkeiten, Cafés und Dienstleistungen wie Reparaturwerkstätten, Automechaniker und Banken.
- ✔ **Arbeiten Sie an Ihrer Arbeitsethik.** Ein Umzug in eine freundliche, entlegene Gemeinde ist sinnlos, wenn Sie weiterhin 70 Stunden pro Woche an Ihrem Notebook arbeiten und keine Zeit haben, um den Blick aus dem Fenster zu genießen. Informieren Sie sich in lokalen Zeitungen, in der Gemeindeverwaltung oder im Internet über berufliche Möglichkeiten am Ort.

Neue Freizeitbeschäftigungen finden

Oft werden Freundschaften durch ein gemeinsames Hobby geschlossen. Ein Hobby kann viel mehr bedeuten als Briefmarken oder chinesische Porzellankätzchen zu sammeln. Heutzutage nutzen Menschen, die einem Hobby nachgehen, das Internet, um Gleichgesinnte zu finden und Ansichten und Ratschläge zu ihren besonderen Interessen auszutauschen. Rufen Sie Ihre Lieblingssuchmaschine im Internet auf und suchen Sie nach Ihrem Hobby. Wahrscheinlich werden Sie Hunderte von Seiten finden, die Sie sich ansehen können.

Auch Gemeindegruppen bieten die Möglichkeit, Menschen in Ihrer Region kennenzulernen. Fragen Sie bei Ihrer Gemeindeverwaltung und in der Schule oder im Kindergarten Ihrer Kinder nach, welche interessanten Gruppen Ihre neue Gemeinde zu bieten hat.

Unterhaltung finden

Denken Sie sorgfältig darüber nach, was Sie und Ihre Familie an Ihrem neuen Wohnort unternehmen können, und machen Sie am Wochenende einige Testbesuche, um zu sehen, ob Sie ohne schicke Restaurants, Einkaufszentren und Kinokomplexe zurechtkommen. Vielleicht träumen Sie von langen Abenden ohne Fernseher, an denen Sie Brettspiele spielen oder ein spannendes Buch lesen. Aber sind Ihr Partner und Ihre Kinder ebenso begeistert von dieser Vorstellung? Lassen Sie mögliche Freizeitaktivitäten für Ihre Familie am neuen Wohnort nicht außer Acht, damit Sie nicht zu oft »Mir ist langweilig« von Ihren Kindern zu hören bekommen.

Das soziale Leben dreht sich in vielen ländlichen Gemeinden vor allem um die Sportvereine vor Ort. In meiner Heimatstadt liegen die Tennisplätze direkt neben den Fußballplätzen. Viele, die nicht aktiv in den Mannschaften mitspielen, sind Schiedsrichter und Trainer, verwalten die Spielergebnisse oder helfen im Vereinsheim mit. Unabhängig davon, wie alt Sie sind, welche sportlichen Fähigkeiten Sie haben oder ob der Sport Sie überhaupt interessiert, werden Sie wahrscheinlich nach einem Spiel in welchem Sport auch immer im Vereinsheim landen, um mit den anderen zusammenzusitzen und über das Spiel des Tages zu reden.

Wenn Vereinssport nicht Ihre Sache ist, können Sie auf dem Land auch andere Aktivitäten wie Wander-, Kletter-, Angel-, Segel- oder Umweltschutzgruppen finden. Wenn Sie an solchen Gruppen teilnehmen, können Sie viel mehr von Ihrer neuen Umgebung entdecken und schätzen lernen, was die Umgebung zu bieten hat.

Ein Umzug aufs Land sollte für jedes Familienmitglied von Vorteil sein. Auch wenn Sie und Ihr Partner wissen, warum Sie den Schritt in ein langsameres, grüneres und weniger stressiges Leben gehen wollten, denken Ihre Kinder möglicherweise mehr daran, was sie zurücklassen.

Kinder verstehen oft nicht die Gründe, aus denen sich Erwachsene für einen Umzug aufs Land entscheiden – Überarbeitung im Beruf, Stress, gesundheitliche Probleme, langes Pendeln und so weiter. Wenn Sie Ihren Kindern sagen, dass ein Umzug aufs Land mehr Lebensqualität bedeutet, werden sie nicht viel damit anfangen können. Sie werden viel eher ihre Freunde vermissen, Angst vor einer neuen Schule haben und sich Sorgen über ein neues Leben machen, das sie sich nicht vorstellen können. Geben Sie Ihren Kindern unbedingt das Gefühl, dass sie an der Entscheidung beteiligt sind und ihre Sorgen ernst genommen werden, damit sie bereit sind, an Ihrem neuen Familienabenteuer teilzuhaben.

Ein Umzug ist eine sehr anstrengende Zeit. Ihnen werden einige chaotische Wochen oder Monate ins Haus stehen, während Sie sich darum kümmern, einen Nachmieter oder Käufer für Ihr jetziges Zuhause zu finden, sich bei Versorgungsunternehmen abzumelden, Ihre Post umzuleiten und Ihr Hab und Gut auszusortieren. Das Entsorgen und die Entscheidung, welche Möbel, Kleidung und Haushaltswaren Sie mitnehmen, ist eine stressige Aufgabe, weil jeder andere Vorstellungen hat. Die Fahrten zwischen der Stadt und Ihrem neuen Wohnort, um ein neues Zuhause zum Mieten oder Kaufen zu finden, sind ebenfalls anstrengend, zeitaufwendig und auf Dauer ermüdend. Sie müssen sich Kindergärten, Schulen, Kinderbetreuungsmöglichkeiten, Arztpraxen, Freizeitmöglichkeiten, berufliche Optionen und Geschäftsmöglichkeiten ansehen. Und vergessen Sie nicht den Hund und die Katze. In all diesem Chaos müssen Ihre Kinder das Gefühl haben, dass sie mitreden können und ihre Wünsche berücksichtigt werden.

Teenager für den Umzug begeistern

Für Teenager kann ein Umzug besonders schwierig sein, weil die Gruppenzugehörigkeit, Interessen und Freundschaften eine wichtige Rolle spielen und die meisten Teenager bereits wissen, wo sie hingehören. Hier einige Ratschläge, die Ihren Kindern die Veränderung erleichtern können:

- ✔ **Lassen Sie Ihre Kinder Freundschaften auch aus der Distanz pflegen.** Geben Sie Ihren Kindern ein eigenes Adressbuch und eine eigene E-Mail-Adresse. Mit Ihrer Ermutigung können sie Freundschaften pflegen, damit sie nicht das Gefühl haben, ihre Freunde für immer zu verlassen. Organisieren Sie eine Abschiedsfeier für Ihre Kinder und deren Freunde, und legen Sie vorab feste Termine für Besuche von den engsten Freunden fest. Versprechen Sie Ihren Kinder diese Besuche nicht nur für einen vagen Zeitpunkt in der Zukunft.
- ✔ **Bleiben Sie geduldig und bereiten Sie sich darauf vor, eine Menge Fragen beantworten zu müssen.** Auch wenn Sie sehr beschäftigt sind, werden Ihre Kinder besser mit dem anstehenden Umzug umgehen können, wenn Sie sich Zeit nehmen, um ihnen aufmerksam zuzuhören und mit ihnen zu reden. Wahrscheinlich haben Sie und Ihr Partner den Umzug beschlossen und auch den neuen Wohnort ausgesucht, deshalb können Sie Ihren Kindern einige kleinere Entscheidungen überlassen, um Ängste zu mildern und sie an der Entscheidung teilhaben zu lassen.
- ✔ **Halten Sie Versprechen ein.** Wenn Sie ein Versprechen nicht einhalten können, geben Sie es nicht. Wenn Sie am Ende doch kein Haustier oder die versprochenen Hühner anschaffen, fühlen sich Ihre Kinder schnell betrogen und abgelehnt, insbesondere wenn die Hühner etwas waren, was sie sich sehr gewünscht haben.
- ✔ **Halten Sie sich an Ihre regelmäßigen Routinen.** Ein Umzug an einen anderen Ort ist eine sehr stressige Erfahrung. Versuchen Sie trotzdem, regelmäßig gesunde Mahlzeiten auf den Tisch zu stellen, auch wenn es verlockend ist, Fertigmahlzeiten zu bestellen. Bringen Sie Ihre Kinder zur normalen Zeit ins Bett, damit die Schlafgewohnheiten beibehalten werden. Kinder zu haben, die auf Gemüseentzug und schlecht gelaunt sind, weil ihnen Schlaf und gesundes Essen fehlen, sind kein Spaß.

- **Reden Sie über den neuen Wohnort.** Erzählen Sie Ihren Kindern nicht einfach nur von der frischen Luft, der tollen Landschaft und dem friedlichen Leben, denn Ihre Kinder denken vor allem daran, dass sie ihre Freunde verlieren. Reden Sie stattdessen über die Sportarten, die sie machen können, die Freiheit für Aktivitäten wie Radfahren, Campen und Angeln und die Vorteile einer kleineren Schule und eines größeren Zuhauses.
- **Besuchen Sie den neuen Wohnort so oft wie möglich mit Ihren Kindern.** Fahren und laufen Sie in der Gegend herum, zeigen Sie Ihren Kindern die Attraktionen des Ortes (aus Kindersicht – den See oder ein Schwimmbad, die Inliner-Strecke, den Reiterhof, die Bauernhöfe, die Motorradbahn und so weiter). Laufen Sie am Wochenende durch das Schulgelände, damit Ihren Kindern die Umgebung schon vertraut ist, wenn der erste Schultag kommt. Zeigen Sie den Kindern die Schönheiten der Natur und begeistern Sie sich für den Umzug, der Ihnen allen Vorteile bringen wird. Ihre Begeisterung kann ansteckend sein.

Am neuen Wohnort ankommen

Je eher die Kinder in Sportaktivitäten involviert werden, umso schneller werden sich an ihre neue Umgebung gewöhnen. Ein Aushilfsjob im Supermarkt, auf dem Markt oder im Sägewerk am Ort kann Teenagern ebenfalls helfen, schneller Teil der Gemeinde zu werden. Aber es wird eine gewisse Zeit dauern, bis Ihre Kinder einem Sportverein beitreten oder einen Nebenjob finden.

Wenn Sie an Ihrem neuen Wohnort ankommen, werden Ihre Kinder wahrscheinlich trotz all Ihrer Bemühungen eher entsetzt als begeistert sein. Das ist vollkommen normal. Hier einige Tipps, die ihnen das Leben etwas erleichtern können:

- Machen Sie sich darauf gefasst, dass sich die schulischen Leistungen Ihrer Kinder möglicherweise verschlechtern werden, solange sie sich an die neue Schule gewöhnen, die vielleicht andere Lehrmethoden, Schwerpunkte, Wahlkurse und soziale Strukturen hat. Halten Sie sich mit Überreaktionen zurück, aber sprechen Sie darüber, dass es einige Monate dauern kann, bis sie in die neue Schulgemeinde integriert sind. Sie können auch mit den zuständigen Lehrern reden, wenn der Notenunterschied gravierend ist oder die schlechten Leistungen über länge Zeit anhalten.
- Ermutigen Sie Kontakte zu anderen Kindern, unabhängig davon, ob diese in dieselbe Schule gehen oder nicht. Lassen Sie die Kinder an Ihren Aktivitäten mit anderen Eltern teilnehmen, um ihnen zu helfen, auch außerhalb der Schule Kontakte zu knüpfen.
- Sorgen Sie für einen guten Kontakt zu den Lehrern Ihrer Kinder. Bitten Sie die Lehrer, Ihre Kinder besonders gut im Auge zu behalten und Sie sofort zu kontaktieren, wenn Probleme auftauchen. Zeigen Sie, wie sehr Sie das Entgegenkommen der Schule schätzen, indem Sie sich Zeit für Schulaktivitäten nehmen, beispielsweise um im Elternbeirat mitzuarbeiten, bei Sportveranstaltungen mitzuhelfen oder bei Klassenausflügen als Begleitperson dabei zu sein. So lernen Sie nicht nur andere Eltern kennen, sondern können auch selbst ein Auge auf Ihre Kinder werfen.

- ✔ Die Beteiligung an Sportveranstaltungen ist ein wichtiger Teil des Landlebens, unabhängig davon, ob Sie selbst mitspielen, zuschauen oder bei der Organisation mithelfen. Ländliche Gemeinden nutzen den Sport sowohl für soziales Miteinander als auch für sportliche Aktivitäten und freuen sich immer über einen Aushilfstrainer, neue Spieler oder ein zusätzliches Auto für die Fahrten zu den Spielen. Immerhin werden Sie keine Schwierigkeiten haben, einen Parkplatz zu finden, oder im Stau stecken bleiben. Ein befreundeter Lehrer spielte zum ersten Mal in seinem Leben Basketball, als er schon über Vierzig war, und seine Frau spielte abends Tennis. Mandy erinnert sich: »Ich war hoffnungslos im Tennis, aber mir gefiel die Kameradschaft und das Gefühl, willkommen zu sein.«
- ✔ Wenn Sie die Wahl haben, schicken Sie Ihre Kinder in die Schule, die ihnen am besten gefällt, und beteiligen Sie Ihre Kinder an der Entscheidung. Nehmen Sie sie mit, wenn Sie die Schulen besuchen, und sehen Sie sich an, welche ihnen gefällt. Finden Sie heraus, was Ihren Kindern an der jeweiligen Schule gefällt und was nicht und welche außerschulischen Angebote für Ihre Kinder attraktiv sein könnten.
- ✔ Sie können Ihre Kinder ermutigen, ihre Freunde in den Ferien oder über das Wochenende einzuladen. Freundschaften werden oft an der Stelle weitergeführt, an der sie unterbrochen wurden, oder haben sich vielleicht schon etwas abgekühlt (wie es im Teenageralter oft der Fall ist). Wenn Ihr Teenager eine feste Freundin oder einen festen Freund in der Stadt zurückgelassen hat, gehen Sie sensibel mit den Gefühlen der Traurigkeit und Sehnsucht um. Lassen Sie die zwei per Telefon und E-Mail in Kontakt bleiben (wenn Ihre finanzielle Situation das zulässt) und laden Sie den Partner nach ein paar Monaten für einige Tage zu sich ein (wenn sie dann noch ein Paar sind).

Teil VII

Der Top-Ten-Teil

Glenn Lumsden

»Er ist so viel glücklicher, seit er nicht mehr die Welt auf seinen Schultern trägt.«

In diesem Teil ...

Ich schreibe unheimlich gern Listen. Listen sind ein äußerst nützliches Mittel, um dringende Aufgaben – von winzigen Dingen (wie ein Rückruf) bis zu großen Aufgaben (ein Buch schreiben!) – nach Prioritäten zu ordnen. Listen helfen mir bei der Entscheidung, wofür ich Zeit habe und wann ich höflich Nein zu einer Aufgabe sagen sollte, für die ich keine Zeit habe.

Dieser Teil von *Ausgeglichen leben für Dummies* besteht komplett aus Listen. Dazu gehören viele tolle Websites, auf denen Sie Inspiration und Beratung finden. Sie erfahren außerdem, wie Sie Ihre Arbeitskollegen beeinflussen und so für eine bessere Moral am Arbeitsplatz sorgen können, und finden einige wirkliche Schätze von realen Menschen, die es geschafft haben, ihr Berufs- und Privatleben in Einklang zu bringen. Ach ja – und ich füge meine ganz persönliche Liste mit Empfehlungen hinzu, wie Sie Ihren Kindern beibringen können, dass Arbeit durchaus Spaß machen kann, aber NICHT wichtiger als das Leben ist.

Zehn Tipps von den Experten

16

In diesem Kapitel

- Lange Arbeitszeiten vermeiden
- Ihre Familienzeit genießen
- Mehr Spontaneität in Ihr Leben bringen

Viel Geld, wenig Leben. Sie verlassen im Dunkeln das Haus, um zur Arbeit zu gehen, bringen auf dem Weg Ihre Kinder in den Kindergarten oder zur Schule, holen sich schnell einen Espresso und reihen sich in den Verkehr ein. Sie arbeiten Ihren Neun- bis Zehnstundentag, machen den ganzen erschöpfenden Weg wieder zurück und kommen im Dunkeln wieder zu Hause an. Sie fühlen sich gereizt, gehetzt und gestresst, während Sie die Kinder drängen, ihre Hausaufgaben zu machen, die Spülmaschine ausräumen und dabei überlegen, was Sie am einfachsten zum Abendessen vorbereiten können. Ihr Partner geht gerade mit dem Hund spazieren, nachdem er zwei Stunden früher aus dem Büro gekommen ist, um auf den Handwerker zu warten, der nicht gekommen ist, und Sie wissen, dass er jetzt bis in die Nacht arbeiten muss, um die verlorene Zeit wieder aufzuholen.

Sie haben das Gefühl, dass Sie verpassen, wie Ihre Kinder groß werden, dass Sie verpassen, Ihren Garten und Ihr Zuhause zu genießen, weil hier mehr Arbeit auf Sie wartet, statt Orte der Erholung, die Sie genießen können. Ihre Haupterholungsquelle besteht darin, sich mit Schokolade, Wein und dem schlechten Fernsehprogramm auf das Sofa zu schmeißen, bis Sie einschlafen und mit dem Abdruck der Fernbedienung auf Ihrer Wange wieder aufwachen. Und dann beginnt ein neuer Tag, an dem Sie im Dunkeln das Haus verlassen ...

Jetzt ist es an der Zeit, etwas zu ändern. In diesem Kapitel stelle ich Ihnen zehn Möglichkeiten vor, mit deren Hilfe auch Sie das Dilemma zwischen Beruf und Privatleben lösen können.

Ich habe mich hier für einen etwas ungewöhnlichen Ansatz entschieden. Anstatt selbst als Experte aufzutreten, übergebe ich die Federführung an einige Menschen, die ich interviewt habe und die Ihnen Ratschläge geben, die auf ihren eigenen Erfahrungen basieren. Diese Menschen sind weder Berühmtheiten mit bezahlten Helfern noch Wissenschaftler, die ihre eigenen Schuhe nicht binden können, oder Lifestyle-Journalisten, die sich vom Kater der Premiere gestern Abend erholen. In diesem Kapitel stelle ich Ihnen eine Reihe von Lebensexperten vor, echte Menschen, die Wege gefunden haben, ein ausgewogeneres Berufs- und Privatleben zu führen. Denn wer könnte Ihnen bessere Tipps geben als Menschen, die ihre Entscheidung, dass in ihrem Leben etwas geändert werden muss, tatsächlich in die Realität umgesetzt haben?

Die Fesseln langer Arbeitszeiten sprengen

Möglicherweise glauben Sie, dass es nicht möglich ist, Ihre Arbeitszeiten zu verkürzen. Sicher, die Herausforderung ist groß. Das Steuern Ihrer Arbeitszeiten erfordert Planung und Strategien. Hier sind einige Geschichten aus unserem Expertengremium, die die Herausforderung einer Arbeitszeitänderung angenommen – und gewonnen haben.

Marcel hat als Allgemeinarzt oft den Druck verspürt, länger arbeiten zu müssen. »Wie man reagiert, liegt an einem selbst. Wenn ich zu Konferenzen reise, stelle ich fest, dass ich viel länger arbeite, weil ich in einem Hotel bin und nichts zu tun habe. Also arbeite ich weiter an meinem Notebook und meinem Handy, wenn ich genauso gut Zeit mit meiner Familie hätte verbringen können, selbst wenn nur telefonisch. Ich stellte fest, dass ich nach einem Tag voller Schulungen und Besprechungen endlos E-Mails bis weit in die Nacht hinein beantwortete. Alles, was ich damit erreichte – abgesehen von der Erschöpfung und fehlender Motivation – war, dass ich alle wissen ließ, dass es in Ordnung ist, mit mir zu reden und dass ich jederzeit erreichbar bin. Es brauchte eine Bypass-Operation, bis ich endlich begriff, was wirklich wichtig ist. Ich begann, meine Arbeitszeiten zu reduzieren, weniger zu reisen und mehr zu telefonieren, und Nein zu sagen. Ich schalte mein Handy jetzt oft aus oder nehme es gar nicht erst mit. Jetzt bin ich mit Zeit und Energie zu Hause statt müde und schlecht gelaunt.«

Als IT-Experte weiß Richard, wie es ist, wenn jederzeit das Telefon klingelt, weil jemand Hilfe in IT-Angelegenheiten sucht. »Ich glaube, es ist an der Zeit, den Computer auszuschalten und ohne das Notebook nach Hause zu gehen. Leute mit einem Gehalt wie meinem sind wirkliche Trottel, weil wir effektiv weniger für jede Überstunde bezahlt bekommen, die wir arbeiten. Wenn man ständig Überstunden macht, wird das zur Gewohnheit. Ich musste sechs Monate lang zwei Jobs gleichzeitig übernehmen, bis mein Arbeitgeber entschied, den Manager zu ersetzen, der das Unternehmen verlassen und dessen Job ich neben meinem eigenen übernommen hatte. Ich war müde, gestresst und immer noch im Büro, lange nachdem mein Chef bereits nach Hause gegangen war. Meine lächerliche doppelte Arbeitslast hatte meinem Arbeitgeber ein halbes Jahr Gehalt gespart. Und was bekam ich dafür? Nichts. Keine zusätzliche Freizeit, keine Gehaltserhöhung. Denken Sie darüber nach: Selbstständige und Lohnempfänger werden für ihre Überstunden immerhin belohnt. Ich hätte Nein sagen sollen, aber ich tat es nicht. Jetzt sage ich Nein und das hat viel bewirkt. Mir ist klar, dass ich viele Kontakte, eine Menge Fähigkeiten und Erfahrung habe, die mir helfen würden, den Job zu wechseln – und mein Arbeitgeber hat klargestellt, dass er mich auf keinen Fall verlieren möchte.«

David ist Städteplaner, der seinen Beruf liebt – und seine Familie. »Ja, ich mache gern das, was ich tue, aber ich bin es leid, am Abend an Besprechungen teilzunehmen, die Stunden dauern, ohne dass jemand an die Eltern unter uns denkt, die seit acht Uhr bei der Arbeit sind. Ich möchte spätestens um 18 Uhr zu Hause sein. Ich werde jetzt von anderen Agenturen und Beratungsunternehmen kontaktiert, weil meine Fähigkeiten sich herumsprechen, und ich werde allen Angeboten nachgehen. Ich kann zweifelsohne wesentlich bessere Arbeitszeiten aushandeln. Ich kann außerdem einen Teil der Woche von zu Hause aus arbeiten, früher anfangen und früher nach Hause gehen und manchmal die Jungen von der Schule abholen.«

Als Managerin im Gesundheitswesen war Anne es leid, 12-Stunden-Tage und 60-Stunden-Wochen an ihrem Arbeitsplatz zu verbringen. »Man arbeitet die vielen Stunden, und dann wird das nicht einmal geschätzt. Jeder an meinen Arbeitsplatz arbeitet so viel. Vor etwa drei

Jahren entschied ich, mein Leben zu ändern, um Beruf und Privatleben besser in Einklang zu bringen. Jetzt komme ich um neun Uhr statt um sieben Uhr ins Büro und gehe um 17 Uhr, es sei denn, es steht eine Aufgabe an, für die sich die zusätzliche Zeit wirklich lohnt. Ich stelle jetzt fest, dass ich nur einmal alle 14 Tage länger im Büro bleibe. Ich kann nicht sagen, dass alle meine Vorgesetzten begeistert wären oder dass nicht einige der anderen 60-Stunden-pro-Woche-Sklaven vielsagend auf die Uhr schauen, wenn ich zur Tür hinausgehe, aber wen interessiert das schon? Ich merke, dass ich jetzt ebenso viel schaffe wie vorher und dennoch mehr Umsatz als die meisten anderen im Team erwirtschafte. Der Grund ist, dass ich nicht so müde wie die anderen bin. Ich glaube jetzt ganz fest daran, dass die Arbeit die Fähigkeit hat, die Stunden so weit zu füllen, wie Sie es zulassen. Jetzt kontrolliere ich meine Stunden, und mein Leben hat sich wesentlich verbessert.«

Tobias leitet sein Unternehmen von zu Hause aus. »Trotz bester Bemühungen finde ich mich manchmal immer noch von Arbeit begraben, um einen engen Termin einzuhalten, aber das ist heute selten. Die Tatsache, dass ich zwei Kinder habe und von zu Hause aus als Webdesigner arbeite, ist eine ziemlich gute Garantie dafür. Auf jeden Fall hat sich, seit ich darauf achte, weniger Stunden als früher zu arbeiten, die Qualität meiner Arbeit tatsächlich verbessert. Der Schritt, vom Computer wegzukommen und ein Leben zu führen, hat dafür gesorgt, dass ich meine Zeit besser und kreativer nutze.«

Wie Arbeit aussehen sollte

Wenn Sie (mindestens) acht Stunden pro Tag an Ihrem Arbeitsplatz verbringen, ist das ein Drittel der 24 Stunden, die Ihnen täglich von Montag bis Freitag zur Verfügung stehen. Deshalb sollten Sie sichergehen, dass Sie mit den Arbeitsbedingungen, den Arbeitszeiten und den Aufgaben zufrieden sind. Hier sind einige Ansichten von unseren Experten aus verschiedenen Branchen.

Kurt ist Wissenschaftler und dreifacher Vater. »Wir Wissenschaftler werden nicht besonders gut dafür bezahlt, im öffentlichen Dienst zu arbeiten, aber meine Arbeit ist eine persönliche Bereicherung, weil die Radiologie etwas für Patienten bewirkt, die die bestmögliche medizinische Hilfe benötigen. In meinem vorherigen Job erforschte ich die Auswirkung von radioaktivem Material auf die Umwelt, was ich ebenso interessant fand. Für mich ist ein Job dann großartig, wenn ich die Möglichkeit habe, etwas Interessantes und Wertvolles zu tun.«

Daniel mag seinen Beruf als Meteorologe. »Ein Arbeitsplatz ist gut, wenn man ermutigt wird, teilzunehmen und zu Entscheidungen über bestimmte Projekte und langfristige Dinge wie das Festlegen von Strategien und Arbeitsplänen beizutragen. Manager, die diese Art von unterstützender Umgebung schaffen, haben fast immer engagierte und glückliche Mitarbeiter, die den Sinn und Zweck dessen verstehen, was sie tun und warum sie es tun.«

Richard arbeitet im IT-Bereich und erwartet, dass er für seine Fähigkeiten geschätzt wird. »Es ist wichtig, dass persönliche Leistungen, Teamleistungen und alle zusätzlichen oder herausragenden Arbeiten anerkannt werden. Oft habe ich mich buckelig gearbeitet, um ein Projekt rechtzeitig und in höchster Qualität fertig zu bekommen und habe keine Reaktion von meinem Vorgesetzten erhalten. Zum Glück bekomme ich Rückmeldungen von den Kunden. Jetzt bin ich selbst Manager und stelle sicher, dass Beiträge bemerkt und anerkannt werden. Belohnungen müssen nicht unbedingt eine Gehaltserhöhung sein. Ich habe einem Mitarbeiter, der Überstunden machte, um mich beim Abschluss eines großes Projekts zu unterstützen, zwei Wochen zusätzlichen Urlaub gegeben, und ein anderer toller Mitarbeiter gewann einen Wochenendurlaub für zwei Personen.«

Mike hat ein kleines Unternehmen, was bedeutet, dass er der Chef ist, aber trotzdem wirkt sich seine Arbeit manchmal auf die Familienzeit aus. »Ich versuche, eine bessere Balance zwischen Beruf und Privatleben zu finden. Ich arbeite relativ viel, um mein Unternehmen in Gang zu bringen, aber ich habe alles sorgfältig geplant und werde mich daran halten und in einigen Monaten meine Arbeitszeiten reduzieren.«

Anne hat den Arbeitsplatz gewechselt, weil sie mit den Bedingungen bei ihrem früheren Arbeitgeber nicht zufrieden war. »Mein früherer Job bot keine wirklichen Karrierechancen oder Beförderungsmöglichkeiten. Entweder musste man sich einschmeicheln und Überstunden machen, um zu beeindrucken, oder warten, bis ein älterer Mitarbeiter in den Ruhestand ging. In meinem neuen Posten habe ich klare Wege sowie externe und interne Weiterbildungs- und Schulungsmöglichkeiten. Das bedeutet, dass dieser Job eine Zukunft für mich hat.«

Als alleinerziehende Mutter sagt Kathrin, dass sie nie die Sicherheit eines Arbeitsplatzes unterschätzt, selbst in sogenannten erfolgreichen Zeiten nicht. »Ich habe in einer Agentur gearbeitet, die in den letzten sechs Jahren vier Umstrukturierungen durchlaufen hat. Jetzt gehöre ich zu den festen Mitarbeitern des Unternehmens. Damit fühle ich mich sicherer und bin eher bereit, hart zu arbeiten, wenn es notwendig ist, weil das Unternehmen meine Fähigkeiten als Projektleiterin schätzt.«

Ein gutes Gehalt ist Rebekka wichtig, aber nicht der wichtigste Aspekt ihrer Arbeit als Physiotherapeutin. »Ob es einem gefällt oder nicht, das Gehalt ist manchmal ein Maßstab für Wichtigkeit und Erfolg, besonders wenn man in einer großen Stadt lebt. Städte sind teuer. Ich habe keine Kinder und genieße es, mein Geld für Konzerte, Restaurants und Reisen auszugeben. Dafür arbeite ich.«

Überzeugende Tipps für die Arbeit

Eine der besten Möglichkeiten, Ihr Berufsleben zu erleichtern und mehr Zeit für sich zu finden, ist, mit anderen Menschen zu reden, die diese Herausforderung meistern. Reden Sie mit Ihren Freunden über die besten Wege, mit denen diese es schaffen, Beruf und Privatleben in Einklang zu bringen, und probieren Sie die Tipps für sich selbst aus. Reden Sie mit Menschen, die Sie bei Partys oder Essenseinladungen treffen. Work-Life-Balance ist ein Thema, das jeden von uns betrifft, und oft lebhafte Diskussionen in Gang bringt. Lassen Sie uns mit den Tipps unserer Experten beginnen.

Martins wichtigster Tipp lautet, das Privatleben über den Job zu stellen. Martin wurde eigentlich im IT-Bereich ausgebildet, arbeitet aber heute in einem Meditationszentrum. Was für ein Gegensatz! »Vom Stress und Druck eines IT-Arbeitsplatzes zu einer Meditationsumgebung zu wechseln, ist eine großartige Realitätsprüfung. Ich musste lernen, dass mein Beruf nicht mein Leben ist. Mein persönliches Leben ist viel wichtiger. Der Job definiert nicht, wer ich bin.«

Paul ist Finanzdienstleister und sein bester Tipp ist, Arbeit an andere zu delegieren. Früher nahm Paul Arbeit mit nach Hause, weil er seine Aufgaben nicht in seiner Arbeitszeit von acht Stunden erledigen konnte. »Wenn ich jetzt um zwei Uhr nachts jemanden im Ausland anrufen muss, stelle ich sicher, dass ich am nächsten Morgen nicht vor elf Uhr oder so ins Büro gehe. Ich bestehe darauf, nicht mehr als acht Stunden pro Tag zu arbeiten, und ich halte mich daran. Das habe ich mir selbst, meiner Frau und meinen drei Kindern versprochen. Die Mitarbeiter in meinem Team sind sehr fähig, zuverlässig und hilfsbereit, sodass ich einen Teil meiner Arbeit an sie delegieren kann. Meine Mitarbeiter wissen, welche Aufgaben sie erledigen müssen und dass sie das Vertrauen haben, eine Aufgabe zu übernehmen, wenn ich nicht da bin. Ich setze mich einmal pro Woche mit jedem zusammen, um Probleme zu lösen und laufende Projekte zu besprechen. Und wie ich müssen auch sie nur acht Stunden arbeiten. Sie können nach Hause gehen, sich erholen und ihr Privatleben genießen.«

Personalleiter sollten die Menschen sein, die am besten wissen, wie sich Beruf und Privatleben vereinbaren lassen. Lisa arbeitet als Personalberaterin und ist außerdem Mutter. Ihr Tipp: Einen Onlinekalender führen. »Mein Kalender regelt meinen Arbeitstag – auf eine gute Weise. Wenn ich nicht verfügbar bin, blockiere ich die Zeit im Kalender, der im Internet für jeden im Büro zugänglich ist. Das vermeidet Unklarheiten, und meine Mitarbeiter wissen, wann ich kontaktiert werden kann. Blockierte Zeiten werden normalerweise für persönliche Angelegenheiten wie das Abholen der Kinder von der Schule, Lesestunden mit anderen Kindern in der Klasse oder gelegentliches Aushelfen genutzt. Indem ich Zeitblöcke festlege und reserviere, schaffe ich es, mein Dasein als Mutter mit meinem Beruf zu vereinen. Ich habe auf die harte Weise gelernt, dass ein ausgeglichenes Berufs- und Privatleben nicht von allein stattfindet, wenn man nicht aktiv etwas dafür tut.«

Piloten verbringen eine Menge Zeit unterwegs, deshalb ist es für sie nicht so einfach, ein ausgewogenes Berufs- und Privatleben zu realisieren, wie es vielleicht für diejenigen ist, die regelmäßig von neun bis fünf arbeiten. Simons Tipp ist einfach: Die Familie hat Vorrang. Simon ist Pilot und dreifacher Vater. Für ihn haben Beförderungen keine Priorität. »Ich habe gelernt, dass ich alle Mühen in meine Arbeit stecke, wenn ich Dienst habe. Aber ich bemühe mich nicht mehr um Beförderungen, ohne über die Auswirkungen auf meine Familie nachzudenken. Auf diese Weise ist jeder glücklich.«

Kathrin sagt, ihr bester Tipp ist eine bessere Organisation. »Ich habe an einigen Workshops an Wochenenden teilgenommen, die von einem Profiorganisator geleitet wurden. Warum? Weil ich von Chaos und Papieren umringt war. Ich fühlte mich schlecht organisiert. Ich habe einige Ideen aus den Workshops am Arbeitsplatz und zu Hause umgesetzt. Mir hilft es, bei gesundem Verstand zu bleiben, wenn ich organisiert bin.«

Martins bester Tipp lautet, die Verantwortung für das eigene Leben und die eigenen Entscheidungen zu übernehmen: »Meine Karriere im IT-Bereich lief gut, aber ich fühlte mich etwas eingesperrt. Ich sah mir die älteren Mitarbeiter um mich herum an, die unglücklich und unwohl aussahen, und erkannte, dass auch ich begann, meine Arbeit zu hassen. Meine Meditationsstunden brachten mir bei, dass ich eine gewisse Verantwortung dafür übernehmen musste, wie ich bei bestimmten Dingen fühlte. Ich hörte auf, Widerstand gegen meinen Job zu leisten und ging schließlich. Die Arbeit hatte mich einfach mit sich gezogen. Andererseits lernte ich durch die Meditation, mich voll und ganz zu engagieren und die Verantwortung für die Entscheidungen in meinem Leben zu übernehmen.«

Die teuflischen Auswirkungen von E-Mails ausmerzen

Technologie hat unser Leben übernommen. Aber das kann Ihnen auch Vorteile bringen. Wichtig ist, sich die Frage zu stellen, ob Technologie Sie beherrscht oder Sie die Technologie beherrschen. Klar ist, dass Technologie heute eine wichtige Rolle in Ihrem Leben spielt und dass Sie Strategien entwickeln müssen, um mit der Zeit und Energie fertig zu werden, die diese von Ihnen verlangt. Nachfolgend finden Sie einige Technologietaktiken, die meine Experten empfehlen, um Ihr Leben zu vereinfachen.

Anne ist überzeugt, dass die Kontrolle über ihren Posteingang der Schlüssel zur Kontrolle über ihre E-Mails ist. »Für mich hat es einen großen Unterschied gemacht, dass ich gelernt habe, meinen E-Mail-Posteingang zu kontrollieren, anstatt sein Sklave zu sein. Ich unterbreche nicht mehr automatisch jede Arbeit an einem Dokument, um in den Posteingang zu sehen, sobald der kleine Umschlag unten auf dem Bildschirm aufleuchtet. Ich habe außerdem den Ton abgeschaltet, um die Versuchung zu verringern, einen Blick in den Posteingang zu werfen und dann hängen zu bleiben und alles andere zu lesen.«

Dominik ist Marktforscher, der eine Menge Zeit im Internet verbringt. »Lassen Sie sich niemals so stark von Ihren E-Mails dominieren, dass Sie unaufmerksam und unhöflich in Besprechungen werden. Wenn ich jemanden sehe, der mit seinem PDA oder Notebook herumspielt oder während eines Gesprächs oder einer Besprechung E-Mails liest, höre ich sofort auf zu reden und gebe einen Kommentar zu der Angelegenheit ab. Ich finde, das ist ebenso unhöflich, wie wenn Sie am Handy über etwas Triviales sprechen, wenn Sie mit jemandem zusammen sind. E-Mail kann sehr unprofessionell und unorganisiert sein.«

Als Beamter verlässt sich Michael auch am Arbeitsplatz auf E-Mail. »E-Mails haben einen großen Teil der Zeit meines Tages verbraucht und auch wenn ich abends nach Hause kam, habe ich mich eingeloggt und meine E-Mails abgerufen. Jetzt mache ich jeden Mittwoch einen Tag ohne E-Mail. Ich lese, beantworte und schreibe keine E-Mails. Stattdessen konzentriere ich mich auf die wichtigste Aufgabe auf meinem Schreibtisch. Wenn ich jemanden kontaktieren muss, greife ich zum Telefon oder gehe persönlich zu der Person hin, um mit ihr zu reden.«

Laut Daniel kann man alle E-Mails vermeiden, die die »Re:« und »Fwd:«-Kette verlängern. »Lesen Sie die letzte E-Mail von oben nach unten, und löschen Sie den Rest. Wenn Sie ein Problem mit einem Projekt oder einer Person haben, gehen Sie zu der Person hin und reden Sie mit ihr, denn Schuldzuweisungen und Flüche können sich in einer E-Mail schlimmer anhören, als wenn Sie persönlich miteinander sprechen.«

Angelika arbeitet hart in der biologischen Forschung. Ihr großer Verdruss sind E-Mails im Plauderton, die ihre Zeit verschwenden. »Ich hasse es, wenn mein Posteingang voller E-Mails von Leuten ist, die an ihren Schreibtischen sitzen und beschäftigt aussehen möchten. Ich antworte einfach nicht. Damit sende ich die klare Botschaft, dass meine Zeit am Computer zum Arbeiten und nicht zum Spielen da ist. Ich lese auch keine Witze oder blöden Anhänge und glaube, dass Leute, die diese in einem Büro herumschicken, aussehen, als hätten sie nicht genug Arbeit. Indem ich diese zeitraubenden E-Mails – die auch noch wertvollen Platz auf der Festplatte belegen – nicht weiterleite und nicht darauf antworte, stelle ich fest, dass die E-Mails schließlich aufhören.«

Work-Life-Balance auch für kinderlose Kollegen

Manchmal vergessen Menschen mit Familie, die versuchen, ihr Berufs- und Privatleben in Einklang zu bringen, dass sie nicht die Einzigen sind, die ein besseres Leben verdienen. Ebenso vergessen viele, dass auch andere Menschen am Arbeitsplatz Verpflichtungen haben können – gegenüber ihren pflegebedürftigen Eltern, im Rahmen eines Studiums oder wegen Weiterbildungsmaßnahmen oder einfach wegen ihres Privatlebens. Menschen ohne Kinder müssen ihr Recht auf Arbeitszeiten verteidigen, die ihre Lebensweise verbessern. Hier sind einige Tipps von unseren Experten mit anderen Arten von Verpflichtungen, die von der Arbeit beeinflusst werden können.

Patricia arbeitet als Managementassistentin in einem Unternehmen, das versucht, die Vereinbarkeit von Berufs- und Privatleben zu unterstützen. Aber die Bemühungen des Unternehmens berücksichtigen nicht immer alle Mitarbeiter. »Viele Kollegen mit Kindern bekommen vom Management Arbeitszeitmodelle angeboten, die für eine bessere Work-Life-Balance sorgen, weil sie Kinder haben. Ich fand es schwierig, einige Stunden frei zu bekommen, um meinen Eltern bei ihren Arztterminen zu helfen. Die Hilfe für meine Eltern, als mein Vater sehr krank wurde, schien am Arbeitsplatz nicht zu zählen. Ich habe versucht, die Zeit auszugleichen, indem ich die Mittagspause ausließ und länger im Büro blieb, bis ich erschöpft war. Dann habe ich ein bisschen recherchiert, um Informationen zu Altenpflegern zu finden, die gleichzeitig einen Vollzeitjob haben. Nicht nur Kinder benötigen die Hilfe von Menschen, die arbeiten. Ich habe meinen Fall vorgetragen und genieße jetzt dieselbe Flexibilität wie die Eltern hier am Arbeitsplatz. Ich fühle mich wesentlich wohler, weil ich jetzt nicht mehr so tun muss, als sei ich krank, sondern mir einige Stunden freinehmen kann, um meine Eltern zum Spezialisten zu begleiten.«

Zeit für ein Studium ist ein weiterer Grund für flexible Arbeitszeiten, wie Bernhard, ein Berufsberater, entdeckte. »Ich habe keine Kinder, aber für jeden ist es heute schwieriger, ein ausgeglichenes Berufs- und Privatleben zu realisieren. Ich konnte einen bezahlten Bildungsurlaub durchsetzen, weil mein Vorgesetzter mir ermöglichte, morgens früher anzufangen und am Nachmittag früher zu gehen, damit ich an den Vorlesungen teilnehmen konnte. Diese Vereinbarung hat dazu geführt, dass ich das Gefühl habe, geschätzt zu werden. Außerdem bin ich motivierter, mein Studium gut zu beenden und das Beste aus der Zeit herauszuholen, die ich nicht am Arbeitsplatz verbringe. Da immer weniger Kinder geboren werden und die Bevölkerung immer älter wird, werden Arbeitgeber, die Work-Life-Balance-Angebote für alle bereitstellen, letzten Endes profitieren.«

In Roberts Rechtsanwaltskanzlei wird von jungen, kinderlosen Mitarbeitern erwartet, dass sie von acht Uhr morgens bis acht Uhr abends arbeiten und mindestens einen halben Tag am Wochenende im Büro sind. »Alles, was wir tun, muss Kunden in Rechnung gestellt werden können, also geht es nur um Stunden. Ich konnte sehen, wie Kollegen, die sogar noch jünger als ich waren, kämpften, um das Tag für Tag zu schaffen, und dann das Unternehmen verließen oder komplett aus dem Anwaltsberuf ausstiegen. Ich liebe meine Arbeit, aber ich war nicht bereit, auf ein Leben außerhalb meines Berufs zu verzichten. Ich musste neu bewerten, ob ich mein Dachterrassenappartment in der Innenstadt und mein teures Auto behalten oder eine weniger teure Lebensweise, aber mehr Freizeit für Golf, Computer und Wandern haben wollte. Letztendlich habe ich entschieden, meine Stundenzahl zurückzuschrauben und ich fühle mich jetzt viel besser. Es sieht sogar so aus, als ob auch einige andere Leute im Büro anfangen, ihre Arbeitszeiten zu überdenken.«

Positive Elternschaft

Kinder zu haben ist möglicherweise der zeitaufwendigste, intellektuell anspruchsvollste und physisch anstrengendste Aspekt Ihres Lebens. Aber es gibt nichts, was lohnenswerter ist. Nichts im Beruf oder Ihrem persönlichen Leben entspricht der Freude, die Kinder in Ihr Leben bringen. Aber praktisch gesehen bringen Kinder ganz eigene Probleme mit sich. Hier sind einige Erfahrungen und Tipps von zwei unserer Experten.

Johanna braucht die Unterstützung ihrer Familie, weil sie als Bergführerin arbeitet und Partnerin in einem kleinen Unternehmen ist. »Meine Familie wohnt nicht in der Nähe, deshalb sind meine Verwandten nicht innerhalb von zehn Minuten verfügbar, wenn ich einen Babysitter brauche. Aber sie kommen regelmäßig zu Besuch und helfen. Die Eltern meines Mannes leben nur ein paar Blocks entfernt. Ich hatte außerdem Glück, dass drei sehr enge Freundinnen zur selben Zeit wie ich Kinder bekommen haben, sodass ich mich regelmäßig mit ihnen treffen kann. Meine Freundinnen sind eine großartige Quelle für Unterstützung, Ratschläge und Spaß.«

Simon genießt die perfekte Arbeitsumgebung für einen Vater. »Als unsere zwei Töchter sehr klein waren und noch nicht zur Schule gingen, nahm ich einen Posten bei einer Maschinenverleihfirma am Ort an, der nie als langfristige Karriereoption gedacht war. Der Job warf genug ab, als die Mädchen klein waren und noch nicht viel brauchten, und – was vielleicht das wichtigste war – mein Arbeitsplatz war zu Fuß nur fünf Minuten von unserem Haus entfernt. Ich konnte jeden Tag zum Mittagessen nach Hause gehen und wusste außerdem, dass ich um fünf nach fünf wieder durch diese Tür nach Hause kommen würde. Es war eine wunderbare Möglichkeit, als Vater wirklich anwesend zu sein.«

Zeit mit der Familie genießen

Familienzeit kann jede Zeit sein, die Sie mit Ihrem Partner, Ihren Kindern, Ihren Eltern, Verwandten, entfernten Angehörigen und engen Freunden verbringen. Aber es kann schwer sein, die Zeit dafür zu finden, wenn Ihre Zeitplanung voll mit beruflichen und sozialen Verpflichtungen ist. Hier sind einige Tipps von unseren Experten, wie Sie Zeit für Ihre Familie finden können.

Juttas Familie blickt gern auf die Ereignisse des Tages zurück, aber nicht immer kommt ein Gefühl der Zusammengehörigkeit auf. Sie sollten auf Probleme gefasst sein und mit diesen umgehen. »Wir versuchen, immer als Familie zusammen zu Abend zu essen und über unseren Tag zu reden. Meistens ist es wirklich lustig, aber manchmal endet mindestens eins unserer drei Kinder in der Ecke, um über sein Verhalten nachzudenken.«

Als Unternehmer und Onlinejournalist ist Bernd manchmal so beschäftigt, dass er sich kaum daran erinnern kann, wie angenehm es ist, einfach nur zusammen zu sein. »Meine Frau Angela ist großartig darin, mich wieder zurückzuholen und mich daran zu erinnern, wann ich nicht mehr über die Arbeit nachdenken und zurück in den Familienmodus schalten sollte. Wenn wir zusammen sind, sagt sie manchmal: ›Bernd, es ist Zeit, ein Mensch zu sein.‹ Und ich weiß, was das bedeutet. Was sie sagen will ist, dass ich immer noch an die Arbeit denke oder dass mich die Arbeit zu sehr erschöpft. Ihre Worte machen mir klar, dass ich etwas Zeit brauche, um wieder zu mir zu kommen und die Zeit zu Hause mit ihr zu genießen. Die Arbeit kann bis zum nächsten Tag warten.«

In Phillips Familie wird der Fernseher beim Abendessen ausgeschaltet. »Wir essen gemeinsam am Tisch, ohne vom Fernseher oder Radio abgelenkt zu werden. Wir schalten außerdem zwischen 18 Uhr und 20.30 Uhr den Anrufbeantworter ein, damit wir diese Zeit wirklich mit unserem Sohn verbringen. Und wer möchte schon wertvolle Zeit mit Telemarketingleuten verbringen? Alle, die uns kennen, wissen, dass wir nach acht wieder erreichbar sind. Dann ist unser Sohn im Bett.«

Lena, die derzeit im Mutterschutz mit ihrem zweiten Kind ist, glaubt, dass jeder, der arbeitet und Kinder hat, die Elternschaft nicht als Ende der Karriere betrachten sollte – und schon gar nicht als Ende aller Träume, Lebensgenüsse oder Ziele. »Wenn man das Gefühl hat, dass Elternschaft das Ende bedeutet, dann wird das so sein. Planen Sie Ihre Zeit, um sicherzustellen, dass Sie auch auf Ihre Bedürfnisse achten, auch wenn Sie alles etwas langsamer angehen müssen, wenn Sie Kinder haben.«

Als Lehrer und Vater versteht Johannes, wie wichtig ein soziales Netz für Eltern ist. »Eltern müssen Freunde und Verwandte haben, die ihnen helfen können. Eltern müssen auch richtige Partner sein, indem sie ihre Jobs (Vollzeit, Teilzeit oder auch zu Hause) gemeinsam jonglieren und sich gegenseitig unterstützen. Wir haben immer noch eigene Bedürfnisse, nachdem die Rechnungen bezahlt und die Kinder versorgt sind, und wir stellen sicher, dass wir beide etwas Zeit zum Ausruhen, für Hobbys und andere soziale Aktivitäten haben.«

Torsten und seine Frau haben mit einem Kind das erfüllt, was sie sich vorgenommen haben. »Wir haben eine vierjährige Tochter, die wunderschön, lustig und unglaublich liebevoll ist. Sie ist außerdem anstrengend, fordernd und kann mich manchmal dazu bringen, dass ich etwas länger im Büro bleibe und die anstrengende Stunde von sechs bis sieben am Abend vermeide. Wir haben entschieden, dass es bei einem Kind bleibt, weil wir glauben, dass wir die besten Eltern für das eine Kind sein können, das wir haben, anstatt zu versuchen, noch zwei weitere Kinder zu bekommen, nur weil unsere Familien das von uns erwarten.«

Mit einem neun Monate alten Baby entdeckt Johanna, dass frischgebackene Mütter von zu Hause aus arbeiten und ihre Erziehungsziele erfüllen können. »Wenn das Baby schläft, nutze ich die Gelegenheit zum Arbeiten. Meine Tochter ist mit sechs Monaten in die Krippe gekommen (an zwei Nachmittagen pro Woche) und diese Zeit verbringe ich ebenfalls mit meiner Arbeit. Ich versuche, das meiste aus der Zeit herauszuholen, die ich mit ihr verbringe, wenn sie wach ist, und das scheint für uns beide gut zu funktionieren.«

Simon erzählt, dass das Ausgehen als Familie eine wunderbare Sache für seine Kinder ist. »In den letzten zwölf Monaten haben wir mehr Geld für Mahlzeiten und Aktivitäten außer Haus ausgegeben. Wir möchten uns nicht für eine Hypothek, viele Besitztümer oder tolle Autos abarbeiten. Aber das Ausgehen hat Priorität. Diese Aktivitäten sind für uns wirklich toll – Radausflüge mit der Familie, Freunde auf ein Picknick treffen und Campen.«

Marianne arbeitet drei Tage pro Woche als Grundschullehrerin. »Ich fühle mich ausreichend beansprucht und erfüllt, wenn ich nicht Vollzeit arbeite. Ich verausgabe mich nicht damit, mich jeden Tag um einen aktiven und neugierigen Vierjährigen zu kümmern, sondern habe andere, die die Verantwortung für seine Beschäftigung und Fortschritte mit mir teilen. Drei Tage pro Woche sind ein guter Ausgleich, weil ich trotzdem noch mehr zu Hause als in der Arbeit bin. Als Mutter habe ich nicht das Gefühl, mein Kind zu vernachlässigen, weil ich nicht jeden Tag für ihn da bin. Und mit dem Leben, das wir führen, leide ich nicht unter dem schlechten Gewissen, das viele Mütter haben.«

Rita glaubt, dass Kindern heute ein Teil des Spaßes fehlt, den ihre Eltern im gleichen Alter hatten. »Früher besuchten sich Leute oft, und Erwachsene wie Kinder genossen die sozialen Kontakte und Zeiten miteinander. Heute ist das Leben anders. Die Arbeitsbelastung hat sich geändert, und viele Menschen wirken wie vorbeifahrende Schiffe in der Nacht. Kinder kommen nicht mehr so viel zusammen, sie verpassen einfache Dinge wie Herumrennen, Spielen, Fahrrad fahren und Herumstöbern. Der Tennisclub, in dem wir Mitglied sind, ist eine Idee, die funktioniert. Die Kinder kommen mit alten und neuen Freunden zusammen, zusätzlich zu denen, die sie jeden Tag in der Schule sehen. Auch wir als Eltern kommen aus dem Haus zum Reden, Lachen und Beisammensein. Wir haben einige tolle Freunde gefunden nur aufgrund der Tatsache, dass unsere Kinder lernen, jeden Samstagvormittag zur selben Zeit auf einen kleinen gelben Ball einzuschlagen. Es ist eine gesunde Umgebung für alle Beteiligten.«

Lohnende Entspannungstipps

Entspannung ist eins dieser Konzepte, nach denen Menschen sich sehnen, die sie aber nicht immer erreichen. Wie können Sie entspannen, wenn Sie 60 Stunden pro Woche arbeiten, einen Haushalt führen, sich um ältere Familienangehörige kümmern und für Ihren nächsten Abschluss studieren? Zeit zum Entspannen zu finden erfordert Organisation. Erster Schritt: Entspannen Sie sich und denken Sie darüber nach, wie Sie die Zeit zum Entspannen finden können. Zweiter Schritt: Praktizieren Sie Ihre neue Entspannungszeit. Probieren Sie die folgenden Tipps aus.

Anton glaubt, dass die Antwort lautet, Nein sagen zu können. »Man bekommt mehr freie Zeit, wenn man lernt, Nein zu sagen. Wenn Ihre Woche beispielsweise voll ausgebucht ist und Sie an dem einzigen freien Abend bei Freunden eingeladen sind, gehen Sie nicht hin. Wenn Ihre Freunde Sie wirklich kennen, werden sie das verstehen. Ich habe festgestellt, dass man so viel freie Zeit bekommen, wie man selbst zulässt.«

Ihre Arbeit als Teilzeit-Projektleiterin und die Erziehung von drei Kindern hinterlässt bei Jutta das Bedürfnis, Zeit zum Entspannen zu finden. »Ich stehe in aller Herrgottsfrühe auf und laufe. Das ist Zeit für mich. Wenn ich nach Hause komme, fühle ich mich regeneriert, mein Kopf ist klar und das Laufen hält mich fit.«

Philip und seine Frau haben unterschiedliche soziale Kontakte und empfinden diese unabhängige Zeit weg von zu Hause als entspannend. »Wir haben unterschiedliche Interessen, was bedeutet, dass wir über die Familie und den Beruf hinaus ein soziales Leben haben, das uns das Gefühl gibt, einer größeren Gemeinde anzugehören. Ironischerweise ziehen wir beide eine Menge persönlicher Genugtuung aus diesen sozialen Netzen, auch wenn wir die Zeiten planen und aushandeln müssen.«

Die aktive Planung des Lebens, um Zeit zum Entspannen zu finden, ist der gemeinsame Aspekt in all diesen Geschichten. Kathrin und Alexander planen ihr Leben aktiv, um Raum für alle Bedürfnisse und Interessen zu schaffen. Kathrin erzählt: »Das geschieht nicht selbstverständlich. Zeiten müssen mit Kompromissen auf beiden Seiten ausgehandelt und vereinbart werden. Ich sage beispielsweise, dass ich ein Müttertreffen am Freitagabend habe, und mein Mann geht nach der Arbeit nächste Woche noch mit Kollegen in die Kneipe, also funktioniert das wunderbar. Wir haben auch Glück, dass wir Familie in der Nähe haben, die auf die Kinder aufpasst, sodass wir einmal im Monat oder so zusammen ausgehen können.«

Nicht jeder entspannt auf konventionelle Weise. Stefan ist Lastwagenfahrer, studiert nebenbei auf Lehramt und hat zwei Kinder. Das nimmt eine Menge Zeit in Anspruch. Zum Glück hat er auch einen Sinn für Humor. »Manchmal verbringe ich zehn Minuten länger auf der Toilette, als ich müsste.«

Und von Robert kommt ein Ratschlag, der von einem Experten stammt: »Ein Arzt sagte einmal zu mir, dass das größte Geheimnis der Medizin für gute Gesundheit, ein langes Leben und klares Denken etwas ist, das den meisten Menschen äußerst schwerfällt. Das Geheimnis lautet: Lernen Sie, wann und wie Sie aufhören können. Die Batterien wieder aufladen, Rosenduft genießen und all diese entspannenden Dinge bedeuten eine gute Gesundheit. Jeden Tag, wenn ich aufwache, denke ich daran, wie glücklich ich bin, einen neuen Tag zu erleben. Einen neuen Tag, um zu lachen und mit den Menschen zusammen zu sein, die ich mag.«

Spontaneität planen

Das zu tun, was Sie wollen, kann eine sehr weise Maßnahme sein. Wenn Sie lange arbeiten, sich um eine Familie kümmern und das Gefühl haben, dass Sie etwas tun müssen, um Ihre Ziele zu erreichen, dann tun Sie es. Lassen Sie sich nicht von Geldfragen, Ratschlägen, gesundem Menschenverstand, Kritik aufhalten. Tun Sie es einfach. Schließlich wissen nur Sie genau, wie schwer Ihre Arbeit und Ihr Leben sind. Hier sind einige Tipps von unserem Expertenteam, die Ihnen helfen, spontane Entscheidungen zu treffen, die nur auf dem Instinkt basieren, um Ihr Leben zu erleichtern:

Für Kathrin ist sehr wichtig auch einmal Aufgaben abgeben zu können. »Ich glaube, dass die Abgabe von Aufgaben, besonders von solchen Aufgaben, die man überhaupt nicht mag, enorm wichtig ist. Wenn Sie arbeiten, ist es wichtig, dass Sie zu Hause Hilfe haben. Ich habe zum Beispiel eine Putzfrau, die alle vierzehn Tage zu mir kommt und mir hilft.«

Philip änderte sein berufliches Leben und arbeitet jetzt so, wie es ihm passt. »Ich mache meinen Job freiwillig, nicht weil ich ihn machen muss. Er ist weniger verantwortungsvoll als mein alter Job, aber dafür bin ich jetzt näher an meiner Familie, muss jeden Tag weniger als eine Stunde insgesamt fahren, und wir brauchen nur noch ein Auto.«

Kathrin hat verstanden, dass sie sich darauf freut, dass ihr Sohn seinen Vater besucht und sie etwas Zeit für ein eigenes Leben hat. »Ich habe jetzt erkannt, dass die Sorgerechtsvereinbarungen, die bedeuten, dass mein Sohn jedes zweite Wochenende bei seinem Vater verbringt, auch bedeuten, dass ich dieses Wochenende zum Erholen habe. Ich kann mit Freunden ausgehen, am Abend Filme für Erwachsene ansehen und all die lästigen kleinen Dinge erledigen, die mit einem Fünfjährigen unmöglich zu erledigen sind.«

Wenn Sie etwas Zeit für Erwachsene in Ihrem Leben haben möchten, nehmen Sie sich diese Zeit. Kathrin gibt zu: »Ich bin wirklich streng mit den Kindern, wenn es darum geht, zu einer vernünftigen Zeit im Bett zu sein, damit wir am Abend etwas Zeit zum Entspannen nur für uns Erwachsene haben. Manchmal sehen wir irgendeinen Unsinn im Fernsehen an oder lesen und versuchen, uns gegenseitig mindestens zwei Stunden pro Woche Zeit für uns allein zu geben.«

Jennifer hat eine sehr einfache Lösung, um Zeit zum Entspannen zu finden. »Ich habe festgestellt, dass eine halbe Stunde allein in meinem Schlafzimmer mit meiner Lieblingssendung im Fernsehen meine eigene Version einer glücklichen Zeit ist.«

Simon erzählt, dass seine Frau ihm beim Entspannen hilft. »Ich habe Glück mit der Art und Weise, in der ich freie Zeit bekomme. Da ich nach Übersee fliege, bekomme ich einige Tage frei, um mich davon zu erholen. Dann kann ich auf unseren Zweijährigen aufpassen, während meine Frau arbeitet – oder eine Pause braucht – und die zwei Mädchen von der Schule abholen. Ich könnte all das nicht tun oder überhaupt entspannen ohne die Hilfe meiner Frau Jodie.«

Laut Marianne kann Freizeit nicht spontan sein. »Man muss seine Freizeit planen können. Ich vereinbare mit meinem Mann, wer sich um die Kinder kümmert.«

Philip stimmt zu: »Man sollte seine Bedürfnisse im Voraus ankündigen, damit das Babysitting gesichert ist und man keine gleichzeitigen Verabredungen trifft. Tatsächlich müssen wir oft planen, um spontan sein zu können.«

Manchmal kann Ihr Partner Ihnen helfen, Zeit für sich zu finden. Samara erzählt, dass bei ihr zu Hause, wenn die Dinge stressig werden, ihr Mann zu ihr sagt: »Geh in die Badewanne.« Sie nimmt ein Buch und legt sich in die Badewanne. Das ist ihre Art zu entspannen und dem Stress zu entkommen.

Julia und ihr Partner sind ein weiteres Paar, das Freizeit aushandelt, anstatt sich auf Spontaneität zu verlassen. »Wir besprechen, wer die Auszeit im Moment am nötigsten hat, und stellen sicher, dass er sie bekommt. Schließlich verlassen wir uns auch aufeinander, dass wir genug verdienen, um zurechtzukommen, dass das Studium gut läuft und die Bedürfnisse der Mädchen erfüllt werden. Wir brauchen beide Pausen von der Arbeit, den Kindern und einander und stellen sicher, dass wir diese Zeit einplanen.«

Sonja erkannte, dass sie und David nicht regelmäßig etwas miteinander unternahmen. »Unsere Abendessen am Hochzeitstag zählen nicht wirklich, also gehen wir jetzt einmal in der

Woche zum Tanzkurs. Davids Eltern leben in der Nähe und holen die Jungs vom Kindergarten und aus der Schule ab, weil der Tanzkurs direkt nach der Arbeit stattfindet. Es macht so viel Spaß, etwas zu tun, das einen gewissen Aufwand erfordert und bei dem man etwas Neues lernt. Außerdem ist das Tanzen ein ziemlich romantisches Hobby.«

Ritas Tochter ist jetzt alt genug, um an den Aktivitäten ihrer Eltern teilzunehmen. »Verbesserungen an unserem Leben als Familie und unserem Zuhause in den letzten zwölf Monaten haben uns mehr Priorität als Familie gegeben. Es ist wichtig, dass wir einander helfen. Wir versuchen, noch mehr Zeit zusammen als allein zu verbringen. Wir beziehen unsere Tochter jetzt mehr mit ein, weil sie in einem Alter ist, in dem sie mit uns mitkommen kann. Zeit mit unserer Tochter und ihren Aktivitäten zu verbringen, funktioniert für uns und hat unsere Bindung verstärkt. Sie hört uns besser zu, wenn wir mehr Zeit zusammen verbringen.«

Angela hat die perfekte Lösung, die zwar wenig spontan sein mag, aber funktioniert. »Bernd und ich nehmen alle drei Monate eine Woche frei und tun alles, was wir können, um ganz zu verschwinden. Keine Handys, keine Notebooks, keine E-Mails oder Internet, keine Anrufe, um zu sehen, wie die Dinge in der Arbeit laufen. Wir haben festgestellt, dass wir dadurch, dass wir nicht erreichbar sind, wirklich entspannen und eine Pause haben können.«

Einen Tapetenwechsel wagen

Ein Tapetenwechsel kann ein Umzug von der Stadt auf das Land sein. Manchmal findet aber auch ein Tapetenwechsel ohne Wechsel des Wohnorts statt, indem man berufliche und private Verpflichtungen minimiert. Das Ziel ist dasselbe, nur der Ort ist unterschiedlich. Im Anschluss erklären unsere Experten, die eine grundlegende Veränderung ausprobiert haben, ob die Änderungen für sie funktionieren.

Der Umzug von der Stadt aufs Land hat bewirkt, dass Peter und seine Partnerin viel mehr Zeit mit den Kindern verbringen. »Wir verdienen nur noch ein Viertel des Geldes, das wir in der Stadt verdient haben, aber trotzdem leben wir ziemlich gut, weil wir nicht jedes Mal, wenn wir das Haus verlassen, Geld ausgeben. Wir essen lokal angebaute frische Lebensmittel, bringen die Kinder jeden Tag zur Schule und haben eine wunderbar engagierte, freundliche und hilfsbereite Gemeinschaft. Wie kennen jeden in unserer Straße und versuchen nicht alle, ein größeres Haus zu bauen oder ein neueres Auto zu haben als unsere Nachbarn. Wir haben Dutzende von Leuten in unserer Gegend, die von der Stadt aufs Land gezogen sind, und niemand hat es jemals bedauert oder gewünscht, zu dem zurückzukehren, was sie vorher hatten.«

Michelle zog mit ihrer Familie in eine Stadt an der Küste und stellte fest, dass der Umzug ihnen mehr Zeit gebracht hat. »Der Umzug hierher hat mir klargemacht, dass Wohlstand nicht nur mit dem Kontostand zu tun hat, sondern damit, wie viel Freizeit ich habe, um mein Leben mit meinen Kindern zu genießen, ihnen in der Schule zu helfen, mich zu Hause entspannter zu fühlen und mehr Zeit mit meinem Mann zu verbringen. Allein der Unterschied in der Zeit, die man für die Fahrt zur Arbeit braucht, bedeutet wesentlich mehr Zeit für einen selbst. Ich sage allen, die darüber nachdenken, ihr Leben zu ändern: Hören Sie auf, sich selbst durch Überarbeitung und das Leben in einer Stadt voller Smog, Schmutz und Verkehr umzubringen und finden Sie einen Ort, an dem Sie einhalten, sitzen und nachdenken können – und die guten Dinge in Ihrem Leben genießen können.«

Grundlegende Veränderungen bedeuten nicht immer einen Umzug. Rob verließ seinen undankbaren Job an einem Schreibtisch in der Stadt. »Ich habe mich dort für gesichtslose Aktionäre zu Tode gearbeitet. Jetzt führe ich mein eigenes Unternehmen von zu Hause aus und verbringe den größten Teil des Tages draußen. Ich kenne unglaublich viele Menschen in meiner Nachbarschaft, etwas, das ich vorher nicht kannte, als ich noch in einem Büro arbeitete. Ich kann mir meine Kunden, meine Arbeitszeiten und die Art von Jobs, die ich übernehmen möchte, selbst aussuchen. Mein Tapetenwechsel hatte nichts mit einem Umzug zu tun, hat mein Leben aber grundlegend verändert.«

David hat seinen stressigen, gewinnorientierten Job hingeschmissen, um etwas zu finden, das ihm wirklich Spaß macht. »Ich arbeite montagabends und freitags als Masseur und haben einen zweiten Job in einer Autoverleihfirma am Wochenende. Ich gehe mein Umweltstudium wie einen Job an – ich bin von Dienstag bis Donnerstag an der Uni und verbringe jede freie Zeit zwischen Vorlesungen und Übungen mit Lesen, Recherchieren und dem Erledigen von Aufgaben. Auf diese Weise bin ich, wenn ich zu Hause bin, voll und ganz für meine Frau und unsere drei Kinder da. Der Jobwechsel bedeutete, den Gürtel enger zu schnallen. Aber mein Umweltstudium und meine Arbeit – und sogar die Unterstützung für Menschen mit Schmerzen durch meine Massagefähigkeiten – machen mich so viel glücklicher, weil ich weiß, dass ich etwas bewirke.«

Eine neue Ausbildung oder Weiterbildung kann sich wie ein Tapetenwechsel anfühlen, weil Ihr Leben verändert wird. Für Samara ist ein Fernstudium die Art von Weiterbildung, die zu ihrer Lebensweise und ihrer Familie passt. »Ich trage zwar zur Haushaltskasse bei, wenn ich hinter der Bar im Espressowagen einer Freundin arbeite, wann immer ich das zwischen meinem Studium und meinen drei Kindern ermöglichen kann, aber mein Fernstudium im Bildungsbereich ist mein langfristiger Karriereplan. Ich bin so dankbar für die Freiheit durch das Fernstudium, weil ich nicht in der Lage wäre, an regelmäßigen Vorlesungen teilzunehmen, wenn ich mich um meine ein, drei und acht Jahre alten Kindern kümmern muss. Es gibt Zeiten, in denen ich ganze Stapel an Aufgaben und Arbeiten schaffe. Zu anderen Zeiten vergehen Monate, bevor ich überhaupt wieder zum Studieren komme. Das ist eine Art theoretischer Tapetenwechsel für uns, weil wir den Weg von einer relativ wohlhabenden, gestressten und unglücklichen Familie zu einer wesentlich schlechter gestellten, einfacheren und glücklicheren Familie gegangen sind.«

17

Zehn Dinge, die Sie Ihren Kindern beibringen sollten

In diesem Kapitel

- Gemeinsam zu Abend essen
- Fit bleiben
- Die Umwelt schützen
- Arbeiten gemeinsam erledigen

Die Anforderungen in Beruf und Haushalt scheinen oft in Konkurrenz zueinander zu stehen, an entgegengesetzten Enden der langen Liste von Verantwortungen, die Sie zu tragen haben. Dieser Konflikt um Ihre Zeit und Energie kann verringert werden, wenn Sie Familienzeit mit echten Gelegenheiten für Spaß und Entspannung anstelle von Hausarbeit, Nörgeln und zusätzlichem Stress verbinden können. Diese Tipps sollen Ihnen Anregungen liefern, wie Sie das Beste aus Ihrer Familienzeit herausholen und Ihren Kindern mit gutem Beispiel vorangehen können.

Gemeinsam zu Abend essen

Ein gemeinsames Abendessen bietet Ihrer Familie Gelegenheit, sich etwas über Ihr Leben mitzuteilen. Das Abendessen ist außerdem eine Zeit, zu der sich Eltern zurücklehnen und zuhören können. Bereiten Sie das Abendessen vor und sorgen Sie dafür, dass alle Ablenkungen vermieden werden – kein Computer, kein Fernseher, und lassen Sie den Anrufbeantworter eingehende Anrufe entgegennehmen (zur Essenszeit sind es oft sowieso nur Telemarketingunternehmen). Das bedeutet, dass Sie essen und reden und Ihren Kindern Ihre volle Aufmerksamkeit schenken können.

Wenn Sie Ihren Kindern während des Abendessens wirklich zuhören, beweisen Sie Ihr Interesse an den Kindern und schätzen ihre Rolle in der Familie (mehr zum Thema Familie finden Sie in Kapitel 3).

Jutta ist Verwaltungsangestellte an der Universität und hat drei Kinder. »Unsere Familie ist sehr beschäftigt. Aber trotzdem sorgen wir dafür, dass wir abends gemeinsam am Tisch essen. Das gemeinsame Abendessen bedeutet, dass wir eine gesunde Mahlzeit haben, die wir in einer Art Ritual genießen. Wenn wir nicht am Tisch zu Abend essen würden, hätten wir wahrscheinlich kaum Zeit zum Reden, nicht weil wir uns nicht mögen, sondern weil wir nie zur selben Zeit im selben Raum sind. Während des Abendessens können wir uns auf das Essen und aufeinander konzentrieren. Konflikte werden gelöst und Probleme, die Familienmitglieder möglicherweise mit anderen haben, werden besprochen. Das Abendessen ist die wichtigste Zeit meines Tages, an jedem Tag des Jahres. Und es ist die Zeit, auf die ich mich am meisten freue.«

Spaß in den Ferien

Bringen Sie Ihren Kindern bei, ihre Ferien zu genießen. Schließlich haben sie ihre Hausaufgaben gemacht, ihre Projekte rechtzeitig abgeschlossen und es in die Schulmannschaft geschafft – oder?

Ferien sind nicht nur zum Erholen da. Noch wichtiger ist, dass die Ferien einer Familie die Möglichkeit bieten, jeden Tag den ganzen Tag zusammen zu sein. Diese Unterbrechungen in Ihrem geschäftigten Leben sind wertvolle Gelegenheiten, um die Beziehungen innerhalb der Familie zu stärken.

Kinder ändern sich, während sie wachsen, und viel beschäftigte Eltern verpassen diese Änderungen manchmal. Die Ferien geben Ihnen Zeit, das wieder aufzuholen, wenn Ihr Berufs- und Privatleben im restlichen Jahr nicht wirklich ausgewogen ist. Hier sind einige Anregungen für die Planung eines erfolgreichen Urlaubs:

✔ **Langeweile darf sein.** Lassen Sie ruhig zu, dass Ihre Kinder sich langweilen. Wenn sie sich beschweren, können Sie ihnen sagen, dass sie sich etwas suchen sollen, womit sie sich beschäftigen können. Ermutigen Sie Ihre Kinder, sich Aktivitäten auszudenken, die sie gern machen. Lassen Sie sie eine Liste aufstellen, in der sie dann jede Aktivität abhaken können, wenn sie erledigt ist.

✔ **Unterstützen Sie neue Hobbys und Interessen.** Informieren Sie sich darüber, welche Ferienkurse und -unternehmungen von Ihrer Gemeinde angeboten werden. Viele Städte, Bibliotheken, Gemeindezentren, Sportschulen und Kulturzentren bieten Aktivitäten an, die Kinder zu neuen Erfahrungen ermutigen sollen.

✔ **Lassen Sie die ganze Familie über Aktivitäten entscheiden.** Kinder an Entscheidungen zu beteiligen, ist eine großartige Methode, um ihr Selbstvertrauen aufzubauen. Kinder treffen gern Entscheidungen, also nutzen Sie die Urlaubszeit, um ihnen jede Menge Gelegenheit dafür zu geben. Natürlich müssen Sie sich auch überlegen, wie Sie eine nicht so praktische Entscheidung sanft durch eine andere ersetzen.

✔ **Faulenzen Sie.** Faulenzen ist für Kinder (und Sie) in Ordnung, wenn Sie Urlaub haben. Wie Sie brauchen Ihre Kinder etwas unverplante Zeit, um einfach nur herumzuhängen, fernzusehen, am Computer zu spielen oder Musik zu hören. Der Urlaub gehört auch den Kindern, und auch sie müssen sich erholen und ihre Batterien wieder aufladen.

✔ **Hinterlassen Sie Informationen und Regeln.** Wenn Sie Ihre älteren Kinder während der Schulferien allein zu Hause lassen müssen, während Sie arbeiten, geben Sie ihnen klare Anweisungen, was sie tun sollen, wenn es zu einem Problem kommt. Hinterlassen Sie eine Liste mit Telefonnummern von Leuten, an die sie sich wenden können.

✔ **Planen Sie im Voraus und benutzen Sie Ihren Kalender.** Wenn Sie während der Schulferien keinen Urlaub nehmen können, erkundigen Sie sich rechtzeitig, welche Kinderbetreuungsmöglichkeiten in Ihrer Nachbarschaft verfügbar sind. Sie können außerdem versuchen, andere Eltern aus dem Kindergarten oder der Schulklasse Ihres Kindes zu finden, die daran interessiert sind, sich mit der Kinderbetreuung abzuwechseln. Noch besser: Versuchen Sie, einige Tage Ihres Jahresurlaubs in die Schulferien zu legen, wechseln Sie sich mit anderen Eltern ab und suchen Sie sich irgendeine Art von Ferienbetreuung, dann steht einer schönen Ferienzeit nichts mehr im Wege.

Familienzeit zur Priorität machen

Das Abendessen ist nicht die einzige Zeit, zu der Familien in einer normalen Arbeits- und Schulwoche zusammenkommen können. Kinder wollen Spaß haben, versuchen Sie also Ihren Kindern das Leben aufregend und lustig zu gestalten. Hier sind einige Möglichkeiten, Ihren Kindern zu zeigen, dass Sie jede Menge Zeit für sie haben.

- ✔ **Nehmen Sie einmal im Monat einen Tag frei.** Auch wenn Sie einfach gemeinsam zu Hause bleiben, sollten Sie an diesem Tag weder Arbeit mit nach Hause nehmen noch Ihr Handy einschalten oder Hausarbeit erledigen – oder Hausaufgaben machen, es sei denn, Ihr Kind möchte die Zeit nutzen, um mit Ihnen gemeinsam ein Projekt für die Schule fertigzustellen. Schalten Sie das Telefon aus, legen Sie eine Decke über den Computer und nehmen Sie an diesem Tag keine Einladungen von anderen an. Wenn Sie das Haus verlassen möchten, versuchen Sie es mit einem langen Ausflug mit einem Picknick, einem Tag am See, einem Besuch im Museum oder im Zoo. Am Ende des Tages werden Sie sich alle erholt und beschwingt fühlen.
- ✔ **Planen Sie Familienausflüge im Voraus.** Das Geheimnis für erfolgreiche, entspannte Familienausflüge ist eine sorgfältige Planung, damit nicht jeder in letzter Minute loslaufen und seine Schwimmsachen, die Sonnencreme und etwas zum Essen zusammensuchen muss. Organisieren Sie alles, was Sie für den Tag benötigen, am Tag vorher und machen Sie sich dann auf zu dem Ort, von dem Sie vorher sichergestellt haben, dass er geöffnet ist, einen Parkplatz hat und so weiter, sodass nichts einem erfolgreichen Tag im Wege steht.
- ✔ **Legen Sie einen Familienkalender an.** Ermutigen Sie Ihre Kinder, einen Kalender zu führen, wenn sie in einem Alter sind, in dem sie so viel zu tun haben, dass sie Verpflichtungen vergessen könnten. Legen Sie dann einen Familienkalender an, den jeder benutzen kann. Sie können dafür einfach einen dieser Jahreskalender verwenden, die Sie in der Apotheke, beim Bäcker oder beim Metzger in der Weihnachtszeit geschenkt bekommen. Hängen Sie den Kalender an einem gut sichtbaren Platz auf, damit jeder sehen kann, was an bestimmten Tagen los ist.

Den Fernseher ausschalten

Jeden Abend zusammengekauert auf dem Sofa zu sitzen und in die Glotze zu starren, trägt nichts zu Familiengesprächen oder gemeinsamen Unternehmungen bei. Wenn es in Ihrem Haus schwerfällt, den Fernseher auszuschalten, schlagen Sie beim Abendessen einen fernsehfreien Abend pro Woche vor. Wenn Sie keinen gemeinsamen Abend finden können, müssen Sie möglicherweise eine Münze werfen. Falls Sie nicht gemeinsam am Tisch zu Abend essen, ist ein fernsehfreier Abend eine großartige Gelegenheit, um damit zu beginnen. Hier sind einige Tipps, die Ihre Unterhaltung am Tisch spaßiger machen, unabhängig davon, ob Sie für gewöhnlich zusammen essen oder nicht:

- ✔ **Holen Sie die Brettspiele heraus.** Bringen Sie Ihren Kindern Brettspiele bei (sie sind auch tolle Weihnachts- oder Geburtstagsgeschenke). Machen Sie zusammen ein nicht zu chweres Puzzle auf einem Brett, das Sie wegräumen und an einem anderen Abend nach dem Abendessen wieder hervorholen können. Spielen Sie einfache Kartenspiele wie Uno oder Mau-Mau. Wahrscheinlich werden Ihren Kindern dieselben Spiele gefallen, die Sie als Kind gespielt haben.

- **Finden Sie ein gemeinsames Hobby.** Suchen Sie nach einer unterhaltsamen Aktivität, die Sie und Ihre Kinder interessiert, auf die Sie sich freuen und über die Sie hinterher reden können. Kochen, Malen, Angeln (und Ihren Fang hinterher zubereiten) sind nur drei der vielen Möglichkeiten. Sie können sicher sein, dass Ihren Kindern etwas davon Spaß macht. Außerdem können Sie Ihren Kindern eine andere Seite Ihrer Persönlichkeit nahebringen, wenn Sie sich darauf konzentrieren, etwas mit ihnen gemeinsam zu tun. Und Sie erhalten mehr Gelegenheiten, mit Ihren Kindern zu reden.
- **Planen Sie einen Familienabend pro Woche ein.** Planen Sie einen Tag in der Woche ein, an dem alle Familienmitglieder zum Abendessen zu Hause sein müssen. Das ist besonders wichtig, wenn Sie Kinder im Jugendalter haben. Sorgen Sie dafür, dass alle dem Abend zustimmen. Sie können abwechselnd (oder gemeinsam) kochen und dann abwechselnd entscheiden, was Sie mit dem Abend anfangen – spazieren gehen, eine Sternenkarte mit nach draußen nehmen, um Sterne zu beobachten, Marshmallows oder Stockbrot über einem Lagerfeuer im Garten garen – solange Sie es zusammen tun.
- **Erzählen Sie Ihre Geschichte.** Ob Sie es glauben oder nicht, Kinder lieben es, davon zu hören, was Sie getan haben, als Sie in ihrem Alter waren, besonders wenn die Abenteuer, die Sie erlebt haben, Gefahren, verrückte Ideen, etwas Unerzogenes oder etwas mit einem ungewöhnlichen Ende beinhaltet haben. Psychologen haben festgestellt, dass Menschen oft positive Gefühle betonen, wenn sie eine Geschichte erzählen, und es wird Ihnen relativ leichtfallen, Ihren Erinnerungen eine Moral oder ein glückliches Ende zu geben.

Zur Verfügung stehen

Viel beschäftigte Eltern haben die Angewohnheit, möglichst kurze Wege zu gehen, wenn sie einem Kind etwas mitteilen wollen. Unabhängig davon, ob die Mitteilung positiv oder strafend ist, senden Sie nur eine Botschaft – direkt zu Ihrem Kind.

Die Zeit für ein Gespräch mit Ihrem Kind zu finden hat Priorität. Denken Sie daran, dass es Ihnen, wenn Sie regelmäßig mit einem jungen Kind reden – über positive als auch über negative Dinge –, viel leichter fallen wird, mit diesem Kind zu reden, wenn es im Jugendalter ist, weil Gespräche bereits zur Gewohnheit geworden sind. Diese Vorbereitung kann ein wirklicher Vorteil bei einem Jugendlichen sein – insbesondere einem von der schweigsamen Sorte.

- **Kommunizieren Sie direkt.** Vermeiden Sie, Ihrem Kind Botschaften über Ihren Partner mitzuteilen. Ihr Kind möchte es nicht von einer anderen Person, sondern von Ihnen selbst hören. Einige Minuten Unterhaltung mit Ihnen bedeutet Ihren Kindern mehr als das, was Mama zu ihnen gesagt hat, was Sie ihnen sagen sollten.
- **Finden Sie täglich 15 Minuten Zeit.** Jeder Elternteil kann 15 Minuten am Abend nach der Schule und der Arbeit für seine Kinder finden. Das kann Zeit zum Kuscheln, zum Spazierengehen, zum Reden im Zimmer des Kindes oder zum Durchschauen der Hausaufgaben sein.

- **Helfen Sie bei den Hausaufgaben.** Die Zeit für die Hausaufgaben ist eine großartige Zeit, um Ihren Kindern zu zeigen, dass Sie an ihren schulischen Belangen interessiert und bereit sind, Zeit zu finden, um ihnen zu helfen und sie zu ermutigen.
- **Rufen Sie Ihre Kinder an, wenn Sie nicht zu Hause sein können.** Wenn Sie noch im Büro sind, wenn die Kinder nach Hause kommen, oder wenn Sie im Rahmen Ihres Jobs verreisen müssen, vereinbaren Sie jeden Tag eine bestimmte Zeit, zu der Sie Ihre Kinder für ein kleines Gespräch anrufen. Halten Sie sich an diese Zeit, weil die Regelmäßigkeit Ihren Kindern noch eine Gelegenheit gibt, mit Ihnen über die Ereignisse ihres Tages zu sprechen, und das zu einer Zeit, die Ihnen passt.
- **Unternehmen Sie etwas allein mit Ihrem Kind.** Für Ihr Kind zur Verfügung zu stehen, ist nicht auf die Zeit beschränkt, wenn Sie zu Hause sind. Wenn Sie mit Ihrem Kind in ein Café gehen, um eine heiße Schokolade oder ein Eis zu genießen, oder Ihr Kind nur mit Ihnen zum Frühstücken gehen kann, ist das eine nette Möglichkeit, um etwas Zeit mit Ihnen allein zu verbringen, ohne mit Ihrem Partner oder den Geschwistern konkurrieren oder mit Unterbrechungen umgehen zu müssen. Noch besser ist, wenn Sie das zu einem regelmäßigen wöchentlichen Ereignis machen. Sie werden feststellen, dass Sie sich beide auf diese Verabredung freuen werden. Das ist die perfekte Gelegenheit, um mehr darüber herauszufinden, was im Leben Ihres Kindes los ist.
- **Lesen Sie zusammen.** Bildungsexperten sagen seit Jahren, dass Vorlesen und mit Kindern gemeinsam lesen nicht nur die Liebe zu Geschichten fördert, sondern auch den Wortschatz vergrößert und die Freude am Lesen fördert. Zu diesen Vorteilen kommt die Tatsache, dass das Lesen eine tolle Art ist, Ihren Kindern näherzukommen und Ihnen einen privilegierten Blick darauf zu geben, was Ihre Kinder interessiert.
- **Reden Sie über die Stärken Ihrer Kinder.** Wenn Sie Ihre Kinder ins Bett bringen oder für die Schule aufwecken, versuchen Sie ihnen zu sagen, was Sie an ihnen bewundern. Kinder hören gern, was Sie an ihnen schätzen und lieben, und reagieren derart positiv auf Lob, dass es ihr Verhalten und ihren Willen fördern kann, Sie bei machbaren Aufgaben zu unterstützen.

Fit bleiben

Trotz der Tatsache, dass meine Eltern drei Kinder ohne Babysitter oder Kinderbetreuungsmöglichkeiten in der Nähe aufgezogen haben, haben sie sich immer bemüht, fit und gesund durch Sport zu bleiben. Sie haben sichergestellt, dass sie Zeit für eine Runde Basketball, Federball, Tennis, Volleyball, Fußball, Jogging, Gymnastikkurse am Abend oder eine Runde Golfen am Morgen hatten. Ihr Liebe zum Sport haben sie an alle Kinder weitergegeben.

Kinder, die älter als zehn Jahre sind, können mit dem Fahrrad zur Schule oder zu Freunden fahren, sodass sie (und Sie) eine gewisse Freiheit genießen können und nicht immer das Auto nehmen müssen. Außerdem hält das Radfahren fit. Probieren Sie es selbst aus: Fahren Sie mit dem Fahrrad ins Büro statt den Bus zu nehmen oder machen Sie Pläne für eine kleine Radtour in der Nachbarschaft am Samstagvormittag. In den meisten Städten und Gemeinden gibt es Radwege an Straßen und in Parks.

Probieren Sie die folgenden Aktivitäten aus, um Ihre Kinder zu mehr Bewegung zu ermutigen:

- **Planen Sie Aktivitäten mit den Eltern der Freunde Ihrer Kinder.** Gehen Sie regelmäßig wandern und beenden Sie die Wanderung in einem Café, das den Kindern gefällt.
- **Werden Sie Trainer oder Helfer in der Sportmannschaft Ihres Kindes.** Gehen Sie an einem Abend pro Woche auf den Fußballplatz und helfen Sie der E-Jugend des örtlichen Sportvereins, viele Tore zu schießen, oder bieten Sie an, die Trikots der Mannschaft zu waschen, um Ihrem Kind zu zeigen, dass Sie seine sportlichen Ambitionen unterstützen und gern Ihren Beitrag dazu leisten.
- **Machen Sie zusammen Sport.** Meine Tochter und ich haben mit Karate angefangen, und Freunde von uns gehen zusammen zum Schwimmen. Treffen Sie diese Entscheidung gemeinsam.
- **Planen Sie Ausflüge für die Familie wie einen Tag am See oder im Schwimmbad.**
- **Begrenzen Sie die Zeit, die vor dem Fernseher oder am Computer verbracht wird.**
- **Gehen Sie auf eine Fahrradtour.** Seien Sie aktiv mit Ihren Kindern. Geben Sie nicht nur den Zuschauer. Wenn die Kinder sehen, dass Sie Fahrrad fahren, werden sie es auch tun wollen.
- **Gehen Sie zu Fuß oder fahren Sie mit dem Fahrrad zum Einkaufen.**

Lachen Sie oft?

Kinder lachen gern. Sie müssen ihnen nur dabei zusehen. Sie lachen über einen abgedroschenen alten Witz, einen lustigen alten Film oder albern einfach nur zu Hause herum. Lachen ist ansteckend und eine hervorragende Art, eine feste Bindung zwischen Eltern und Kindern zu schaffen. Ein wichtiger Aspekt erfolgreicher und glücklicher Familien ist die Ermutigung und Freiheit, Humor, Lachen, Witze und Insider-Späße zu genießen.

Experten erklären uns, dass Menschen 30-mal häufiger in Gruppen lachen als allein und dass Lachen, was nicht weiter überraschend ist, dazu beiträgt, dass Menschen ein engeres Verhältnis zueinander entwickeln. Lachen kann auch dazu beitragen, Stress abzubauen und Ihnen die lustige Seite statt der negativen Seite einer Situation zu zeigen.

Die Umwelt respektieren

Ihre Kinder lernen wahrscheinlich einiges über Umweltschutz im Kindergarten und der Schule. Sie haben die großartige Gelegenheit, diese Prinzipien auch zu Hause umzusetzen. Unternehmen Sie beispielsweise die folgenden Aktivitäten mit Ihren Kindern:

- **Recycling- und biologisch abbaubare Produkte kaufen:** Toilettenpapier, Schreib- und Malpapier (oder Schmierpapier aus Ihrem Büro), Wasch- und Spülmaschinenmittel, nicht giftige Pflanzen und Möbel, die aus nachhaltigen, natürlichen Produkten hergestellt werden, helfen der Umwelt. Kinder, die bereits lesen können, helfen Ihnen, die richtigen Produkte zu finden.

- ✔ **Müll trennen und vermeiden:** Helfen Sie Ihren Kindern, verschiedene Mülleimer oder Kisten zu verwenden, um den anfallenden Müll zu trennen – Papier und Pappe, Flaschen und Kunststoffe, Gartenabfälle und Biomüll und Restmüll. Damit lernen Kinder, wie viel Müll Ihr Haushalt produziert und was Sie dazu beitragen können, um den Müll, der auf die Müllhalde wandert, zu verringern. Davon abgesehen wird es viel einfacher, den Mülleimer zu entsorgen.
- ✔ **Frisches, saisonabhängiges Obst und Gemüse essen:** Sie können Ihren Kindern außerdem zeigen, wie sie gutes Obst und Gemüse von schlechtem unterscheiden.
- ✔ **Gärtnern:** Unabhängig davon, ob Sie nur ein paar Topfpflanzen auf der Fensterbank oder dem Balkon oder einen großen Garten haben, das Gärtnern ist ein tolles Hobby, das es Ihnen ermöglicht, im Freien produktiv zusammenzuarbeiten und zu den Bedürfnissen Ihrer Familie beizutragen. Berücksichtigen Sie die folgenden Vorschläge, damit die Gartenarbeiten ein erfüllender Teil Ihres Familienlebens werden:
  - Richten Sie einen Komposthaufen als eine natürliche Form des Recyclings ein.
  - Sorgen Sie für eine gesunde Ernährung. Bringen Sie den Kindern bei, selbst angebautes Obst und Gemüse zu ernten, vorzubereiten und zu kochen.
  - Planen Sie Ihr Gartenbeet gemeinsam. Lassen Sie jedes Familienmitglied Kräuter, Obst und Gemüse auswählen, die gepflanzt, gepflegt und gegessen werden, und legen Sie den Standort, die Größe und die Gartenarbeiten wie Gießen, Kompostieren und Unkraut jäten gemeinsam fest.
  - Recherchieren Sie im Internet, um Antworten auf Gärtnerfragen zu finden.
  - Zeigen Sie Ihren Kindern, wie wichtig Wasser und der richtige Umgang damit ist. Sammeln und verwenden Sie Brauchwasser von Bädern und Duschen, installieren Sie Regenwassertanks, pflanzen Sie Pflanzen, die wenig Wasser brauchen, und so weiter.
  - Richten Sie eine Regenwurmzucht ein. Nicht jedes Kind wird von Gartenarbeiten fasziniert sein oder die Geduld haben, darauf zu warten, dass die Kartoffeln wachsen. Eine Regenwurmzucht (die in verschiedenen Größen erhältlich ist) ist eine gute Mulchquelle für den Garten und kann sehr interessant für Kinder sein, die sich gerne die Finger schmutzig machen und die unappetitlichen Aspekte der Natur mögen.
- ✔ **Energie sparen:** Es ist wichtig, Ihren Kindern mit gutem Beispiel voranzugehen, indem Sie Lampen ausschalten, wenn sie nicht benötigt werden. Zeigen Sie Ihren Kindern, dass Sie aktive Schritte unternehmen, um Energiequellen vernünftig und sparsam zu nutzen. Erklären Sie Ihren Kindern, warum Sie Lampen ausschalten, damit sie verstehen können, wie wichtig es ist, Energieverbrauch und –verschwendung zu reduzieren. Auf diese Weise werden sie leichter dieselben Gewohnheiten übernehmen. Berücksichtigen Sie die folgenden einfachen, aber wichtigen Energiespartipps:
  - Schließen Sie die Türen, um Wärme im Raum zu halten, und decken Sie Fenster ab, um das Haus vor der Sonne zu schützen.
  - Schalten Sie das Licht aus, wenn Sie einen Raum verlassen.
  - Schalten Sie die Stromzufuhr zu Steckdosen ab.

- Drehen Sie die Heizung im Winter um einige Grad herunter und verzichten Sie möglichst auf Klimaanlagen.

✔ **Wasserhähne zudrehen:** Erklären Sie Ihren Kindern, dass rund 15 Liter Wasser verschwendet in den Abfluss laufen, wenn sie beim Zähneputzen den Wasserhahn laufen lassen. Zeigen Sie ihnen, dass sie zu Anfang die Zahnbürste anfeuchten können und den Wasserhahn dann wieder aufdrehen, wenn sie den Mund ausspülen wollen.

Mithelfen

Zeigen Sie Kindern, wie sie bestimmte Aufgaben im Haushalt übernehmen können, damit sie ihren Teil zur Familie beitragen und schätzen lernen, wie wertvoll es ist, anderen zu helfen. Je jünger das Kind ist, umso mehr Aufsicht ist von Ihrer Seite erforderlich. Suchen Sie nach Gelegenheiten für Aufgaben, die sie allein durchführen können, und loben Sie sie für ihre Bemühungen. Nicht allzu viele Kinder kommen heute noch dazu, das Geschirr abzutrocknen, aber Kinder können helfen, die Betten zu machen, aufzuräumen, die Wäsche zu sortieren und aufzuhängen, das Auto zu waschen und mehr im Haus zu helfen.

Legen Sie Aufgaben fest, für die Ihre Kinder die Verantwortung übernehmen. Auf diese Weise wird das Taschengeld wirklich verdient. Hier einige Ideen für den Anfang:

✔ Die Post holen

✔ Haustiere füttern und pflegen

✔ Sich für die Schule vorbereiten, indem sie am Abend für den nächsten Tag ihre Kleidung zurechtlegen und die Schultasche packen

✔ Das eigene Zimmer sauber und aufgeräumt halten (die größte Herausforderung von allen)

✔ Die Spülmaschine einräumen

✔ Schultaschen, Bücher, Spielzeug und Kleidung an die richtigen Plätze legen

✔ Den Tisch für das Abendessen decken und abräumen

✔ Müll sortieren und zum Recyclingbehälter bringen

✔ Einfache Gartenarbeiten übernehmen wie Gießen, Unkraut jäten oder reifes Obst und Gemüse ernten

Verzicht auf Konsum

Der Druck Gleichaltriger kann einen viel größeren Einfluss auf Kinder haben als die spießigen alten Eltern. Aber viele beliebte Bücher, Filme, Zeitschriften und andere Kinder- und Jugendmedien enthalten oft die Botschaft, dass es besser ist, der Mensch zu sein, der man sein möchte, als blind den anderen zu folgen.

In meinen Tagen bedeutete es den sozialen Ruin, Kleidung aus einem Secondhandladen zu tragen oder sogar nur dabei beobachtet zu werden, einen solchen Laden zu betreten. Zum Glück hat sich das geändert – selbst Superstars kaufen heute im Secondhandladen ein, obwohl alte Kleidung heutzutage ja als *Vintage* und nicht mehr als secondhand bezeichnet wird. Funktionelle Taschen und Jacken werden kreativ aus alten Segeln, Werbeschildern und sogar Fruchtsafttüten hergestellt, und die Idee, Geld vernünftig – statt unvernünftig – auszugeben, gewinnt immer mehr soziale Anerkennung.

Ermutigen Sie Ihre Kinder, Geld mit Bedacht auszugeben. Nehmen Sie die Kinder mit, um im Secondhandladen am Ort herumzustöbern, und machen Sie es sich zur Gewohnheit, im Urlaub oder am Wochenende bei Ausflügen in Secondhandläden oder auf Flohmärkte in kleinen Orten zu gehen. Selbst wenn Sie nichts kaufen, reden Sie darüber, wie Sie zum Beispiel dieses fabelhafte Fondue-Set für einen Familienabend verwenden könnten oder dass Ihre Freundin, die gern ihr Haus schmückt, diese Tischdecken im Ausverkauf toll finden würde.

Gehen Sie Ihren Kindern mit gutem Beispiel voran. Wenn Sie lange genug suchen, finden Sie ein Kleidungsstück (oder sogar mehrere), das viele Verwendungsmöglichkeiten bietet. Ich habe echte Designerstücke gefunden, die ich mit viel Freude getragen habe. Meine Tochter trug fast ausschließlich Kleidung aus dem Secondhandshop einer wohltätigen Organisation, in dem meine Mutter arbeitet, weil Kinderkleidung oft kaum getragen wird, bevor sie zu klein für das Kind ist. Erklären Sie Ihrem Kind, dass das Geld, das Sie in einem von einer wohltätigen Organisation organisierten Geschäft ausgeben, anderen zugutekommt. Und natürlich sparen Sie auch Geld, wenn Sie dort einkaufen.

Viele Eltern haben Schuldgefühle, weil sie den ganzen oder den halben Tag arbeiten oder nicht die Zeit haben, die sie gern mit ihren Kindern verbringen würden. Dann kaufen sie ihren Kindern Dinge, um ihnen ihre Liebe zu zeigen und ihr schlechtes Gewissen zu erleichtern. Das führt dann zu einem Teufelskreis, in dem sie mehr für die Kinder kaufen, um die Zeit, die sie in der Arbeit verbringen, wiedergutzumachen, was Ausgaben und Schulden steigert und bedeutet, dass sie noch mehr arbeiten müssen, um die Dinge zu bezahlen, von denen sie immer mehr kaufen und so weiter.

Wenn Sie an die Zeiten Ihrer Kindheit und Jugend zurückdenken, werden Sie sich vielleicht daran erinnern, dass die Dinge, nach denen Sie sich wirklich gesehnt haben – Donkey Kong II und Designerjeans in meinem Fall –, vom hart verdienten Taschengeld gezahlt wurden. Und sehr wahrscheinlich haben Sie auf diese Dinge gut aufgepasst, weil sie wussten, wie lange Sie gespart haben, bis Sie sich diese Dinge leisten konnten. Probieren Sie diesen Ansatz mit Ihren Kindern aus. Reden Sie mit anderen Eltern, um einzuschätzen, wie hoch das Taschengeld sein sollte, und halten Sie sich dann an diesen Betrag. Erinnern Sie sich daran, dass Ihre Kinder viele Geschenke zum Geburtstag und zu Weihnachten bekommen und dass sie in der Lage sein sollten, für andere zusätzliche Luxusanschaffungen selbst zu sparen und aufzukommen.

Zehn Motivationsstrategien für Ihre Arbeitskollegen

18

In diesem Kapitel

- Die Kontrolle über Ihren Beruf übernehmen
- Längere Arbeitszeiten vermeiden
- Freie Tage genießen

Arbeitgeber und Gewerkschaften sind nicht die Einzigen, die Arbeitsbedingungen für Sie und Ihre Kollegen beeinflussen können. Auch Sie können das – allein und in der Gruppe.

In diesem Kapitel sehen wir uns verschiedene Möglichkeiten an, wie Sie – als Arbeitnehmer – recherchieren und eine überzeugende Argumentation zusammenstellen können, um die Arbeitsbedingungen an Ihrem Arbeitsplatz zu verbessern.

Die Arbeitsauslastung unter Kontrolle halten

Zu kontrollieren, was Sie am Arbeitsplatz tun, ist nicht so schwer, wie es sich anhört. Sicher haben Sie einen Chef, der das Recht hat, die endgültige Entscheidung über Ihre Aufgaben zu treffen. Aber wie und wann Sie Ihre Aufgaben erledigen, liegt größtenteils an Ihnen. Elektronische Terminplaner sind heute Standardsysteme in Büros und können für die Planung Ihres Arbeitstages sinnvoll genutzt werden. Die folgenden Punkte zeigen einige einfache Schritte, mit denen Sie Ihre acht Stunden am Arbeitsplatz produktiver nutzen.

- ✔ **E-Mails zweimal täglich abrufen.** Zweimal täglich ist das Maximum. Ich könnte ein ganzes Buch zum Thema E-Mails schreiben, beschränke mich hier aber auf einige wichtige Tipps. Rufen Sie Ihre E-Mails erst nach zehn Uhr ab, wodurch Sie mindestens eine Stunde haben, um an Ihren wichtigsten Aufgaben des Tages zu arbeiten, bevor Sie von E-Mails mit Inhalten wie »Wer hat seinen grünen Schirm an der Rezeption vergessen?« und »An alle« abgelenkt werden. Nachdem Sie intensiv an einer wichtigen Aufgabe gearbeitet haben, legen Sie eine halbe Stunde am Vormittag und eine weitere halbe Stunde am Nachmittag fest, um Ihre E-Mails zu bearbeiten. Wenn Sie zwei separate Zeiträume festlegen, können Sie Ihre Energie auf Ihre Nachrichten konzentrieren und Ihrem viel beschäftigten Gehirn eine gewisse Auszeit geben, wenn Sie E-Mails lesen und beantworten, ohne während des Tages ständig Zeit damit zu verschwenden. Schalten Sie die akustischen und visuellen Benachrichtigungen für neue E-Mails aus, damit Sie nicht in Versuchung kommen, das, was Sie gerade tun, zu unterbrechen und in Ihren Posteingang zu schauen.
- ✔ **Unterstützung aus dem Internet nutzen.** Stellen Sie Ihren Internet-Terminplaner allen Mitarbeitern in Ihrem Team zur Verfügung, und ermutigen Sie Ihre Kollegen, dasselbe zu tun. Dies mag für einige, die daran gewöhnt sind, mit Papier zu arbeiten, eine gewisse

Umstellung bedeuten, ist aber eine effektive Methode, um Mehrfachbelegung bei Besprechungsterminen zu vermeiden. Außerdem kann dieser Kalender anderen zeigen, wie Sie Ihre Zeit verbringen.

- ✔ **Auch Pausen müssen geplant werden.** Verwenden Sie Ihren Terminplaner auch, um Ihre Auszeiten von der Arbeit zu planen. Lassen Sie 15 Minuten Zeit zwischen Besprechungen, um zu Ihrem Büro zurückzukehren, Notizen zu machen oder einfach nur etwas zu entspannen. Vergessen Sie nicht, etwas Zeit für Ihre Stretching-Übungen oder einen Kaffee einzuplanen. Das heißt nicht, dass Sie »Kaffeepause« in Ihren Terminplaner eintragen sollten. Verwenden Sie ein Codewort für persönliche Einträge (zum Beispiel Projekt X), damit Sie nicht von jemandem verplant werden, der meint, dass Ihre Pausenzeit freie Zeit ist. Wenn Ihre Energie auf dem niedrigsten Stand ist (bei mir nach 15 Uhr), planen Sie Zeit für Ihre Ablage, das Aufräumen oder eine Besprechung mit einem Kollegen an seinem Schreibtisch ein. Auf diese Weise wird die Zeit trotzdem weise genutzt und gerechtfertigt, ist aber nicht so anstrengend wie die Zwei-Stunden-Blöcke, in denen Sie konzentriert beispielsweise einen Bericht schreiben.
- ✔ **Sich selbst kennen.** Denken Sie darüber nach, wann Sie am produktivsten sind. Am Vormittag, wenn die zweite Tasse Kaffee wirkt, oder laufen Sie erst am Nachmittag zu Hochtouren auf? Wann auch immer diese Zeit ist, verwenden Sie Ihre »aktive« Zeit, um Zeitblöcke festzulegen (von einer halben Stunde bis zwei Stunden), in denen Sie an Ihren wichtigsten Projekten oder Aufgaben arbeiten, die Ihre ganze Aufmerksamkeit erfordern.

Weitere Möglichkeiten für eine effektive Nutzung Ihrer Arbeitszeit finden Sie in Kapitel 6.

Den Arbeitsplatz pünktlich verlassen

Das kann schwierig sein, wenn Sie an einem Arbeitsplatz beschäftigt sind, an dem ein Feierabend um 17 Uhr so ist, als würden Sie an den Pranger gestellt, wie es eine der von mir befragten Personen erzählt hat.

Hier können Ihre Zeitaufzeichnungen und Ihr elektronischer Terminplaner sehr effektiv sein. Verwenden Sie Ihren Terminplaner, um die Zeit ab 16.30 Uhr zu blockieren. Mein früherer Chef hatte keine Besprechungen nach 16.30 Uhr und hat die Zeit blockiert, um zu verhindern, dass er nach 17 Uhr noch mit Arbeit beschäftigt war. Das wurde allgemein respektiert und von den Mitarbeitern berücksichtigt.

Wenn Sie Ihre Arbeitzeiten aufzeichnen, dann beißen Sie die Zähne zusammen und gehen Sie lächelnd an den Kollegen vorbei, die auf die Uhr schauen, wenn Sie um 17 Uhr das Büro verlassen. Erinnern Sie sich daran, dass Sie Ihre vorgeschriebene Arbeitszeit erledigt haben. Wenn Sie Ihre Arbeitszeiten nicht aufzeichnen, versuchen Sie, eine entsprechende Vorlage im Internet zu finden und sie zu benutzen. Zeitaufzeichnungen können sehr praktisch sein, um Ihrem Vorgesetzten die Stunden zu zeigen, die Sie arbeiten, und sich besser zu fühlen, wenn Sie pünktlich gehen.

Auch die folgenden Strategien werden von anderen eingesetzt, um dafür zu sorgen, dass sie pünktlich nach Hause gehen:

- ✔ Gründen Sie eine Fahrgemeinschaft. So werden Sie jeden Tag zu einer vereinbarten Zeit nach Hause fahren.
- ✔ Lassen Sie sich zu einer vereinbarten Zeit von Ihrem Partner abholen.
- ✔ Gründen Sie eine Fahrrad- oder Laufgemeinschaft, die zu einer vereinbarten Zeit gemeinsam nach Hause fährt oder läuft.
- ✔ Sorgen Sie dafür, dass Sie einen bestimmten Bus oder Zug nehmen müssen (oder riskieren, eine Stunde warten zu müssen).

Die Mittagspause genießen

Wahrscheinlich haben Sie bereits mehrfach gelesen, dass Sie regelmäßig Pausen von jeweils mindestens fünf Minuten machen müssen, um Ihrem Gehirn und Ihren Augen eine Erholung vom Starren auf den Computerbildschirm, auf komplexe Finanzberichte oder dem Schreiben von Berichten zu geben. Aber oft scheint es einfacher, weiterhin am Schreibtisch sitzen zu bleiben, in der Hoffnung, dass Sie dann schneller fertig sind und die Sache hinter sich haben.

Forschungen zeigen, dass das Arbeiten ohne anständige Pausen Sie tatsächlich wesentlich weniger effektiv macht. Eine kürzlich durchgeführte Studie hat ergeben, dass ein 12-Stunden-Tag, wie er im medizinischen Bereich üblich ist, dem Autofahren mit einem Blutalkoholpegel von 0,08 Promille entspricht. Müdigkeit kann sich auf die Entscheidungsfindung, Genauigkeit und Produktivität auswirken, und wenn Sie sich zehn Minuten Zeit nehmen, um einmal um den Block zu laufen oder eine Tasse Kaffee zu trinken, ist das kein großer Batzen von Ihrem geschäftigen Tag.

Was die Mittagspause betrifft, sollten Sie versuchen, das Essen am Schreibtisch zu vermeiden. Wenn Sie im Büro bleiben müssen, verwenden Sie Ihre Mittagspause, um Erledigungen im Internet zu machen, zum Beispiel Onlinebanking oder Lebensmittel und Geschenke kaufen und so weiter. In Kapitel 7 finden Sie weitere Ideen, wie Sie das meiste aus Ihren Pausen herausholen können.

Das Wichtigste ist, während der Mittagspause nach draußen zu gehen und den Grenzen Ihres Arbeitsplatzes zu entfliehen. Essen Sie Ihre Brotzeit in einem Park, gehen Sie spazieren, treffen Sie sich mit Freunden, meditieren Sie fünf Minuten lang in der Sonne. Kapitel 4 bietet einige Vorschläge, wie Sie Ihre Gesundheit stärken können, und zeigt, warum es wichtig ist, den Körper wie den Kopf in einem Topzustand zu halten.

Hingehen und reden

Ich werde jetzt rot, weil ich zugeben muss, dass auch ich es tue – einem Kollegen, der nur wenige Meter entfernt sitzt, eine E-Mail zu schreiben, anstatt zu ihm hinüberzugehen und mit ihm zu reden. Für dieses seltsame Verhalten, das sich seit der Verbreitung von E-Mails in Büros eingeschlichen hat, werden viele Gründe aufgeführt – Sie wollen Ihren Kollegen nicht stören, es ist einfacher, das, was Sie zu sagen haben, schriftlich zu formulieren, Sie brauchen eine Kopie der Inhalte Ihrer Nachricht, Sie leiten dem Kollegen ein Problem weiter und so weiter. Wenn Sie innerhalb eines Büros E-Mails versenden, verstopfen Sie den Posteingang Ihres Kollegen, Ihren Postausgang und wiederum Ihren Posteingang, wenn die Antwort kommt. Das Versenden von E-Mails verhindert außerdem die Kameradschaft, die für Menschen notwendig ist, die zusammenarbeiten.

Hier ist eine Herausforderung für alle einflussreichen Personen des 21. Jahrhunderts: Wie wäre es, wenn Sie einfach zu Ihren Kollegen hinübergehen und mit ihnen sprechen, anstatt ihnen E-Mails zu senden? Ich weiß von mehreren Leuten, die einen Tag in der Woche festgelegt haben, an dem sie keine E-Mails lesen oder schreiben, sondern stattdessen das Telefon benutzen oder andere persönlich treffen. Ein persönliches Treffen mit anderen ist eine wesentlich bessere Möglichkeit, Netzwerke zu bilden, als unpersönliche E-Mail-Nachrichten. Und noch eine Herausforderung: Schalten Sie Ihr Handy aus, wenn Sie zu jemandem hinübergehen, um mit ihm zu reden. Wenn Sie das tun, zeigen Sie der anderen Person, dass sie Ihre ungeteilte Aufmerksamkeit hat und dass Sie es wirklich schätzen, Zeit miteinander zu verbringen. Anrufe können warten. Dafür wurden Anrufbeantworter und ähnliche Dienste schließlich erfunden.

Sich freinehmen

Sprechen Sie mir nach: »Ich leiste in meinem Beruf tolle Arbeit und jeder mag mich, aber ich bin NICHT unersetzlich an meinem Arbeitsplatz. Ich bin keine Maschine. Ich bin ein Mensch, der ab und zu einen freien Tag braucht.« Verstanden?

Ich habe keinen Zweifel daran, dass Sie einige Verpflichtungen haben, die nur Sie gut übernehmen können, weil Sie über die jeweiligen Anforderungen und den Hintergrund eines Kunden Bescheid wissen. Aber wenn Sie nie frei nehmen, nehmen Sie einer anderen Person die Gelegenheit, etwas zu übernehmen und dabei etwas zu lernen. Sie könnten auch die Botschaft ausströmen, dass Sie anderen nichts zutrauen oder sie nicht genug schätzen, um ab und an die Zügel locker zu lassen.

Freie Tage können Sie zu Hause, unterwegs zu neuen Abenteuern und zur Festigung der Bindung zu Ihrem Partner und Ihrer Familie oder ganz allein verbringen. In unserem Zeitalter der häufigeren Jobwechsel im Vergleich zur vorhergehenden Generation stellen Partner möglicherweise fest, dass sie unterschiedlich viele Urlaubstage haben. Allein zu verreisen kann eine bessere Möglichkeit zum Wiederaufladen Ihrer Batterien und zum Genießen von etwas, an dem Ihr Partner kein Interesse hat (in meinem Fall Angeln), sein, als zu Hause herumzuhängen und das Gefühl zu haben, als würden Sie eine Gelegenheit zur Selbstfindung verpassen.

Viele Arbeitnehmer nehmen nicht den ganzen Urlaub, der ihnen pro Jahr zusteht, und begründen dies mit zu viel Arbeit, Angst vor Notfällen während ihrer Abwesenheit und der Sorge, dass niemand anderes ihre Arbeit so gut erledigen kann wie sie selbst. Wie bei langen Arbeitszeiten ist auch das Arbeiten ohne Urlaub, in dem Sie sich erholen und neue Energie gewinnen können, auf Dauer nicht auszuhalten. Mitarbeiter mit Burn-out-Erscheinungen liefern oft weniger und weniger gute Arbeit ab und leiden häufiger unter gesundheitlichen Problemen.

Ich wusste, dass es Zeit für einen Urlaub ist, als ich mich dabei ertappte, dass ich am Telefon zu Hause die Null vorwählte.

Überzeugende Argumente entwickeln

Wenn Sie Interesse daran haben, Ihre Arbeitszeiten zu reduzieren, vier Tage länger zu arbeiten, um den fünften Tag freizunehmen, für ein oder zwei Tage von zu Hause aus zu arbeiten oder früher zu beginnen und dafür früher zu gehen, gehen Sie Ihre Forderung so an wie jedes andere geschäftliche Manöver. Präsentieren Sie Ihren Vorschlag auf professionelle Weise. Finden Sie heraus, welche flexiblen Arbeitszeiten Ihre Kollegen nutzen und was anderen Mitarbeitern in anderen Abteilungen Ihres Unternehmens angeboten wird. Sehen Sie sich ähnliche Posten in ähnlichen Branchen an. Oft können die Richtlinien und Maßnahmen eines Unternehmens auf dessen Website gefunden werden, oder Sie können sich an die Personalabteilung wenden.

Sammeln Sie relevante Fallstudien von Arbeitgebern und Arbeitnehmern, die von der Art von Arbeitszeitmodellen profitieren, die Ihnen vorschweben. Gute Ausgangspunkte sind die Websites des Statistischen Bundesamtes, des Ministeriums für Arbeit und Soziales und des Ministeriums für Familie, Senioren, Frauen und Jugend. Diese Websites bieten Informationen zu flexiblen Arbeitszeitmodellen und ihren Auswirkungen auf die Produktivität und Arbeitsmoral, ganz zu schweigen von den positiven Wirkungen auf Fehlzeiten und Rekrutierungskosten. Ausführlichere Informationen zum Thema flexible Arbeitszeiten finden Sie in Kapitel 8.

Von zu Hause arbeiten

Es gibt unglaublich viele Möglichkeiten von zu Hause aus zu arbeiten (was auch als *Telearbeit* bezeichnet wird). Wie bei anderen flexiblen Arbeitszeitmodellen hängt Ihre Frage bezüglich der Möglichkeit, zu Hause zu arbeiten, von Ihrem Ansatz und von der Art und Weise Ihrer Vorbereitung ab. Sie sollten Einwände vorausahnen, relevante Beispiele für Telearbeit in Ihrer speziellen Arbeitsituation finden und Richtlinien aufstellen, mit denen Ihr Arbeitgeber leben kann.

Das Ministerium für Familie, Senioren, Frauen und Jugend und das Ministerium für Arbeit und Soziales sind gute Anlaufstellen für Informationen zu Arbeitgebern verschiedener Größe und Branchen, die erfolgreiche Telearbeitmodelle umgesetzt haben.

Wenn Sie bereits einen Telearbeitsplatz ausgehandelt haben, sind hier einige Vorschläge, die Ihnen helfen, dass Ihre Vereinbarung für Sie und Ihren Arbeitgeber funktioniert:

- ✔ **Seien Sie flexibel.** Lassen Sie Ihre Kollegen wissen, wann Sie für Besprechungen am Arbeitsplatz zur Verfügung stehen, aber versuchen Sie, Anfragen für Besprechungen oder Arbeiten außerhalb der vereinbarten Arbeitszeiten zu erfüllen, wann immer es geht. Ansprechbar zu sein bedeutet, flexibel zu sein.
- ✔ **Kommunizieren Sie regelmäßig mit Ihrem Chef.** Teilen Sie Ihrem Chef Ihre Forschritte mit. Das kann eine kurze, prägnante E-Mail sein, in der Sie die Projekte auflisten, an

denen Sie arbeiten, in welchen Phasen Sie gerade sind und welche wichtigen Aufgaben auf Ihrer To-do-Liste stehen. Dadurch fühlt sich Ihr Chef informiert und in der Lage, alle Arbeitsbelange oder Änderungen mit Ihnen zu besprechen.

- ✔ **Sorgen Sie dafür, dass Sie leicht erreichbar sind.** Bleiben Sie erreichbar per Telefon, Handy oder E-Mail für alle dringenden Fragen, die aufkommen können. Rufen Sie sofort zurück, um Ihrem Chef zu versichern, dass Sie erreichbar sind und Anfragen kurzfristig nachkommen.
- ✔ **Sorgen Sie dafür, dass Ihr Chef und Sie sich einig darüber sind, welche Arbeiten Sie von zu Hause aus erledigen.** Stellen Sie klar, wie oft Sie von zu Hause aus arbeiten, an welchen Tagen Sie nicht im Büro sind und wie Ihre Leistung gemessen werden kann.
- ✔ **Legen Sie bestimmte Zeiten zum Arbeiten fest und halten Sie sich daran.** Wenn Sie das tun, vermeiden Sie die Ablenkungen Ihres Zuhauses, beispielsweise indem Sie Hausarbeit erledigen, anstatt einen Bericht zu schreiben, eine Ladung Wäsche in die Waschmaschine legen, um die Datenanalyse zu vermeiden, mehrere Mahlzeiten kochen und einfrieren, um die Erstellung der neuen Tabellenkalkulation aufzuschieben und so weiter. Ihre Arbeitszeit muss zu Hause ebenso strukturiert sein wie im Büro, damit Sie Ihre Arbeit erledigen können.

Mit gutem Beispiel vorangehen

Viele Arbeitgeber haben zwar gute Richtlinien zur Vereinbarkeit von Berufs- und Privatleben und Optionen für flexiblere Arbeitszeiten entwickelt, behalten aber weiterhin eine Kultur langer Arbeitzeiten bei und betrachten es als Zeichen der Schwäche, wenn Sie flexible Arbeitszeiten verlangen. Manchmal sind Arbeitszeitrichtlinien vorhanden, aber niemand traut sich, der Erste zu sein, der die Optionen annimmt. Sie können dieser Erste sein. Zeigen Sie Ihre Führungsqualitäten, indem Sie pünktlich gehen und den Jahresurlaub nehmen, der Ihnen zusteht. Und setzen Sie sich durch, indem Sie Folgendes ausprobieren:

- ✔ **Setzen Sie auf Umweltschutz.** Werden Sie zum grünen Vorreiter an Ihrem Arbeitsplatz, indem Sie Ihre Kollegen auffordern, gebrauchtes Druckerpapier zu recyceln und als Schmierpapier zu nutzen. Stellen Sie Recycling-Behälter für Glas, Papier und Kunststoffe auf. Probieren Sie energiesparende Glühbirnen aus und stellen Sie auf umweltfreundliche Büroprodukte um.
- ✔ **Suchen Sie sich ein Hobby außerhalb der Arbeit.** Haben Sie schon einmal mit einem älteren Kollegen gesprochen und entdeckt, dass dieser schon dreimal einen Marathon gelaufen ist oder ein eigenes Boot gebaut hat? Oft haben sehr erfolgreiche Menschen erfüllende Interessen außerhalb der Arbeit, die nicht nur dazu beitragen, beruflichen Stress abzubauen, sondern auch Möglichkeiten der Selbstverwirklichung und persönliche Zufriedenheit bieten. Sie können das auch nutzen, um eine Seite an Ihnen zu entdecken, die Sie während der Arbeit nur selten zeigen können. Daniel ist Meteorologe und beschäftigt sich am Arbeitsplatz mit Logik, Analyse, Mathematik, Physik und Programmierung. Abends zaubert er Gourmet-Mahlzeiten, lernt Klavier spielen und betätigt sich in seinem eigenen Fitnessraum. »Diese Dinge helfen mir, einen Teil meiner ungenutzten kreativen Seite auszuleben, und ich freue richtig darauf.«

✔ **Frühstücken Sie mit Ihrer Familie und/oder Ihrem Partner.** Warum sollten Sie ein labbriges Brötchen und einen viel zu teuren Kaffee an Ihrem Computer zu sich nehmen, wenn Sie morgens 15 Minuten beim Frühstück mit Ihren Kindern verbringen können? Judith und ihr Partner stehen früher auf und machen sich Kaffee zu Hause. »In dieser Viertelstunde können wir den Rest des Tages gemeinsam planen, bevor die Dinge wirklich chaotisch werden, wenn die Kinder aufstehen.«

✔ **Lagern Sie Aufgaben aus, um mehr freie Zeit zu haben.** Reden Sie mit Ihren Arbeitskollegen und finden Sie heraus, wie viele von ihnen Hilfe im Haushalt haben. Wenn sie die meiste Zeit mit 10-Stunden-Tagen oder mehr im Büro verbringen, ist es nur logisch, dass sie keine Zeit für den Haushalt haben. Putzfrauen und Gärtner sind nicht allzu kostspielig. Und wenn Sie jemanden einstellen, Ihr Haus in Ordnung zu halten, vermeiden Sie den Stress der Frage, wann Sie jemals Zeit für den Haushalt haben werden. Dutzende von Franchise-Branchen kümmern sich um die Bedürfnisse von Berufstätigen und bieten Dienstleistungen wie Bügeln, Hausarbeiten, Hundesitting und –pflege, vorgekochte gesunde Mahlzeiten und persönliches Fitnesstraining an.

Männer arbeiten angeblich gern im Garten, aber Andreas erzählte mir, dass er es hasst, das halbe Wochenende im Garten zu schuften. Deshalb entschied er gemeinsam mit seiner Frau, jemanden für die Arbeit zu bezahlen und dann am Wochenende den Garten zu genießen. »Es bedeutet, dass ich mehr Zeit mit den Kindern nach einer anstrengenden Woche im Büro habe.«

✔ **Radeln oder laufen Sie zur Arbeit.** Ich weiß, ich habe das bereits empfohlen, aber das Fahrradfahren ist so gut für Sie. Ihre Gesundheit und Ihre Fitness profitieren, Ihre mentale Gesundheit verbessert sich (nichts kann Ihnen so gut helfen, ein nagendes Problem zu lösen, wie eine halbe Stunde an der frischen Luft) und unser Planet profitiert von weniger Abgasen (gut, ein kleines Fahrrad macht keinen Unterschied, aber das Prinzip zählt). Möglicherweise finden Sie einen Arbeitskollegen, der in Ihrer Nähe wohnt und mit ihnen mitfährt.

✔ **Achten Sie auf Ihre Gesundheit.** Die besten Zeiten für Sport sind morgens vor dem Frühstück, zur Mittagszeit oder direkt nach der Arbeit, bevor Sie nach Hause gehen. Ideen, wie Sie mehr Bewegung in Ihr Leben integrieren können, finden Sie in Kapitel 4.

Nett sein

Jammern Sie nicht darüber, was im Büro alles schiefläuft, denn das macht Ihren Arbeitsplatz nur noch unattraktiver. Werden Sie aktiv und überlegen Sie sich stattdessen Lösungen oder neue Wege, um Dinge zu erledigen. Vereinbaren Sie eine Zeit für eine Besprechung mit Ihrem Chef und bieten Sie einige Ideen für Veränderungen an, anstatt sich nur zu beschweren.

Sie wissen, dass es immer funktioniert, lächelnd an das Telefon zu gehen oder mit einem Lächeln auf einen Kunden zuzugehen – nun, zumindest fast immer. In psychologischen Studien wurde festgestellt, dass man, wenn man eine Aufgabe oder den Tag positiv angeht, einen großen Teil zu seinem inneren Gefühl des Optimismus beiträgt. Wenn Sie morgens aufstehen, versuchen Sie, sich zu fragen: »Entscheide ich mich dafür, schlecht gelaunt zu sein und in

Selbstmitleid zu zerfließen, oder lächle ich und freue mich auf die guten Dinge, die heute passieren können?« Abgedroschen? Ja. Wahr? Ja.

Probieren Sie auch die folgenden Tipps aus:

- ✔ **Erkennen Sie die Beiträge anderer zu Ihren Projekten und Aufgaben an.** Nichts ist bitterer, als zuzusehen, wie Ihr direkter Vorgesetzter oder ein Kollege das Lob oder die Beförderung für etwas einheimst, ohne Ihre Beiträge an dem Projekt zu erwähnen. Stellen Sie sicher, dass Sie den Mitarbeitern, die Ihnen helfen, Ihren Dank und Ihre Anerkennung aussprechen. Anerkennung ist nicht nur wichtig für den Aufbau von Beziehungen, sondern diejenigen, die Ihre Anerkennung erhalten, werden auch eher bereit sein, bei zukünftigen Projekten mit Ihnen zusammenzuarbeiten.
- ✔ **Vermeiden Sie, sich an Klatsch und Tratsch im Büro zu beteiligen.** Sie müssen nicht unbedingt eingreifen und das Gerede abstellen, aber geben Sie nicht Ihren eigenen Senf hinzu. Das ist destruktiv und unprofessionell, und Gerüchte können schnell aus dem Ruder laufen und in die falschen Ohren gelangen.
- ✔ **Hören Sie aktiv zu.** Spielen Sie nicht mit Ihrem Handy herum oder tippen Sie an E-Mails weiter, wenn jemand mit Ihnen redet. Schalten Sie Ihr Handy aus, damit Sie dem anderen Ihre volle Aufmerksamkeit schenken können.
- ✔ **Schließen Sie Ihre Arbeiten rechtzeitig ab.** Wenn Sie vereinbart haben, Ihre Arbeit zu einem bestimmten Termin abzugeben, halten Sie sich daran. Sie riskieren, andere und sich selbst im Stich zu lassen, wenn Sie Ihren Teil der Vereinbarung nicht erfüllen.
- ✔ **Leisten Sie Ihren Beitrag bei Teambesprechungen.** Menschen, die still in Besprechungen sitzen und dann hinterher meckern, sind peinlich. Sie müssen während einer Besprechung nicht reden, wenn Sie nichts Wichtiges beizutragen haben, aber wenn es einen Punkt gibt, der Ihnen Sorgen bereitet oder Sie interessiert, sollten Sie ihn ansprechen.
- ✔ **Konzentrieren Sie sich auf das Wesentliche.** Wenn Entscheidungen getroffen werden, denen Sie nicht zustimmen, wählen Sie einen oder zwei der wichtigsten Punkte aus, um darüber zu reden. Wenn andere Probleme auftauchen, heben Sie diese für einen anderen Zeitpunkt auf. Wenn Sie jede Entscheidung in jeder Besprechung anfechten, werden Sie am Ende von Ihrem Team gemieden und als zickig eingestuft (auch Männer können zickig sein). Entscheiden Sie, welche Entscheidungen Katastrophen bedeuten und mit welchen Sie leben können.
- ✔ **Teilen Sie Ihre Ideen mit.** Sie wissen nie, was andere an Ratschlägen geben können, wenn Sie nicht mit ihnen über Ihre Arbeit reden. Bauen Sie in Ihrem Büro ein Netzwerk auf und machen Sie selbst Vorschläge als Dank für Vorschläge von Ihren Kollegen.

Ein echtes Teammitglied sein

Alle Leute, mit denen ich geredet habe, sagten in den Gesprächen über den Arbeitsplatz, dass es ihnen gefällt, in einem Team zu arbeiten und ihren Teamgeist unter Beweis zu stellen. Das können Sie tun, indem Sie Ihre Kollegen unterstützen. Ansprechbar zu sein und anzubieten, an einem Gruppenprojekt teilzunehmen oder zu helfen, um eine wichtige Aufgabe termingerecht fertigzustellen, ist ein unschätzbarer Weg, seinen Beitrag zu größeren Zielen und Projekten am Arbeitsplatz zu leisten. Damit zeigen Sie Ihrem Vorgesetzten, dass Sie bereit sind, hart zu arbeiten, wenn das von Ihnen verlangt wird.

Eine weitere Möglichkeit zum Helfen finden Sie, wenn Sie auf die Bedürfnisse neuer Mitarbeiter mit flexiblen Arbeitszeiten und derjenigen, die nach der Elternzeit an den Arbeitsplatz zurückkehren, achten. Fragen Sie einen neuen Kollegen, ob er mit Ihnen zusammenarbeiten möchte, bis er die relevanten Vorgänge und Computerprogramme kennt. Helfen Sie, Kollegen beim Arbeiten zu schulen, wenn das erforderlich ist.

Halten Sie die Kommunikation mit Ihren Teamkollegen aufrecht. Es ist sehr frustrierend, wichtige Neuigkeiten oder Rückmeldungen nicht mitzubekommen, weil ein Kollege die Informationen nicht weitergegeben hat. Halten Sie Ihre Kollegen mit einer kurzen E-Mail oder einem kurzen Gespräch darüber auf dem Laufenden, an welchen Aufgaben Sie gerade arbeiten und wie weit Sie mit den einzelnen Aufgaben sind (das hilft Ihren Kollegen, wenn Sie aufgrund einer Erkrankung oder eines Notfalls abwesend sind und sie Ihre Aufgabe übernehmen müssen).

Auch mit folgenden Vorschlägen können Sie Ihren Beitrag leisten:

✔ Versenden Sie keine E-Mails »an alle« oder unwichtige E-Mails an viel beschäftigte Teamkollegen.

✔ Lachen Sie. Manchmal ist ein zur richtigen Zeit erzählter Witz oder gemeinsames Lachen besser als ein »Ich habe es dir doch gesagt«. Lachen löst Stress und Spannungen am Arbeitsplatz. Weitere Informationen über die positiven Auswirkungen von Humor auf Ihre Gesundheit finden Sie in Kapitel 3.

✔ Bieten Sie sich als Mentor für einen jüngeren Kollegen an.

✔ Gründen Sie eine Lauf- oder Yogagruppe für die Mittagspause.

✔ Teilen Sie Ihre Liste von Kontakten und Netzwerken mit Ihren Teamkollegen, um deren Arbeit zu unterstützen.

✔ Organisieren Sie Kaffeekränzchen, Mittagessen oder Familientage.

✔ Melden Sie sich freiwillig für ein abteilungsübergreifendes Projekt oder Komitee, um mehr Leute außerhalb Ihres Geschäftsbereichs kennenzulernen.

Stichwortverzeichnis

A

B

C

D

E

Z

Der Einstieg in die Sprachen der Welt

ISBN 978-3-527-70521-4

»Arabisch für Dummies« bietet einen leichten Einstieg in die arabische Sprache. Los geht's mit Betonung und Grammatik. Dann wird es auch schon praktisch: Jedes Kapitel beschäftigt sich mit einer Alltagssituation und vermittelt vieles über die Kultur des Orients. Dem Buch liegt eine CD mit Übungen zum Hören und Nachsprechen bei.

ISBN 978-3-527-70522-1

Dieses Buch führt Sie in die chinesische Sprache ein, erklärt deren Betonung sowie die Grammatik und vermittelt die wichtigsten Wörter und Redewendungen für den Alltag in China. Gewürzt ist es mit vielen Tipps und Informationen zum Leben und zur Kultur in China. Dem Buch liegt eine CD mit Übungen zum Hören und Nachsprechen bei.

ISBN 978-3-527-70523-8

Mit »Russisch für Dummies« fällt der Einstieg in die russische Sprache nicht schwer. Nach dem Rüstzeug zu Betonung und Grammatik des Russischen erfahren die Leser, wie sie sich auf Russisch vorstellen, etwas beschreiben, telefonieren oder ein Hotelzimmer reservieren. Außerdem gibt es Verb-Tabellen, ein kleines Wörterbuch und eine CD mit Sprachübungen aus dem Buch.

FÜR DUMMIES®

DU BIST STÄRKER ALS DU DENKST!

Angstfrei leben für Dummies
ISBN 978-3-527-70346-3

Bewusst trauern für Dummies
ISBN 978-3-527-70431-6

Erfolg für Dummies
ISBN 978-3-527-70510-8

Erfolgreiches Life Coaching für Dummies
ISBN 978-3-527-70347-0

Nicht ärgern für Dummies
ISBN 978-3-527-70372-2

Psychologie für Dummies
ISBN 978-3-527-70145-2

Selbstvertrauen entwickeln für Dummies
ISBN 978-3-527-70373-9